Geschichte und Geschehen

Umschlagbild: Zu sehen ist ein Ausschnitt der Goldmaske des ägyptischen Pharaos Tutanchamun (Höhe 54 cm, Breite 39 cm). Rund elf Kilogramm Gold wurden für die Maske verwendet. Sie ist Teil eines der berühmtesten archäologischen Funde in der ägyptischen Geschichte: die Grabkammer des Pharaos Tutanchamun. Sie wurde im Jahr 1922 vom britischen Archäologen Howard Carter im Tal der Könige (Luxor) entdeckt. Tutanchamun verstarb nach neunjähriger Regierungszeit mit nur 18 Jahren. Sein Tod gibt den Wissenschaftlern bis heute Rätsel auf.
Ausgestellt ist die Totenmaske im Ägyptischen Museum in Kairo.

Umschlag: Getty Images RF (Adrian Assalve), München;

Sollte es in einem Einzelfall nicht gelungen sein, den korrekten Rechteinhaber ausfindig zu machen, so werden berechtigte Ansprüche selbstverständlich im Rahmen der üblichen Regelungen abgegolten.

1. Auflage $1^{\;6\;\;5\;\;4\;\;3\;\;2\;\;1}$ | 19 18 17 16 15

Alle Drucke dieser Auflage sind unverändert und können im Unterricht nebeneinander verwendet werden. Die letzte Zahl bezeichnet das Jahr des Druckes.
Das Werk und seine Teile sind urheberrechtlich geschützt. Jede Nutzung in anderen als den gesetzlich zugelassenen Fällen bedarf der vorherigen schriftlichen Einwilligung des Verlages. Hinweis § 52 a UrhG: Weder das Werk noch seine Teile dürfen ohne eine solche Einwilligung eingescannt und in ein Netzwerk eingestellt werden. Dies gilt auch für Intranets von Schulen und sonstigen Bildungseinrichtungen. Fotomechanische oder andere Wiedergabeverfahren nur mit Genehmigung des Verlages.

© Ernst Klett Verlag GmbH, Stuttgart 2015. Alle Rechte vorbehalten. www.klett.de

Autorinnen und Autoren:
Sven Christoffer (Duisburg): S. 86–88; Elke Fleiter (Leipzig): S. 50; Dr. Ursula Fries (Dortmund): S. 91–98, 112–113, 127–136; Dr. Martin Krön (Freiburg i. Br.): S. 139–174; 204–205, 208–211; Dr. Peter Offergeld (Heinsberg): S. 91–93, 99–111, 119–126, 132–134, 137–138; Prof. Dr. Michael Sauer (Hannover): S. 4–7, 10–49, 69–70, 206–207; Jörg Schelle (Bad Zwischenahn): S. 84–85; Dr. Helge Schröder (Hamburg): S. 57–68, 71–83; Prof. Dr. Uwe Walter (Bielefeld): S. 91–93, 114–118; Dr. Peter Witzmann (Nürtingen): S. 139–142, 175–205, 212–213; Dirk Zorbach (Boppard): S. 54–56

Redaktion: Dirk Haupt, Leipzig, Jana Schumann
Herstellung: Kerstin Heisch

Umschlaggestaltung: Petra Michel, Essen
Illustrationen: Sandy Lohß, Chemnitz; Lutz-Erich Müller, Leipzig; Andrea Naumann, Aachen
Satz: Köhler & Köhler GbR, Taucha
Reproduktion: Meyle u. Müller GmbH & Co.KG, Pforzheim
Druck: Digitaldruck Tebben, Biessenhofen

Printed in Germany
ISBN 978-3-12-443416-6

Geschichte und Geschehen

Lehrerband 1

Herausgeber:
Michael Sauer

Autorinnen und Autoren:

Sven Christoffer
Elke Fleiter
Ursula Fries
Martin Krön
Peter Offergeld
Michael Sauer
Jörg Schelle
Helge Schröder
Uwe Walter
Peter Witzmann
Dirk Zorbach

Ernst Klett Verlag
Stuttgart · Leipzig

Konzeption und Aufbau von Schülerband und Lehrermaterialien

Die Konzeption des Lehrwerks

„Geschichte und Geschehen" ist ein Unterrichtswerk für den Geschichtsunterricht an Gymnasien in der Sekundarstufe I. Es entspricht den konzeptionellen und inhaltlichen Vorgaben des niedersächsischen Kerncurriculums aus dem Jahr 2015. Behandelt werden alle dort vorgeschriebenen Themen. „Geschichte und Geschehen" orientiert sich an den im Curriculum vorgegebenen Kompetenzbereichen. Die Entwicklung dieser Kompetenzen wird in allen Bausteinen der Schülerbände aufgegriffen und fortschreitend vertieft.

Das Lehrwerk kann in unterschiedlicher Weise genutzt werden. Darstellungs- und Arbeitsteil bilden ein integriertes Angebot. Sie können aber auch getrennt voneinander eingesetzt werden. Lehrkräfte können aus dem vorhandenen Angebot eine Auswahl treffen und eigene inhaltliche Akzente setzen. Thematische Erweiterungsmöglichkeiten eröffnen die im Schülerband durch ein entsprechendes Signet als fakultativ gekennzeichneten Seiten.

„Geschichte und Geschehen" bietet damit ein unterrichtsbezogenes Grundangebot und ermöglicht es zugleich, individuelle Planungen im Hinblick auf spezifische Lernbedingungen vor Ort flexibel zu realisieren.

Der Aufbau der Schülerbände

Zeitleiste
Zur fachlichen Kompetenz gehört auch eine weiträumige Orientierung in der Geschichte. Deshalb befindet sich hinter der Titelseite der Schülerbände jeweils eine ausklappbare Zeitleiste. Sie gibt einen Überblick über den gesamten im Buch behandelten Zeitraum. Die dort angegebenen Daten empfehlen sich als Lernzahlen.

Kapitel und Unterkapitel
Die Schülerbände sind nach den im Lehrplan ausgewiesenen Inhaltsbereichen in Kapitel gegliedert. Die Kapitel sind wiederum in Unterkapitel mit einem Umfang von zwei oder vier Buchseiten unterteilt. Diese Unterkapitel können im Unterricht in ein oder zwei Unterrichtsstunden umgesetzt werden; eine ausführlichere Behandlung ist ebenfalls möglich.

Jedes Kapitel wird mit einer Orientierungsseite eröffnet. Jedes Unterkapitel setzt ein mit einer historischen Frage, die durch die Überschrift und/oder einen Vorspanntext aufgeworfen wird.

Orientierungsseiten
Aufmacher jeder Orientierungsseite ist ein großformatiges Foto, das demonstriert, wie in der gegenwärtigen Geschichtskultur auf das jeweilige Thema Bezug genommen wird. Die Orientierungsseite hat eine vierfache Orientierungsfunktion:

- Der Einleitungstext verdeutlicht die Relevanz des Themas und nimmt Bezug auf die Abbildung.
- Die Zeitleiste ermöglicht eine chronologische Einordnung des Themas und einzelner Ereignisse.
- Die Karte bietet eine räumliche Orientierung.
- Die Kompetenzbox weist – nach Bereichen differenziert – die Kompetenzziele aus, die Schülerinnen und Schüler bei der Erarbeitung des Kapitels erreichen sollen.

Darstellungsteil
Der Verfassertext liefert die Grundinformationen, die Schülerinnen und Schüler benötigen, um sich mit dem Thema auseinanderzusetzen. Er ist in einer altersgemäßen Sprache verfasst. Soweit möglich, werden unterschiedliche Positionen und Perspektiven in der Geschichte, aber auch bei der rückblickenden Deutung der Geschichte (offene Fragen, Kontroversen) angesprochen. Um die Arbeit mit dem Text zu unterstützen, ist er mit einer Zeilenzählung versehen. In der Marginalienspalte werden Erläuterungen zu wichtigen Begriffen und Personen gegeben. Außerdem werden dort unter dem Stichwort „Themen verknüpfen" Rückverweise auf andere Passagen im Schülerbuch gegeben.

Arbeitsteil
Die Materialien im Arbeitsteil dienen dazu, historische Fragen für die Schülerinnen und Schüler diskutierbar und beantwortbar zu machen. Gegenüber dem Verfassertext bieten sie thematische Vertiefungen oder eigene Akzentsetzungen. Die Materialien schöpfen das gesamte Spektrum historischer Quellen aus (Text- und Bildquellen, Abbildungen von Sachquellen, Bauwerken und Denkmälern). Hinzu kommen informierende Darstellungsformen (Karten, Tabellen, Grafiken) und bisweilen Darstellungstexte. Quellen sind mit einem „Q", Darstellungen mit einem „D" ausgewiesen. Bei jedem Material informiert ein kurzer Vorspanntext über den Entstehungszusammenhang. Textmaterialien sind in der originalen Schreibung des nachgewiesenen Fundortes abgedruckt, also (in aller Regel) nicht in die neue Rechtschreibung übertragen.

Arbeitsaufträge
Alle Materialien und auch der Verfassertext sind mit Arbeitsaufträgen versehen. Sie sind im Block „Nachgefragt" unterhalb des Materialteils zusammengefasst. Die Lösungsmöglichkeiten für die Arbeitsaufträge werden im vorliegenden Lehrerband erläutert. Die erwünschten Schüleraktivitäten sind mithilfe einschlägiger Operatoren beschrieben. Diese werden unterhalb des Aufgabenblocks den drei üblichen Anforderungsbereichen zugeordnet. Zum besseren Verständnis sind die Operatoren auf den Ausklappseiten zu Beginn und am Ende des Schülerbuchs erläutert.

Besonderer Wert ist auf handlungsorientierte Arbeitsaufträge gelegt, die dazu dienen können, Schülerinnen und Schüler einen historischen Sachverhalt aus unterschiedlichen damaligen und heutigen Perspektiven wahrnehmen zu lassen.

Bei den Arbeitsaufträgen werden **drei Arten von Differenzierungsangeboten** gemacht: Zu den mit einem leeren Kreis markierten Arbeitsaufträgen finden sich im Anhang des Buches „Denkanstöße", die Schülerinnen und Schüler bei der Lösung der Aufgaben unterstützen und nach Bedarf herangezogen werden können.

Mit einem gefüllten Kreis markiert sind weiterführende Arbeitsaufträge, die den Schülerinnen und Schülern komplexe Denkleistungen abverlangen, einen weiteren historischen Kontext in den Blick nehmen, methodische Verfahren reflektieren oder Rechercheaufgaben beinhalten. Diese beiden Angebote sind in jedem Unterkapitel vorhanden. Außerdem können die Schülerinnen und Schüler einmal pro Kapitel unter drei angebotenen Varianten (a, b und c) der Materialerschließung oder Ergebnispräsentation wählen.

Kompetenztraining

Der Schülerband bietet auf Sonderseiten vier Spielarten des Kompetenztrainings an: „Fachmethode", „Arbeitstechnik", „Gemeinsam lernen" und „Historisch denken".

Bei der „Fachmethode" geht es um die Schulung der fachspezifischen Methodenkompetenz. Schülerinnen und Schüler sollen exemplarisch den Umgang mit den wichtigsten Gattungen von Quellen und Darstellungen erlernen. Dieses Kompetenztraining ist jeweils in solche Kapitel eingebunden, für die das betreffende Medium bzw. die betreffende Darstellungsform besonders typisch oder die Beschäftigung mit ihnen besonders ertragreich ist. Jedes Methodentraining ist konsequent nach drei „Methodischen Arbeitsschritten" aufgebaut. Diese können sich die Schülerinnen und Schüler gut als regulatives Prinzip aneignen. Das Vorgehen nach diesen drei Schritten wird anhand eines Beispiels mit einer Musterlösung demonstriert.

Beim Kompetenztraining „Arbeitstechnik" erlernen Schülerinnen und Schüler wichtige Formate der Recherche und der Präsentation (Zeitleiste, Lernplakat, Gallery Walk).

Das Kompetenztraining „Gemeinsam lernen" führt sie ein in die gebräuchlichsten Formen des Kooperativen Lernens, die in modernem Unterricht praktiziert werden (Gruppenpuzzle, Partnerpuzzle, Rollenspiel, Lernen an Stationen, Pro-Kontra-Diskussion, Think-Pair-Share, Portfolio). Die Gemeinsam-lernen-Boxen zu Beginn ausgewählter Kapitel geben den Schülerinnen und Schülern Hinweise darauf, wie sie die jeweilige Methode an dieser Stelle anwenden können.

Das Kompetenztraining „Historisch denken" erläutert den Schülerinnen und Schülern wichtige Denkoperationen des Fachs Geschichte und macht diese transparent. So wird ihnen im ersten Schülerband das Untersuchungsverfahren des Längsschnittes erklärt.

Geschichte begegnen

Dieser Seitentyp demonstriert Schülerinnen und Schülern, dass die behandelten historischen Themen Gegenstand heutiger Geschichts- und Erinnerungskultur und damit auch ihrer eigenen Lebenswelt sind. Dabei kann es um unterschiedliche Formen des Umgangs mit Geschichte gehen: öffentliche Verhandlung von Geschichte anlässlich von Gedenktagen und Jubiläen; historische Erinnerung in Form von Denkmälern und Mahnmalen; spielerische Annäherung durch Living History und Reenactment; Präsentation von Geschichte in Institutionen oder in einschlägigen Medien von der Fernsehdokumentation bis zum Comic.

Wiederholen und Anwenden

Diese Rubrik bietet für die Schülerinnen und Schüler am Ende jedes Kapitels Aufgaben zur Verständnissicherung und Lernerfolgskontrolle. Die Aufgaben nehmen Bezug auf die Kompetenzziele der Orientierungsseiten; die Kompetenzbereiche sind bei den einzelnen Aufgabenstellungen ausgewiesen. Angeboten werden unterschiedliche Formen von Aufgaben:
- einfache geschlossene Testformate (Richtig-Falsch-Aufgaben, Multiple-Choice-Aufgaben, Ergänzungsaufgaben z. B. als Lückentext, Zuordnungsaufgaben). Dafür werden meist spielerische Präsentationsformen verwendet (Quizaufgaben, Kreuzworträtsel, Kreuzzahlrätsel, Silbenrätsel, Memory etc.);
- mit neuen Materialien verknüpfte Aufgaben, die Impulse für eine Anwendung und Übertragung von erlerntem Wissen oder methodischen Fähigkeiten geben;
- Aufgaben, die gezielt Urteilskompetenzen wie Fremdverstehen oder historische Perspektivenübernahme ansprechen (z. B. anhand von multiperspektivischen Betrachtungsweisen oder Entscheidungsszenarios);
- Meilensteinaufgaben zur Wiederholung einer Fachmethode.

Anhang

Der Anhang jedes Schülerbandes enthält zunächst die erwähnten „Denkanstöße". Darüber hinaus finden sich dort Kapitelsteckbriefe, die in grafisch verdichteter Form die zentralen Aspekte der einzelnen Kapitel zusammenfassen. Sie bieten den Schülerinnen und Schülern eine visuelle Lern- und Erinnerungshilfe sowie die Möglichkeit der gemeinsamen Wiederholung am Ende einer Unterrichtseinheit. Es folgt ein Methodenglossar, in dem die Arbeitsschritte der Seiten „Kompetenztraining: Fachmethode" zusammengefasst werden. Das Methodenglossar der späteren Bände enthält jeweils auch die Methoden der vorhergehenden und lässt so den Rückbezug auf früheres Methodenlernen zu. Außerdem enthält der Anhang ein Begriffsglossar, ein Register der Namen, Sachen und Begriffe sowie den Bildnachweis. Insgesamt unterstützt dieses Angebot die Schülerinnen und Schüler dabei, „Geschichte und Geschehen" selbstständig als Lern- und Arbeitsbuch zu nutzen.

Online-Angebot

Hinzu kommt das umfangreiche Online-Angebot mit Selbstevaluationsbögen und Übungs-Modulen, ansteuerbar über einen Code der Wiederholen-und-Anwenden-Seiten. Zu einzelnen Quellen des Schülerbuchs gibt es zusätzlich Hör- und Filmclips, die ebenfalls über einen Code abrufbar sind. Einen Überblick über die Inhalte des Online-Bereichs erhält man auf den hinteren Ausklappseiten.

Die Arbeit mit den Lehrerbänden

Die Lehrerbände bieten didaktisch-methodische Hinweise und Informationen für den Einsatz der Schülerbände im Unterricht. Sie machen einerseits Vorschläge, wie sich Unterricht zum Thema in einer zeitökonomischen, aber inhaltlich adäquaten Minimalvariante realisieren lässt, die sich nur auf einige der im Buch angebotenen Materialien stützt. Andererseits bieten sie Anregungen für die Nutzung des breiteren im Schülerbuch vorhandenen Materialarrangements und weisen darüber hinaus auf weitere Materialien außerhalb des Buches hin. Damit bietet der Lehrerband eine variable Hilfestellung für einen von Kapitel zu Kapitel flexibel umgesetzten, sowohl dem Lehrplan wie den spezifischen Bedingungen der Klasse gerecht werdenden Unterricht.

Kapitel

Die Hinweise zu den Kapiteln beginnen mit einer *Einstiegsgrafik*.

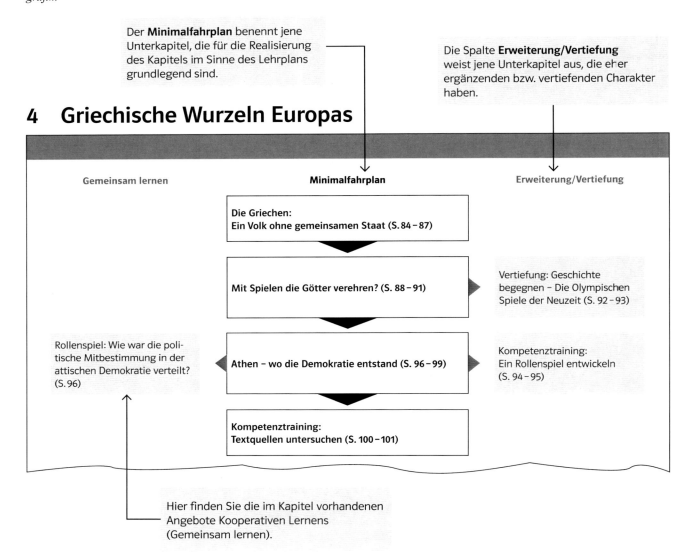

Der **Minimalfahrplan** benennt jene Unterkapitel, die für die Realisierung des Kapitels im Sinne des Lehrplans grundlegend sind.

Die Spalte **Erweiterung/Vertiefung** weist jene Unterkapitel aus, die eher ergänzenden bzw. vertiefenden Charakter haben.

Hier finden Sie die im Kapitel vorhandenen Angebote Kooperativen Lernens (Gemeinsam lernen).

Im Anschluss an die *Einstiegsgrafik* werden die *Kompetenzen* benannt, die die Schülerinnen und Schüler innerhalb des Kapitels erwerben. Dabei finden alle im Lehrplan vorgesehenen Kompetenzbereiche Berücksichtigung. Es folgen Anregungen zur Arbeit mit der *Orientierungsseite*. Den Abschluss bilden knappe kommentierte *Medienhinweise*.

Unterkapitel

Für jedes Unterkapitel bieten die Lehrerbände konzentrierte Hinweise zur Unterrichtsgestaltung. Am Anfang sind die *Kompetenzziele* für das Unterkapitel ausgewiesen, wiederum differenziert nach Kompetenzbereichen. Es folgt eine Grafik für einen *Sequenzvorschlag*..

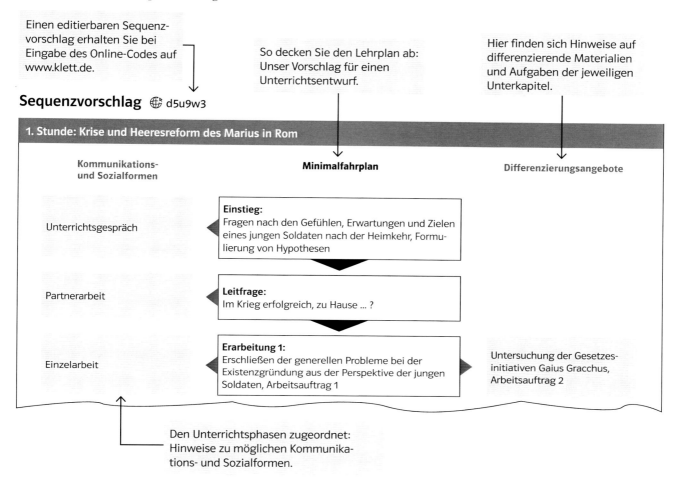

Es folgen kurze *Informationen zum Verfassertext und zu den Materialien*. Sie können direkt in den Unterricht eingebracht werden oder vertiefen das Hintergrundwissen der Lehrkraft.
In den *Erläuterungen zu den Arbeitsaufträgen* wird ein Erwartungshorizont zu den Aufgaben aus den Schülerbänden skizziert. Die Hinweise zu den Unterkapiteln schließen mit einem Vorschlag für ein *Tafelbild*. Über einen Online-Code ansteuerbar sind neben den *Sequenzvorschlägen* auch die Tafelbilder im PowerPoint-Format.

Kopiervorlagen

Als Bögen zur Selbstkontrolle können die Erwartungshorizonte der Seiten "Wiederholen und Anwenden" genutzt werden. Sie sind als Kopiervorlagen angelegt. Die Schülerinnen und Schüler haben so die Möglichkeit, ihren Lernstand selbstständig zu überprüfen.
Zu den Hör- und Filmdateien, die online an das Schülerbuch angeknüpft sind, werden zusätzlich Arbeitsblätter als Kopiervorlagen angeboten. Sie befinden sich jeweils am Ende eines Kapitels und ermöglichen über entsprechende Aufgabenstellungen eine Auseinandersetzung mit dem Zusatzmaterial.

Kompetenzrasterbögen

Jeweils einmal im Schülerbuch werden auf den Seiten „Wiederholen und Anwenden" sogenannte Meilensteinaufgaben angeboten. Über einen Kompetenzrasterbogen im Lehrerband erhalten Sie so die Möglichkeit, den jeweiligen Kompetenzstand Ihrer Schülerinnen und Schüler im Bereich der Fachmethodik zu Text- und Bildquellen sowie Geschichtskarten zu überprüfen.
Das Kompetenzraster ist auf die entsprechenden Kompetenzseiten im Schülerband abgestimmt und differenziert die zu erwartenden Kompetenzen nach den Klassenstufen 5/6, 7/8 sowie 9/10.

Inhaltsverzeichnis

1 Was geht mich Geschichte an? — 10

Überall Geschichte	12
Zeit und Geschichte	15
Umfrage: Was interessiert dich an Geschichte? (KV Fragebogen)	17
Kompetenztraining Eine Zeitleiste erstellen	19
Wie finden wir etwas über die Vergangenheit heraus?	20
Kompetenztraining Sachquellen untersuchen	22
Wer sind wir?	23
Wiederholen und Anwenden (KV zur Selbstkontrolle)	25

2 Die Frühzeit des Menschen — 27

Der Geschichte auf der Spur	29
Kompetenztraining Verfassertexte auswerten	32
Wie kam der Mensch auf die Erde?	33
Kompetenztraining Mit Think-Pair-Share lernen	36
Waren die Menschen der Altsteinzeit Überlebenskünstler?	37
Kompetenztraining Rekonstruktionszeichnungen untersuchen	41
Eine Revolution in der Jungsteinzeit?	42
Geschichte begegnen Gräber von Riesen? Die Megalithkultur der Jungsteinzeit	46
Wiederholen und Anwenden (KV zur Selbstkontrolle)	48
Ein geheimnisvoller Fund (KV Hörtipp)	50
Rokal der Steinzeitjäger (KV Hörtipp)	52
Eine Entdeckung mit Folgen (KV Hörtipp)	54

3 Das Leben in frühen Hochkulturen – das Beispiel Ägypten — 57

Ist Ägypten ein Geschenk des Nils?	59
Der Pharao – Mensch oder Gott?	63
Geheimnisvolle Pyramiden?	65
Kompetenztraining Geschichte im Längsschnitt	69
Längsschnitt Von den Hieroglyphen zum Internet	71
Wie sah der Alltag der Ägypter aus?	75
Kompetenztraining Schaubilder erklären	79
War Ägypten einzigartig?	80
Wiederholen und Anwenden (KV zur Selbstkontrolle)	82
Schrift und Schreiber (KV Hörtipp)	84
Mein Großvater – ein echter Fellache! (KV Hörtipp)	86
Das Tal der Könige (KV Filmclip)	88
Ein guter Ratschlag (KV Hörtipp)	89

4 Griechische Wurzeln Europas — 91

Die Griechen: Ein Volk ohne gemeinsamen Staat	94
Mit Spielen die Götter verehren?	99
Geschichte begegnen Die Olympischen Spiele der Neuzeit	103
Kompetenztraining Ein Rollenspiel entwickeln	106
Athen – wo die Demokratie entstand	107
Kompetenztraining Textquellen untersuchen	112
Mikon – ein Hausherr in Athen	114
Sparta – ein Leben für den Staat?	119
Griechenland – die Wiege unserer Kultur?	122
Alexander der Große – wie gehen die Griechen mit fremden Kulturen um?	127
Wiederholen und Anwenden (KV zur Selbstkontrolle)	132
Die Sage von Herakles und Zerberus (KV Hörtipp)	135
Die Sage von Zeus und Europa (KV Hörtipp)	137
Auf den Spuren von Olympia (KV Filmclip)	138

5 Vom Dorf zum Weltreich – Menschen im Römischen Reich — 139

Rom – wie eine Stadt entsteht	143
Kompetenztraining Geschichtskarten untersuchen	146
Republik: Wie wurde die Macht aufgeteilt?	148
Die römische familia – eine normale Familie?	153
Warum wurde Rom zur Großmacht?	158
Im Krieg erfolgreich, zu Hause in der Krise?	163
Wer schafft neue Ordnung?	169
Alltag und Pracht in Rom	175
Römische Herrschaft – Unterdrückung der Provinzbewohner?	180
Geschichte begegnen Römische Geschichte im Comic	185
Römer und Germanen – unversöhnliche Nachbarn?	188
Die Christen – Feinde des römischen Staates?	193
Ein islamisches Weltreich entsteht	197
Roms Untergang – eine Folge seiner Größe?	200
Wiederholen und Anwenden (KV zur Selbstkontrolle)	204
Kompetenzraster: Textquellen untersuchen	206
Die Gründungssage (KV Hörtipp)	208
Livius über die Verhältnisse in Rom (KV Hörtipp)	210
Tacitus über die Germanen (KV Hörtipp)	212
Inhalt des Online-Bereichs	214

✎ : Kopiervorlagen (KV)

1 Was geht mich Geschichte an?

10–25

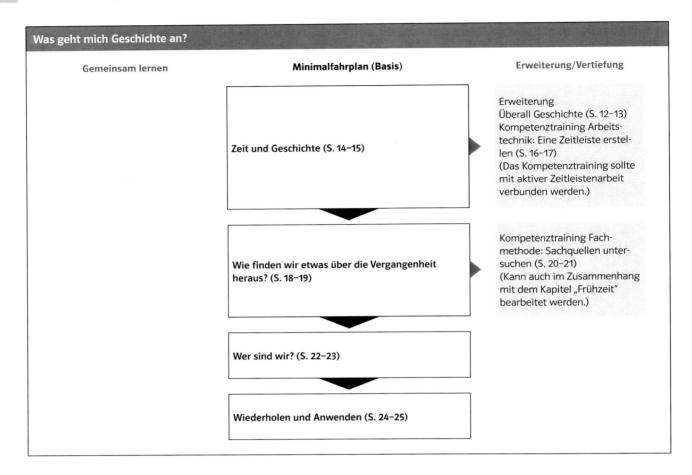

Kompetenzziele des Kapitels

Sachkompetenz
Die SuS
- kennen unterschiedliche Zeitrechnungsmodelle,
- reflektieren vertiefend anhand von Zeitrechnungsmodellen und Zeitleisten über Möglichkeiten der zeitlichen Strukturierung von Geschichte,
- kennen einzelne Quellengattungen (Sachquellen, Texte, Bilder, Tonaufnahmen, Filme),
- kennen wichtige Bestandteile von Geschichtskultur (wie z.B. Bauten, Straßennamen, Gedenktage, Gedenkstätten, Romane, Computerspiele).

Methodenkompetenz
Die SuS
- können selbstständig eine Zeitleiste erstellen,
- können den Quellenwert von Sachquellen einschätzen und selbst Sachquellen untersuchen. Dazu gehört, dass sie weiterführende Fragen formulieren und ggf. entsprechende Recherchen vornehmen.

Urteilskompetenz
Die SuS
- können nachvollziehen, aus welchen Gründen sich Menschen mit Geschichte befassen und welche Erkenntnisse – auch für die Gegenwart – sie dabei gewinnen können,
- verstehen, dass „Geschichte" kein fester Bestand ist, sondern ausgehend von Fragen, die wir heute an sie richten, immer wieder neu und anders geschrieben wird,
- verstehen, dass historische Urteile nicht endgültig und feststehend sind,
- können die Besonderheiten einzelner Bestandteile von Geschichtskultur erklären.

Hinweise zur Orientierungsseite

Das Bild auf der Orientierungsseite greift das zentrale niedersächsische geschichtskulturelle Ereignis des Jahres 2014 auf, nämlich das 300-jährige Jubiläum der Personalunion zwischen England und Hannover. 1714 wurde Georg Ludwig, Kurfürst von Braunschweig-Lüneburg, englischer König. Die Personalunion dauerte bis zum Jahr 1837. Wegen der unterschiedlichen Thronfolgeregelungen bestieg dann in England Queen Victoria den Thron, im Königreich Hannover wurde Ernst August Herrscher. Das Jubiläum war Anlass für zahlreiche Erinnerungsveranstaltungen. Im Zentrum stand die Landesausstellung „Als die Royals aus Hannover kamen. Hannovers Herrscher auf Englands Thron 1714–1837" in Hannover mit Ablegern in mehreren anderen niedersächsischen Städten. Die hannoversch-britische Gesellschaft organisierte eine Kutschfahrt, die auf den Spuren Georg Ludwigs von Dalle (Landkreis Celle) über Hannover nach London führte. Das Foto zeigt die Kutsche im englischen Garten von Hannover-Herrenhausen („Welfengarten") am 1. Mai 2014.

Die Karte bildet die Vorgeschichte des heutigen Bundeslandes Niedersachsen seit 1815 ab: Es entstand aus der preußischen Provinz Hannover (ehemals Königreich Hannover) und den Ländern Braunschweig, Oldenburg und Schaumburg-Lippe.

1 Was geht mich Geschichte an?

12–13 Überall Geschichte

Kompetenzziele

Sachkompetenz
- Die SuS kennen wichtige Bestandteile von Geschichtskultur (wie z. B. Bauten, Straßennamen, Gedenktage, Gedenkstätten, Romane, Computerspiele).

Methodenkompetenz
- Die SuS können Bilder als Ausgangspunkt zum Nachdenken über unterschiedliche Thematisierungen von Geschichte nutzen.

Urteilskompetenz
- Die SuS verstehen, dass sie an vielen Orten und bei vielen Gelegenheiten mit Geschichte in Berührung kommen.
- Sie können die Besonderheiten einzelner Bestandteile von Geschichtskultur erklären.

12–13 Sequenzvorschlag a2n32i

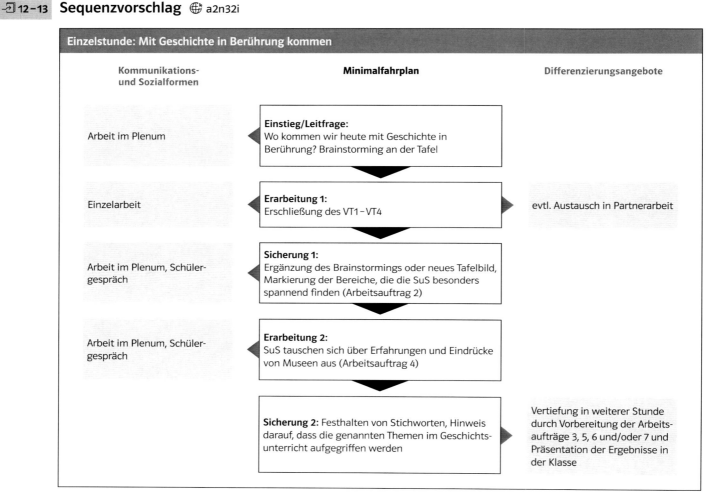

Einzelstunde: Mit Geschichte in Berührung kommen

Kommunikations- und Sozialformen	Minimalfahrplan	Differenzierungsangebote
Arbeit im Plenum	**Einstieg/Leitfrage:** Wo kommen wir heute mit Geschichte in Berührung? Brainstorming an der Tafel	
Einzelarbeit	**Erarbeitung 1:** Erschließung des VT1–VT4	evtl. Austausch in Partnerarbeit
Arbeit im Plenum, Schülergespräch	**Sicherung 1:** Ergänzung des Brainstormings oder neues Tafelbild, Markierung der Bereiche, die die SuS besonders spannend finden (Arbeitsauftrag 2)	
Arbeit im Plenum, Schülergespräch	**Erarbeitung 2:** SuS tauschen sich über Erfahrungen und Eindrücke von Museen aus (Arbeitsauftrag 4)	
	Sicherung 2: Festhalten von Stichworten, Hinweis darauf, dass die genannten Themen im Geschichtsunterricht aufgegriffen werden	Vertiefung in weiterer Stunde durch Vorbereitung der Arbeitsaufträge 3, 5, 6 und/oder 7 und Präsentation der Ergebnisse in der Klasse

Tafelbild cv9dz3

Geschichte in der Öffentlichkeit	
Geschichte auf der Straße	altes Haus, Kirche, Denkmal, Platz, Straßenname
Gedenktage und Jubiläen	wichtige Ereignisse wie der „Tag der Deutschen Einheit"
Museen	Sammlung und Ausstellung von Gegenständen, manchmal auch an einem historischen Ort (Nordwolle)
Gedenkstätten	Erinnerung an Opfer des Nationalsozialismus
Medien	Romane, Computerspiele, Spielfilme: Erzählungen und Handlungen in einer historischen Situation Sachbücher, Dokumentarfilme: Vermittlung von geschichtlichen Informationen auf unterhaltsame Weise

Hinweise zu den Materialien

D1 Straßennamen sind eine wenig beachtete, aber sehr interessante Form der Rezeption und Vermittlung von Geschichte. Zum einen bieten sie die Möglichkeit, sich mit Geschichte vor Ort zu befassen; zum anderen lassen sich gut bestimmte Mechanismen im öffentlichen Umgang mit Geschichte erkennen. Seit der Urbanisierung im 19. Jahrhundert wurden Straßen nach örtlich, regional oder staatlich bedeutsamen Ereignissen, Orten oder Personen benannt; wer oder was dafür infrage kam, wurde von Zeit zu Zeit sehr unterschiedlich beurteilt. Deshalb bilden Straßennamen gewissermaßen eine historisch gewachsene Erinnerungslandschaft, die man lesen kann. D1 ist ein Beispiel aus einer jüngeren „Benennungsschicht": Während Straßenbenennungen nach den Heroen des Widerstands gegen den Nationalsozialismus schon länger üblich waren, wurden erst später Straßen nach lokalen Widerständlern und/oder Opfern des Nationalsozialismus benannt. Yvonne Mewes weigerte sich, als Lehrerin nationalsozialistische Propaganda in der Schule zu vermitteln und in der Kinderlandverschickung zu arbeiten. Sie wurde schließlich von der Gestapo verhaftet und starb im KZ Ravensburg.

Q1 Dieses Museum ist kein Ort, in dem Objekte gesammelt und ausgestellt werden, sondern eine historische Stätte, die zum Museum umgewandelt worden ist. Die Überreste der ehemaligen Nordwolle-Fabrik bilden eines der größten Industriedenkmale Europas. Einen Überblick über die Geschichte der Fabrik findet man auf der Webseite der Stadt Delmenhorst (http://www.delmenhorst.de/leben-in-del/stadt/nordwolle/index.php), Detailinformationen gibt es auf der Museumsseite (http://www.fabrikmuseum.de/).

Q2 ist ein Beispiel für die Darstellung von Geschichte im Film. Es handelt sich um eine Szene aus dem 2004 gedrehten historischen Spielfilm „Spartacus". Die Regie führte Robert Dornhelm, das Drehbuch schrieb Robert Schenkkan nach der literarischen Vorlage von Howard Fast. Diese bildete bereits die Grundlage für den bis heute wesentlich bekannteren Spartacus-Film von Stanley Kubrick (1960).

Q3 ist ein Beispiel für einen (inoffiziellen) Gedenktag. Zwar ist der 9. November 1989 das symbolkräftigere Datum, aber am 9. Oktober geht es um die Erinnerung an die Initiative und den Mut der 70 000 Demonstranten, die in Leipzig trotz Bedrohung durch Staatssicherheitsdienst und Polizei auf die Straße gingen.

1 Was geht mich Geschichte an?

12–13 Erläuterungen zu den Arbeitsaufträgen

1. Liste in Stichworten auf, wo du schon etwas über Geschichte erfahren hast. Ergänze deine Liste, nachdem du die Texte auf dieser Doppelseite gelesen hast (VT). (AFB I)
Der Arbeitsauftrag zielt zunächst darauf ab, dass die SuS vorbereitend über Formen der öffentlichen Geschichtsvermittlung, die sie kennen, nachdenken. Neue Vermittlungsweisen, die sie durch den Text kennenlernen, sollen dann ergänzt werden.

2. Tauscht euch anschließend in der Klasse darüber aus, in welcher Form Geschichte für euch besonders spannend ist. (AFB II)
Die SuS sprechen darüber, welche der genannten Vermittlungsweisen für sie am wichtigsten und interessantesten sind und wie sie von ihnen genutzt werden.

3. Wähle eine Straße bei dir in der Nähe aus, die nach einer Person benannt ist. Recherchiere, wer diese Person war und schreibe eine Erläuterung wie bei D1. (AFB II) ○
Diese Aufgabe dient der exemplarischen Vertiefung des Verfassertextes durch eine eigenständige Rechercheaufgabe. Die SuS können im Internet recherchieren; bei speziellen Namensgebungen vor Ort sind ggf. Nachfragen bei älteren Leuten, bei der Stadtverwaltung, beim historischen Museum erforderlich (Unterstützung durch die Lehrkraft oder die Eltern).

4. Sicher hast du schon einmal ein Museum besucht (Q1). Berichte, woran du dich erinnerst und was dich am meisten beeindruckt hat. (AFB I)
Der Arbeitsauftrag zielt – in Weiterführung und Vertiefung von 1. und 2. – darauf ab, dass die SuS ihre Erfahrungen mit der Geschichts-Vermittlungsform Museum rekapitulieren und darüber in der Klasse berichten.

5. Hast du schon einmal einen historischen Roman oder ein Sachbuch gelesen? Ihr könnt euer Lieblingsbuch in der Klasse vorstellen und erläutern, was euch daran besonders gut gefallen hat. (AFB II) ○
Der Arbeitsauftrag zielt – in Weiterführung und Vertiefung von 1. und 2. – darauf ab, dass die SuS ihre Erfahrungen mit der Geschichtsvermittlungsform Roman oder Sachbuch rekapitulieren und darüber in der Klasse berichten.

6. Schreibe zu Q1–Q3 jeweils einen Kommentar von ein oder zwei Sätzen: Wie wird hier Geschichte aufgegriffen? (AFB II)
- Q1 zeigt einen historischen Ort, an dem Geschichte auch ausgestellt wird und historisches Wissen vermittelt werden soll.
- In Q2 wird Geschichte so zum Thema gemacht, dass ein breites Publikum angesprochen und unterhalten wird.
- In Q3 wird an ein besonders wichtiges Ereignis der deutschen Geschichte und an die vielen beteiligten Menschen erinnert.

7. Finde heraus, was alles im Fabrikmuseum Nordwolle zu sehen ist. Gestalte ein Werbeplakat für den Besuch des Museums. (AFB III) ●
Hier geht es um zwei weiterführende Aktivitäten. Zunächst müssen die SuS auf den oben genannten Webseiten recherchieren und anschließend eine passende Präsentation in Form eines Werbeplakats erstellen. Dabei ist es wichtig, formale Fragen vorab zu bedenken und angemessen umzusetzen: Größe des Plakats, Verwendung von Bildern, Text(-menge), Schriftgröße, farbliche Gestaltung.

Zeit und Geschichte

Kompetenzziele

Sachkompetenz
- Die SuS kennen unterschiedliche Zeitrechungsmodelle.
- Sie reflektieren anhand von Zeitrechungsmodellen und Zeitleisten vertiefend über Möglichkeiten der zeitlichen Strukturierung von Geschichte.

Methodenkompetenz
- Die SuS können mit einer Zeitleiste zu den Epochen der Geschichte arbeiten.

Urteilskompetenz
- Die SuS können nachvollziehen, aus welchen Gründen sich Menschen mit Geschichte befassen und welche Erkenntnisse – auch für die Gegenwart – sie dabei gewinnen können.
- Sie verstehen, dass „Geschichte" kein fester Bestand ist, sondern ausgehend von Fragen, die wir heute an sie richten, immer wieder neu und anders geschrieben wird.

Sequenzvorschlag 35u4sa

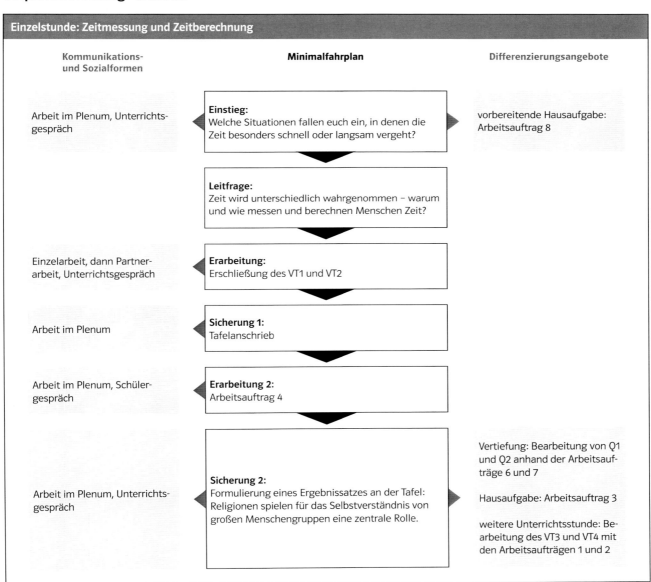

Einzelstunde: Zeitmessung und Zeitberechnung

Kommunikations- und Sozialformen	Minimalfahrplan	Differenzierungsangebote
Arbeit im Plenum, Unterrichtsgespräch	**Einstieg:** Welche Situationen fallen euch ein, in denen die Zeit besonders schnell oder langsam vergeht?	vorbereitende Hausaufgabe: Arbeitsauftrag 8
	Leitfrage: Zeit wird unterschiedlich wahrgenommen – warum und wie messen und berechnen Menschen Zeit?	
Einzelarbeit, dann Partnerarbeit, Unterrichtsgespräch	**Erarbeitung:** Erschließung des VT1 und VT2	
Arbeit im Plenum	**Sicherung 1:** Tafelanschrieb	
Arbeit im Plenum, Schülergespräch	**Erarbeitung 2:** Arbeitsauftrag 4	
Arbeit im Plenum, Unterrichtsgespräch	**Sicherung 2:** Formulierung eines Ergebnissatzes an der Tafel: Religionen spielen für das Selbstverständnis von großen Menschengruppen eine zentrale Rolle.	Vertiefung: Bearbeitung von Q1 und Q2 anhand der Arbeitsaufträge 6 und 7 Hausaufgabe: Arbeitsauftrag 3 weitere Unterrichtsstunde: Bearbeitung des VT3 und VT4 mit den Arbeitsaufträgen 1 und 2

1 Was geht mich Geschichte an?

Tafelbild (Sicherung 1) 2837v8

Zeitmessung und Zeitrechnung

- Wir brauchen eine einheitliche Zeitmessung, wenn wir uns (über einen ganz engen Raum hinaus) über Zeit verständigen wollen.
- Wir messen die Zeit nach (physikalischen) Regeln, die wir aus den Bewegungen von Sonne, Erde und Mond ableiten.
- Es gibt oder gab unterschiedliche Zeitrechnungen; die heute gebräuchlichen richten sich nach religiösen Traditionen.

14–15 Zum Verfassertext und zu den Materialien

VT Der Verfassertext behandelt, orientiert am Kerncurriculum, zwei unterschiedliche Aspekte.
Zum einen geht es um die Frage von Zeitwahrnehmung, Zeitmessung und Zeitrechnung. Dabei werden nur die wichtigsten aktuellen Zeitrechnungsmodelle sowie das römische vorgestellt, das die SuS bald genauer kennenlernen werden. Bei der Frage der Zeitmessung wird nicht weiter darauf eingegangen, dass eine einheitliche, ortsübergreifende Uhrzeit sich selbst in Europa erst im Laufe des 19. Jahrhunderts durchgesetzt hat, als die Eisenbahnfahrpläne eine solche Abstimmung notwendig machten.
Zum anderen behandelt der Verfassertext die Frage, warum Geschichte für uns heute wichtig ist und welche Erkenntnisse wir aus ihr gewinnen können. Zur Behandlung dieses Themas ist eine zweite Unterrichtsstunde erforderlich.

D1 zeigt eine sehr einfache Epocheneinteilung. Insbesondere der Übergang von der Frühgeschichte zum Altertum muss eigentlich über einen größeren Zeitraum hinweg fließend gedacht werden. Das gilt im Übrigen auch für die Übersichtszeitleiste zu Beginn des Schülerbandes. Epochen wie Jungsteinzeit, Bronzezeit, Eisenzeit und Altertum überlappen einander und sind außerdem regional unterschiedlich anzusetzen.

14–15 Erläuterungen zu den Arbeitsaufträgen

1. Liste auf, welche Fragen an die Geschichte dich am meisten interessieren (VT). (AFB I)
Dieser Arbeitsauftrag dient dazu, die Interessen und Vorkenntnisse der SuS aufzugreifen. Per Online-Code **w5m449** wird dazu ein Fragebogen angeboten (siehe S. 17); er kann helfen, der Lehrkraft einen Überblick über den „historischen Horizont" der SuS zu vermitteln.

2. Sammelt diese Fragen in der Klasse und tauscht euch darüber aus. (AFB II)
Einzelne Fragen oder Interessenschwerpunkte der SuS können gezielt (und unabhängig vom chronologischen Durchgang) durch einen kurzen Austausch in der Klasse oder durch ein Kurzreferat von einzelnen SuS, die besonders interessiert und informiert sind, aufgegriffen werden.

Was geht mich Geschichte an?

Umfrage: Was interessiert dich an Geschichte?

Wie sehr interessierst du dich für Geschichte?

sehr ☐   mittel ☐   wenig ☐

Welche Themen aus der Geschichte interessieren dich besonders?

_____

_____

_____

_____

Über welche Themen aus der Geschichte weißt du besonders viel?

_____

_____

_____

_____

Woher hast du deine Kenntnisse bekommen?

☐ Erzählungen in der Familie
☐ Besichtigungen von historischen Orten (Burgen, Schlösser usw.)
☐ Museumsbesuche
☐ historische Romane für Kinder
☐ historische Sachbücher für Kinder
☐ andere Bücher
☐ Dokumentarfilme im Fernsehen
☐ Spielfilme im Fernsehen oder im Kino
☐ historische Comics
☐ Computerspiele
☐ Internet

Für welche Art von Themen interessierst du dich besonders?

☐ für große Persönlichkeiten (Herrscher, Feldherren, Politiker)
☐ für das alltägliche Leben der einfachen Menschen
☐ für die Lebensbedingungen von Kindern und Jugendlichen
☐ für großartige Bauten wie Burgen und Pyramiden
☐ für Kriege, Schlachten und Waffen
☐ für die Frage, wer herrschte und wie viel einfache Menschen mitbestimmen durften
☐ für die Verteilung von Besitz und Geld

Name _____   Klasse _____   Datum _____

Was geht mich Geschichte an?

3. Rechne aus, wann du nach jüdischer, römischer und islamischer Zeitrechnung geboren wurdest (VT). (AFB I)
Bei der jüdischen und der römischen Zeitrechnung müssen die SuS die im VT angegebenen Jahreszahlen zu ihrem Geburtsjahr hinzuaddieren; bei der islamischen Zeitrechnung müssen sie die angegebene Jahreszahl subtrahieren. Dabei bleiben die jeweils unterschiedlichen Jahreskalender unberücksichtigt.

4. Begründe, warum die Religionen bei der Zeitrechnung eine so wichtige Rolle spielen. (AFB II)
Außer der römischen Zeitrechnung stammen alle erwähnten aus dem religiösen Kontext; bei Christentum und Islam ist sie mit der Person eines „Religionsstifters" verbunden. Religionen spielen allgemein für das Selbstverständnis von großen Menschengruppen eine zentrale Rolle.

5. Ordne Ereignisse oder Personen, die du kennst, auf der Zeitleiste ein. (AFB I)
Bei zeitlich entfernteren Ereignissen oder Personen müssen die SuS ggf. in einem Lexikon oder im Internet recherchieren.

6. Vergleiche, wie genau die beiden Uhrentypen die Zeit messen können (Q1, Q2). (AFB II)
Die abgebildete Sonnenuhr hat eine Einteilung von 12 Stunden, sie zeigt jedoch nur ungefähre Werte an. Die Taschenuhr verfügt über eine Einteilung von 12 und 24 Stunden. Sie zeigt die Zeit etwas genauer, besitzt aber noch keine Minutenanzeige (es handelt sich um einen durchgehenden Zeiger). Die frühen Taschenuhren hatten im Laufe eines Tages eine Abweichung von mehreren Minuten.

7. Erläutere ihre Vor- und Nachteile. (AFB II)
Die Sonnenuhr ist abhängig vom Sonnenschein und vom jahreszeitlichen Sonnenstand; sie ist nicht transportabel. Die Taschenuhr ist zwar tragbar, aber relativ schwer. Sie ist in der Anzeige genauer, aber im Lauf noch unregelmäßig. Sie muss regelmäßig aufgezogen werden.

8. Überprüfe anhand des Tagesablaufs bei dir oder deiner Familie, wo eine genaue Zeitrechnung benötigt wird. (AFB III)
Dies kann am besten so geschehen, dass der Tagesablauf im Sinne eines Stundenplans durchgegangen wird: Aufstehen, Bus zur Schule, Schulbeginn ...

Kompetenztraining Arbeitstechnik: Eine Zeitleiste erstellen

Kompetenzziele

Methodenkompetenz
- Die SuS können selbstständig eine Zeitleiste erstellen.
- Sie können einen Grundentwurf für eine Zeitleiste anlegen.
- Sie können eigenständig Daten und Materialien für die Zeitleiste auswählen bzw. erstellen.
- Sie können die Zeitleiste adäquat visuell gestalten.

Zum Verfassertext und zu den Materialien

VT Geschichte wird im Unterricht zwar in der Regel in chronologischer Abfolge, aber mit großen zeitlichen Sprüngen behandelt. Deshalb ist eine weiträumige chronologische Orientierung besonders notwendig. Die beste Möglichkeit, eine entsprechende Kompetenz zu entwickeln, ist die Arbeit mit der Zeitleiste. Eine Überblickszeitleiste bietet der Schülerband an. Noch besser freilich ist die Herstellung einer eigenen Klassenzeitleiste, die auf den tatsächlich erteilten Unterricht abgestimmt und als gemeinsames (auch ästhetisches) Produkt erstellt werden kann. Je nach Komplexität sind damit auch eigenständige Recherche- und Formulierungsaufgaben verbunden. Abhängig vom thematischen Zuschnitt – vom groben Überblick über die Weltgeschichte bis zur speziellen Epochen- oder Themenzeitleiste – kann die Erstellung der Zeitleiste eher punktuell oder aber längerfristig unterrichtsbegleitend stattfinden.

D1 ist ein Beispiel für eine thematisch ausgerichtete Zeitleiste (Technikgeschichte), die man zeitlich weiter fortführen kann.

D2 zeigt exemplarisch, wie eine Personenzeitleiste mit entsprechenden Fotos aussehen kann. Die Abfolge der Daten kann auch dichter sein; zur Orientierung können Daten aus der allgemeinen Geschichte einbezogen werden.

Erläuterungen zu den Arbeitsaufträgen

1. Zeichne eine Zeitleiste zur Geschichte deiner Familie. Überlege, welche Daten und Ereignisse dir selber dazu einfallen. Unterhalte dich auch mit deinen Eltern und/oder Großeltern darüber. (AFB I)
Die Familienzeitleiste ist eine gute Möglichkeit, in die konkrete Beschäftigung mit Geschichte einzusteigen. Die SuS können erkennen, dass ihre eigene Familie Geschichte hat und Geschichte verkörpert.

2. Trage in deine Zeitleiste Familien- und Orientierungsdaten aus der allgemeinen Geschichte ein. Deine Familienzeitleiste wird besonders gut aussehen, wenn du auch noch Kopien von Fotos einklebst. (AFB I)
Die SuS können Querverbindungen zwischen der Familiengeschichte und der allgemeinen Geschichte herstellen: Es handelt sich nicht um zwei separate Geschichten, beides ist miteinander verzahnt. Das wird auch durch das Gespräch mit Eltern oder Großeltern deutlich. Bei einer Zeitleiste geht es auch immer um die visuelle Komponente. Neben Bildern ist auch eine sinnvolle Grundanlage wichtig, wie sie in den Arbeitsschritten beschrieben wird.

1 Was geht mich Geschichte an?

Wie finden wir etwas über die Vergangenheit heraus?
→ 18–19

Kompetenzziele

Sachkompetenz
- Die SuS kennen den Begriff Quelle und die Großgruppen von Quellen (Sachquellen, Textquellen, Bildquellen, Tonquellen, Filmquellen, Zeitzeugenaussagen).

Methodenkompetenz
- Die SuS können den Quellengruppen einzelne Beispiele zuordnen.

Urteilskompetenz
- Die SuS können den Prozess der historischen Erkenntnisgewinnung und Urteilsbildung nachvollziehen.
- Die SuS verstehen, dass historische Urteile nicht endgültig und feststehend sind.

Sequenzvorschlag 453s9n
→ 18–19

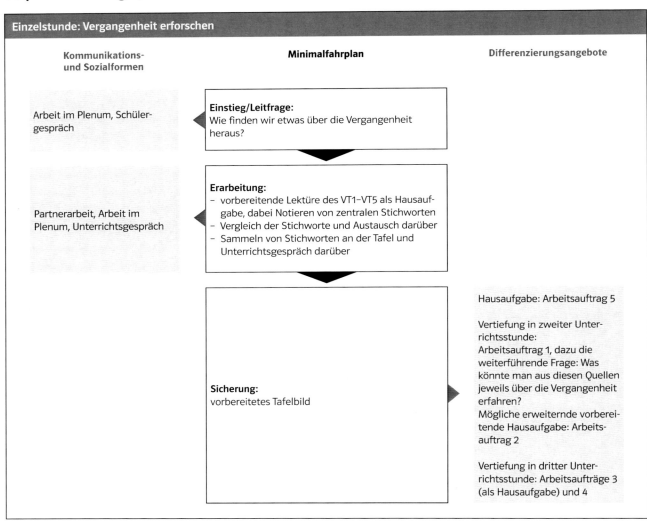

Einzelstunde: Vergangenheit erforschen

Kommunikations- und Sozialformen	Minimalfahrplan	Differenzierungsangebote
Arbeit im Plenum, Schülergespräch	**Einstieg/Leitfrage:** Wie finden wir etwas über die Vergangenheit heraus?	
Partnerarbeit, Arbeit im Plenum, Unterrichtsgespräch	**Erarbeitung:** - vorbereitende Lektüre des VT1–VT5 als Hausaufgabe, dabei Notieren von zentralen Stichworten - Vergleich der Stichworte und Austausch darüber - Sammeln von Stichworten an der Tafel und Unterrichtsgespräch darüber	
	Sicherung: vorbereitetes Tafelbild	Hausaufgabe: Arbeitsauftrag 5 Vertiefung in zweiter Unterrichtsstunde: Arbeitsauftrag 1, dazu die weiterführende Frage: Was könnte man aus diesen Quellen jeweils über die Vergangenheit erfahren? Mögliche erweiternde vorbereitende Hausaufgabe: Arbeitsauftrag 2 Vertiefung in dritter Unterrichtsstunde: Arbeitsaufträge 3 (als Hausaufgabe) und 4

Tafelbild (Sicherung 1) d2jv9d

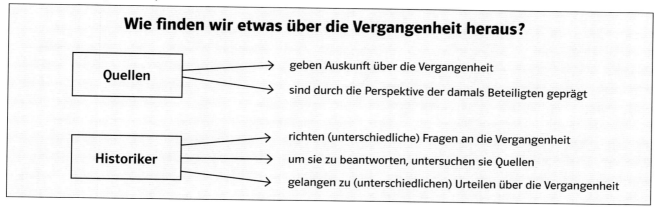

Zum Verfassertext und zu den Materialien

VT Die Materialien repräsentieren jeweils eine der im Verfassertext genannten Quellengattungen.

Q1 ist eine schwarzfigurige Vasenmalerei. Sie steht für die Gruppe der Bildquellen, die Vase als Ganze stellt allerdings zugleich auch eine Sachquelle dar.

Q2 Das Tagebuch ist eine spezielle Art der Textquelle; es stammt aus der ersten Hälfte des 20. Jahrhunderts und ist in deutscher Schrift geschrieben.

Q3 zeigt eine Zeitzeugenbefragung.

Erläuterungen zu den Arbeitsaufträgen

1. Ordne die Abbildungen Q1–Q3 einer Quellengruppe zu. (AFB I) ○
- Q1 Bildquelle, aber auch Sachquelle
- Q2 Textquelle (mit einem Bild)
- Q3 Zeitzeugenbefragung

2. Finde in deinem Buch Abbildungsbeispiele für andere Quellenarten und ordne sie zu. (AFB I) ●
Beispiele könnten etwa sein:
- Sachquelle: Q1/Q2 Uhren S. 15, Q1–Q3 Bügeleisen S. 20/21, Q2/Q3 Ötzis Gegenstände S. 29
- Textquelle: Q4 Ernte ohne Arbeit? S. 58, Q5 Werde zu einem Schreiber! S. 59
- Bildquelle: Q1 Die Erschaffung von Adam und Eva S. 37
- Ton- oder Filmquelle: Q2 Szene aus dem Spielfilm Spartacus S. 13
- Zeitzeugenaussage: Q4 Deutsch oder polnisch? S. 23

3. Lass dir von deinen Eltern, Großeltern oder älteren Geschwistern erzählen, wie es bei deiner Einschulung war. Untersuche, ob es Unterschiede oder vielleicht sogar Widersprüche in den Erinnerungen gibt. (AFB I)
Die SuS sollen hier gewissermaßen ihre eigenen Quellen aus dem Familienkontext generieren.

4. Stelle dar, was das mit den Problemen von Geschichtsschreibung zu tun hat. (AFB III)
An einem Beispiel aus der eigenen Geschichte soll erkennbar werden, dass sich Erinnerungen und Erzählungen über dieselben, gemeinsam erlebten Geschehnisse voneinander unterscheiden können und von daher – ohne dass hier überhaupt spezielle Standpunkte und Interessen ins Spiel kommen – eindeutige Darstellungen der Geschichte schwerfallen können.

5. Erstelle in Stichworten ein Merkblatt für Historiker: Was müssen sie tun und beachten? Nummeriere die einzelnen Schritte. (AFB I) ○
Hier sollen die SuS in Stichworten den VT3–VT5 zusammenfassen.
1. Fragen stellen
2. Quellen untersuchen
3. Sichtweise der Quellen prüfen
4. Informationen auswerten, Schlussfolgerungen und Vermutungen formulieren
5. vorliegende Arbeiten auswerten
6. ein eigenes Urteil formulieren und eine eigene Darstellung verfassen

1 Was geht mich Geschichte an?

Kompetenztraining Fachmethode: Sachquellen untersuchen

Kompetenzziele

Methodenkompetenz
- Die SuS können selbst Sachquellen untersuchen.
- Sie können weiterführende Fragen formulieren und ggf. entsprechende Recherchen vornehmen.

Zum Verfassertext und zu den Materialien

VT Sachquellen sind wie Texte und Bilder eine der Großgattungen von Quellen, zu denen viele Untergattungen gehören. Da sie für die frühen Zeiten der Geschichte eine besondere Rolle spielen, ist es sinnvoll, sie auch als erste Gattung zu behandeln. Allerdings macht sich hier besonders negativ das Manko bemerkbar, dass Schulbücher nur zweidimensionale Abbilder von Gegenständen zeigen können: Sachquellen müssen eigentlich in die Hand genommen, befühlt, gewogen, gemessen, ausprobiert werden. Auch die Angabe der Maße und Gewichte bietet dafür keinen wirklichen Ersatz. Deswegen ist es sinnvoll, wenn die vorgeführten Unterrichtsschritte noch einmal an einem echten Objekt durchgeführt werden (Arbeitsaufträge 1–3). Am besten ist es, wenn die SuS selbst solche Objekte mitbringen können: Sie sind dann für eine Untersuchung und Präsentation *ihres* Objekts besonders motiviert. Unbedingt zu empfehlen ist aber auch, dass sich die Lehrkraft einen Fundus an geeigneten Sachquellen zulegt.

Erläuterungen zu den Arbeitsaufträgen

1. Suche zu Hause den ältesten Gegenstand, den du transportieren kannst. Untersuche ihn mithilfe der Arbeitsschritte und verschaffe dir alle Zusatzinformationen, die du brauchst. (AFB II)
- Besonders interessant sind dreidimensionale Objekte, die sich auf vielerlei Weise erkunden lassen. Aber auch sogenannte „Flachware" (Papiergeld, Briefmarken) sollte nicht ausgeschlossen sein.
- Briefe sind zwar vornehmlich Textquellen, haben aber im Original mit Umschlag, Stempel etc. gewissermaßen auch einen Sachquellenaspekt.
- Zusatzinformationen allgemeinerer Art können die SuS im Internet recherchieren. Falls es sich um Gegenstände handelt, die für die Familiengeschichte eine besondere Bedeutung haben, sollten Eltern oder Großeltern die dazugehörenden Geschichten erzählen.

2. Verfasse als Auswertung einen kurzen „Steckbrief", in dem du die wichtigsten Ergebnisse für deine Mitschülerinnen und Mitschüler zusammenfasst. Unter dem Code (s. u.) findest du eine Vorlage dafür. (AFB II)
Steckbrief einer Sachquelle (Der als Arbeitsblatt formatierte Steckbrief ist unter dem Online-Code q69vn6 abrufbar.)
Bezeichnung des Gegenstandes
Materialien
Maße
Gewicht
Entstehungszeit
Zweck
Handhabung
frühere Benutzer
Bedeutung für das Leben der Menschen früher
Bedeutung für das Leben der Menschen heute
heute ersetzt durch einen anderen Gegenstand
meine Informationsquelle

3. Bringt alle eure Sachquellen in die Klasse mit. Ihr könnt dann eine kleine Ausstellung gestalten und euch die Gegenstände gegenseitig vorstellen. (AFB II)
- Für die Ausstellung müssen die Gegenstände gut sichtbar präsentiert werden.
- Die erläuternden Texte müssen ausreichend informativ, zugleich aber knapp sein.
- Sie müssen gut lesbar geschrieben werden (am besten in ausreichender Schriftgröße ausgedruckt).

Wer sind wir?

Kompetenzziele

Sachkompetenz
- Die SuS kennen unterschiedliche „Bausteine" von Identität.

Methodenkompetenz
- Die SuS können Bild- und Textquellen zum Thema Identität auswerten.

Urteilskompetenz
- Die SuS respektieren unterschiedliche individuelle Identitätsmischungen.

Sequenzvorschlag u5d9qh

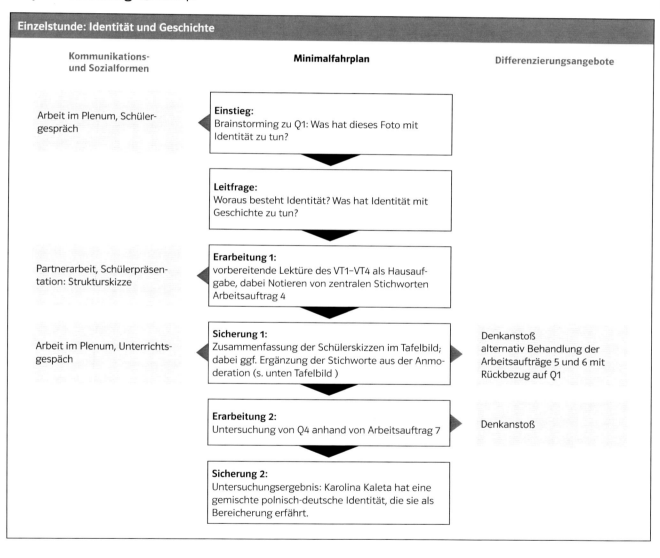

1 Was geht mich Geschichte an?

Tafelbild d3a5kr

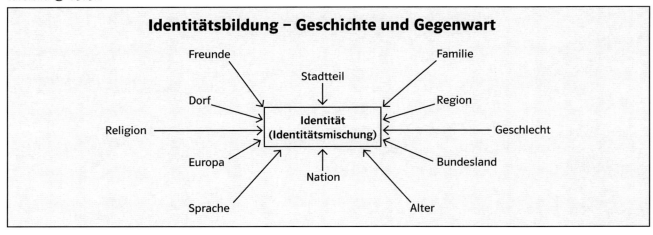

22–23 Zum Verfassertext und zu den Materialien

VT Da SuS zu den hier angesprochenen Themen allenfalls über zufällige Vorkenntnisse verfügen, kann die Argumentation nicht genauer ausgeführt werden.

In der Regel befinden sich in heutigen Schulklassen aller Schulformen SuS „mit Migrationshintergrund". Die Frage der Identitätsbildung ist für sie oft besonders schwierig. Das kann im Unterricht ggf. aufgegriffen werden; es sollten dabei aber kulturalisierende Zuschreibungen („du als Türke ...") vermieden werden.

22–23 Erläuterungen zu den Arbeitsaufträgen

1. Vergleiche das, was in Q2 unter „Heimat" verstanden wird, mit den Informationen im Verfassertext. (AFB II)
In Q2 werden sehr unterschiedliche, gegenwärtige und historische Aspekte von „Heimat" aufgeführt: Natur, Kultur, Sprache, Geschichte. Damit ist keine Ideologisierung des Begriffs verbunden.

2. Bewerte die Ziele der Stiftung. (AFB III)
Die Leitbegriffe sind „Erhaltung" und „Gestaltung". Dadurch kann „Identität" bewirkt werden, sie steht aber nicht als Ziel im Vordergrund.

3. Beurteilt die Aussagen in Q3 anhand eurer eigenen Erfahrungen: Würdet ihr ihnen zustimmen? (AFB III)
In der Regel werden hier SuS nicht mehr über unmittelbare eigene Erfahrungen verfügen. Ggf. können sie dazu ihre Eltern oder Großeltern befragen.

4. Fasse den Verfassertext in einer Skizze zusammen. (AFB III) ○

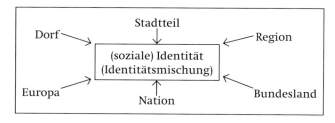

5. Manchmal werden Fußballfans kritisiert, wenn sie wie in Q1 ihre Begeisterung für die deutsche Nationalmannschaft zeigen. Begründe, worauf diese Kritik beruhen könnte. (AFB II)
Weil der Nationalismus in der deutschen Geschichte (besonders in Verbindung mit dem Nationalsozialismus) viel Schlimmes angerichtet hat, fürchten die Kritiker, dass er wieder zu stark werden könnte.

6. Diskutiert in der Klasse eure eigene Position dazu. (AFB III)
Vor dem Hintergrund der besonderen deutschen Geschichte sind diese Bedenken zu verstehen. Allerdings werden sie auch im Ausland als eher übertrieben und seltsam wahrgenommen.

7. Untersuche, was für eine Identität die Studentin in Q4 hat. (AFB II) ○
Karolina Kaleta hat eine gemischte polnisch-deutsche Identität. Das wird deutlich an den vielen Erwähnungen der Begriffe „polnisch" und „deutsch". In den beiden letzten Sätzen spricht sie es ganz klar aus. Sie erfährt diese gemischte Identität als Bereicherung.

Wiederholen und Anwenden

📄 24–25

1. Überblickswissen zur Einführung in das Fach Geschichte I

Wichtige Begriffe wiederholen
Sachkompetenz

Zeichne das Kreuzgitter in dein Heft und fülle es aus. Das Lösungswort findest du in den dunklen Feldern von oben nach unten gelesen.
Achtung: Zwei Buchstaben fehlen, die musst du noch ergänzen. (Ä=AE, Ö=OE)
1. Damit teilen wir die Vergangenheit in einzelne Abschnitte ein (Mehrzahl).
   Lösungswort: Epochen
2. Er kann dir etwas über die Vergangenheit erzählen, wie er sie selber erlebt hat.
   Lösungswort: Zeitzeuge
3. An diesem Tag wird an Ereignisse aus der Vergangenheit erinnert.
   Lösungswort: Gedenktag
4. Das ist die älteste Bildquelle.
   Lösungswort: Hoehlenmalerei
5. Sie hilft dir, einen Überblick über die Geschichte zu bekommen.
   Lösungswort: Zeitleiste
6. Dieses Bauwerk soll an Menschen oder Ereignisse aus der Vergangenheit erinnern.
   Lösungswort: Denkmal
7. Das kann dir über die Vergangenheit Auskunft geben.
   Lösungswort: Quelle
8. Sie beschäftigt sich vor allem mit der ältesten Geschichte und ist Spezialist für Sachquellen.
   Lösungswort: Archaeologin

Lösungswort senkrecht: Historiker

2. Überblickswissen zur Einführung in das Fach Geschichte II

Epochennamen kennen
Sachkompetenz

Ordne die Epochenbezeichnungen und die Zahlenangaben mithilfe der Zahlen und Buchstaben einander richtig zu:
1. Neuzeit – C. etwa 1500 bis heute
2. Altertum – D. etwa 3000 v. Chr. bis 500 n. Chr.
3. Ur- und Frühgeschichte – B. etwa bis 3000 v. Chr.
4. Mittelalter – A. etwa 500 bis 1500 n. Chr.

3. Wie finden wir etwas über die Vergangenheit heraus? I

Im Gedankenexperiment eine Forschungssituation nachvollziehen
Methodenkompetenz, Urteilskompetenz

Stelle dir vor, du lebst in 100 Jahren und bist Historikerin oder Historiker. Du willst erforschen, wie der Schulunterricht im Jahre 2015 aussah. Beschreibe, wie du dabei vorgehen würdest. Welche Quellen könntest du verwenden und was würdest du aus ihnen jeweils über dein Thema erfahren?

Mögliche Quellen wären:
- Lehrpläne
- Schulbücher
- Schülerhefte
- Klassenarbeiten
- Aufzeichnungen von Lehrkräften
- Erinnerungsschriften von Schülerinnen und Schülern
- Bücher über die Geschichte einzelner Schulen
- Artikel in Fachzeitschriften
- Fotos

Mögliche Fragen wären:
- Welche Unterrichtsfächer gab es früher?
- Was sollten Schülerinnen und Schüler in den einzelnen Fächern lernen?
- Wie lief der Unterricht ab?
- Wie viele Hausaufgaben gab es?
- Gab es Strafen?

Aus Lehrplänen und Schulbüchern kann man nur entnehmen, was Schülerinnen und Schüler lernen sollen und anhand welcher Materialien sie dies tun können. Über den Unterricht, wie er tatsächlich stattgefunden hat, erfahren wir darin nichts. Einen Eindruck von den Ergebnissen des Unterrichts können uns Schülerhefte und Klassenarbeiten vermitteln. Die persönliche Sicht der Beteiligten kommt in Äußerungen von Lehrkräften und Schülerinnen und Schülern zum Vorschein. Artikel in Fachzeitschriften machen deutlich, über welche allgemeinen Probleme von Unterricht damals diskutiert wurde. Und Fotos können uns die Situation und die Atmosphäre zeigen, in der Unterricht stattgefunden hat.

4. Wie finden wir etwas über die Vergangenheit heraus? II

Mit unterschiedlichen Perspektiven umgehen
Urteilskompetenz

Schreibt mit eurem Tischnachbarn jeweils einen Text zu Q1: Was könnte einer der Polizisten und was könnte einer der Demonstranten anschließend über diese Situation berichtet haben?
Erklärt, was dieses Beispiel über die Schwierigkeiten von Geschichtsschreibung aussagt.

Mögliche Äußerung eines Polizisten:
Wir hatten den Auftrag, die Sitzblockade der Demonstranten aufzulösen. So etwas ist immer eine schwierige Situation. Wenn die Leute nicht freiwillig gehen, müssen wir sie wegtragen. Bei manchen geht das problemlos, aber manche wehren sich auch. Dann müssen wir Gewalt anwenden. Wie sollen wir sonst unseren Auftrag durchführen? Vor solchen Situationen habe ich immer Angst, obwohl wir mehr Leute haben, besser trainiert und besser ausgerüstet sind. Aber ich habe auch schon erlebt, dass irgendwelche Radikalen Eisenstangen oder andere Waffen dabei hatten. Dann kriegen wir erst die Schläge ab und anschließend müssen wir uns noch dafür beschimpfen lassen, wenn wir hart durchgreifen. Da ist die Presse sofort dabei. Egal, um was es bei der Demonstration geht, wir haben immer schlechte Karten. Zum Glück sind hier die Leute dann am Ende freiwillig aufgestanden.

Mögliche Äußerungen eines Demonstranten:
Ich hatte in der Situation ziemlich viel Angst. Wir waren eigentlich vollkommen friedlich, aber wir wollten natürlich auch nicht gleich den Platz räumen. Je länger es dauert, desto aggressiver werden die Polizisten. Wenn sie einen wegtragen müssen, packen sie extra hart zu. Ich war nur froh, dass die Fotografen dabei waren, da weiß die Polizei, dass sie unter Beobachtung steht. Wir haben ja auch versucht, mit denen zu diskutieren, aber das war hoffnungslos. Über die politischen Fragen, um die es eigentlich geht, kann man mit denen nicht reden – das verstehe ich einfach nicht. Am Ende sind wir dann doch gegangen, nachdem wir die Polizisten lange genug beschäftigt hatten. Ich war froh, dass wir nichts abbekommen haben.

2 Die Frühzeit des Menschen

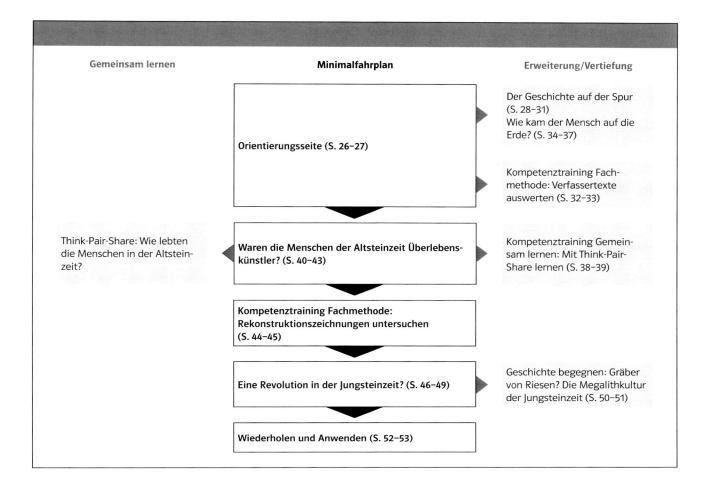

Kompetenzziele des Kapitels

Sachkompetenz
Die SuS
- wissen, was sich mit folgenden Daten verbindet: vor 4 Millionen Jahren, um 9000 v. Chr., um 1200 v. Chr.,
- können die Begriffe Altsteinzeit, Jäger und Sammler, Nomade, Jungsteinzeit, Neolithische Revolution erklären,
- können erläutern, wie sich der Mensch entwickelt und über die Erde verbreitet hat,
- wissen, wie die Lebensweise der Menschen in der Altsteinzeit und in der Jungsteinzeit aussah,
- können erklären, wie einzelne Techniken und Erfindungen das Leben der Menschen beeinflusst haben,
- kennen die wichtigsten Arbeitstechniken von Archäologen.

Methodenkompetenz
Die SuS
- können einen Verfassertext auswerten,
- können Rekonstruktionszeichnungen untersuchen.

Urteilskompetenz
Die SuS
- können Alt- und Jungsteinzeit unter bestimmten Gesichtspunkten miteinander vergleichen und bewerten,
- können den Begriff Neolithische Revolution einschätzen,
- beurteilen, welche Folgen Bevölkerungszunahme, Sesshaftigkeit, Besitz und Spezialisierung für das Zusammenleben der Menschen gehabt haben,
- beurteilen, wie sich das Verhältnis von Mensch und Umwelt verändert.

2 Die Frühzeit des Menschen

vor 4 Mio. Jahren – 3000 v. Chr.

Hinweise zur Orientierungsseite

Ähnliche Erfahrungsmöglichkeiten wie auf dem Foto werden – wenngleich meist in engerem Rahmen – in zahlreichen Museen angeboten. Das spielerische Nachvollziehen steinzeitlicher Techniken kann SuS deutlich machen, dass diese funktional darauf ausgerichtet waren, die Herausforderungen der Lebenswelt zu bewältigen, und dass sie häufig (wie das Abschlagen von Steinen) erhebliche Erfahrungen und Kompetenzen verlangten.

Die Karte zeigt die zwei Bewegungen, mit denen sich die Menschen von Afrika aus über die Erde ausgebreitet haben. Es sollte sorgfältig besprochen werden, dass es sich dabei um unterschiedliche Gattungen handelt. Außerdem sollte unterstrichen werden, um was für ungeheure Zeiträume es dabei geht: Es handelt sich nicht um fortlaufende Wanderungsbewegungen, schon gar nicht derselben Individuen. Für SuS sind die gewaltigen Zeiträume, um die es bei der Ur- und Frühgeschichte geht, kaum nachvollziehbar. Deswegen ist eine zeitliche Groborientierung, wie sie mithilfe der Zeitleiste vorgenommen werden kann, besonders wichtig. Erkennbar wird aus der Zeitleiste auch, dass sich wichtige Erfindungen und Entwicklungen zum Ende des Zeitraums hin beschleunigen. Achtung: Innerhalb der Zeitleiste wechselt (aus technischen Gründen) der Maßstab.

Weiterführende Medienhinweise

Internet

- Auf der Webseite des Südtiroler Archäologiemuseums finden sich vielfältige im Unterricht nutzbare Informationen zu „Ötzi" (http://www.iceman.it/de/oetzi-der-mann-aus-dem-Eis, Zugriff 09.03.2015).
- Die Webseite des Neanderthal-Museums in Mettmann bietet vor allem Informationen zur Altsteinzeit (www.neanderthal.de, Zugriff 09.03.2015).
- Die Webseite bietet einen virtuellen Rundgang durch die Höhle von Lascaux, die vom Publikum schon seit Jahren nicht mehr betreten werden darf (http://www.lascaux.culture.fr/#/en/00.xml/) Zugriff 09.03.2015).

Bücher

- Beyerlein, Gabriele/Lorenz, Herbert: Die Sonne bleibt nicht stehen. Eine Erzählung aus der Jungsteinzeit. Würzburg 2014.
  Eine wissenschaftlich gut abgesicherte Erzählung über die Begegnung zwischen alt- und jungsteinzeitlicher Lebensweise.
- Fleckinger, Angelika: Ötzi, der Mann aus dem Eis. Alles Wissenswerte zum Nachschlagen und Staunen. Wien/Bozen 2012.
  Der Band enthält viele Abbildungen und Informationen zum Ötzi-Fund auf dem neuesten Forschungsstand.
- Sulzenbacher, Gudrun (Hrsg.): Thema Ötzi. Didaktische Materialien zum Mann aus dem Eis. Wien/Bozen 1999. Arbeitsmaterialien für den Unterricht (beim Verlag vergriffen).

Der Geschichte auf der Spur

28–31

Kompetenzziele

Sachkompetenz
- Die SuS können den Ötzi-Fund grob zeitlich einordnen.
- Sie kennen die wichtigsten Arbeitstechniken von Archäologen.

Methodenkompetenz
- Die SuS können eine Luftaufnahme anhand der Bewuchsmerkmale erklären.

Urteilskompetenz
- Die SuS bewerten Ötzis Ausrüstung auf dem damaligen Entwicklungsstand als zweckmäßig.

Sequenzvorschlag qh8n26

28–31

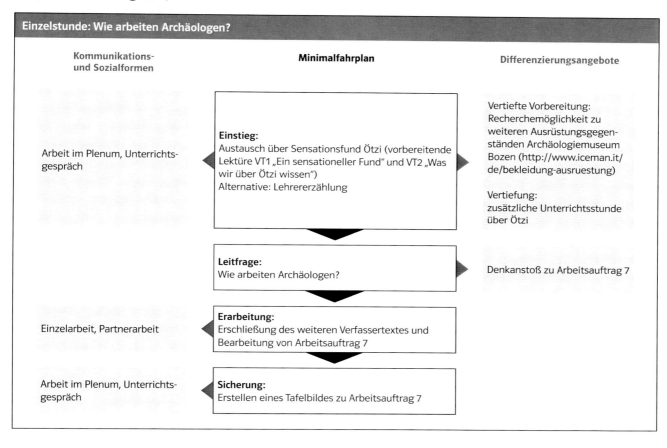

2 Die Frühzeit des Menschen
vor 4 Mio. Jahren – 3000 v. Chr.

Tafelbild 7ng8vg

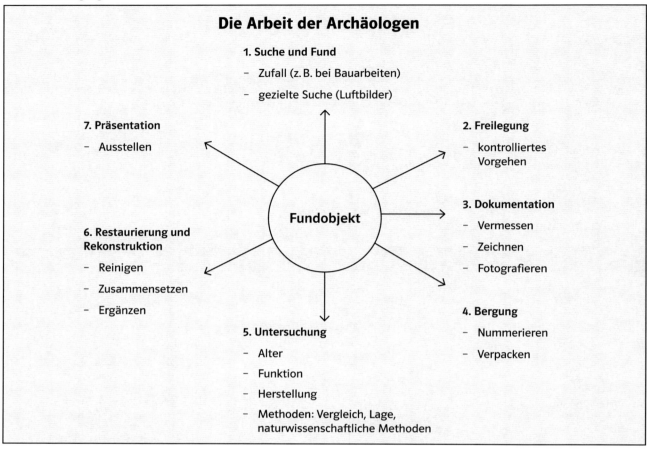

Hinweise zum Verfassertext und zu den Materialien

VT Die Theorien zu Ötzis Todesursache haben sich seit dem Fund mehrfach geändert. Dass Ötzis Tod mit großer Wahrscheinlichkeit durch einen Pfeilschuss verursacht wurde, entspricht dem aktuellen Forschungsstand.

D1 Hier ist die zweite, weitgehend veränderte Rekonstruktion Ötzis aus dem Archäologiemuseum Bozen abgebildet.

Erläuterungen zu den Arbeitsaufträgen

1. In der Bildlegende zu Q1 und im Verfassertext findest du Hinweise zu der Stelle, an der die Leiche von Ötzi gefunden wurde. Finde den Fundort in einem Atlas. (AFB I)
„Ötzi" wurde in den Ötztaler Alpen (daher der Name) in der Nähe des Hauslabjochs gefunden. Die Stelle ist hoch gelegen und nur für erfahrene Wanderer erreichbar.

2. Ordne die einzelnen Funde (Q2, Q3) den folgenden Begriffen zu: aufgewickelte Schnur aus Baumbast (evtl. Bogensehne), Dolch mit abgebrochener Feuersteinklinge, Schuhe aus Hirschleder (mit Heu gefüttert), Pfeile (einer mit Steinspitze), Beil aus Eibenholz mit Kupferklinge, Mütze aus Bärenfell, Bogenstange aus Eibenholz (1,82 m lang), „Regenmantel". (AFB I)
In der Reihenfolge von oben nach unten:
Q2
- Abb. 1: Pfeile
- Abb. 2: Bogenstange
- Abb. 3: aufgewickelte Schnur
- Abb. 4: Schuhe
- Abb. 5: Mütze
- Abb. 6: Dolch
- Abb. 7: Beil

Q3: „Regenmantel"

3. Erläutere, wozu Ötzi die Gegenstände vermutlich gebraucht hat. (AFB II)
Kleidung zum Schutz gegen Nässe und Kälte (Q2: 4, 5, Q3), Waffen (Q2: 1, 2, 3, 6, 7) und/oder Werkzeuge (Q2: 6, 7).

4. Begründe, warum sie gerade aus dem jeweiligen Material gefertigt waren. (AFB II) ●
Bei den meisten Gegenständen lässt sich diese Frage gut beantworten:
- Abb. 1: Pfeile – eine Steinspitze ist härter als eine Holzspitze
- Abb. 2: Bogenstange – Eibenholz ist besonders hart, zugleich elastisch, außerdem harzt es nicht
- Abb. 4: Schuhe – Hirschleder ist sehr elastisch, das Heu sorgt für Wärme
- Abb. 5: Mütze – Bärenfell wärmt besonders gut
- Abb. 6: Dolch – Feuerstein ist besonders hart
- Abb. 7: Beil – Kupfer ist haltbarer als Stein, Eibenholz ist besonders hart, zugleich elastisch, außerdem harzt es nicht

5. Liste auf, was du heute als Ausstattung für eine längere Bergwanderung in solcher Höhe mitnehmen würdest. (AFB I) ○
- Moderne Kleidungsstücke sollen etwa dieselbe Funktion erfüllen wie die Ötzis (Schutz gegen Kälte und Nässe).
- Waffen dienen der Jagd und ggf. dem Kampf; wir würden heute allenfalls ein Messer dabeihaben.
- Die Rohmaterialien für Essen müssen wir uns nicht selbst besorgen, und wir müssen uns nicht gegen andere Menschen und in der Regel auch nicht gegen wilde Tiere verteidigen.

6. Erörtert gemeinsam: Wie zweckmäßig war Ötzis Ausrüstung (Q2, Q3)? (AFB III)
Ötzis Ausrüstung ist ganz gezielt auf das Überleben in schwierigen Naturbedingungen abgestellt.

7. Beschreibe die Arbeitsschritte der Archäologen (VT) und ordne ihnen die Bilder D2 bis D4 zu. (AFB I) ○
Arbeitsschritte:
1. Suche und Fund
2. Freilegung (D4)
3. Dokumentation (D4)
4. Bergung (D4)
5. Untersuchung (D2)
6. Restaurierung und Rekonstruktion
7. Präsentation (D3)

8. Erkläre anhand der Erläuterung, was auf dem Bild Q4 zu sehen ist. (AFB II)
Man erkennt die Lage einer alten Schanzanlage (Kanonenstellung) aus dem 18. Jahrhundert. Sie zeichnet sich ab, weil auf dem Sand, aus dem die Anlage bestand, die Pflanzen schneller verdorren als in der Umgebung.

2 Die Frühzeit des Menschen
vor 4 Mio. Jahren – 3000 v. Chr.

Kompetenztraining Fachmethode: Verfassertexte auswerten

Kompetenzziele

Methodenkompetenz
- Die SuS können einen Verfassertext auswerten.

Hinweise zum Verfassertext und zu den Materialien

VT Aus Texten gezielt Informationen entnehmen zu können ist eine auch im Alltagsleben für SuS zentrale Kompetenz. Sie sollte im Hinblick auf die spezielle Textform „Schulbuch-Verfassertext" ausdrücklich geübt werden. Dafür werden in diesem Methodentraining einzelne Arbeitsschritte benannt und exemplarisch vorgeführt. Über die Informationsentnahme hinaus ist es wichtig, auch die Darstellungsweise des Textes in den Blick zu nehmen und ihn als Deutung von Geschichte erkennbar und hinterfragbar zu machen: Der Verfasser ist nicht allwissend und verfügt nicht über ein Deutungsmonopol. Das ist allerdings auf dieser Klassenstufe (und im Schulbuch generell) nur in Ansätzen zu leisten.

Erläuterungen zu den Arbeitsaufträgen

1. Nenne mögliche Erkenntnisse, die Forscher aus solchen Fußspuren gewinnen könnten (Q1). (AFB I)
- Die Forscher können erkennen, ob das Wesen, von dem die Fußspuren stammen, nur auf den Füßen oder auch auf den Händen gelaufen ist.
- Aus der Fußstellung können sie auf den Knochenbau schließen.
- Aus der Schrittweite können sie auf die Größe schließen.
- Aus der Tiefe der Eindrücke können sie auf das Gewicht schließen.
- Aus der Anzahl der Eindrücke können sie eventuell darauf schließen, ob das Wesen Kinder hatte, also weiblich war.
- Aus der Anzahl der Eindrücke können sie eventuell darauf schließen, ob das Wesen in einer Gruppe lebte.

2. Erkläre anhand der Seiten 30 und 31, wie Archäologen mit den Fußspuren Q1 umgehen sollten. (AFB I)
Die vorhandenen Fußspuren müssen vorsichtig freigelegt werden. Sie müssen vermessen, gezeichnet und/oder fotografiert werden. Man kann nach anderen Spuren suchen (z. B. Knochen, Steinwerkzeuge). An den Fußspuren selbst kann man keine weiteren Untersuchungen vornehmen und auch lediglich Fotos ausstellen.

3. Untersuche den Verfassertext auf Seite 28 im Hinblick auf seine Darstellungsweise. Wo und wie wird dort ausgedrückt, dass wir manche Dinge über Ötzi nicht genau wissen? (AFB II)
Z. 25: „Todesursache unbekannt"
Z. 27: „nehmen Wissenschaftler an"
Z. 29 f.: „wird wohl immer ein Rätsel bleiben"
Z. 33 f.: „werfen auch Fragen auf"
Z. 36: „gehalten"
Z. 38: „Vielleicht"
Z. 40: „Möglichkeit wäre"
Z. 43 f.: „auch die Wissenschaftler arbeiten mit Vermutungen"

Wie kam der Mensch auf die Erde?

Kompetenzziele

Sachkompetenz
- Die SuS können erläutern, wie sich der Mensch entwickelt und über die Erde verbreitet hat.

Urteilskompetenz
- Die SuS verstehen, dass (anders als bei Tieren) die Entwicklung von Kulturtechniken es dem Menschen möglich gemacht hat, seinen Lebensraum auszudehnen.

Sequenzvorschlag gr7ne5

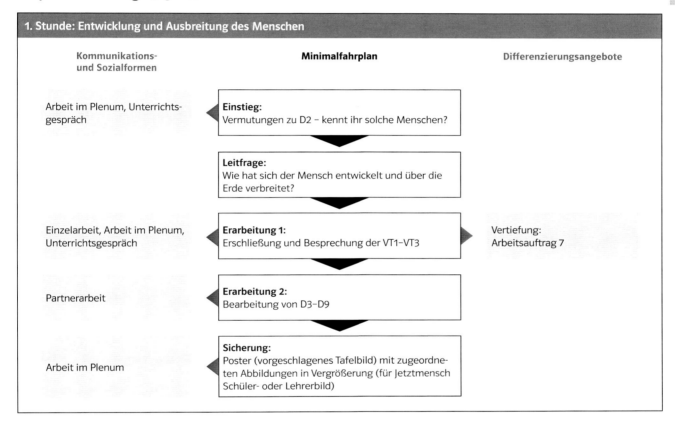

Hinweise zum Verfassertext und zu den Materialien

VT Das Unterkapitel beschreibt in den wichtigsten Schritten den Prozess der Menschwerdung und die Verbreitung des Menschen über die Erde. Zugleich werden die Vorstellungen behandelt, die sich die Menschen selber zu verschiedenen Zeiten darüber gemacht haben.
„Lucy" ist der berühmteste Fund eines Australopithecus. Dieses Fallbeispiel zeigt gewissermaßen den „Augenblick" der Menschwerdung. Ein entsprechender Verfassertext befindet sich im Methodentraining auf Seite 32, er kann in das Unterkapitel „Die Entstehung und Ausbreitung des Menschen" einbezogen werden.
Die Ausbreitung des Menschen über die Erde zeigt die Fähigkeit kultureller Anpassung an unterschiedliche Lebensbedingungen – ein entscheidendes Merkmal des Menschen. Die Lektüre des VT1–VT3 sollte von vornherein mit (Rück-)Blick auf die Karte auf der Orientierungsseite stattfinden.

D3–D9 Die Entwicklung bis hin zum Jetztmenschen ist hier auf vier wichtige Gattungen reduziert. Die Form der „Steckbriefe" soll den SuS deutlich machen, dass es sich dabei um eine vereinfachende Typisierung handelt. In der archäologischen Forschung zur Entwicklung des Menschen gibt es – in Relation zu den Zeiträumen, um die es geht – nur wenige Funde. Deshalb können einzelne Funde oft weitreichende Veränderungen der Modellbildungen nach sich ziehen, über die sich die Forscher keineswegs immer einig sind. Es sollte verdeutlicht werden, dass es sich um Rekonstruktionsmodelle handelt, die auf der Basis einiger weniger Funde entwickelt worden sind.

2 Die Frühzeit des Menschen

vor 4 Mio. Jahren – 3000 v. Chr.

Q1–Q3 Zum Selbstbewusstsein des entwickelten Menschen gehört das Nachdenken über die Entstehung der Welt, der eigenen Art und der anderen Arten. Verschiedene Schöpfungsgeschichten vermitteln ein Bild von den „Denkhorizonten" verschiedener Zeiten und Kulturen.

Q1 Das Mosaik zeigt, wie Gott dem schlafenden Adam eine Rippe entnimmt und daraus Eva schafft. Es dient lediglich als Anlass für die Darbietung der biblischen Schöpfungsgeschichte bzw. für ein Gespräch darüber.

⊕ q9c25r

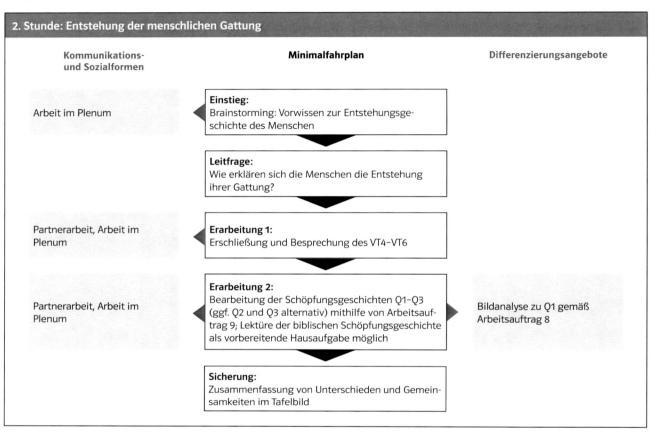

Tafelbild ⊕ 2md8ig

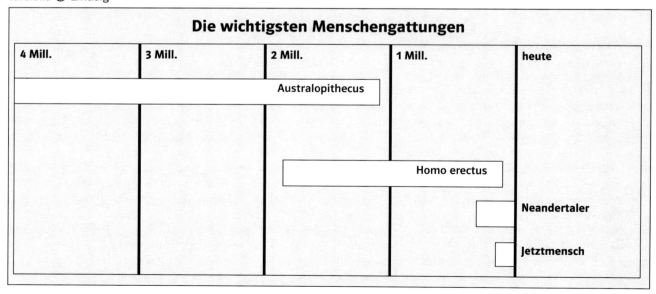

Erläuterungen zu den Arbeitsaufträgen

1. **Beschreibe anhand der Karte auf der Orientierungsseite (S. 27) die Ausbreitung des Menschen über die Erde. (AFB I)**
   - Hier geht es um die Unterscheidung der beiden „Ausbreitungswellen" von Homo erectus und Homo sapiens. Die vereinfachte Darstellung mit Pfeilen suggeriert Schnelligkeit und Zielgerichtetheit der Bewegung.
   - Im Unterricht sollte deutlich gemacht werden, dass es sich um außerordentlich langfristige Prozesse handelt. Es „wandern" keineswegs dieselben Personen, sondern Bewegung findet in Generationen statt und wechselt mit Zeiten örtlichen Verbleibs.

2. **Erläutere die Ursachen dafür und die Schwierigkeiten, mit denen der Mensch in der Eiszeit fertig werden musste (VT Z. 38–51). (AFB II)**
   - Ursache für die Wanderungsbewegungen waren vermutlich Klimaveränderungen; auch hier sollte wieder darauf hingewiesen werden, dass es sich lediglich um Annahmen handelt (deshalb „vermutlich" auch im Verfassertext).
   - Zur Karte hinzugedacht werden müssen die Schwierigkeiten, die die Topografie für die Ausbreitung des Menschen darstellt: natürliche Hindernisse bei der Wanderung (wie kommt der Mensch nach Australien?), Nahrungsbeschaffung.

3. **Nenne die heutigen Länder, die während der Eiszeit vom Eis bedeckt waren (D1). (AFB I)**
   - Der Arbeitsauftrag soll den SuS bei der räumlichen Orientierung helfen; auch Teile des heutigen Deutschlands waren vom Eis bedeckt.
   - Länder: Norwegen, Schweden, Finnland, Estland, Lettland, Litauen, Irland, Großbritannien, Dänemark, Nordostdeutschland, Nordpolen. Die Eisflächen der Gebirge (Pyrenäen, Alpen, Karpaten, Kaukasus) waren wesentlich ausgedehnter als heute.

4. **Erkläre mithilfe der Kleidung die Lebensumstände der Neandertaler (D2). (AFB II)**
   Die Rekonstruktion verdeutlicht noch einmal die Ausführungen im VT3 „Überleben in der Kälte": Durch Fellkleidung passte sich der Neandertaler den schwierigen Klimabedingungen an.

5. **Begründe, warum Darwins Forschungsergebnisse auf große Ablehnung gestoßen sind (VT Z. 67–87). (AFB II)**
   - Nach Darwin ist der Mensch nicht mehr ein Sonderwesen, ein Ebenbild Gottes, sondern Teil der Natur und Ergebnis der Evolution. Dass Darwins Lehre eine grundsätzliche Herausforderung für das damals weithin herrschende Weltbild bedeutete, können SuS von heute nicht ohne Weiteres nachvollziehen.
   - Was für ein Zündstoff im Gegensatz der beiden Modelle liegt, machen heutzutage die Bestrebungen der religiösen Fundamentalisten (Kreationisten) in den USA deutlich, die immer offensiver fordern, die Schöpfungsgeschichte der Bibel müsse in den Schulen gleichberechtigt mit der Evolutionstheorie gelehrt werden.

6. **Bringe die Steckbriefe D3–D6 in die richtige zeitliche Reihenfolge und ordne ihnen die Abbildungen zu. Beachte: Eine Abbildung fehlt. (AFB III)**
   - Die Steckbriefe in die richtige Reihenfolge zu bringen ist verhältnismäßig einfach (D6, D3, D5, D4). Die SuS können sich dabei an den Zeitangaben orientieren, die sich allerdings überschneiden.
   - Bedacht werden sollte auch das geografische Vorkommen; dabei lässt sich wiederum auf die Karte (SB S. 27) zurückgreifen.
   - Der Entwicklungsfortschritt der unterschiedlichen Formen ist unter den „besonderen Kennzeichen" skizziert. Die Zuordnung der Bilder: D8 stellt den Australopithecus, D7 den Homo erectus und D9 den Neandertaler dar.

7. **Überprüfe, zu welchen Gattungen Ötzi und Lucy gehören. Vergleiche dazu die Informationen, die du auf den Seiten 28–31 und 32–33 über sie findest, mit den Steckbriefen. (AFB II)**
   Die Einordnung von „Ötzi" als Homo sapiens und von „Lucy" als Vormensch ist eindeutig, wenn die SuS auf Namen und Zeitangaben achten.

8. **Erkläre das Bild mit dem, was du über die Schöpfungsgeschichte aus der Bibel weist (Q1). (AFB II)**
   In der Schöpfungsgeschichte der Bibel (1. Mose 2) wird die Erschaffung des Weibes aus einer Rippe des Mannes geschildert. Das Mosaik zeigt zwei Teilbilder. Links entnimmt Gott dem schlafenden Adam eine Rippe, rechts lässt er daraus Eva entstehen.

9. **Vergleiche die Vorstellungen von der Entstehung des Menschen (VT, Q1–Q3). (AFB II)**
   - In der biblischen Schöpfungsgeschichte erschafft Gott von den Lebewesen zunächst die Tiere und dann den Menschen (Mann und Weib), der ihm gleichen und über die Tiere und die ganze Erde herrschen soll (1. Mose 1).
   - In 1. Mose 2 wird die Erschaffung des Weibes aus einer Rippe des Mannes geschildert (Q1). Der Mensch gibt allen Lebewesen ihre Namen.
   - In Q2 tritt die Sonne als Schöpferin der Tiere in Erscheinung; sie holt sich allerdings Rat beim „großen All-Vater". Gemeinsam beschließen sie, den Menschen als Hüter für die miteinander zerstrittenen Tiere einzusetzen.
   - In Q3 erschafft Gott als erstes den Menschen. Die Menschenfrau gebiert dann die Natur.
   - Die Schöpfungsgeschichte in Q2 ähnelt also stark der biblischen, wobei allerdings die Position des Menschen noch stärker hervorgehoben wird. Am wichtigsten ist die Rolle des Menschen in Q3: Die Frau als Gebärende wird zur Mitschöpferin.

2 Die Frühzeit des Menschen
vor 4 Mio. Jahren – 3000 v. Chr.

38–39 Kompetenztraining Gemeinsam lernen: Mit Think-Pair-Share lernen

Kompetenzziele

Methodenkompetenz
- Die SuS können selbstständig mit der Think-Pair-Share-Methode arbeiten.

38–39 Hinweise zum Verfassertext und zu den Materialien

VT Die Methode wird einmal grundsätzlich vorgestellt. Am Beispiel des folgenden Unterkapitels zur Altsteinzeit wird dann verdeutlicht, dass mit der Methode sowohl arbeitsgleich wie arbeitsteilig vorgegangen werden kann.

D1 Mithilfe von D1 kann eine Rückmeldung von den SuS eingeholt werden. Welchen Äußerungen auf dem Bild würden sie zustimmen? Wie würden sie selbst die Methode einschätzen? Dafür kann ggf. D1 kopiert werden (Folie oder Papier, Sprechblasen löschen) und die SuS können dort ihre eigenen Statements eintragen.

Waren die Menschen der Altsteinzeit Überlebenskünstler?

→ 40-43

Kompetenzziele

Sachkompetenz
- Die SuS können die Begriffe Altsteinzeit, Jäger und Sammler und Nomade erklären.
- Sie wissen, wie die Lebensweise der Menschen in der Altsteinzeit aussah.

Methodenkompetenz
- Die SuS können die Think-Pair-Share-Methode auf das Thema Altsteinzeit anwenden.

Urteilskompetenz
- Die SuS beurteilen die Menschen der Altsteinzeit als Spezialisten für ihre Lebensweise (nicht als „primitiv").

Sequenzvorschlag v24z9w

→ 40-43

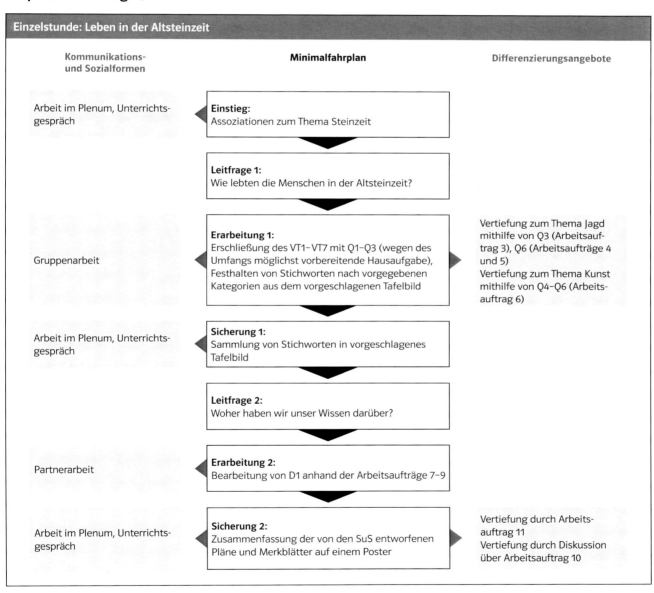

Einzelstunde: Leben in der Altsteinzeit

Kommunikations- und Sozialformen	Minimalfahrplan	Differenzierungsangebote
Arbeit im Plenum, Unterrichtsgespräch	**Einstieg:** Assoziationen zum Thema Steinzeit	
	Leitfrage 1: Wie lebten die Menschen in der Altsteinzeit?	
Gruppenarbeit	**Erarbeitung 1:** Erschließung des VT1–VT7 mit Q1–Q3 (wegen des Umfangs möglichst vorbereitende Hausaufgabe), Festhalten von Stichworten nach vorgegebenen Kategorien aus dem vorgeschlagenen Tafelbild	Vertiefung zum Thema Jagd mithilfe von Q3 (Arbeitsauftrag 3), Q6 (Arbeitsaufträge 4 und 5) Vertiefung zum Thema Kunst mithilfe von Q4–Q6 (Arbeitsauftrag 6)
Arbeit im Plenum, Unterrichtsgespräch	**Sicherung 1:** Sammlung von Stichworten in vorgeschlagenes Tafelbild	
	Leitfrage 2: Woher haben wir unser Wissen darüber?	
Partnerarbeit	**Erarbeitung 2:** Bearbeitung von D1 anhand der Arbeitsaufträge 7–9	
Arbeit im Plenum, Unterrichtsgespräch	**Sicherung 2:** Zusammenfassung der von den SuS entworfenen Pläne und Merkblätter auf einem Poster	Vertiefung durch Arbeitsauftrag 11 Vertiefung durch Diskussion über Arbeitsauftrag 10

2 Die Frühzeit des Menschen

vor 4 Mio. Jahren – 3000 v. Chr.

Tafelbild hf6xg5

Wie lebten die Menschen in der Altsteinzeit?	
Lebensbereiche	
Wohnen	Hütten, Gestelle mit Ästen und Zweigen, Abdeckung mit Gras, Laub, Schilf oder Tierfellen, Felsvorsprünge
Kleidung	Felle und Häute
Ernährung	Sammeln und Jagen
Werkzeuge/Waffen	Faustkeil, Grabstock, Speer, Nadel, „Feuerzeug"
Natur/Landschaft	begrenzte und vorübergehende Nutzung
Siedlungsweise	Nomaden

40–43 Hinweise zum Verfassertext und zu den Materialien

VT Dieses und das folgende thematische Unterkapitel vermitteln ein Bild von der Lebensweise der Menschen in der Alt- und Jungsteinzeit. Beides wird in stark vereinfachter und typisierter Form dargestellt, Zwischenstufen und Übergangsformen sind bewusst beiseite gelassen. Es geht um den Kontrast zweier Lebensweisen: Die „neolithische Revolution" soll als menschheitsgeschichtlich grundlegender Entwicklungsschritt in Erscheinung treten.

Der Verfassertext dieses Unterkapitels thematisiert Grundfunktionen des menschlichen Lebens wie Ernährung, Herstellung von Werkzeugen und Waffen, Kleidung, Wohnen. Der zeitliche Wandel kommt kaum zur Geltung, unterschiedliche Lebensräume bleiben gänzlich unberücksichtigt. Auf die Arbeitsteilung zwischen Frauen und Männern weist vor allem der Vergleich mit rezenten Wildbeuter-Stämmen hin. Zwei Gründe sind für diese Differenzierung vermutlich ausschlaggebend gewesen: Frauen konnten beim Sammeln kleine Kinder, vor allem Säuglinge, mitnehmen, aber nicht bei der Jagd. Und Jagen war vermutlich eine Prestigefrage: je größer das Tier, desto höher das Ansehen des Jägers – ein männlicher Wettbewerb. Von einer ausschließlichen Trennung der Bereiche kann aber wohl keine Rede sein.

Q2/Q3 Die beiden Bilder demonstrieren, dass die Lebensweise der Sammlerinnen und Jäger bis heute nicht ausgestorben ist.

D1 Dieser Forschungsbericht steht im Zentrum der Materialien. Er ist für den Einsatz im Unterricht besonders geeignet, weil er gleichsam ein Panorama altsteinzeitlichen Lebens entfaltet. Allerdings stellt er verhältnismäßig hohe Anforderungen an die Lesekompetenz der SuS. Die Sprache des Forschers ist nicht so eingängig wie eine Geschichtserzählung. Dafür aber können die SuS hier einen Eindruck vom Forschungsprozess selber gewinnen – von den beschriebenen Funden bis zu den Schlussfolgerungen, die daraus gezogen werden. Deshalb lohnt es sich auch, genauer auf die verwendeten Formulierungen zu achten. Die SuS können daran ablesen, dass die wissenschaftliche Forschung zur Steinzeit auch in Einzelfragen oft mit Vermutungen arbeiten muss, ein Wissenschaftler sie aber auch als solche kennzeichnen sollte.

Q4–Q6 Aus der ausgehenden Altsteinzeit stammen die ersten künstlerischen Hervorbringungen des Menschen (auch Schmuck). Welche religiösen oder magischen Vorstellungen im Einzelnen damit verbunden waren, darüber lassen sich nur Vermutungen anstellen. Hier werden drei solcher Kunstwerke gezeigt: zwei Figuren aus Stein bzw. Knochen und ein Höhlenbild. Bei Q5 und Q6 geht es wahrscheinlich um „Jagdzauber".

Erläuterungen zu den Arbeitsaufträgen

1. Nenne Tätigkeiten, die sich mit dem Faustkeil gut durchführen lassen, und andere, für die er als Werkzeug schlecht geeignet ist (Q1). (AFB I)
Der Faustkeil ist eine Art Allzweckwerkzeug. Er eignet sich besonders gut für Tätigkeiten, die Kraftaufwand erfordern. Je nach Form kann man mit ihm Schlagen, Schneiden oder Schaben. Mit später entwickelten und spezialisierten Werkzeugen (Bohrer, Steinmesser, Axt mit Stiel) lassen sich diese Tätigkeiten dann besser durchführen. Graben oder (auf Entfernung) Jagen kann man mit dem Faustkeil nicht.

2. Erkläre, was die Frau tut (Q2). Achte auch auf ihre Ausrüstung. (AFB II)
In ähnlicher Form wie auf Bild Q2 wird sich das Nahrungssammeln auch in frühgeschichtlicher Zeit abgespielt haben. Die Frau pflückt Früchte oder Beeren, in der Hand hält sie einen Grabstock, auf der Brust trägt sie einen kleinen Sack (z. B. für Beeren), auf dem Rücken einen größeren (z. B. für Wurzeln).

3. Die Jäger haben eine Antilope gefangen und wollen so viel wie möglich von ihrer Beute verwenden (Q3). Erstelle eine Tabelle und schreibe in die linke Spalte Materialien, die das Tier liefert: Fleisch, Geweih, Haut, Knochen, Sehnen und Därme. Ordne in der rechten Spalte zu, wofür sie das Material gebrauchen können: Kleidung, Nahrung, Riemen, Nähfaden, Zeltbahn, Speerspitze, Grabwerkzeug, Behälter, Beil. (AFB II)

Material, das die Tiere liefern	Verwendung/Gebrauch
Fleisch	Nahrung
Geweih	Speerspitze
Haut	Zeltbahn, Riemen
Knochen	Grabwerkzeug, Beil
Sehnen und Därme	Nähgarn, Schnur

4. Erläutere, welche Fähigkeiten erforderlich waren, damit Menschen gemeinschaftlich jagen konnten. (AFB II)
Die Menschen müssen über geeignete Waffen (Speere, Pfeil und Bogen), aber auch über entsprechende soziale Fähigkeiten verfügen: Treibjagd erfordert Planung und Kommunikation.

5. Schreibe eine Jagdgeschichte. Verwende die folgenden Wörter: Speere, Tal, Fackeln, Schrei, Versteck, Flucht, Beute, Bäume, Felsen, Jäger, Treiber. (AFB II)
Hier geht um eine imaginative Annäherung an die Geschichte. Bei der Vorstellung helfen die in Q6 abgebildeten Tiere (Stiere, Rehe, Pferde).

6. Begründe, warum die Steinzeitmenschen diese Darstellungen angefertigt haben (Q4–Q6, VT). (AFB II)
Hier sollen die SuS Vermutungen über den „Sinn" der beiden Kunstwerke anstellen. Es ging den „Künstlern" wahrscheinlich darum, eine elementare und (über-)lebenswichtige Alltagstätigkeit zu dokumentieren und deren erfolgreiche Ausübung zu beschwören.

7. Liste auf, welche Materialien und Werkzeuge sich am Lagerplatz Bilzingsleben nachweisen lassen (D1). (AFB I)
Anhäufungen großer Steine und Knochen; Feuerstellen; Holzkohlereste; verkohlte Hölzer; Steine mit Brandspuren; Stangengerüste; Rindenstücke; Grasbüschel; Zweige; Feuerstein (Abschläge, Trümmerstücke, Geräte); Geräte aus Knochen, Geweih, Elfenbein; Skelettteile von Nashörnern, Elefanten und Wildrindern; Spuren von Hackmessern.

8. Zeichne nach der Beschreibung (D1) einen Plan des Lagerplatzes und beschrifte ihn. (AFB II)

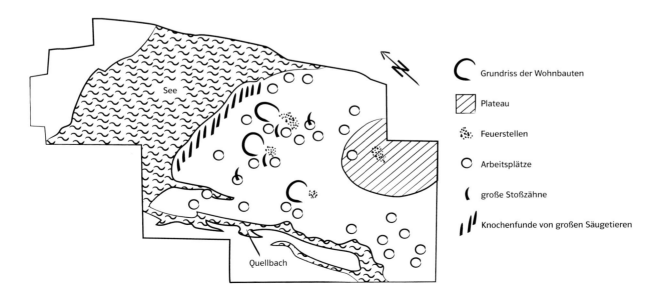

2 Die Frühzeit des Menschen

vor 4 Mio. Jahren – 3000 v. Chr.

9. Erarbeite ein „Merkblatt für Steinzeitmenschen": „Worauf wir bei der Wahl eines Lagerplatzes achten müssen". (AFB II)

Auf folgende Bedingungen müssen die Steinzeitmenschen achten: Trinkwasser; freie Sicht; Sicherheit vor Raubtieren; Nähe von Wild.

10. Lange Zeit war umstritten, ob man den Frühmenschen überhaupt schon als Menschen bezeichnen sollte. Wie würdet ihr entscheiden? Erörtert mögliche Argumente in Gruppen und tragt dann die Ergebnisse zusammen. (AFB III) ○

- Die SuS sollten sich nach der Erarbeitung des Unterkapitels sicher sein, dass angesichts unverkennbarer technisch-kultureller Entwicklungen die Bezeichnung „Mensch" für den Homo erectus auf jeden Fall zutreffend ist.
- Stichworte: Herstellung und Gebrauch von Waffen, Werkzeugen und Kleidung, Erstellen von „Kunstwerken", planvolles soziales Handeln.

11. Forscher müssen mit den Schlussfolgerungen, die sie aus ihren Funden ziehen, sehr vorsichtig umgehen. Überprüfe noch einmal D1 im Hinblick auf Formulierungen, an denen dies deutlich wird. Du kannst dafür auf die Hinweise zum Umgang mit Schulbuch-Verfassertexten auf S. 32/33 zurückgreifen. (AFB III) ●

Der Verfasser beschreibt die Wahrnehmungen, die im Verlauf der Untersuchung gemacht wurden:
- Z. 12 f.: „Beobachtungen […] haben ergeben"
- Z. 20–22: „kamen […] zum Vorschein"
- Z. 26 f.: „ließen […] erkennen"
- Z. 38–40: „ließen sich […] nachweisen"
- Z. 46 f.: „fielen […] auf"
- Z. 49 f.: „treten […] auf"

Außerdem nimmt er bei seinen Schlussfolgerungen einige sprachliche Relativierungen vor:
- Z. 31: „wohl"
- Z. 35: „wahrscheinlich"
- Z. 50–52: „liegt nahe […] zu schließen"

Kompetenztraining Fachmethode: Rekonstruktionszeichnungen untersuchen

Kompetenzziele

Methodenkompetenz
- Die SuS können Rekonstruktionszeichnungen untersuchen.

Hinweise zum Verfassertext und zu den Materialien

VT Der Einsatz von Rekonstruktionszeichnungen ist in Schulbüchern und Jugendsachbüchern weit verbreitet. Sie ermöglichen virtuelle An- und Einsichten von und zu historischen Gegebenheiten, die sonst mangels Quellenüberlieferung nicht möglich wären. Weil dieses Problem bei Themen aus der Frühgeschichte und aus der Alten Geschichte besonders virulent ist, finden sich dort Rekonstruktionszeichnungen besonders häufig. Allerdings haben die verwendeten Zeichnungen nicht selten wenig mit wissenschaftlichen Rekonstruktionszeichnungen gemein. Diese sollten möglichst erkennen lassen, welche Erkenntnisse über einen Gegenstand tatsächlich abgesichert sind und wo es sich lediglich um Vermutungen und Spekulationen handelt. Dazu gehört eine zurückhaltende Gestaltung, die funktionale Elemente in den Vordergrund stellt und bloße Ornamentik und Atmosphäre bei Seite lässt (z. B. vorsichtige Farbgebung, Personendarstellung nur als Typen). Sonst besteht die Gefahr, dass Rekonstruktionszeichnungen zu modernen Historienbildern für Jugendliche werden. All dies macht es notwendig, dass SuS wissen, was Rekonstruktionszeichnungen sind – nämlich keine Quellen, sondern Darstellungen aus heutiger Zeit – und wie man mit ihnen umgehen sollte.

Inhaltlich ist das Methodentraining mit dem vorhergehenden und dem nachfolgenden Unterkapitel verzahnt. Es greift zunächst die thematischen Gesichtspunkte des vorhergehenden Unterkapitels auf und intendiert dann den Vergleich der beiden Rekonstruktionszeichnungen auf den Seiten 44 und 49. Dieser kann noch einmal die Ergebnisse der Erarbeitungen zur Alt- und Jungsteinzeit vertiefen oder ggf. auch an deren Stelle treten. Die Ergebnisse des Vergleichs sind im Tafelbild zum Unterkapitel „Eine Revolution in der Jungsteinzeit?" zusammengefasst.

D1 Bei diesem Bild handelt es sich um eine bewusst nüchterne Darstellung, die als Rekonstruktion erkennbar ist und nicht auf Illusion und Atmosphäre abzielt. Gezeigt wird ein Alltagsszenario an einem Siedlungsplatz. Allerdings finden zum Zwecke der Darstellung alle Tätigkeiten der Menschen gleichzeitig statt. Die Details entsprechen den Kenntnissen über die Zeit, die wir aus der historischen Forschung haben. Die Personen sind weitgehend einheitlich dargestellt. Das Bild ist aus leicht erhöhter Sicht gezeichnet.

Erläuterungen zu den Arbeitsaufträgen

1. Fasse die Informationen, die dir die Zeichnung gibt, mithilfe der folgenden Begriffe zusammen:
Lebensbereiche
- Wohnen
- Kleidung
- Ernährung
- Werkzeuge/Waffen
- Gefäße/Aufbewahrung
- Natur/Landschaft

(AFB I)
Auswertung wie Tafelbild des Unterkapitels Altsteinzeit, zu ergänzen lediglich Pfeil und Bogen unter „Werkzeuge/Waffen".

2. Erzähle zu dem Bild eine Geschichte. Wähle dazu eine Figur aus und schildere ihren Tagesablauf. Welche Arbeiten mussten erledigt werden, welche Aufgaben und Pflichten gab es? Wie würden die Bilder zu anderen Jahreszeiten aussehen? (AFB II)
Das Bild stellt eine statische Szene dar. Die Aufforderung, eine Geschichte dazu zu erzählen, dient dazu, diese gleichsam zu verflüssigen. Durch die Personifizierung soll die vorherrschende Arbeitsteilung verdeutlicht werden. Weil das Bild im Spätsommer angesiedelt ist, besteht die Gefahr einer gewissen Idyllisierung („Campingurlaub"). Deshalb soll der letzte Arbeitsauftrag („andere Jahreszeit") den SuS über ihre Imaginationen die Anstrengungen und Entbehrungen des damaligen Lebens deutlicher zu Bewusstsein kommen lassen (z. B. Kälte, Dunkelheit, Enge, Mangel an Nahrungsmitteln).

2 Die Frühzeit des Menschen

vor 4 Mio. Jahren – 3000 v. Chr.

🠪 46–49 Eine Revolution in der Jungsteinzeit?

Kompetenzziele

Sachkompetenz
- Die SuS wissen, wie die Lebensweise der Menschen in der Jungsteinzeit aussah.
- Sie können erklären, wie einzelne Techniken und Erfindungen das Leben der Menschen beeinflusst haben.

Methodenkompetenz
- Die SuS können eine historische Karte analysieren (Entstehung und Ausbreitung von Ackerbau und Viehzucht).
- Sie werten eine Rekonstruktionszeichnung aus (jungsteinzeitliches Dorf).

Urteilskompetenz
- Die SuS können Alt- und Jungsteinzeit unter bestimmten Gesichtspunkten miteinander vergleichen und bewerten.
- Sie können den Begriff Neolithische Revolution einschätzen.
- Sie können beurteilen, welche Folgen Bevölkerungszunahme, Sesshaftigkeit, Besitz und Spezialisierung für das Zusammenleben der Menschen gehabt haben.
- Sie können beurteilen, wie sich das Verhältnis von Mensch und Umwelt verändert.

🠪 46–49 Sequenzvorschlag c3tn55

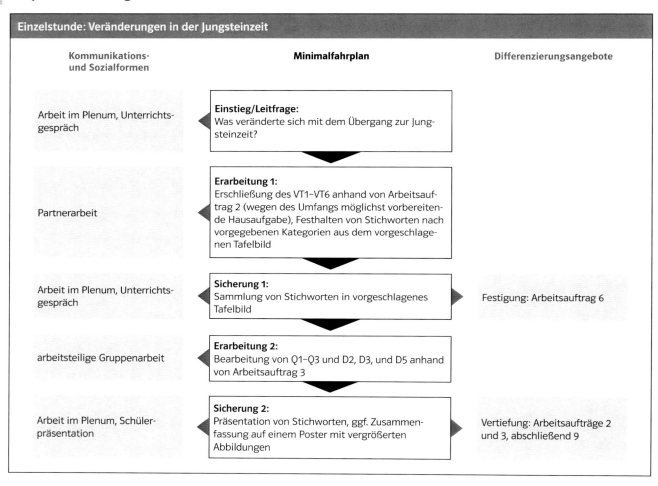

Tafelbild q76ge4

Wie lebten die Menschen in der Alt- und Jungsteinzeit?

Lebensbereiche	Altsteinzeit	Jungsteinzeit
Wohnen	Hütten, Gestelle mit Ästen und Zweigen, Abdeckung mit Gras, Laub, Schilf oder Tierfellen, Felsvorsprünge	Langhäuser aus Stämmen, Wände aus Flechtwerk mit Lehmbewurf
Kleidung	Felle und Häute	Stoff
Ernährung	Sammeln und Jagen	Feldbau und Viehhaltung (Schwein, Schaf, Ziege)
Werkzeuge/Waffen	Faustkeil, Grabstock, Speer, Nadel, „Feuerzeug", Pfeil und Bogen	Hacke, Sichel, Webstuhl Brunnen
Gefäße/Aufbewahrung		Körbe, Keramik in verschiedenen Formen
Natur/Landschaft	begrenzte und vorübergehende Nutzung	Eingriff durch Brandrodung und Holzeinschlag
Siedlungsweise	Nomaden	sesshaft

Hinweise zum Verfassertext und zu den Materialien

46–49

VT Die Neolithische Revolution ist ein entscheidender Entwicklungsschritt in der Menschheitsgeschichte. Den Begriff hat schon 1936 der englische Historiker Gordon Childe geprägt. Er führt insofern in die Irre, als man sich unter einer Revolution üblicherweise einen plötzlichen Umbruch bestehender Verhältnisse vorstellt. Hier haben wir es jedoch mit einem lange andauernden Prozess zu tun, der im Vorderen Orient begann, dessen Umsetzung und Verbreitung Jahrtausende dauerte und bei dem es die verschiedenartigsten Zwischen- und Übergangsformen gab. Treffend beschreibt der Begriff aber die Nachhaltigkeit dieser Veränderungen: den Übergang von der aneignenden zur produzierenden Wirtschaftsweise, von der bloßen Nutzung zur „Manipulation" der Natur, von egalitären Kleingruppen zu (langfristig) differenzierten Gesellschaften. Die Bedeutsamkeit, aber auch die Ambivalenz dieses Entwicklungsschritts soll das Unterkapitel vermitteln. Dabei geht es vor allem um den Vergleich mit den Lebensverhältnissen der Altsteinzeit.

Nach heutigen Maßstäben dauerte die Ausbreitung der neolithischen Lebensweise endlos lange; gemessen an der vorherigen Entwicklungsgeschwindigkeit des Menschen vollzog sie sich sehr rasch. Wie diese Ausbreitung vonstatten ging, ist nicht sicher. Wahrscheinlich waren daran sowohl Handel und Weitergabe neuer Produkte und Erkenntnisse von Gruppe zu Gruppe wie auch Wanderungsbewegungen bereits neolithisierter Gruppen beteiligt. Diese waren verursacht durch Übervölkerung, die wiederum durch die verbesserten Subsistenzgrundlagen zustande kam. Die Wege des „Kulturexports" oder „Kulturtransfers" führten vom „fruchtbaren Halbmond" entlang den Mittelmeerküsten, dann aber auch über Griechenland und den Balkan nach Mittel-, West- und schließlich Nordeuropa (vgl. Karte D1), wobei sich zwischen Mittel- und Nordeuropa noch einmal mehr als 1 500 Jahre Differenz ergeben.

Ab etwa 4000 v. Chr. gewann der Neolithisierungsprozess noch einmal eine neue Qualität. Die Siedlungen wurden größer, erhielten z.T. Befestigungen, größere Gemeinschaftsarbeiten kamen vor, neue Techniken des Transports und der Kraftanwendung wurden eingesetzt, Fernhandelswege entstanden. Diese Differenzierung ist hier nicht berücksichtigt.

Eine systematische Gegenüberstellung der altsteinzeitlichen und der jungsteinzeitlichen Lebensweise kann anhand der beiden Rekonstruktionszeichnungen auf den Seiten 44 und 49 vorgenommen werden, die gezielt die wichtigsten Lebensgrundfunktionen im Bild vorführen.

Die Bildmaterialien Q1–Q3 sowie D2, D3 und D5 führen technische Entwicklungen der Jungsteinzeit vor, die das Leben der Menschen tiefgreifend verändert haben. Dabei ist der Ausweis als Q oder D schwierig – die Markierung D wurde gewählt, wenn es sich im Wesentlichen um eine Rekonstruktion handelt.

D2 Die Erfindung des Rades brachte grundlegende Verbesserungen im Transportwesen mit sich; allerdings konnte ein Wagen wie der abgebildete nur eingesetzt werden, wenn es befahrbare Wege gab.

D3 Getreide wurde zunächst als Brei gegessen. Das Backen stellt eine neuere Form der Getreideverarbeitung dar. Zunächst wurden Fladen auf heißen Steinen gebacken, die ersten geschlossenen Backöfen gab es vermutlich um 4000 v. Chr.

Q1 Mit dem Aufkommen des Getreideanbaus wurde als Werkzeug für die Getreideernte die Sichel entwickelt. In ein gebogenes Holz- oder Geweihstück wurden scharfe Steinstücke – bevorzugt Feuersteine – eingeklemmt und mit Harz verklebt.

2 Die Frühzeit des Menschen
vor 4 Mio. Jahren – 3000 v. Chr.

D5 Die Erfindung des Webstuhls ermöglichte die Herstellung von Stoffen für Kleidung und Decken; die Menschen hatten jetzt ein Kunstprodukt zur Verfügung und waren nicht mehr ausschließlich auf das Naturprodukt Fell angewiesen. Anders als moderne Webstühle steht der Stuhl senkrecht; die Kettfäden werden mithilfe von Steingewichten straffgezogen.

Q2 Getreide konnte erst in gemahlener Form gut verzehrt werden, deshalb ist das Mahlen eine zentrale menschliche Kulturtechnik. Vor der Entwicklung von Mühlen dienten dazu Mahlsteine.

Q3 Die jungsteinzeitliche Lebensweise basierte im Gegensatz zur altsteinzeitlichen (auch) auf Vorratshaltung. Deshalb sind die vielfältig einsetzbaren Keramikgefäße gewissermaßen Leitfossilien – im angelsächsischen Bereich wird sogar von einer „Container-Revolution" gesprochen.

46–49 Erläuterungen zu den Arbeitsaufträgen

1. Beschreibe, von wo und auf welchem Wege sich die landwirtschaftliche Lebensweise auf der Welt ausgebreitet hat (D1). Wann erreichte sie Mitteleuropa? (AFB I)
Die neue Lebensweise entstand im „fruchtbaren Halbmond", also in Mesopotamien, an der östlichen Mittelmeerküste und im südlichen Anatolien. Sie breitete sich entlang den Mittelmeerküsten aus, aber auch über Griechenland und den Balkan nach Mittel-, West- und schließlich Nordeuropa. Karte und Arbeitsauftrag sollen noch einmal verdeutlichen, dass es sich bei der Verbreitung der neolithischen Lebensweise um einen langfristigen Prozess gehandelt hat, der das Gebiet des heutigen Deutschland erst drei bis vier Jahrtausende nach seinem Beginn erreichte.

2. Fasse in Stichworten die wichtigsten Merkmale der jungsteinzeitlichen Lebensweise zusammen (VT). (AFB I)
Dieser Arbeitsauftrag zielt auf die systematische Entnahme der Informationen aus dem Verfassertext. Diese Merkmale können zunächst frei erarbeitet, es können aber auch gleich die Kategorien aus dem Tafelbild vorgegeben werden (wie schon im Unterkapitel Altsteinzeit). Die Stichworte dazu finden sich im Tafelbild.

3. Erläutere, welche Bedeutung die abgebildeten Gerätschaften für das Leben der Steinzeitmenschen gehabt haben (D2, D3, D5, Q1–Q3). (AFB II)
Die abgebildeten Gerätschaften haben das Alltagsleben der Menschen tief greifend verändert – nicht nur in technischer, sondern auch in wirtschaftlicher und sozialer Hinsicht. Neben Ernährung und Kleidung eröffneten Gefäße und Wagen neue Möglichkeiten von Vorratshaltung und Transport. Mit diesen Entwicklungen verbunden war eine handwerkliche Spezialisierung: Man brauchte Menschen, die solche Produkte herstellen bzw. professionell bedienen konnten.

4. Beschreibe die Entwicklung der Ansiedlungen im Merzbachtal (D4). Mit welchem Begriff lässt sie sich zusammenfassen? (AFB I)
Die einzelnen Höfe haben sich allmählich zu einem Dorf verdichtet. Es gab eine Handelsverbindung mit kleineren Siedlungen und Einzelhöfen.

5. Vergleiche den Forschungsbericht D4 mit dem auf Seite 42/43 (D1). Charakterisiere die wichtigsten Unterschiede in der Lebensweise, die darin deutlich werden. (AFB II)
Die Siedlung war über Jahrhunderte dauerhaft bewohnt. Der Anbau von Getreide bildete die Nahrungsgrundlage. In einzelnen Höfen wohnten Familien zusammen.

6. Liste alle in D6 dargestellten Gegenstände und Techniken auf. (AFB I)
Die Zeichnung zeigt (von links nach rechts) folgende Details:
- Getreideernte mit der Sichel
- Bearbeitung des Bodens mit einer Hacke
- Kühe
- Hausziegen
- Brandrodung
- Flechtzaun zum Schutz des Feldes
- Hausbau (Zuschlagen von Stämmen, Errichtung des Gerüsts)
- fertige (Lang-)Häuser (Wände aus mit Lehm beworfenem Flechtwerk, Dächer aus Reet)
- Hausschweine
- Brunnen
- Haushund
- Hausschafe
- Arbeit am Webrahmen
- Mahlen von Getreidekörnern
- Töpfern von Bandkeramik
- Flechtkorb
- bei allen Menschen: Kleidung aus Tuch

7. Vergleiche D6 mit der Rekonstruktionszeichnung zur Altsteinzeit auf Seite 44 (D1). (AFB II)
Das Ergebnis dieses Vergleichs ist im Tafelbildvorschlag zusammengefasst.

8. Erörtere, ob der Begriff Revolution für den Übergang von der Alt- zur Jungsteinzeit sinnvoll ist. (AFB III)

Die SuS sollen die Ambivalenz des Begriffs „Revolution" erkennen, wie sie oben bei den Hinweisen zum Verfassertext skizziert worden ist. Man kann den Begriff Revolution verwenden, wenn man in den Vordergrund rücken will, wie tief greifend die Veränderungen waren, die sich vollzogen haben. Zugleich muss man sich dessen bewusst bleiben, dass es sich um einen langfristigen Prozess gehandelt hat.

9. Stellt euch vor, als Sammlerinnen und Jäger hättet ihr zum ersten Mal gesehen, wie Bauern und Viehzüchter in einem Dorf leben. Vieles kommt euch ungewohnt vor, anderes reizvoll. Veranstaltet auf der Grundlage aller Informationen, die ihr habt, ein Streitgespräch: Wie wollen wir leben? (AFB III)

Hier geht es um die Gegenüberstellung der alt- und der jungsteinzeitlichen Lebensweise. Dabei kann auf die beiden Tafelbilder zu den Unterkapiteln Alt- und Jungsteinzeit zurückgegriffen werden. Auch die beiden Rekonstruktionszeichnungen können noch einmal herangezogen werden. Der Jugendbuchauszug auf Seite 52 beschäftigt sich ebenfalls mit dieser Fragestellung.

10. Ihr habt gemeinsam die wichtigsten Merkmale der jungsteinzeitlichen Lebensweise herausgefunden. Stellt dar, anhand welcher Funde und Beobachtungen Forscher zu diesen Informationen über die jungsteinzeitliche Lebensweise gelangt sein könnten. (AFB III)

Wie in der Altsteinzeit auch geht es dabei um archäologische Funde. Im Unterschied zur Altsteinzeit fallen sie vermehrt an den längerfristig bewohnten Orten an. Man findet Steine (z. B. Brunnen, Mahlsteine), Keramikreste und Knochen von Haustieren (jetzt auch an Abfallstellen oder -gruben). Holzbauten und Materialien hinterlassen nur selten Spuren (z. B. Pfostenlöcher von Langhäusern).

2 Die Frühzeit des Menschen

vor 4 Mio. Jahren – 3000 v. Chr.

50–51 Geschichte begegnen: Gräber von Riesen? Die Megalithkultur der Jungsteinzeit

Kompetenzziele

Sachkompetenz
- Die SuS kennen den Begriff Hünengräber.
- Sie können deren Aufbau erklären.

Methodenkompetenz
- Die SuS können anhand von Bildern Vergleiche zwischen verschiedenen Bauweisen von Behausungen vornehmen.

Urteilskompetenz
- Die SuS beurteilen die Bedeutung von Hünengräbern und Steinkreisen für die damalige Kultur.

50–51 Sequenzvorschlag qi3ty5

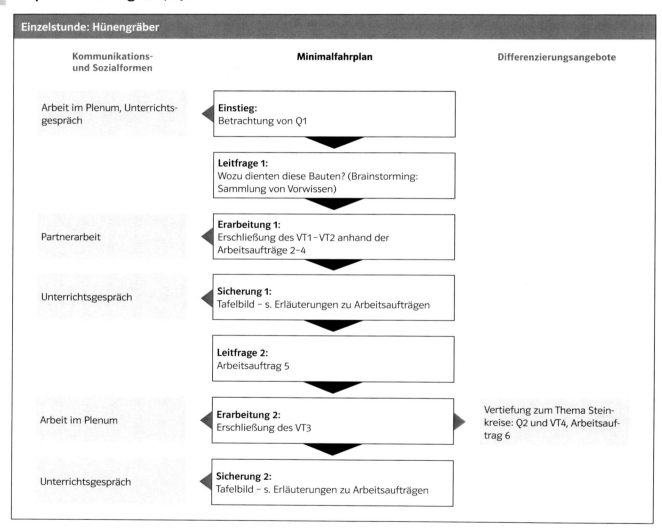

46

Erläuterungen zu den Arbeitsaufträgen

1. Schildere, wie die Menschen damals die großen Steine bewegt und in Stellung gebracht haben könnten (Q1). (AFB I)
Die Steine konnten nur mit Ziehvorrichtungen oder Hebeln bewegt werden, die von mehreren Menschen bedient wurden.

2. Vergleiche die Bauweise der Gräber mit der der Häuser aus der Jungsteinzeit (D6, S. 49) und den Unterkünften der Altsteinzeit (D1, S. 44). (AFB II)
Die Wohnstätten aus der Alt- und Jungsteinzeit waren aus leichteren Materialien (Bäume, Äste, Zweige, Laub, Felle etc.) gefertigt, die auch einfacher bearbeitet werden konnten.

3. Erläutere, welche Vorteile es hatte, die Grabstätten auf diese Weise zu bauen (Q1). (AFB II)
Die Grabbauten waren viel größer, stabiler und aufwendiger gebaut als die Wohnstätten. Sie sollten also lange halten und hatten eine große Bedeutung für die Menschen.

4. Wenn man bedenkt, wie viele Menschen damals gelebt haben und gestorben sind, gibt es nur wenige Hügelgräber. Begründe deine Vermutung, wer dort bestattet worden sein könnte. (AFB II)
Vermutlich wurden in den Hügelgräbern Personen bestattet, die eine besonders wichtige Position gehabt hatten. Das weist auch darauf hin, dass die sozialen Unterschiede zwischen den Menschen zunahmen.

5. Erörtert in der Klasse, was sich aus der Gestaltung der Gräber und den Grabbeigaben über die Vorstellungen ablesen lässt, die die Menschen vom Jenseits hatten (VT, Q1). (AFB III)
- Die Grabbeigaben waren Dinge, die Menschen für ihr alltägliches Leben brauchten. Das lässt vermuten, dass sich die Menschen das Leben im Jenseits so ähnlich wie das Leben im Diesseits vorstellten.
- Dass die Gräber so aufwendig waren, könnte darauf hindeuten, dass man sich im Jenseits dieselben sozialen Unterschiede vorstellte wie im Diesseits.

6. Erkläre, weshalb die Menschen der Jungsteinzeit mit der Errichtung der Steinkreise (Q2) einen solchen Aufwand betrieben haben könnten. (AFB II)
Es könnte sein, das beide Annahmen stimmen: Wenn die Steinkreise der Zeitberechnung dienten, waren sie von großem praktischen Nutzen; denn eine gute Organisation der landwirtschaftlichen Arbeiten war lebensnotwendig. Vielleicht war damit zugleich die Verehrung lebensspendender Götter verbunden. Dann waren diese Orte doppelt wichtig.

2 Die Frühzeit des Menschen

vor 4 Mio. Jahren – 3000 v. Chr.

Wiederholen und Anwenden

S. 52–53

Lösungen/Erwartungshorizonte

1. Überblickswissen aus der Frühzeit der Menschen

Zuordnen, was geschah
Sachkompetenz

Übertrage die Tabelle in dein Heft und fülle sie aus.

	Was geschah?
vor 4 Mio. Jahren	erste menschenartige Wesen
vor 2 Mio. Jahren	Menschen stellten Steinwerkzeuge her
um 9000 v. Chr.	Menschen wurden allmählich sesshaft, bauten Getreide an und hielten Vieh

2. Die Lebensweise der ersten Menschen

Fehlende Begriffe ergänzen
Sachkompetenz

Schreibe den folgenden Text in dein Heft. Füge in die Lücken das jeweils passende Wort ein. Die folgenden Silben helfen dir dabei:
af – den – ger – jä – ka – li – lu – ma – mel – neo – no – on – re – ri – sam – sche – stein – ten – thi – ti – vo

Gib dem Text zum Schluss eine passende Überschrift.

Die ersten Menschen entwickelten sich sehr wahrscheinlich in **Afrika**. Es war oft nicht leicht für sie, immer ausreichend Nahrung zu finden. Vor allem die Männer betätigten sich als **Jäger**. Außerdem **sammelten** die Frauen und Kinder, aber auch die Männer Früchte, Beeren, Körner, Pilze, Nüsse oder Honig. Um sich die Arbeit zu erleichtern, fertigten die Menschen Werkzeuge und Waffen an. Die ersten Werkzeuge und Waffen waren aus **Stein**. Die frühen Menschen blieben nicht an einem Ort. Wenn die Nahrung knapp wurde, zogen sie weiter. Menschen, die so leben, werden als **Nomaden** bezeichnet. Um 9000 v. Chr. änderte sich das Leben der Menschen sehr stark. Diese Veränderungen werden **Neolithische Revolution** genannt.

3. Das Leben der Bauern und Viehzüchter

In einem Gespräch argumentieren
Sachkompetenz, Methodenkompetenz

In ihrer Erzählung „Die Sonne bleibt nicht stehen" schildern Gabriele Beyerlein und Herbert Lorenz das Zusammentreffen zweier Lebensweisen: Der Junge Dilgo ist ein Steinzeitjäger, das Mädchen Mirtani wohnt in einem Dorf von Bauern und Viehzüchtern. Führt das Gespräch zwischen Dilgo und seinem Vater weiter. Lasst jeden noch mindestens zweimal zu Wort kommen.

Anhand der beiden Textauszüge lässt sich in Form eines Szenarios noch einmal die Debatte über die Vor- und Nachteile der beiden Lebensformen aufgreifen und um neue Aspekte erweitern, die schon auf SB S. 40 und in der Rubrik „Geschichte erinnert und gedeutet" auf SB S. 44/45 intendiert worden ist.

Dilgo könnte gegenüber seinem Vater etwa folgende Argumente geltend machen:
- Warum sollen wir nicht auch die neuen Techniken erlernen? Wir können ja dann immer noch überlegen, wie wir leben wollen.
- Die Vorratshaltung ist gar nicht so schlecht. Schließlich gibt es nicht alle Tage einen Waldbrand. Denk' doch daran, wie oft wir im Winter Hunger leiden müssen.
- Dass die Leute mehr Besitztümer haben, muss ja nicht zwangsläufig zu Streit führen. Man muss die Dinge eben so aufteilen, dass alle Menschen in einem Dorf etwas davon haben.
- Letztlich werden sich diese Leute mit ihrer Lebensweise durchsetzen. Sie können damit einfach viel mehr Menschen ernähren.

Dilgos Vater könnte folgende Argumente ins Feld führen:
- Wenn man sich einmal auf diese Lebensweise einlässt, verlernt man unsere Art zu leben – irgendwann hat man keine Wahl mehr.
- Die Leute denken nur noch an ihre Vorräte. Sie schuften und schuften dafür und haben nichts mehr vom Leben.
- In einem Dorf kann man die Besitztümer vielleicht noch so aufteilen, dass alle etwas davon haben. Aber es werden immer mehr Dörfer mit immer mehr Menschen, und zwischen denen wird es Neid und Streit geben.
- Diese Leute zerstören durch ihre Lebensweise die Natur. Wir leben von dem, was die Natur uns von sich aus bietet. Aber sie roden die Wälder für ihre Äcker, schlagen Bäume für ihre Häuser und ihre Tiere fressen Bäume und Sträucher an, sodass sie absterben.

Name _____ Klasse _____ Datum _____

© Ernst Klett Verlag GmbH, Stuttgart 2015 | www.klett.de | Alle Rechte vorbehalten
Von dieser Druckvorlage ist die Vervielfältigung für den eigenen Unterrichtsgebrauch gestattet. Die Kopiergebühren sind abgegolten.

Autor: Michael Sauer
Programmbereich Gesellschaftswissenschaften

4. Das Leben in der Alt- und Jungsteinzeit vergleichen

Rekonstruktionszeichnungen auswerten
Sachkompetenz, Methodenkompetenz, Urteilskompetenz

Dem Zeichner sind bei seinen Darstellungen ein paar Fehler unterlaufen. Du findest sie bestimmt heraus. Welche Gruppen gehören eher in das linke Bild, welche eher in das rechte? Eine Gruppe passt weder zum linken noch zum rechten Bild. Benenne diese Gruppe. Begründe, warum du die Zuordnung so vorgenommen hast.
- Das Haus, der pflügende Bauer und die flechtende Frau gehören eher ins rechte Bild.
- Die Hütte und die Jäger gehören eher ins linke Bild.
- Der Schmied gehört in keines der beiden Bilder.

Ein geheimnisvoller Fund

Erzählerin: Der Lehrer Johann Carl Fuhlrott ist in seiner Freizeit ein begeisterter Naturforscher. Im August 1856 lädt ihn der Besitzer eines Steinbruchs, Friedrich Wilhelm Beckershoff, zu sich ein. Beide beugen sich über eine Holzkiste, darin befinden sich Überreste von Knochen …

Fuhlrott: Rätselhaft, sehr rätselhaft …

Beckershoff: Was meinen sie denn?

Fuhlrott: Diese Knochen, wo haben Sie die überhaupt her?

Beckershoff: Wie Sie ja wissen, gehört mir der Steinbruch im Neandertal. Wir bauen dort Kalk ab. Vor zwei Wochen sollten zwei meiner Arbeiter eine Grotte vom Lehm befreien, der sonst den Kalk verschmutzt.

Fuhlrott: Das ist keine leichte Arbeit, nicht wahr? Soviel ich weiß, sind die Grotten in den steilen Felswänden kaum zu erreichen.

Beckershoff: Da haben Sie recht, mein lieber Fuhlrott, aber wofür habe ich meine Männer? Als sie in der Höhle mit ihren Spitzhacken den Lehmboden lockerten, stießen sie in einem halben Meter Tiefe auf die Knochen. Die Knochen wären im Schutthaufen verschwunden, wenn ich nicht zufällig vorbeigekommen wäre. Ich denke: Das sind bestimmt Knochen von einem Höhlenbären! Da habe ich sofort an Sie gedacht. Sie sind ja Naturforscher und interessieren sich für ausgestorbene Tiere. Ich habe die Arbeiter angewiesen, die Knochen in einer Kiste zu sammeln. Und die steht nun vor Ihnen.

Fuhlrott: Da freue ich mich natürlich, dass sie dabei an mich gedacht haben.

Beckershoff: Das ist doch selbstverständlich. Aber sagen Sie, was finden Sie an den Knochen so rätselhaft? Reste von Höhlenbären finden wir doch häufiger.

Fuhlrott: Ja, ja, vermutlich haben Sie recht.

Beckershoff: Sie können die Knochen gerne mit nach Hause nehmen.

Fuhlrott: Ja gerne! Dann kann ich den Fund noch einmal in Ruhe begutachten. Haben Sie besten Dank, Herr Beckershoff. Auf Wiedersehen.

…

Fuhlrott: So, endlich zu Hause. Jetzt will ich mir die Knochen doch noch mal genauer ansehen … Dass das keine Bärenknochen sind, war mir ja sofort klar. Es würde mich doch sehr wundern, wenn diese Knochen nicht von einem Menschenskelett stammen: Hier sind Arm- und Beinknochen und ein paar Rippenstücke. Und dies ist die Schädeldecke. Aber diese flache Stirn und so eine dicke Wölbung über den Augen? So sieht doch heutzutage kein Mensch aus. Was aber, wenn es gar kein heutiger Mensch ist? Wenn es das ist, was ich vermute, dann wäre das eine Sensation …

Erzählerin: Es war tatsächlich eine Sensation, was Johann Carl Fuhlrott herausgefunden hatte: Die Knochen aus dem Neandertal stammten von einer Menschenart, die vor mehreren tausend Jahren gelebt hatte.

Fuhlrott: gab dieser Menschenart einen Namen: Neandertaler – nach dem Fundort der Knochen. Doch niemand glaubte dem Naturforscher Fuhlrott.

Die Frühzeit des Menschen
vor 4 Mio. Jahren – 3000 v. Chr.

1. Wann wurde der geheimnisvolle Fund im Steinbruch im Neandertal entdeckt?

2. Erläutere, weshalb Carl Fuhlrott der Knochenfund so rätselhaft erschien.

3. Welche Schlussfolgerung zog Carl Fuhlrott aus dem Knochenfund im Neandertal?

4. Entwirf eine Gedenktafel für Carl Fuhlrott. (Vielleicht könnte man hier das Textfeld als Gedenktafel gestalten.)

Die Frühzeit des Menschen
vor 4 Mio. Jahren – 3000 v. Chr.

Rokal der Steinzeitjäger

Im Jugendbuch „Rokal der Steinzeitjäger" beschreibt der Autor, wie der Junge Rokal ein Feuer macht:

Bevor das letzte Tageslicht wich, hatte er vier armlange Forellen gespeert. Jetzt wollte er ein Feuer machen, um die Fische zu garen. Am Flusshang suchte er abgestorbenes Holz und trockene Gräser,
5 mit denen sich das Feuer besonders gut entfachen ließ. Rokal drehte einen Holzstab schnell zwischen den Handflächen in ein Stück trockenes Holz hinein, bis feiner Rauch aufstieg. Jetzt reichte die Hitze in der Feuerbohrung aus, um die Glut anzublasen.
10 Dann streute er die trockenen Gräser darüber, und eine zarte Flamme züngelte empor. Nun legte er Rindenstücke und trockene Hölzer nach und blies, bis das Feuer brannte. Als die Glut kräftig genug war, spießte Rokal die erste Forelle auf einen
15 Stock und hielt sie über das Feuer.

Aus: Dirk Lornsen, Rokal der Steinzeitjäger, Thienemann 1984.

Die Frühzeit des Menschen

vor 4 Mio. Jahren – 3000 v. Chr.

1. Beschreibe die Methode des Feuermachens, die Rokal anwandte.

2. Kennst du noch andere Möglichkeiten, mit denen es den Menschen der Steinzeit gelang Feuer zu machen? Erkläre, wie das funktionierte.

3. Schreibe aus der Perspektive eines Steinzeitmenschen selbst eine kleine Erzählung. Beginne so: „Heute ist es mir zum ersten Mal gelungen, selbst ein Feuer zu machen. Das ist eine tolle Sache. …"

Name ____ Klasse ____ Datum ____

Eine Entdeckung mit Folgen

Mojar: Seht nur, da kommen Raulf und Toran von der Jagd zurück. Seht euch die Jammergestalten an! ... He, Raulf, wo ist das Rentier, das du mir versprochen hast?

Raulf: Um Haaresbreite habe ich es verfehlt, nur um Haaresbreite, Mojar! Ich habe den Speer so geworfen, wie du es mir beigebracht hast, aber das Tier hat uns offenbar gewittert. Ich hätte es fast erlegt ...

Mojar: ... hast du aber nicht.

Toran: Und der Speer ist auch dahin.

Raulf: Liegt im Fluss. Bis ich wieder eine so gute Speerspitze hergestellt habe, vergehen Tage.

Mojar: So kann das nicht weitergehen, Toran. Ich bin der Sippenälteste, ich würde ja selbst wieder losziehen, aber mit meinem Bein geht das nicht mehr. Nochmal dürft ihr euch so eine Niederlage nicht leisten.

Toran: Mojar, wir können unsere ganze Jagdtaktik vergessen, wenn wir immer nur zu zweit losgehen! Die Mammutherde letzte Woche mussten wir ziehen lassen. Dabei hätten wir das lahme Jungtier problemlos erlegen können, wären wir in der Gruppe gewesen.

Dann hätten wir eine Sorge für den Winter weniger gehabt. Wenn ich an Surana und die beiden Kinder denke, könnte ich schreien vor Wut. Ah, da kommt sie ja, meine Frau.

Surana, hier sind wir!

Surana: Toran, mach dir keine Sorgen, das Glück kommt schon zurück. Ich habe mit meiner Mutter heute morgen auf einer Lichtung Getreideähren gefunden, die Körner werden die Kinder die nächsten Tage satt machen ...

Mojar: ... und sind schneller aufgebraucht, als ihr alle denkt. Und was dann? Sollen wir, wenn es kalt wird, wieder Rinde nagen? Ohne geschickte Jäger sind wir verloren.

Raulf: Wenn das Rentier doch nicht weggelaufen wäre ...

Toran: Wovon träumst du, Bruder, wer sollte es davon abhalten, vor uns zu fliehen?

Surana: Vielleicht gibt es da eine Lösung. Auf unserem Streifzug heute Morgen haben wir etwas Merkwürdiges entdeckt.

Raulf: Eine neue Mammutherde?

Surana: Nein, bei der Lichtung mit den Ähren waren Menschen, so wie wir, aber die Zelte waren viel größer und fester und ich bin mir sicher, in einem davon waren Tiere, und sie lebten.

Ich habe es gehört. Aber dann mussten wir schnell weg, wir wurden entdeckt.

Mojar: Lebende Tiere im Zelt ... Wahrscheinlich sind sie freiwillig gekommen, um sich zu opfern! Toran, dein Weib redet wirres Zeug.

Toran: Nein, Mojar, ich glaube ihr!

Mojar: Ach, lasst mich doch zufrieden!

Raulf: Wo war das? War das weit von hier?

Surana: Bis zur Dämmerung könnten wir dort sein.

Toran: Vielleicht können wir ja unserem Jagdglück etwas nachhelfen.

Raulf: Führe uns hin! Sofort!

Szenenwechsel

Toran: Brr, wie kalt es schon ist, der Winter kommt.

Surana: Psst ... Seid still. Hier war es, dort auf der Lichtung.

Raulf: Kein Feuer weit und breit, hier ist niemand.

Suaran: Riechst du es nicht? Hier brennt ein Feuer, aber es brennt im Zelt.

Toran: Im Zelt?

Surana: Sieh doch! Von hier kannst du es erkennen.

Toran: Komm hier her, Raulf, hier. Schau durch die Zweige. Da steht wirklich ein Zelt, aber es ist viel größer als unseres. Wie kann man so ein Zelt nur von einem Lagerplatz zum nächsten tragen? Das müssen Riesen sein.

Raulf: Und dort drüben, die Behausung. Steht gut mannshoch auf Pfählen über dem Boden. Wer baut denn so etwas?

Raulf: Habt ihr das gehört?

Surana: Das sind die Tiere, von denen ich gesprochen habe.

Toran: Dann los, die holen wir uns. Aber leise, bevor sie uns entdecken!

Raulf: Verflucht, das Gras ist so dicht, und man sieht kaum die Hand vor den Augen.

Toran: Deine Augen lassen nach, Bruder! Dort hinten stehen noch mehr Behausungen, viel mehr als ich je auf einem Fleck gesehen habe. Und dort drüben scheint Feuer. Wie viele Menschen hier wohl leben? Aua!

Surana: Was ist?

Raulf: Ich bin über etwas gestürzt.

Surana: Sie haben ihren Lagerplatz abgegrenzt. Hoffentlich hat uns niemand gehört.

Männerstimme: Wer ist da?

Toran: Psst! Keinen Laut!

Surana: Um Himmels Willen, was ist das?

Raulf: Das sind wilde Wölfe! Das ist unser Ende!

Männerstimme: Halt, nicht weiter! ... Wer seid ihr?

Surana: Wir sind Surana, Toran und Raulf ...

Toran: ... und wir kommen in Frieden.

Die Frühzeit des Menschen

vor 4 Mio. Jahren – 3000 v. Chr.

1. Welche der folgenden Aussagen sind falsch, welche richtig?

Mojar, der Sippenälteste, hat gute Laune.

Raulf hat beim Jagen das Rentier verfehlt.

Raulf und Toran haben den geheimnisvollen Lagerplatz im Wald entdeckt.

Im Zelt auf der Waldlichtung wohnt ein zahmes Mammut.

Raulf verrät sich durch seinen Schrei.

Am Ende werden sie von wilden Wölfen angegriffen.

2. Die Lage der altsteinzeitlichen Nomadenfamilie ist ziemlich schlecht. Schreibe Text in die Sprechblasen der Familienmitglieder. Höre dazu noch einmal den ersten Teil der Hörszene.

Die Frühzeit des Menschen
vor 4 Mio. Jahren – 3000 v. Chr.

3. Raulf, Toran und Surana sehen und erleben auf der Waldlichtung für sie völlig neue Dinge. Liste sie auf. Höre dazu noch einmal den zweiten Teil der Hörszene.

_____
_____
_____
_____
_____
_____

4. Zurück in ihrem eigenen Lager berichten die Drei Mojar davon, was sie gesehen haben. Sie machen Vorschläge, wie sie in Zukunft leben wollen, damit es ihnen besser geht. Notiere ihre Ideen.

Als Erstes sollten wir _____
_____

Außerdem wäre es gut, wenn wir _____
_____

Eine gute Idee wäre es, _____
_____
_____
_____

5. Wie reagiert Mojar? Spielt das Gespräch weiter. Ihr könnt daraus auch eine Fortsetzung des Hörspiels gestalten und das Gespräch aufnehmen.

_____
_____
_____

3 Das Leben in frühen Hochkulturen – das Beispiel Ägypten 54–81

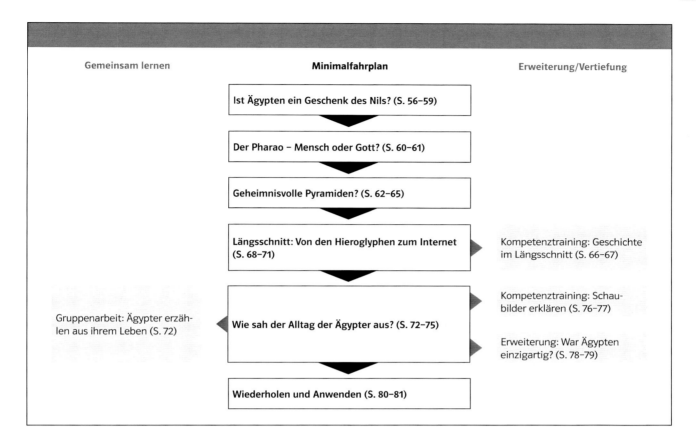

Kompetenzziele des Kapitels

Sachkompetenz
Die SuS
- erkennen, wie die naturräumlichen Bedingungen (Leben im Niltal) das Entstehen einer arbeitsteiligen und sozial differenzierten Gesellschaft ermöglicht und gefördert haben,
- kennen die Begriffe Nilschwemme, Hieroglyphen, Pharao und Hochkultur und können „Anfang" und „Ende" der ägyptischen Pharaonenreiche benennen,
- können exemplarisch erläutern, wer in der altägyptischen Gesellschaft herrschte und wer beherrscht wurde,
- können anhand der kulturellen und wirtschaftlichen Leistungen Altägyptens in Verbindung mit dem Gesellschaftsaufbau und den naturräumlichen Grundlagen Merkmale einer Hochkultur benennen.

Methodenkompetenz
Die SuS
- können fachgerecht mit Sachtexten, Abbildungen und Rekonstruktionszeichnungen arbeiten,
- können – auf der Grundlage des Schaubildes zum altägyptischen Gesellschaftsaufbau – Schaubilder methodisch interpretieren.

Urteilskompetenz
Die SuS
- beurteilen, welche Rolle die natürlichen Bedingungen für die Entwicklung der altägyptischen Hochkultur spielten und welche Folgen und Bedeutung die Arbeitsteilung für die ägyptische Gesellschaft hatte.
- beurteilen, wie der Pharao und die führenden Gesellschaftsschichten ihre Herrschaft legitimierten.
- beurteilen, welche Bedeutung die Religion für die Ägypter hatte.

3 Das Leben in frühen Hochkulturen – das Beispiel Ägypten

5000 v. Chr. – 30 v. Chr.

Hinweise zur Orientierungsseite

- Das große Foto kann die SuS gleichsam von der Gegenwart in das Unterkapitel „hineinlocken". Mit dem Playmobil-Spielzeugsatz ist ein Gesprächsanlass gesetzt, der nicht nur die Frage aufwirft, ob es in Ägypten denn so war, wie das Playmobil-Spielzeug andeutet, sondern auch Aspekte enthält, wie die Frage, warum Kinder (und andere) auch heute noch vom alten Ägypten fasziniert sind. Außerdem bietet das Spielzeug-Ensemble einen guten Einstieg in Details der altägyptischen Hochkultur – u. a. Grabpyramide, Mumien, Grabräuber (!), Sphinx (könnte nachgeschlagen werden), das Nilschiff (Bedeutung des Nils) und der vereinzelte Bauer (?).
- Die Anmoderation fasst diese Ausgangslage zusammen und zeigt das Ziel des Unterkapitels auf: Erfahren, warum die alten Ägypter mit ihrer Kultur anderen weit voraus waren.
- Die Zeitleiste könnte mit gegenwärtigen Zeiträumen verglichen werden, sodass die gewaltige Dauer der altägyptischen Hochkultur deutlich wird. Eine Möglichkeit wäre es, das 20. Jahrhundert einzuzeichnen.
- Auch die Ägypten-Karte bietet Einstiegschancen: Hier sind zentrale Orte der altägyptischen Geschichte erkennbar, aber auch spätere Gründungen wie Alexandria. Zudem bietet die Karte eine Einführung in die naturräumlichen Bedingungen der ägyptischen Hochkultur.
- Die Liste der Kompetenzen kann von leistungsstarken SuS in konkrete Fragen an das Unterkapitel überführt werden; diese kann auch als Checkliste herausgeschrieben werden und den Gang durch das Unterkapitel begleiten. Insbesondere bei der Nutzung der Doppelseite „Wiederholen und Anwenden" lassen sich zentrale Ziele kompetenzorientiert überprüfen.

Weiterführende Medienhinweise

Bücher/Zeitschriften

- Schlögl, Hermann A.: Das alte Ägypten. 2., durchgesehene Auflage. München 2005.
  Das Buch eignet sich zur Einführung in den aktuellen Forschungsstand.
  Der Band kann für alle Unterkapitel übergreifende Hintergrundinformationen geben.

Internet/Film

- Die alten Ägypter. Zwei Disc Set (NDR/Das Erste). Vierteilige Serie über das alte Ägypten. Jede Episode ist ca. 49 Minuten lang. Die Einzelepisoden: Die Schlacht von Megiddo, Die Grabräuber von Theben, Der Mord im Tempel, Die Zwillingsschwestern. Ein Einsatz von Ausschnitten aus der DVD ist sinnvoll, wenn zugleich eine entsprechende kritische Medienbetrachtung damit verbunden wird. Da die SuS mit entsprechenden Dokumentationen und historischen Spielfilmen aufwachsen, empfiehlt sich sogar der Einsatz von Filmen.
- Mediathek der Universitätsbibliothek Graz (http://ub.uni-graz.at/index.php?id=30779, Zugriff 07.01.15)
  Auf der Homepage der Universitätsbibliothek Graz finden sich unter der Rubrik „Klassisches Altertum, Antike Kulturen" eine Vielzahl von empfehlenswerten Filmbeiträgen, Dokumentationen usw., die sich zur Unterrichtsvorbereitung, aber sicher teilweise (jahrgangsabhängig) auch zum direkten Einsatz im Unterricht eigenen. Für das alte Ägypten finden sich zu folgenden Stichpunkten filmische Beiträge/Verweise (alphabetisch): Kleopatra – das letzte lächeln der Pharaonen; Königinnen vom Nil (Hatschepsut die Große, die Ptolemäerinnen).

Ist Ägypten ein Geschenk des Nils?

Kompetenzziele

Sachkompetenz
- Die SuS erkennen, wie die naturräumlichen Bedingungen (Leben im Niltal) das Entstehen einer arbeitsteiligen und sozial differenzierten Gesellschaft ermöglicht und gefördert haben.
- Die SuS wissen, dass die ägyptische Schrift (Hieroglyphen) eine herausragende Leistung der ägyptischen Hochkultur ist.

Methodenkompetenz
- Die SuS können die Hieroglyphen „spielerisch" erschließen und sind zu einem ersten Umgang mit Rekonstruktionszeichnungen befähigt (im Vergleich mit Darstellungstexten und Quellen).

Urteilskompetenz
- Die SuS können beurteilen, dass das Entstehen einer arbeitsteiligen und sozial differenzierten Gesellschaft (vor der Industrialisierung) nur bei günstigen naturräumlichen Voraussetzungen möglich war – hier durch die Kombination von Wüstenklima und der Wasserversorgung (mit Schwemme) des Nils.

Sequenzvorschlag w6j4tb

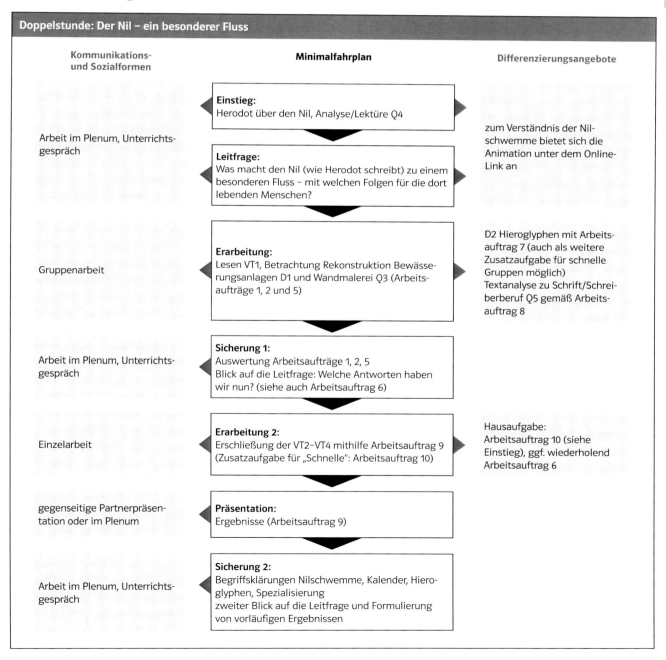

3 Das Leben in frühen Hochkulturen – das Beispiel Ägypten

5000 v. Chr. – 30 v. Chr.

Tafelbild k55a3w

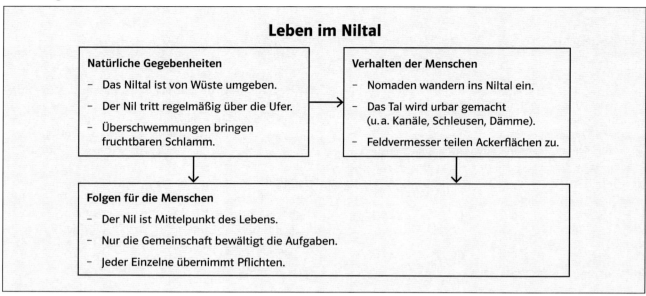

56–59 Hinweise zum Verfassertext und zu den Materialien

VT Der VT beginnt bei den besonderen naturräumlichen Gegebenheiten Ägyptens. Auf dieser Grundlage wird die Entwicklung eines Kalenders und einer arbeitsteiligen Gesellschaft mit einer gemeinsamen Schriftkultur geschildert. Dabei wird die elementare Bedeutung der Landwirtschaft als Grundlage für alles Weitere herausgestellt. Auf die Hieroglyphen wird besonders eingegangen, da die Faszination für diese Schriftbilder/-zeichen bis heute anhält und sich diese zur Erschließung der altägyptischen Hochkultur besonders eignen.
Der Fachbegriff Hochkultur wird an dieser Stelle bewusst nicht verwendet; er wird bei „War Ägypten einzigartig?" eingeführt. Ggf. könnte also bereits auf dieses Unterkapitel verwiesen werden, wenn der Fachbegriff hier schon eingeführt werden soll.

D1 Diese Rekonstruktionszeichnung kann z.B. mithilfe von Sprechblasen entschlüsselt werden. Es bietet sich die Frage an, woher das Wissen um die entsprechend dargestellten Zusammenhänge stammt. So kann die Vorläufigkeit und Lückenhaftigkeit heutiger Erkenntnisse (erneut) thematisiert und das Bewusstsein der SuS für die entsprechende Problematik geschärft werden.

D2 Bis auf die Vokale und „v, x, y" können alle heutigen Buchstaben zur Wortbeschreibung genutzt werden.

Q1 Aufgrund des Wüstenklimas gibt es aus Ägypten außerordentlich viel erhaltene Quellen auf pflanzlichem Papier. Viele Quellen müssen mühsam zusammengesetzt und Lücken geschlossen werden. Diese Arbeit dauert sehr lange.

Q3 Zu fragen wäre, warum die Wandmalereien heute stark beschädigt sind – und was getan werden kann, um vergleichbare Kulturerzeugnisse auch für die Zukunft zu bewahren (Konservierung? Nachbau? Verschluss?). Aus der Wandmalerei geht hervor, dass die Mehrheit der Ägypter als einfache Bauern für die landwirtschaftliche Grundlage sorgten – und das sehr mühsam.

Q4 Natürlich „übersieht" Herodot den Aufwand und die Mühe, die es bedeutet, die großen Ernten zu erzielen. Aber grundsätzlich hat er recht: Der Reichtum Ägyptens war der Reichtum an Getreide, das durch die Verbindung von Klima und Bewässerung reichlich vorhanden war.

Q5 Ein Klassiker, der eine Übertragung auf die Gegenwart geradezu herausfordert – auch wenn natürlich alle Vergleiche „hinken"…

Erläuterungen zu den Arbeitsaufträgen

1. Fasse zusammen, warum der Nil für die Ägypter so wichtig war (VT). (AFB I)
- Der Nil sorgte für das im Wüstenklima so entscheidende Wasser und zwar dauerhaft und reichlich.
- Mit den regelmäßigen Überschwemmungen bewässerte und düngte er das Ackerland gleichzeitig.
- Außerdem ermöglichte der Nil mithilfe von Schiffen schnelle und sichere Transporte von Waren und Informationen.

2. Erkläre mithilfe von D1, welche Arbeiten notwendig waren, um die Felder während der Trockenzeit ausreichend zu bewässern. (AFB II)
- Wasser herausschöpfen und transportieren, auch zu weit entfernteren Äckern,
- Bewässerungsgräben anlegen und freihalten,
- Wasser auf dem Acker gleichmäßig verteilen,
- Anlagen reparieren und ausbauen.

3. Erläutere, was der Papyrus Q1 über den Entwicklungsstand der ägyptischen Gesellschaft vor über 4000 Jahren aussagt. (AFB II)
Die Ägypter hatten eine Schrift entwickelt und konnten diese sogar auf selbst entwickeltem Papier festhalten und damit umfassende Informationen festhalten, bewahren und weiterleiten (Transportgewicht von Papier).

4. Hohe ägyptische Beamte ließen sich gern als Schreiber darstellen. Erkläre anhand von Q2, was das über die Bedeutung von Schrift und Schreiber aussagt. (AFB II)
- Hohe ägyptische Beamte hatten genügend Geld, um sich selbst in Kalkstein vornehmlich als Schreiber darstellen zu lassen.
- Der Beruf war angesehen, deshalb ließ man sich auch in dessen Ausübung darstellen.
- Im Unterschied zu den Bauern musste nicht schwer körperlich gearbeitet werden, vielmehr lag in der Fähigkeit des Schreibens eine wichtige Grundlage für die ägyptische Gesellschaft.
- Wir finden viele Statuen von ehemaligen Schreibern, viele haben sich auch (bewusst?) als sehr wohlgenährt dargestellt.

5. Nenne die Arbeiten, die auf dem Bild Q3 dargestellt sind. Wähle eine Person aus der Zeichnung aus und beschreibe aus deren Sicht, welche Arbeit sie verrichtet und wozu sie dient. (AFB I)
- Arbeiten, die auf dem Bild dargestellt sind: Erdreich lockern, Aussaat, Feststampfen, Furchen pflügen, Aussaat;
- Der Ochsenführer: Er pflügt den Boden und ermöglicht so das Einbringen des neuen Getreides, insbesondere wird der Boden auch aufgelockert und (in Teilen) umgewälzt.

6. Vergleiche Herodots Aussagen in Q4 zur ägyptischen Landwirtschaft mit den Informationen im VT und mit Q3. Formuliere eine Entgegnung zu Herodots Bericht. (AFB III)
Mögliche Entgegnung zu Herodots Bericht:
„Herodot hat nicht recht! Wir Ägypter sitzen nicht einfach herum und warten, bis uns das fertige Getreide in den Mund wächst. Wir müssen uns auf die Nilschwemme vorbereiten, danach mühsam die Felder vorbereiten und das Getreide sähen, dann immer wieder Unkraut jäten und immerzu bewässern – die Gräben müssen auch intakt gehalten werden und viel Wasser muss gepumpt werden. Schließlich gilt es zu ernten, das Getreide zu reinigen und an die Beamten des Pharaos abzugeben. Natürlich müssen wir uns auch um unsere Ochsen und andere Tiere kümmern – wahrlich, es ist genügend zu tun, auch wenn – zugegeben – wir gute Bedingungen in Ägypten haben, unseren Göttern sei dank!"

7. Schreibe deinen Namen in Hieroglyphenschrift (D2). (AFB I)
Die SuS sollen die Lösung nach der Vorlage D2 im Buch erstellen. Diskutiert werden könnte mit den SuS, inwieweit die Hieroglyphen heute noch verwendbar wären.

8. Untersuche den Text Q5. Spielt danach ein Gespräch, zwischen Phiops und seinem Vater, der den Sohn überzeugen will, die jahrlangen Mühen in der Schreiberschule auf sich zu nehmen. (AFB III)
- Vater: Mein Sohn, du darfst auf die Schreiberschule!
- Sohn: Ich will aber nicht, ich möchte lieber mit meinen Händen in der Natur arbeiten, zum Beispiel als Handwerker.
- Vater: Gewiss, die Schreiberschule ist anstrengend und lang. Danach steht dir aber ein angesehener Beruf offen, in dem du jederzeit dein Auskommen hast, nicht körperlich arbeiten musst und zudem alt werden kannst!
- Sohn: Wenn ich aber doch nicht möchte!
- Vater: Jetzt werde ich doch böse. Die Schule ist sehr teuer, mein ganzes Erspartes muss ich bezahlen! Manchmal muss man seine Interessen hinten anstellen, dafür wird unsere Familie an Ehre gewinnen und du wirst es mir später einmal danken! Folge also meinem Befehl!
- Sohn: Ja, dann muss ich, Vater. Ich gehorche – auch den Göttern und den Traditionen zuliebe.

3 Das Leben in frühen Hochkulturen – das Beispiel Ägypten

5000 v. Chr. – 30 v. Chr.

9. Arbeite den Zusammenhang von landwirtschaftlicher Arbeit, Arbeitsteilung und gesellschaftlicher Entwicklung im alten Ägypten heraus. (AFB II)

Mögliche Lösung (hier mit weiterführenden Hinweisen für die Lehrkraft):
- Durch die landwirtschaftliche Arbeit entstanden Überschüsse. Diese ernährten Menschen, die nicht unmittelbar im Feld arbeiteten und die andere Aufgaben übernahmen.
- Dazu gehört auch die Verbesserung der landwirtschaftlichen Erträge, z. B. durch neue Bewässerungsgräben.
- Die dauerhaften Überschüsse ermöglichten dann auch kulturelle Entwicklungen und anderen Luxus (Grabmalereien, Grabmale, aufwendige Gebäude etc.) und sorgten so für eine differenzierte, hierarchische Gesellschaft.
- Aber: Letztlich hing alles an den landwirtschaftlichen Überschüssen – vor der Industrialisierung.

10. Überprüfe, ob Herodot mit seiner Behauptung, Ägypten sei ein Geschenk des Nils, recht hatte. (AFB III)

Unter Hinzuziehen der Lösungen der Aufgaben 1, 6 und 9 wird deutlich, dass Herodot recht hatte:
- Ohne den Nil keine Hochkultur, ohne den besonders effektiven Nil keine so mächtige, reiche und dauerhafte Hochkultur.
- Einzuwenden wäre, dass letztlich nur der Fleiß und die Ausdauer der Menschen die Hochkultur möglich gemacht haben. Das ist aber kein Widerspruch zur These Herodots.

Der Pharao – Mensch oder Gott?

↴ 60–61

Kompetenzziele

Sachkompetenz
- Die SuS wissen, dass über Ägypten ein Pharao herrschte, der eine Doppelnatur (Mensch und Gott) verkörperte.
- Anhand der Legitimation des Herrschers erkennen die SuS, dass das Herrschaftssystem gegenseitige Verpflichtungen für Herrscher und Untertanen voraussetzte.
- Sie erkennen, dass Frauen in Ägypten nicht gleichberechtigt waren, eine Frau aber im Ausnahmefall Pharao werden konnte – und zwar sehr erfolgreich.

Methodenkompetenz
- Die SuS können eine Textquelle analysieren und beurteilen in Grundzügen ihre Aussagekraft.
- Sie können Sachtexten zum Thema „Pharao – Mensch oder Gott?" gezielt Informationen entnehmen und diese bewerten.
- Sie können Bildquellen auswerten und stellen die gewonnenen Informationen in den thematischen Kontext.

Urteilskompetenz
- Die SuS kommen zu einem ersten Urteil über die Notwendigkeit, Herrschaft zu legitimieren – hier am Beispiel der göttlichen Legitimation der Herrschaft des Pharaos.

Sequenzvorschlag g9y9zy

↴ 60–61

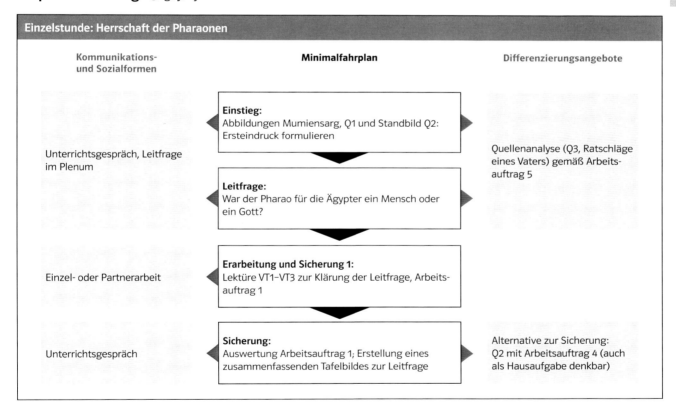

Einzelstunde: Herrschaft der Pharaonen

Kommunikations- und Sozialformen	Minimalfahrplan	Differenzierungsangebote
Unterrichtsgespräch, Leitfrage im Plenum	**Einstieg:** Abbildungen Mumiensarg, Q1 und Standbild Q2: Ersteindruck formulieren	Quellenanalyse (Q3, Ratschläge eines Vaters) gemäß Arbeitsauftrag 5
	Leitfrage: War der Pharao für die Ägypter ein Mensch oder ein Gott?	
Einzel- oder Partnerarbeit	**Erarbeitung und Sicherung 1:** Lektüre VT1–VT3 zur Klärung der Leitfrage, Arbeitsauftrag 1	
Unterrichtsgespräch	**Sicherung:** Auswertung Arbeitsauftrag 1; Erstellung eines zusammenfassenden Tafelbildes zur Leitfrage	Alternative zur Sicherung: Q2 mit Arbeitsauftrag 4 (auch als Hausaufgabe denkbar)

Tafelbild su4n5j

Was war der Pharao für die Ägypter?

Mensch	Gott
– er hat einen Menschenkörper	– er steht in direkter Verbindung zu den Göttern und kennt deren Wünsche
– er ist König über Ober- und Unterägypten	
– er kann Fehler machen	– er regiert gemeinsam mit den Göttern bzw. in deren Auftrag

3 Das Leben in frühen Hochkulturen – das Beispiel Ägypten

5000 v. Chr. – 30 v. Chr.

60–61 Hinweise zum Verfassertext und zu den Materialien

VT In der altägyptischen Gesellschaft nahm der Pharao eine herausragende Stellung ein. Diese folgte aus einer Mischung von weltlicher und religiöser Machtstellung. Daher wird in diesem Unterkapitel – aufbauend auf die im vorherigen Unterkapitel vorgestellte Götterwelt und Religion der Altägypter – die besondere Rolle des Pharaos als Herrscher zwischen Menschen- und Götterwelt ausgearbeitet, der praktisch für beide Bereiche verantwortlich war.

Q2 Die enge Verflechtung oder Symbiose zwischen Götterwelt und Pharao wird in dem Standbild eindrucksvoll deutlich. Man beachte, dass Amenhotep etwas größer und durch den „Aufbau" auch eindrucksvoller dargestellt wird.

Q3 Die Ratschläge des Pharaos an seinen Sohn sind zeitlos. Sie zeigen ein hohes Ideal auf und verdeutlichen den SuS damit, dass Herrschaft mit Verantwortung einhergeht. Das Ideal des „guten und gerechten Herrschers", das in Q2 skizziert wird, lässt sich gut als Ausgangspunkt einer Pro-/Kontra-Diskussion verwenden und mit vielen Beispielen aus Vergangenheit und Gegenwart vernetzen.

60–61 Erläuterungen zu den Arbeitsaufträgen

1. Erkläre, wie der Pharao herrschte, indem du seine Rechte und Pflichten gegenüberstellst (VT). (AFB II)
- Pflichten: Als Herrscher war der Pharao nicht nur für den militärischen Schutz aller Ägypter verantwortlich, sondern auch für die Gültigkeit der Rechtsordnung, die innere Verwaltung, die Versorgung der Bevölkerung sowie für ein friedliches Zusammenleben aller Menschen. In der Kommunikation mit den Göttern sorgte er für eine geordnete, friedliche und gerechte Welt.
- Diesen Pflichten standen konkrete Rechte gegenüber: Die Menschen mussten ihm gehorchen, seine Macht anerkennen, ihm selbst „gehörte" praktisch ganz Ägypten, er hatte Befehlsgewalt über alle Menschen und er war der oberste Richter.

2. Beschreibe den Sarg Tutanchamuns. Was sagen die dargestellten Einzelheiten über die Stellung des ägyptischen Pharaos aus (Q1)? (AFB I)
Auffällig ist die reiche, prachtvolle und auf Außenwirkung (!) gearbeitete Hülle. Der Pharao zeigt die Zeichen seiner Macht (Kopftuch, Geierkopf, Kobra, Hirtenstab, Götterbart und Peitsche). Insbesondere Hirtenstab und Geißel hat er fest in der Hand. Damit wird die Herrscherrolle Tutanchamuns über den Tod hinaus bewahrt: Der Pharao ist ein absoluter Herrscher mit göttlichen Zeichen, der aber auch eine Schutzfunktion wahrnimmt.

3. Begründe, warum sich Amenhotep III. mit dem Krokodilgott darstellen ließ (Q2). (AFB II)
Amenhotep zeigt so seine „Verflechtung" mit der Götterwelt: Durch ihn wirkt der Gott, aber der Pharao erhält von dem Gott auch einen Teil seiner Macht.

4. Versetze dich in die Rolle des Pharaos Amenhotep III. Schreibe einen Auftrag für den Künstler, der das Standbild Q2 schaffen soll. (AFB II)
Der Auftrag könnte lauten: „Zeige mich prachtvoll und eindrucksvoll, weniger als Mensch, mehr als Gott. Bilde mich mit Zeichen meiner Herrschaft ab (Kopftuch, Geierkopf, Kobra, Götterbart) und verwende einen edlen Stein. Zeige mich gemeinsam mit Sobek, denn das Standbild soll am Ufer des Nils aufgestellt werden. Zeige dabei, dass der Gott und ich gemeinsam regieren."

5. Sortiere alle Ratschläge, die der Pharao seinem Sohn gab, in einer Tabelle und ordne ihnen Begründungen zu (Q3). (AFB I)

Ratschlag	Zweck
– Rede geschickt.	– Reden ist erfolgreicher als Kämpfen.
– Nimm die Väter als dein Vorbild.	– Wie man war, wird nach dem Tod entschieden!
– Behandle alle Menschen gleich und sei gütig.	– Dann mögen dich die Menschen und beten für deine Gesundheit!
– Mache deine Beamten vermögend.	– Wer reich ist, ist nicht bestechlich.
– Sei nicht böse, sondern freundlich.	– Dann mögen dich die Menschen und beten für deine Gesundheit.
– Hole dir einen Mann wegen seiner Fähigkeiten.	– Keine Begründung im Text, stärkt aber selbstverständlich die Regierung.

6. Verfasse einen Lehrtext für heutige Politiker. Welche der in Q3 genannten Ratschläge besitzen für dich heute noch Gültigkeit? Welche Ratschläge würdest du hinzufügen? Begründe deine Auswahl. (AFB III)
Hier sind viele Lösungsansätze möglich. Denkbar wäre:
- Treten Sie immer freundlich und gütig auf. Dann mögen Sie die Menschen.
- Achten Sie darauf, fähige Mitarbeiter zu haben. Dann gelingt auch vieles.
- Reden Sie geschickt, dann hören Ihnen die Menschen zu und glauben Ihnen.
- Achten Sie auf Traditionen und ändern Sie nur etwas nach gründlicher Überlegung, denn die Menschen möchten nicht alles immer verändern.

Diese Auswahl ist auf heute gut übertragbar; die eigenen Beamten vermögend zu machen, wäre heute kein guter Ratschlag mehr.

Geheimnisvolle Pyramiden?

🗐 62–65

Kompetenzziele

Sachkompetenz
- Die SuS kennen mit den ägyptischen Pyramiden und der Grabkultur herausragende kulturelle Leistungen Altägyptens.
- Am Beispiel des Pyramidenbaus erfahren die SuS Möglichkeiten und Grenzen historischer Rekonstruktionen.

Methodenkompetenz
- Die SuS können Rekonstruktionszeichnungen auswerten.
- Sie können Text- und Bildquellen zur altägyptischen Pyramidenkultur analysieren.
- Sie können kontextbezogen einen Perspektivwechsel durch ein Rollenspiel vornehmen.

Urteilskompetenz
- Die SuS beurteilen, welche Bedeutung die Religion für die Ägypter hatte.
- Sie beurteilen, welche Rolle die Grabkultur insbesondere für den Pharao und die führenden Gesellschaftsschichten, aber auch die Bevölkerung in Altägypten hatte.

Sequenzvorschlag ⊕ d72e5u

🗐 62–65

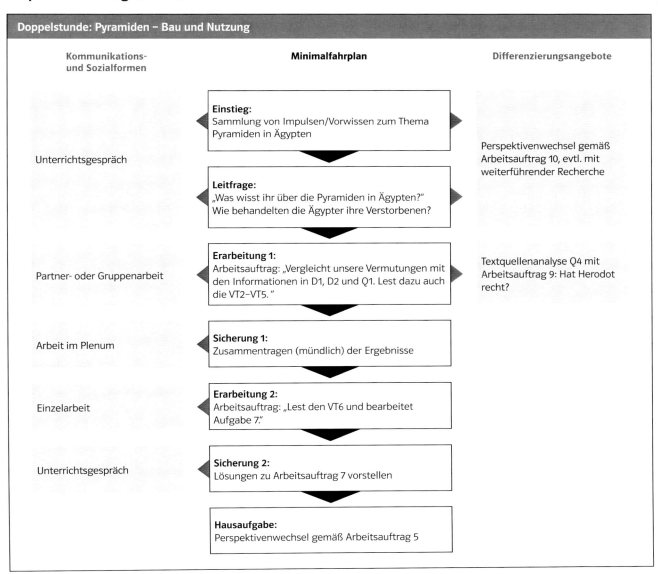

3 Das Leben in frühen Hochkulturen – das Beispiel Ägypten

5000 v. Chr. – 30 v. Chr.

Tafelbild 🌐 33f7bk

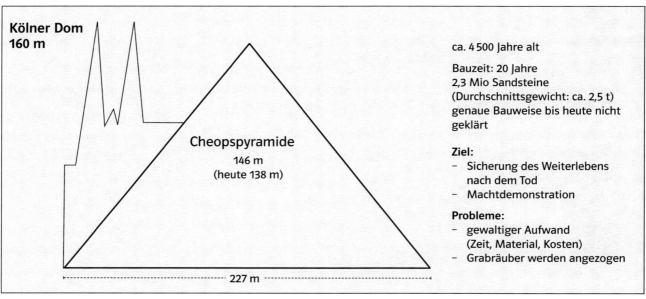

Kölner Dom 160 m

Cheopspyramide 146 m (heute 138 m)

227 m

ca. 4 500 Jahre alt

Bauzeit: 20 Jahre
2,3 Mio Sandsteine
(Durchschnittsgewicht: ca. 2,5 t)
genaue Bauweise bis heute nicht geklärt

Ziel:
- Sicherung des Weiterlebens nach dem Tod
- Machtdemonstration

Probleme:
- gewaltiger Aufwand (Zeit, Material, Kosten)
- Grabräuber werden angezogen

62–65 Hinweise zum Verfassertext und zu den Materialien

VT Dieses Unterkapitel umfasst mit der Götterwelt, den Pyramiden und dem Totenkult der Ägypter zentrale Grundlagen für ein Verständnis der ägyptischen Hochkultur. Die Rezeption des VT – ggf. auch mehrfach – ist daher sehr hilfreich, ergänzend mit dem vertiefenden Materialangebot. Den Pyramiden und der Mumifizierung wurde viel Raum eingeräumt, um einen leichteren Zugang zu den Interessen und den Vorstellung der SuS zu bekommen.

Q1 Bereits im Altertum zählten die Pyramiden von Gise zu den sieben Weltwundern. Historisch ging die Entwicklung schrittweise voran: Die ältesten Königsgräber sind einfache Kammern, die von außen mit Ziegeln aus getrocknetem Nilschlamm gemauert wurden. Von Ferne ähnelten diese Gräber niedrigen Sitzbänken, arabisch Mastaba. Deshalb werden sie Mastaba-Gräber genannt. Aus dieser Form, in der Höhe über Stufen erweitert, entwickelten sich die großen Pyramiden. Dabei wurden die Stufen zu glatten Schrägflächen aufgefüllt und die Basisseiten genau gleich lang errichtet. Eingestürzte Pyramiden und die berühmte „Knickpyramide" (hier wurde in 40 m Höhe der Neigungswinkel abgeflacht) zeigen, dass es eine längere Lern- und Erfahrungszeit bis zu den vollendeten Pyramiden von Gise brauchte. Zum Größenvergleich: Die Cheops-Pyramide war 146 m hoch (heute: 138 m). Der Petersdom in Rom misst 139 m, die Freiheitsstatue in New York 92 m.

Q2 Die Abbildung stammt aus dem Papyrus des Hunefer aus dem Jahr 1300 v. Chr. Mit dem Schakalkopf wird der Gott Anubis gekennzeichnet, der Wächter der Toten, der den Verstorbenen (ganz links) vor das Totengericht führt, dem der Gott Osiris vorsitzt. Dieser trägt in der linken Hand das Anch als Zeichen des Lebens. Er geht zur Waage, die er bewacht. Diese Waage der Maat, der Wahrheit, Gerechtigkeit und Ordnung, wird die Zukunft des Verstorbenen entscheiden. Symbol der Maat ist die Feder, die oben an der Waage und in der rechten Waagschale zu sehen ist. Auf der linken Schale erkennt man das Herz des Verstorbenen, das gegen die Feder der Maat gewogen wird. Diese heilige Prozedur wird durch Anubis überwacht. Während des Wiegens seines Herzes spricht der Verstorbene ein „negatives Bekenntnis": Er versichert, dass er bestimmte, schlechte Dinge in seinem Leben nicht getan hat. In den Hieroglyphen über der Waage steht dieses Bekenntnis: Er habe u. a. keinen Gott geschmäht, keine Waise an ihrer Habe geschädigt, keinen Menschen verleumdet, kein Leid und keine Tränen verursacht, nicht getötet und auch das Nilwasser bei der Überschwemmung nicht zurückgehalten. Ist der Verstorbene „ohne Sünde, ohne Schuld und ohne das Böse", dann ist die Waage im Gleichgewicht. Ammit, die „Fresserin", ein Ungeheuer mit Krokodilskopf und Löwenkörper, das an der Waage hockt, hat dann nichts zu tun. Rechts davon notiert der Gott Thot als Schreiber der Götter (mit dem Kopf eines Ibis) das Ergebnis des Wägens mit einer Binse auf einer Tafel. Über der Waage sitzen weitere 14 Gottheiten, die schließlich das Urteil über den Toten sprechen. Dieser hockt ganz links. Diese Götter haben so schreckliche Namen wie „Knochenbrecher" oder „Blutsäufer".

Der Verstorbene wird zur Urteilsverkündung vom falkenköpfigen Gott Horus zur Urteilsverkündung geführt. Osiris ist wie eine Mumie in ein fest anliegendes Wickelgewand gekleidet, hält Zepter und Geißel und trägt eine helle Krone mit zwei Federn. Sein Gesicht ist von grüner Farbe, als Zeichen der Auferstehung. Hinter Osiris stehen Isis und Nephthys, seine Schwestern. Auf dem Thron ist durch die blauen Wasserlinien der Nil zu erkennen, aus dem eine Blüte herauswächst, auf der die vier Söhne des Gottes Horus stehen. Nun kann der Tote in das Jenseits eingehen und dort wie in einem Paradies weiterleben.

Q3 Eine Mumie soll mit ihrer menschenähnlichen Gestalt dem Vorbild des Gottes der Unterwelt, Osiris, folgen. Dieser war von seinem Bruder Seth getötet und zerstückelt worden. Es war die Schwester Isis, die die Einzelteile wieder zusammensetzte und sie dann mit Bandagen einwickelte. Jeder Verstorbene wird so zu Osiris und kann – sofern er/sie das Totengericht bestanden hat – weiterleben.

Q4 Wie aus der Einleitung zur Quelle hervorgeht, übernimmt Herodot hier auch nur eine historiografische Position seiner Gegenwart. Allerdings sind die Belege für seine kritische Haltung angesichts der gewaltigen Pyramiden(-reste) greifbar; die Position daher plausibel. Mithilfe der Quelle lässt sich auch erklären, warum der Pyramidenbau zu einem Ende kam: Der Aufwand war nicht mehr trag- und leistbar.

D2 Der Forschungsstand zu diesem Problem ist tatsächlich nicht eindeutig. Die Ägyptologen, so z. B. Rainer Stadelmann in seinem Buch „Die ägyptischen Pyramiden" (Dortmund 1985), können zu den einzelnen Herausforderungen beim Bau so großer (und so präzise errichteter) Gebäude keine schlüssigen Techniken nennen. Die Errichtung der Pyramiden bleibt somit ein spannendes Forschungsproblem.

Erläuterungen zu den Arbeitsaufträgen

1. Vergleiche die Höhe der in Q1 dargestellten Pyramiden mit Gebäuden an deinem Wohnort. (AFB I)
Mit 146 m, 143 m und 65 m ursprünglicher Höhe hatten die Pyramiden eine respektable Höhe, der Eiffelturm in Paris ist mit 324 m (mit Antenne) ca. doppelt so hoch – ein durchschnittliches Hochhaus mit 14 Etagen wäre deutlich niedriger als die beiden großen Pyramiden.

2. Erläutere, wie ägyptische Religion und der Bau sowie die Ausstattung von Pyramiden zusammenhängen (VT). (AFB II)
- Der Glaube an das „Weiterleben" von Körper und Seele nach dem Tod führt zu der Errichtung von „Häusern" für die Toten, hier die Pyramiden.
- Diese sind besonders eindrucksvoll, weil in ihnen der Pharao „wohnen" wird, der auch nach dem Tod Schutzherr seiner (ebenfalls verstorbenen) Untertanen bleibt. Die prachtvolle und vollständige Ausstattung der Grabkammer ergibt sich aus diesem Glauben.
- Der Bau der Pyramiden war – so die heutige Erkenntnis – mehr Gottesdienst als Zwang für die Arbeiter, also auch ein Teil der ägyptischen Religion.

3. Arbeite aus dem Bild Q2 heraus, in welchen Gestalten die Ägypter ihre Götter dargestellt haben. (AFB II)
Als Schakal (Anubis), als Krokodil (Ammit), als Ibis (Thoth) und Falke (Horus). Diese Verbindung von Götter- und Tierwelt gehört bis heute zu den faszinierenden Elementen der ägyptischen Kultur.

4. Wähle aus Q2 eine Göttergestalt aus und recherchiere, welche Bedeutung sie für die Ägypter besaß und weshalb sie den Gott so wie auf dem Bild darstellten. (AFB III)
Eine anspruchsvolle Aufgabe, hier eine mögliche, sehr einfache, Lösung:
- Anubis ist der ägyptische Gott der Totenriten.
- Er wird mit einem Hunde- oder Schakalkopf dargestellt, wahrscheinlich mit der Vorlage des Schakals als Wüstentier, das sich auch von Aas ernährt.
- Anubis überwacht die richtige Einbalsamierung und führt die Seele des Verstorbenen durch das Totengericht.
- Seine wichtigste Aufgabe liegt in der Überwachung des Wiegens der Seele. Hier fällt er sein Urteil. Wegen dieser Funktion beteten die Angehörigen der Verstorbenen ihn besonders an.

5. Versetze dich in die Person des Hunefer und erzähle, was beim Totengericht passiert. Denke dabei auch an Gefühle wie Angst, Überraschung oder Freude (Q2). (AFB II)
Mögliche Rede des Hunefer:
„Meine Seele erwachte vor dem Totengericht. Dort erzählte ich den Göttern aus meinem Leben. Ich war sehr nervös und brachte daher auch manches durcheinander. Nun sollte es zum Urteil kommen: Anubis nahm mich bei der Hand und führte mich zur Waage. Hier wurde mein Herz gewogen, ich zitterte, mir wurde fast schwarz vor den Augen, so groß war meine Angst. Doch es ging gut: Mein Herz war leichter als die Feder und wurde nicht von Ammit verschlungen. Nun führte mich Anubis weiter, Thoth hatte dabei das Ergebnis des Wiegens notiert und wir gingen vor den Thron von Osiris. Ich war ruhig und entspannt und hörte, wie mir Einlass in das Totenreich gewährt wurde. Allerdings wies Osiris auch auf einige, wenige Missetaten in meinem Leben hin, die die Entscheidung dann doch nicht so einfach gemacht hätten. Insgesamt sei ich aber rein und dürfe im Jenseits weiterleben."

3 Das Leben in frühen Hochkulturen – das Beispiel Ägypten

5000 v. Chr. – 30 v. Chr.

6. Beschreibe den Aufbau der Cheopspyramide. Vermute, weshalb alle Zugänge fest verschlossen wurden (D1). (AFB I)
- Die Pyramide ist ein massives Steingebäude mit wenigen Gängen und Räumen.
- Es gibt auch Schächte, deren Funktion unklar sind.
- Die Grabkammern sind verschlossen und auch versteckt, daher gibt es Gänge, die in die Irre führen oder verborgen sind.
- Wichtiger war jedoch der Verschluss aller Eingänge. Genutzt hat es aber nichts: Die Pyramide wurde bereits im Altertum ausgeraubt.

7. Ein Priester erklärt seiner Tochter, wie ein Toter für die Bestattung vorbereitet wird. Gestaltet dieses Gespräch nach. Bedenkt dabei, dass das Mädchen ihrem Vater sicher viele Fragen stellt (VT, Q3). (AFB II)
Die Informationen finden sich im VT ab Zeile 95, hier nur auf den Pharao bezogen:
- Transport des Leichnams zum Totentempel, dort Mumifizierung mit Organentnahme und Trocknung,
- Umwickelung des Körpers mit Tüchern, in die heilige Schmuckstücke eingelegt sind,
- Ritual der Mundöffnung in der großen Halle,
- Transport zum Grab, dort Beisetzung mit Gefäß der inneren Organe,
- Verschluss des Grabes, das auch mit Alltagsgegenständen gefüllt werden kann, die der Verstorbene vielleicht später benötigt.

8. Erkläre anhand von D2, welche Technik des Pyramidenbaus Wissenschaftler für möglich halten. (AFB II)
Die Vermutung der Wissenschaftler zum Bau der Pyramiden kann anhand der Rekonstruktionszeichnungen folgendermaßen zusammengefasst werden:
- Die Steinblöcke wurden auf Holzbohlen zur Baustelle gezogen.
- Hier ist eine langgezogene Rampe zu erkennen, auf der die Steinblöcke hochgezogen werden.
- Die Rampe musste entsprechend des Baufortschritts erhöht und nach der Fertigstellung der Pyramide abgebaut werden.

9. Vergleiche Herodots Aussagen zum Pyramidenbau mit den Informationen im Text. Wodurch unterscheiden sie sich? Verfasse eine Antwort an Herodot (VT, Q4). (AFB II)
Mögliche Antwort an Herodot:
„Lieber Herodot,
Ihre Ausführungen haben mich sehr beeindruckt. Tatsächlich war der Bau der Pyramide sehr zeit- und materialaufwendig; er erforderte eine entsprechende Planung und Durchführung. Ihre Behauptung, dass Cheops das Land ins „tiefste Unglück" gestürzt hat, kann ich jedoch nicht bestätigen, auch nicht, dass er Zwang zum Pyramidenbau ausüben musste. Der Pyramidenbau war eine Form des Gottesdienstes, den die Arbeiter in der Mehrheit freiwillig ausübten. Richtig ist sicherlich, dass der Pyramidenbau sehr aufwendig war, vielleicht hätte ein kleineres Grabmal auch ausgereicht."

10. Denkt euch ein Interview mit einer Wissenschaftlerin aus, die erklärt, was wir heute über den Pyramidenbau wissen und was nicht (D1, D2, VT). (AFB III) ●
Diese Fragestellung eignet sich in Verbindung mit den Materialien gut dazu, die SuS in kontroverse Bewertungen einzuführen.
- Zum Positiven: Die Leistungen Cheops sind offensichtlich. Durch seinen Pyramidenbau ist er praktisch unsterblich geworden (was ja auch das zentrale Ziel der Grabbauten war). Alle Ägypter, die daran mitwirken konnten, sind damit ein Teil der Leistungen dieses Pharaos bzw. dieser Kultur.
- Eine kritische Sicht kann zunächst vom „Größenwahn" dieses Pharaos ausgehen. Die Pyramide hätte deutlich kleiner geplant und gebaut werden können. Das hätte die Ägypter, die schließlich das Gebäude bauen mussten, sehr entlastet. Damit wäre mehr Wohlstand bei den Einwohnern angekommen und nicht nur beim Herrscher. Aus dieser Perspektive ist Cheops ein egozentrischer Menschenschinder, der für die Verwirklichung seiner Selbstdarstellung bzw. eines übersteigerten Repräsentationsbedürfnisses die Ressourcen und die Arbeitskraft seiner Untertanen ausbeutete.
- Im Zentrum des Interviews könnte eine kritische Auseinandersetzung mit D2 stehen: Wie wurden die Pyramiden gebaut? Hier wird eine Theorie vorgestellt – vielleicht war es auch ganz anders! Hier werden die Grenzen der heutigen Erkenntnisse deutlich.

Kompetenztraining Historisch denken: Geschichte im Längsschnitt

🔗 66–67

Kompetenzziele

🧩 **Methodenkompetenz**
- Die SuS können selbstständig Fragestellungen für einen Längsschnitt entwickeln.

Tafelbild 🌐 2j2mp7

Mögliche Themen für Längsschnitte			
Menschliche Grunderfahrungen	**Alltägliche Lebensverhältnisse**	**Politische Fragen**	**Technik**
- Kindheit und Jugend - Alter - Tod	- Wohnen - Ernährung - Kleidung	- Herrschaft	- Maschinen - Verkehrsmittel

---

Zum Verfassertext und zu den Materialien

🔗 66–67

VT Es ist für SuS eine grundlegende Einsicht, dass man Geschichte mithilfe unterschiedlicher Untersuchungsverfahren in den Blick nehmen kann. Der Geschichtsunterricht in Deutschland ist geprägt durch den chronologischen Durchgang, innerhalb dessen einzelne Epochenquerschnitte aneinandergereiht werden. Die Abstände zwischen ihnen können sehr unterschiedlich und sie können verschieden breit angelegt sein. Deutlich seltener sehen die Curricula Längsschnitte vor. Sie eignen sich für besondere thematische Akzentsetzungen. Wenn sie im Unterricht angewendet werden, sollte man vorher mit den SuS klären, was es mit diesem Verfahren auf sich hat und was es von dem, was die SuS üblicher Weise gewohnt sind, unterscheidet.

D1 weist einzelne Kategorien aus (grün), die innerhalb eines Epochenquerschnitts (ggf. mit unterschiedlicher Gewichtung) zur Geltung kommen können. Die blauen Einträge können auch mit den SuS zusammen erarbeitet werden.

D2 zeigt exemplarisch, wie eine Zeitleiste zur Medienentwicklung aussehen kann. Für die letzten 150 Jahre können noch zahlreiche Ergänzungen vorgenommen werden. Dabei bildet sich auch die Beschleunigung der Innovationen zur Gegenwart hin ab. Eine solche Zeitleiste kann auch von den SuS selbst erstellt bzw. übertragen und mit Abbildungen versehen werden.

3 Das Leben in frühen Hochkulturen – das Beispiel Ägypten

5000 v. Chr. – 30 v. Chr.

66–67 Erläuterungen zu den Arbeitsaufträgen

1. Finde auf den vorangehenden Seiten des Buches Materialien für einen Längsschnitt zum Thema „Wohnen". (AFB I)
Solche Materialien finden sich auf den Seiten 44/45, 48/49, für das Kapitel Ägypten auf den Seiten 72/73.

2. Nenne Gesichtspunkte, unter denen man diese Materialien vergleichen könnte. (AFB I)
Mögliche Gesichtspunkte: Baumaterialien, Schutz vor Wetter und Jahreszeiten, Haltbarkeit, Größe des Wohnraums, Zahl der Bewohner.

3. Arbeite die Vor- und Nachteile der Untersuchungsverfahren Querschnitt und Längsschnitt heraus (D1, D2). (AFB II)
- Beim Querschnitt wird eine Zeit unter unterschiedlichen Gesichtspunkten betrachtet. Zwischen diesen können Zusammenhänge erkennbar werden, sie können aber auch eher beliebig nebeneinander stehen. Ohnehin muss man aus der Fülle möglicher Gesichtspunkte immer eine Auswahl treffen.
- Beim Längsschnitt wird ein Aspekt über einen längeren Zeitraum hinweg in den Blick genommen. Dabei erkennt man besonders gut Entwicklungen. Es kann aber sein, dass einem Informationen fehlen, die für den Zusammenhang in der Zeit wichtig sind (z. B.: Wie hängen Buchdruck und Reformation zusammen?).

4. Überprüfe anhand von D1 und deinen Kenntnissen über Ägypten: Warum könnte es für Ägypten schwierig sein, in einem Längsschnitt das Thema „Arbeit" für sich alleine zu behandeln? (AFB III)
Arbeit in Ägypten hängt auch ab von den natürlichen Bedingungen des Landes, vom Aufbau der Gesellschaft und von der Herrschaftsform.

5. Formuliere Fragen, die dich bei einem Längsschnitt zum Thema „Ernährung" besonders interessieren würden. (AFB III)
Solche Fragen könnten sein:
- Was waren zu bestimmten Zeiten und in bestimmten Gegenden die wichtigsten Grundnahrungsmittel?
- Was gab es nicht?
- Wie bereitete man die Nahrungsmittel zu?
- Wie sah die Ernährung bei reichen und bei armen Leuten aus?
- Mussten die Menschen viel hungern?
- Wie versorgte man sich selbst?
- Wie wurden Nahrungsmittel haltbar gemacht?
- Was gab es für Tischsitten?

Längsschnitt: Von den Hieroglyphen zum Internet

68–71

Kompetenzziele

Sachkompetenz
- Die SuS kennen die Bedeutung des Fachbegriffes „Medien" und können sowohl Medien in der Geschichte als auch ihrer heutigen Umwelt benennen.
- Sie kennen zentrale Schritte der Medienentwicklung (Sprache, Schrift, Buchdruck, heutige Massenmedien).

Methodenkompetenz
- Die SuS können einfache Darstellungstexte zur Frage der Zukunft des gedruckten Buches analysieren und in Grundzügen ihre Aussagekraft beurteilen.
- Sie können unterschiedliche Bildquellen zur Entwicklung der Medien auswerten.

Urteilskompetenz
- Die SuS erfassen den Zusammenhang von Medien- und Zivilisationsentwicklung und können am Beispiel die Bedeutung einzelner Medien für das Funktionieren der Zivilisation bewerten.
- Die SuS wägen Vor- und Nachteile einzelner Medien für die Menschen anhand konkreter Beispiele ab (z. B. das Janusgesicht des Internets).

Sequenzvorschlag y8c74g

68–71

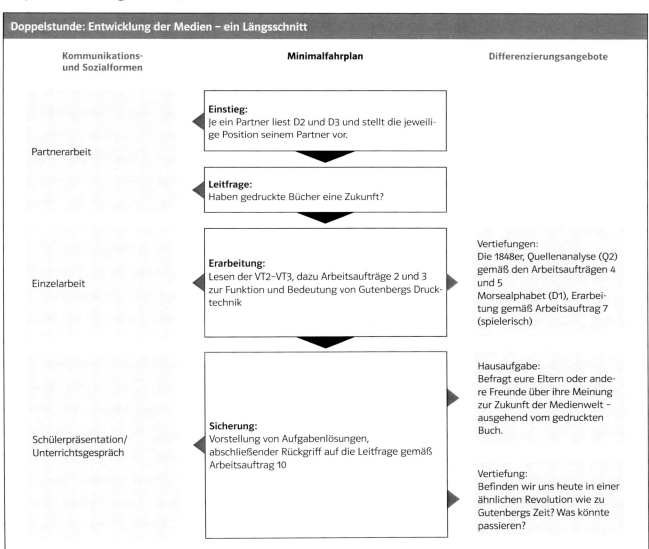

3 Das Leben in frühen Hochkulturen – das Beispiel Ägypten

5000 v. Chr. – 30 v. Chr.

Tafelbild 🌐 7vu8yi

Längsschnitt: Immer wieder neue Medien – und ihre Nutzung

Was wurde erfunden?	Wie viele Menschen nutzten es?
Sprache	→ alle Menschen der jeweiligen Stammesgruppe, später größere Völkergruppen
Schrift	→ nur wenige Menschen konnten Lesen und Schreiben, v. a. Beamte, Geistliche und Gelehrte
Buchdruck nach Gutenberg	→ langsam lernten immer mehr Menschen Lesen und Schreiben
Druckmaschinen für den Massendruck	→ fast alle Menschen lernen Lesen und Schreiben
Telegrafie, Telefon, Radio und Fernsehen	→ zunächst nur wenige Menschen, schließlich fast alle
Internet (digitale Revolution)	→ zunächst nur wenige Menschen, heute fast alle
↓ Ergebnis: Es wurden immer neue und weiterreichendere Medien erfunden, besonders seit der Industrialisierung.	↓ Ergebnis: Neue Medien wurden zunächst nur von einer kleinen Elite genutzt und verbreiteten sich dann immer weiter, seit der Industrialisierung zunehmend auf die ganze Bevölkerung.

68–71 Hinweise zum Verfassertext und zu den Materialien

VT Die Denkfigur des VT geht von der Sprache und der Entstehung der Schrift aus, verbleibt kurz bei Ägypten (und damit bei Bekanntem) und geht dann zur Gutenberg-Revolution, die etwas vertieft wird. In einem zweiten Schritt geht es zur Industrialisierung mit der begleitenden Medienrevolution, die seitdem kontinuierlich voranschreitet. Abschließend wird die heutige, digitale Revolution kurz skizziert. Damit gibt der VT einen historischen Überblick zur Medien- und Technikentwicklung mit konkreten Zwischenschritten und orientiert sich dabei an den drei Leitfragen:
1. Welche Techniken und Materialien benutzten die Menschen, um miteinander zu kommunizieren?
2. Wie verbreitet waren die verschiedenen Medien? Wer konnte sie überhaupt nutzen?
3. Wie veränderten die jeweiligen Medien die Art und Weise der Kommunikation der Menschen? Wie beeinflussten die Medien die Gesellschaft?

Die Materialien bieten demgegenüber eine problemorientierte Vertiefung an: Der Buchdruck nach Gutenberg wird mit Q1 und Q2 anschaulich(er) vermittelt, Q2 zeigt die Bedeutung der Zeitungen im 19. Jahrhundert und lässt interessante Gegenwartsvergleiche zu. Q4 und Q5 zeigen ausgewählte Massenmedien, gerade die Fotografie erlebt gerade wieder eine Blütezeit durch das allzeit bereite Smartphone. Mit D1 ist ein „Erleben" der Grundlagen heutiger Kommunikation an einem einfachen Beispiel möglich: Die Transformation von Informationen in einfache Zeichenfolgen. Schließlich bieten D2 und D3 einen Anreiz für eine kontroverse Diskussion zum „Verschwinden" aktueller Medien.

Q1 Die Setzkästen scheinen heute völlig aus der Zeit gefallen; vielleicht hilft beim Verständnis eine Analogie zur Computertastatur, die ja auch in Zeichen umgewandelt wird. Q1 kann in Verbindung mit Q3 untersucht werden.

Q2 Ein sprechendes Bild: Hier können die SuS vielfältige Assoziationen und Vermutungen äußern, spannend ist die Frage, wie das Bild heute aussähe: Starrten dann alle auf ihr Smartphone? Sind dann überhaupt noch alle gemeinsam in einem Raum?

Q3 Siehe Q1.

Q4 Ein altes Foto, das unmittelbar einen Anschluss an Ägypten ermöglicht: Noch 1890 waren die Menschen wie vor 4000 Jahren tätig, wie sieht es heute aus? Zum Verständnis ist ein Hinweis auf die sehr langen Belichtungszeiten in der Frühzeit der Fotografie hilfreich.

Q5 Auffällig ist, dass hier nur Frauen abgebildet sind. Es galt als schicklich, dass Frauen in diesen Bereichen arbeiten konnten, denn hier hatten sie ja keinen direkten Kontakt zu Kunden (Männern!), in der Regel arbeiteten nur unverheiratete Frauen bis zur Heirat. Die Kleider zeigen, dass hier nicht ganz ungebildete Frauen tätig sind, Lesen und Schreiben ist Voraussetzung.

D2, D3 Die beiden Texte sind sehr plakativ formuliert und können so eine gute Grundlage für eine Klassen- oder Gruppendiskussion bilden (siehe Aufgabe 10).

Erläuterungen zu den Arbeitsaufträgen

1. Erläutere, warum die Erfindung von Schriften ein wichtiger Entwicklungsschritt in der Entwicklung der Menschen war (VT). (AFB II)

In den Schülerlösungen kommt es auf folgende Punkte an:
- Mit der Erfindung der Schrift konnte nun vieles Wichtige dauerhaft festgehalten und anderen Menschen, die auch weit entfernt sein konnten, mitgeteilt werden.
- Die Schrift unterstützte die Entstehung komplexer Gesellschaften bzw. Staaten – mit Gesetzen, Verwaltungen, Steuersystemen usw. –, aber auch bspw. Religionsentwicklung, kulturelle oder industriell-technische Prozesse, die Wirtschafts- und Handelsentwicklung oder die Geschichtsschreibung bzw. Wissenschaftsentwicklung im Allgemeinen.
- Die Erfindung der Schrift ist eine Meilenstein in der Entwicklung der Menschheit.

2. Beschreibe, wie Gutenbergs Drucktechnik funktionierte (VT, Q1, Q3). (AFB I)

Das Bild Q3 zeigt eine Gutenbergpresse.
- Die doppelte Revolution Gutenbergs wird in Q1 und im VT deutlich: Die beweglichen Lettern ermöglichen es, Seiten immer wieder neu zu setzen und diese dann mit der mechanischen Druckerpresse auch in hoher Stückzahl zu pressen.
- So können Flugblätter und ganze Bücher in kurzer Zeit gesetzt und auch gedruckt werden, das Entstehen von Zeitungen wurde möglich.

3. Begründe, weshalb Gutenbergs Erfindung als Revolution bezeichnet wird (VT, Q1, Q3). (AFB II)
- Revolution heißt u.a. „Umwälzung".
- Gutenberg hat die Medienlandschaft seiner Zeit umgewälzt, indem er die Geschwindigkeit der Herstellung von Druckerzeugnissen und gleichzeitig die gedruckte Menge erhöhte.
- Damit konnten nun die Menschen mit schnell hergestellten Flugblättern über politische Forderungen informiert werden – zumeist zeichnerisch, da nur wenige lesen konnten.

4. Untersuche das Bild Q2: Welche Rolle spielte damals Zeitung in der Mitte des 19. Jahrhunderts? (AFB III)

Zentrale Aspekte für Schülerlösungen sind:
- Aus dem Bild geht hervor, dass die Zeitung ein politisches Leitmedium ist.
- Die abgebildeten Bürger sind intensiv damit beschäftigt, die Informationen aus den verschiedenen Zeitungen „aufzulesen".
- Die Zeitungen sind das Fenster in die Welt und zugleich Basis für die politische Willensbildung der Leser – damit auch für das Entstehen einer politischen Öffentlichkeit.

5. Wähle zwei Personen vom Bild Q2 aus und gib ihnen jeweils eine Sprechblase. (AFB II)

Mögliche Schülerlösungen:
- Person 1 (unten rechts): „Wie schrecklich, in Berlin wird gekämpft und viele Bürger sind getötet worden. Wo soll das alles hinführen? Mir ist Ruhe und Ordnung wichtiger. Ich habe Angst."
- Person 2 (Frau rechts): „Die Männer lassen mich immer nur bedienen, sie denken gar nicht daran, mich zum Zeitungslesen und Diskutieren einzuladen. Dann muss ich heute abend wieder heimlich lesen."

6. Arbeite heraus, welche neuen Medien seit dem 19. Jahrhundert entwickelt wurden. Erläutere, welche wissenschaftlich-technischen Erkenntnisse dazu beitrugen (VT, Q4, Q5). (AFB II)

Aspekte der Schülerlösungen:
- Die Industrialisierung mit ihren technischen Fortschritten führte zu leistungsfähigeren Druckmaschinen, zur Fotografie, dann schließlich zur Telegrafie und schließlich zum Funk. Hier konnten zunächst nur einfache Signale übertragen werden, dann kamen Sprache (Rundfunk) und Bilder (Fernsehen) hinzu, die Digitalisierung ermöglicht es schließlich, fast jede Information einheitlich zu übertragen.
- Q4 und Q5 lassen erahnen, dass diese Entwicklung immer wieder neue wissenschaftlich-technische Forschungsansätze und mühevolles Probieren und Experimentieren verlangte, um die massentaugliche Produktion dieser Gerätschaften zuzulassen. Es musste auch einiges in finanzieller und personeller Hinsicht investiert werden, um diese Entwicklung voranzutreiben.
- Die Medienentwicklung seit dem Beginn der Industrialisierung ist somit kein Selbstläufer, sondern Ausdruck stärkster Anstrengungen auf der Suche nach Innovation und Fortschritt.

7. Teilt die Klasse in Gruppen ein und übermittelt euch mithilfe des Morsealphabets kurze Botschaften. Verwendet Klopfzeichen oder Lichtzeichen (Taschenlampe) (D1). (AFB II)

Eine schöne, handlungsorientierte Aufgabe, die jedoch auch eine disziplinierte Lerngruppe voraussetzt. Reizvoll ist es, in einer folgenden Diskussion auf die „schnelle Kleinschrittigkeit" der digitalen Datenübertragung hinzuweisen: Hier werden auch nur einfache, kurze Signale übermittelt.

3 Das Leben in frühen Hochkulturen – das Beispiel Ägypten

5000 v. Chr. – 30 v. Chr.

8. **Untersuche, wie sich von der Zeit der Hieroglyphen bis in die Gegenwart die Zahl derjenigen verändert hat, die die Medien nutzen (VT, Q2, D1–D3). (AFB II)**
   - Hier wird nicht erwartet, dass jede Schülerlösung alle Aspekte benennt.
   - Zentral ist, dass die Zahl der Menschen, die Medien nutzen konnten (von der Schrift ausgehend) immer weiter angestiegen ist, ein deutliches Wachstum allerdings erst zu Gutenbergs Zeit einsetzte und erst die Industrialisierung zu Massenkonsum von Medien führte – mittlerweile kann jeder Bürger und jede Bürgerin auf eine Vielzahl von Medien zugreifen, auch ohne lesen zu müssen.
   - Die Texte D2 und D3 zeigen deutlich, wie die Digitalisierung der Bücher ein weiterer Schritt zur Massenverbreitung von Informationen wird – jeder kann ein dreißigbändiges Lexikon mit sich herumtragen!

9. **Erörtere, wie die Entwicklung neuer Medien die Gesellschaft in der jeweiligen Zeit veränderte. Beachte die Gesichtspunkte neue Berufe, Freizeitverhalten, Sprachentwicklung (VT, Q2, Q4, Q5). (AFB III)** ●
   Eine komplexe Aufgabe, bei der die Ergebnisse unterschiedlich sein können. Zentrale Aspekte sind:
   - neue Berufe: Neue Medien lassen neue Berufe entstehen, alte fallen weg. Die Vermutung, dass immer weniger Menschen ihr Auskommen finden (werden), hat sich bis heute nicht bestätigt.
   - Freizeitverhalten: Die Menschen können die neuen Medienangebote nutzen, ihre Freizeit verändert sich entsprechend der Medienentwicklung: Seit dem Beginn der Film- und Fernsehindustrie gehen sie auch ins Kino oder schalten abends das TV-Gerät ein, anstatt zu lesen oder Hausmusik zu machen. Heute trägt man das Internet mit seinem Smartphone mit sich herum. Die Freizeit v. a. von Jugendlichen und jungen Erwachsenen ist stark geprägt vom Konsum elektronischer Inhalte, die jederzeit und überall abrufbar sind.
   - Sprachentwicklung: Die Massenverbreitung des gedruckten Wortes hat die Sprachentwicklung gefördert, die neuen Medien, die weniger auf das geschriebene Wort ausgerichtet sind und auch mehr Basisbeteiligung (Netzwerke!) ermöglichen, lassen die Sprachentwicklung wieder vereinfachen. Insgesamt gilt: Die Medienentwicklung steuert die Sprachentwicklung, denn über die Medien tauschen sich die Bürger einer Gemeinschaft aus.

10. **Führt in Klasse eine Diskussion über die Zukunft des gedruckten Buches (D2, D3). (AFB III)** ○
    - Die Diskussion kann nach der Lektüre von D2 und D3 direkt beginnen.
    - Beide Texte liefern eine Reihe von Pro- und Kontraargumenten.
    - Deutlich wird wahrscheinlich auch bei einigen SuS ein Desinteresse an Büchern, bei anderen eine emotionale Bindung an Gedrucktes.
    - SuS in dieser Jahrgangsstufe werden überwiegend noch keine vertieften Erfahrungen mit E-Books und entsprechenden Geräten haben. Interessant wäre es für die SuS, wenn die Lehrkraft ein solches Lesegerät exemplarisch in den Unterricht mitbringt und die Funktionalität in den direkten Vergleich zu einem gedruckten Buch stellt. Vor- und Nachteile können im Unterrichtsgespräch zusammengetragen werden.

Wie sah der Alltag der Ägypter aus?

Kompetenzziele

Sachkompetenz
- Die SuS kennen die Lebensverhältnisse von unterschiedlichen Gesellschaftsgruppen in Altägypten.
- Sie kennen unterschiedliche Tätigkeiten/Arbeiten von Männern, Frauen und Kindern.

Methodenkompetenz
- Die SuS können Text- und Bildquellen zum Alltag der Ägypter analysieren und die gewonnenen Informationen zusammenfassend darstellen.
- Sie können eine Rekonstruktionszeichnung zur häuslichen Lebensweise der Ägypter auswerten.
- Die SuS können einen Kurzvortrag über das Leben ägyptischer Frauen halten.

Urteilskompetenz
- Die SuS erkennen, dass die ägyptische Gesellschaft durch ein hohes Maß an Arbeitsteilung geprägt war, dass aber insbesondere der Vermögens- und Bildungsstand über die Chancen im Leben entschied.

Sequenzvorschlag ag7mj5

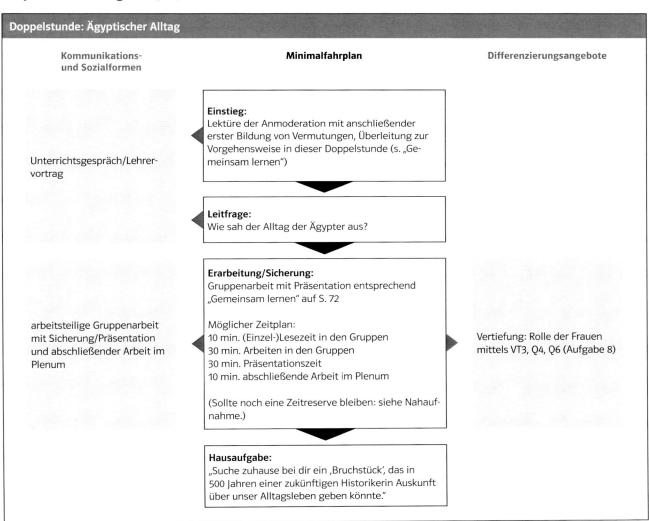

Doppelstunde: Ägyptischer Alltag

Kommunikations- und Sozialformen	Minimalfahrplan	Differenzierungsangebote
Unterrichtsgespräch/Lehrervortrag	**Einstieg:** Lektüre der Anmoderation mit anschließender erster Bildung von Vermutungen, Überleitung zur Vorgehensweise in dieser Doppelstunde (s. „Gemeinsam lernen")	
	Leitfrage: Wie sah der Alltag der Ägypter aus?	
arbeitsteilige Gruppenarbeit mit Sicherung/Präsentation und abschließender Arbeit im Plenum	**Erarbeitung/Sicherung:** Gruppenarbeit mit Präsentation entsprechend „Gemeinsam lernen" auf S. 72 Möglicher Zeitplan: 10 min. (Einzel-)Lesezeit in den Gruppen 30 min. Arbeiten in den Gruppen 30 min. Präsentationszeit 10 min. abschließende Arbeit im Plenum (Sollte noch eine Zeitreserve bleiben: siehe Nahaufnahme.)	Vertiefung: Rolle der Frauen mittels VT3, Q4, Q6 (Aufgabe 8)
	Hausaufgabe: „Suche zuhause bei dir ein ‚Bruchstück', das in 500 Jahren einer zukünftigen Historikerin Auskunft über unser Alltagsleben geben könnte."	

3 Das Leben in frühen Hochkulturen – das Beispiel Ägypten

5000 v. Chr. – 30 v. Chr.

Tafelbild v68sx7

Alltag der Ägypter

Bevölkerungsgruppe	Merkmale ihres Alltags
Das Leben der Menschen unterschied sich je nach Herkunft und Vermögen sehr!	
Arbeiter und Handwerker	- Arbeitgeber: Pharao und andere wohlhabende Ägypter - Herstellung von Alltagsgegenständen, aber auch aufwendigen Gräbern etc. - Möglichkeit des Streikes
Frauen	- in vielen Bereichen den Männern gleichgestellt, aber nicht überall - Haushalt und Kindererziehung als Aufgaben - Frauen aus vornehmen Familien konnten lesen und schreiben - manche Frauen arbeiteten als Handwerkerinnen
Kinder	- Schulunterricht musste von den Eltern bezahlt werden, sonst mussten die Kinder früh mitarbeiten
einfache Bauern	- harte Arbeit - große Teile der Ernte mussten abgegeben werden - Schutz durch Soldaten des Pharaos - Versorgung in Hungerjahren durch die Regierung
Beamte, Händler und Priester	- viele gehörten zu den wohlhabenden Ägyptern - Beamte und Priester wurden gut versorgt und bezahlt - Beamte und Händler reisten viel umher

72–75 Hinweise zum Verfassertext und zu den Materialien

VT Nachdem in den vorherigen Unterkapiteln der Totenkult, das Herrschaftssystem (mit Herrscherhaus) und die naturräumlichen Zusammenhänge behandelt wurden, steht nun der Alltag einzelner Ägypter im Mittelpunkt. Dabei werden exemplarisch einzelne Gesellschaftsgruppen unterschieden (siehe Vorschlag „Gemeinsam lernen"). Der gesellschaftlichen Komplexität und der Vielfalt der unterschiedlichen Lebensbedingungen des alten Ägypten können die Zusammenfassungen nicht gerecht werden; sie ermöglichen aber einen Erstzugang.

Q1 Dieses Modell ist als Grabbeigabe entwickelt worden. Es vermittelt ein plastisches Bild vom Alltag und ist gerade auch für jüngere SuS ansprechend. Als Grabbeigabe trägt es den Alltag des Beamten ins Jenseits und soll ihm eine Anknüpfung an seine bisherige Tätigkeit ermöglichen, sicherlich auch seine herausgehobene Stellung transformieren.

Q3 Hier wird einmal nicht der Alltag eines Oberschichtenkindes verdeutlicht. Allerdings stellen die Schweine an sich bereits ein Grundvermögen dar und dass Kinder zur Arbeit eingesetzt werden, ist auch in Mitteleuropa noch vor 120 Jahren selbstverständlich gewesen.

Q5 Der Text ist mit pädagogischer Absicht verfasst worden. Aus ihm lässt sich gut entnehmen, mit welchen „Problemen" beim Unterricht bzw. der Erziehung gekämpft wurde. Hier ist ein Gegenwartsbezug nahezu zwingend: Die SuS werden einiges dazu beitragen können! Unterricht in Klassen mit Lehrern gab es erst im Mittleren Reich um 2000 v. Chr. Vorher übernahm in der Regel der Vater die Rolle des Lehrers. Typisch für Texte dieser Art ist die Strenge. Vom Schüler wurde vollständiger Gehorsam verlangt. In einem Papyrustext heißt es: „Du schlugst mich auf den Rücken, und so trat deine Lehre in mein Ohr ein". Ein anderer Spruch lautet: „Das Ohr eines Knaben sitzt auf seinem Rücken." Die Ägypter glaubten, dass nur der Wohlerzogene den Göttern gefallen könne. Somit war eine strenge Erziehung die Voraussetzung für ein glückliches Leben.

Q6 Nicht zu vernachlässigen ist, dass Eheverträge heute immer selbstverständlicher werden. In diesem Fall zeigt der Text eine hohes Maß an Unabhängigkeit der Frauen im alten Ägypten, zumindest in den entsprechenden höheren Gesellschaftsschichten.

Erläuterungen zu den Arbeitsaufträgen

1. **Trage in eine Tabelle ein, was du über das Leben der Menschen in Ägypten erfährst (VT, Q1 – Q6). (AFB I)**
siehe Tafelbild

2. **Beschreibe das in der Zeichnung D1 dargestellte Haus. Was sagt es über die Lebensweise seiner Bewohner aus? (AFB II)**
Diese Zeichnung entspringt dem heutigen Wissensstand.
- Zu erkennen sind: Küche, Dachterrasse (für die Nächte), zwei Wohn- und Schlafräume, zwei Kellerräume sowie ein Eingangsbereich, der auch als Wohn- und Schlafraum genutzt werden könnte.
- Die Häuser waren angesichts der starken Sonnenwärme Rückzugsräume für die Menschen, in den kühleren Abend- und Morgenstunden konnten die Dächer genutzt werden. Viel Platz gab es (in den Handwerkerhäusern) nicht, sodass Schlaf- und Lagerräume im Vordergrund standen, oft auch Wohn- und Schlafräume verbunden wurden.

3. **Beschreibe das Modell Q1 und erkläre, warum den Menschen vermutlich solche Modelle mit ins Grab gegeben wurden. (AFB II)**
- Das Modell ist so detailliert und konkret, dass es für ein heutiges Museum entwickelt sein könnte. Es zeigt eine Viehzählung, bei der die Viehbesitzer ihre Tiere an einem Beamten mit seinen Schreibern vorbeiführen, der so seine Aufzeichnungen überprüfen kann.
- Als Grabbeigabe trägt es den Alltag des Beamten ins Jenseits und soll ihm eine Anknüpfung an seine bisherige Tätigkeit ermöglichen, sicherlich auch seine herausgehobene Stellung unterstreichen und so vielleicht eine Fortführung im jenseitigen Leben ermöglichen.

4. **Erläutere die unterschiedliche Stellung der in Q1 dargestellten Personen. (AFB II)**
- Unter dem schützenden Dach sitzt der hohe Beamte, dem sein Vieh „vorgeführt" wird. Neben ihm sitzen wahrscheinlich seine Familie sowie enge Mitarbeiter, vielleicht sein persönlicher Schreiber.
- Vielleicht sitzt bei dem Beamten auch ein höherer Vertreter des Pharaos, also ein übergeordneter Beamter.
- Im Viehzug finden sich die Viehhirten, die die Tiere in Paaren am Beamten vorbeitreiben. Wahrscheinlich werden auch die Pächter und Bauern, zu deren Hof oder Gebiet die jeweiligen Tiere gehören, mitlaufen.
- Außerhalb des Pavillons können noch Zuschauer am Rand erkannt werden. Ob diese zur Familie gehören, Nachbarn sind oder nur neugierig sind, kann nicht beantwortet werden. Wahrscheinlich ist, dass diese auch zur näheren Familie gehören.

5. **Arbeite aus Q2 heraus, welche Tätigkeiten die Menschen verrichten und welche Produkte sie herstellen. (AFB II)**
- In der oberen Hälfte werden Einzelheiten der Verarbeitung von Tierhäuten dargestellt: Links oben sehen wir die Häute vollständig, mittels des gezeichneten Werkzeugs sieht man, wie das Leder geschnitten und weiter verarbeitet wird. Nach den Mustern zu deuten, werden Schuhe hergestellt.
- Unten (leider abgeschnitten) findet sich die Herstellung von Kübeln, viel ist nicht zu erkennen, aber zumindest in Ansätzen die Holzbearbeitung.

6. **Beschreibe Q3. Ziehe aus der Darstellung Rückschlüsse auf das Leben am Fundort. (AFB III)**
- Auf der Scherbe ist ein Junge zu erkennen, der auf dem Boden sitzt. Neben ihm können Schweine vermutet werden, der Junge scheint auch eine Rute oder ein Stück Holz in der Hand zu halten. Er wirkt entspannt.
- Am Fundort der Scherbe muss es Schweinehirten gegeben haben, natürlich auch Schweine. Wenn der Junge die Schweine hüten muss, wird er kaum Zeit gehabt haben, zur Schule zu gehen. Die Erwachsenen sind wahrscheinlich mit anderen Arbeiten beschäftigt, zum Beispiel auf dem Feld oder mit größeren Tieren wie Kühen.

7. **Zwei Jungen – ein Schweinehirt und ein Schüler – unterhalten sich. Jeder beginnt mit: „Du hast es gut …" Führt ein solches Gespräch (Q3, Q5) (AFB III)**
- Hirt: Du hast es gut, weil du in der Schule viel Neues lernen darfst und mit deinen Kenntnissen nach der Schule einen angesehenen Beruf ergreifen kannst.
- Schüler: Du hast es gut, weil du an der frischen Luft dein eigener Herr bist und nicht zum Lernen gezwungen wirst – insbesondere auch nicht geschlagen wirst.
- Hirt: Du hast es gut, weil du Eltern hast, die das Schulgeld bezahlen können und für dich eine gute Zukunft erreichen möchten. Meine Eltern sind arm und brauchen meine Mitarbeit als Schweinehirte.
- Schüler: Du hast es gut, weil auf dir kein Druck lastet: Ich muss viel leisten, sonst sind meine Eltern enttäuscht und vielleicht sogar verbittert.

8. **Untersuche die Abbildung Q4. Arbeite heraus, was das Bild über den Alltag von Frauen aussagt. Überprüfe, ob die Darstellung mit den Aussagen im VT übereinstimmt. (AFB II)**
- Die Zeichnung zeigt wohlhabende Frauen, die schön angezogen und auch gut ernährt sind. Von körperlicher Arbeit ist (bis auf die klein gezeichnete Dienerin links) keine Spur zu erkennen. Die Frauen feiern – so die Überschrift – ein Fest.
- Auf der Zeichnung fehlen im Vergleich mit dem VT die vielfältigen Tätigkeiten im Haushalt, auch die Kindererziehung ist nicht zu erkennnen. Nicht zuletzt: Frauen in Handwerkerberufen oder als Bäuerinnen sind ebenfalls nicht abgebildet.

3 Das Leben in frühen Hochkulturen – das Beispiel Ägypten

5000 v. Chr. – 30 v. Chr.

9. Beurteile den Ehevertrag Q6. (AFB III)
- Die Frau scheint sehr selbstbewusst zu sein bzw. klare Rechte zu haben: Sie erhält eine wertvolle Gabe als Hochzeitsgeschenk. Wenn sie – was sie offensichtlich darf – ihren Ehemann „entlässt", muss sie diese Gabe zurückgeben. Nachteilig ist, dass die Frau dann alle Rechte auf das gemeinsam erworbene Eigentum verliert, also hier benachteiligt wird. Damit wird das „Entlassen" eines Ehemannes durchaus risikovoll.
- Gar nicht geregelt ist, was passiert, wenn der Ehemann die Frau „entlässt". Vielleicht fehlen diese Regelungen hier auch, weil nur ein Teil des Ehevertrages abgedruckt ist.
- Insgesamt hat die Ehefrau bestimmte und klare Rechte, ob sie aber wirklich eine Gleichstellung in Teilen hat, kann nicht beurteilt werden. Die Frau kann auch lesen und schreiben. Sie gehört damit zu den wohlhabenderen Gesellschaftsschichten.
- Welche Rechte die einfacheren Frauen hatten, können wir aus dem Ehevertrag nicht entnehmen.

10. Halte einen Vortrag über das Leben ägyptischer Frauen. Du hast dafür fünf Minuten Zeit (VT, Q4, Q6). (AFB III)
In dem Vortrag sollte auf jeden Fall vorkommen:
- Das Leben ägyptischer Frauen unterscheidet sich sehr nach dem jeweiligen Vermögensstand und der jeweiligen Herkunft.
- Ärmere Frauen müssen körperlich hart arbeiten, als Bäuerinnen oder auch als Handwerkerinnen.
- Wohlhabendere Frauen haben Dienerinnen und können sich so auf Kindererziehung und die Aufsicht über den Haushalt konzentrieren.
- Kindererziehung und Haushalt gehören immer zu den Kernaufgaben der Frauen.
- Der Ehevertrag zeigt, dass zumindest wohlhabendere Frauen bestimmte Rechte hatten und nicht völlig ihrem Ehemann unterworfen waren.

Kompetenztraining Fachmethode: Schaubilder erklären

Kompetenzziele

Methodenkompetenz
- Die SuS können methodische Arbeitsschritte zur Erklärung von Schaubildern anwenden.

Hinweise zum Verfassertext und zu den Materialien

72–75

VT Die Entschlüsselung und Interpretation von Schaubildern gehört zu den „Klassikern" des Geschichtsunterrichtes. Hier werden Fähigkeiten verlangt, die immer wieder geschult werden müssen. Gerade aus professioneller Sicht werden die Verständnisschwierigkeiten von SuS bei Schaubildern unterschätzt. In diesem konkreten Fall ist die Entschlüsselung durch Kenntnisse aus den vorherigen Unterkapiteln bereits angelegt; die SuS verknüpfen nun ihre inhaltlichen Kenntnisse mit der Abstraktion einer Gesellschaftspyramide.

Q1 Korn mahlende Frau: Die Figur erlaubt eine doppelte Synthese. Einerseits verkörpert sie eine arbeitende Ägypterin, andererseits eine Frau und zeigt damit, dass (zumindest in den unteren Gesellschaftsschichten) Frauen auch arbeiteten – und das auch dargestellt wurde!

Erläuterungen zu den Arbeitsaufträgen

72–75

1. Ordne die Personen in Q1 – Q3 in das Schaubild D1 ein. Begründe deine Entscheidung jeweils. (AFB I)
- Q1 gehört in die Basis der Pyramide zu den Bauern: Es wird Korn gemahlen, eine Verarbeitung der (eigenen?) Ernte.
- Q2 lässt sich dagegen in der nächsten Stufe verorten: Die Maurer gehören zu den Handwerkern, die entweder für die Oberschicht oder auch für den Staat/Pharao etwas bauten.
- Q3 ist die gleiche Ebene, die Handwerker(innen?) in der Schmuckwerkstatt arbeiten jedoch wahrscheinlich für eine der nächsten drei Stufen der Pyramide, also für Beamte oder Schreiber oder sogar für höchste Hofbeamte oder den Pharao.

2. Suche in den vorangegangenen Unterkapiteln nach weiteren Personen und ordne sie in das Schaubild ein. (AFB I)
Mögliche Lösungen:
- S. 60, Q1: der Pharao, ganz oben
- S. 64, Q3: Der Würdenträger könnte zu den Beamten oder Schreibern oder eine Stufe höher einzuordnen sein.
- S. 64, Q2: Hunefer, ein Schreiber
- S. 65, D2: Bauern, die bei dem Bau einer Pyramide helfen
- S. 74, Q1: Ein Beamter und seine Schreiber, Ebene drei
- S. 74, Q2: Handwerker, Ebene zwei
- S. 74, Q3: Schweinehirt, Ebene eins (Bauern)
- S. 75, Q4: Die Frauen gehören wahrscheinlich zur Ebene der Beamten und Schreiber oder höher, die Dienerinnen vielleicht zur Ebene der Bauern oder Handwerker.

3. Lass jede Figur berichten, was sie zum Erhalt der ägyptischen Gesellschaft beiträgt (Q1 – Q3). (AFB II)
- Q1: Ich sorge dafür, dass die Menschen nicht verhungern. Meine Arbeit ist hart und einfach, aber lebensnotwendig für die Gesellschaft, daher bin ich stolz auf sie.
- Q2: Wir schaffen mit unseren Händen etwas Dauerhaftes zur Ehre des Pharaos und zum Ruhm Ägyptens – daneben sind unsere Gebäude oft auch sehr hilfreich und praktisch oder ermöglichen (bei Gräbern) das Weiterleben nach dem Tod ...
- Q3: Unser Schmuck wird von hohen Würdenträgern getragen. Sie zeigen damit, wie kunstfertig und hochentwickelt Ägypten ist, auch wie reich wir sind, denn wir können uns diesen Schmuck leisten. So strahle ich als Künstler durch meinen Schmuck in die höhere Gesellschaft Ägyptens ...

3 Das Leben in frühen Hochkulturen – das Beispiel Ägypten

5000 v. Chr. – 30 v. Chr.

War Ägypten einzigartig?

Kompetenzziele

Sachkompetenz
- Die SuS kennen eine Kurzdefinition für „frühe Hochkultur" und erkennen, dass an verschiedenen, geeigneten Stellen der Welt frühe Hochkulturen unabhängig voneinander entstanden sind und Altägypten nur ein Beispiel für eine frühe Hochkultur darstellt.

Methodenkompetenz
- Die SuS können eine Karte zu den frühen Hochkulturen analysieren und stellen die gesammelten Informationen (geografische Lagen) in den thematischen Kontext.
- Sie halten ein Referat zu einer der Hochkulturen und können in Vorbereitung darauf Informationen recherchieren.
- Sie können Bildquellen zu den verschiedenen Hochkulturen analysieren und fassen die gewonnenen Informationen vergleichend im Unterrichtsgespräch zusammen.

Urteilskompetenz
- Die SuS stellen altersgemäß Vermutungen auf, warum einzelne Hochkulturen erfolgreich waren (und fortbestanden), andere aber später wieder verschwanden.
- Die SuS diskutieren, warum wir von einigen Hochkulturen (wie Altägypten) sehr viel, von anderen aber praktisch nichts wissen (u. a. welche Bedeutung es hat, wenn die Schrift der jeweiligen Hochkultur überliefert wurde und heute entschlüsselt werden kann).

Sequenzvorschlag gn2q7u

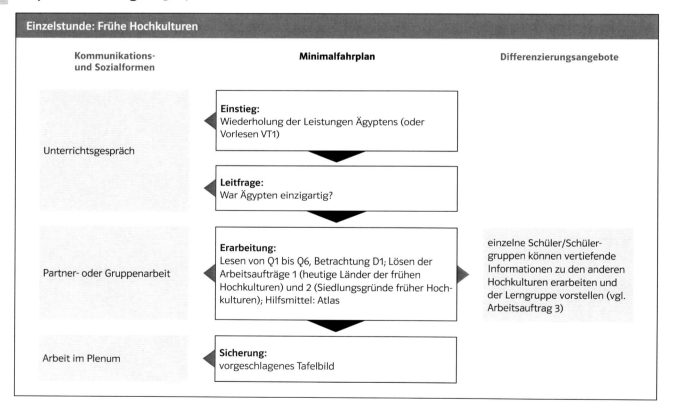

Tafelbild 9ua32n

Frühe Hochkulturen	
– entstanden z. B. in	Ägypten, Indien, China, Zweistromland und in Mittel- und Südamerika
– benötigten	warmes Klima und eine gute Wasserversorgung (Flüsse!)
– sind zu erkennen an	Landwirtschaft, Städten, Arbeitsteilung, Schrift, festgelegter Herrschaftsordnung, Religion

Hinweise zum Verfassertext und zu den Materialien

Auf dieser Doppelseite wird in sehr kurzgefasster Form der Blick vom ägyptischen Beispiel auf die allgemeine Definition einer frühen Hochkultur (siehe Verfassertext) gerichtet, außerdem werden mehrere Beispiele für frühe Hochkulturen auf einer Weltkarte verortet und durch kleinere Überreste dargestellt: Die SuS erkennen so, dass es auch andere frühe Hochkulturen gab und man sich in diesem Schulbuch auch mit einer der anderen Hochkulturen hätte beschäftigen können. Ein vertiefter Einblick in die anderen Hochkulturen (die ja auch beispielhaft sind) ist natürlich nicht möglich. Um einen „roten Faden" zu gewährleisten, wurde das zentrale Merkmal der Schriftkultur hier in den Mittelpunkt der Materialien gestellt: So können die SuS unterschiedliche Schriftformen (bis auf Q5 und Q6) vergleichen.

Erläuterungen zu den Arbeitsaufträgen

1. Suche in einem Atlas heraus, zu welchen heutigen Ländern die eingezeichneten frühen Hochkulturen gehörten (D1). (AFB I)
- Ägypten: Ägypten
- Mesopotamien: Syrien, Irak, Teile Irans und Saudi-Arabiens
- China: China
- Induskultur: Pakistan, Teile Indiens
- Kultur der Olmeken: Mexiko
- Andenhochkultur: Peru

2. Erläutere, warum die frühen Hochkulturen gerade an großen Flüssen in warmen Regionen entstanden sind. (AFB II)
- Damit sich eine frühe Hochkultur entwickeln konnte, musste es vonseiten der Natur sehr gute Voraussetzungen geben.
- Durch einen großen Fluss in einer warmen Region war es leicht, immer wieder gute Ernten zu erwirtschaften.
- Nur durch diese dauerhaften Nahrungsüberschüsse konnten dann arbeitsteilige und beständige Gesellschaften, wie es Ägypten eine war, entstehen.

3. Bereite einen kurzen Vortrag zu einer der Hochkulturen (Q2 – Q6) vor. Verschaffe dir dazu Informationen in einer Bücherei oder im Internet. (AFB III)
Gerade die Nutzung von Buchinformationen aus der nächsten Bibliothek empfiehlt sich hier, so kann insbesondere die Qualität des jeweiligen Buches durch die Lehrkraft geprüft werden, bevor der mühsame Prozess der Informationsentnahme und -verarbeitung beginnt. Im Prinzip ist dieses Vorgehen auch für Internetressourcen möglich: Diese müssten vor ihrer Auswertung vorgelegt werden, hier sind nur leider viele zweifelhafte Seiten zu finden.

Das Leben in frühen Hochkulturen – das Beispiel Ägypten

5000 v. Chr. – 30 v. Chr.

Wiederholen und Anwenden

Lösungen

1. Überblickswissen zum alten Ägypten I

Begriffe erklären
Sachkompetenz

In dem Gitter sind zehn Begriffe aus der Geschichte Ägyptens versteckt. Du kannst sie waagerecht und senkrecht lesen. Schreibe sie in dein Heft und erkläre sie.
Die Erklärungen ergeben sich aus dem Kapitel, die hier angebotenen Formulierungen sind nur Beispiele. Im Text versteckt sind:
- Schreiber: jemand der lesen und schreiben kann, wichtiger Beamter;
- Hieroglyphen: ägyptische Schriftzeichen;
- Wesir: oberster Beamter, direkt dem Pharao verantwortlich;
- Papyrus: ägyptisches Papier;
- Nilschwemme: regelmäßige Überschwemmung des Nils;
- Totengericht: vor diesem mussten sich die Verstorbenen für ihr Leben verantworten;
- Hierarchie: Rangordnung, in der es Über- und Untergeordnete gibt;
- Mumie: für das Totenreich vorbereiteter Körper eines Verstorbenen;
- Pyramide: Grabstätten für Pharaonen;
- Hochkultur: Ägypten war eine frühe Hochkultur.

2. Überblickswissen zum alten Ägypten II

Daten zuordnen
Sachkompetenz

Übertrage die Tabelle in dein Heft und vervollständige sie.

Ereignis	Zeit
Nomaden beginnen, das Niltal zu besiedeln.	vor 3300 v. Chr.
Vereinigung von Ober- und Unterägypten.	um 3300 v. Chr.
Bau der großen Pyramiden von Gise.	um 2500 v. Chr.
Der letzte ägyptische Pharao stirbt.	343 v. Chr.

3. Die natürlichen Bedingungen der ägyptischen Kultur

Einen Text auswerten
Sachkompetenz, Methodenkompetenz, Urteilskompetenz

Erläutere, warum dieser Text den Ägyptern sehr wichtig war.
- In dem Text wird der Nil in Gestalt des Nilgottes Hapi besungen bzw. gelobt.
- Durch die regelmäßigen Überschwemmungen waren die besonderen Ernten Ägyptens möglich. Die Felder wurden bewässert und gleichzeitig gedüngt. Am Nilufer konnte so viel mehr Getreide angebaut und geerntet werden als in anderen Teilen der Welt.
- Ägypten war einzigartig reich an Nahrungsmitteln. Dieser Reichtum lag in der Fruchtbarkeit des Nildeltas begründet.

4. Die Herrschaft im alten Ägypten

Einen Nachweis führen
Sachkompetenz, Urteilskompetenz

Weise nach, dass im ägyptischen Pharaonenreich eine strenge Hierarchie herrschte. Erarbeite im ersten Schritt mithilfe einer Tabelle (s. S. 79 oben) eine Übersicht über den Aufbau der ägyptischen Gesellschaft.
Jeder Ägypter war eindeutig einer Hierarchieebene zuzuordnen: Damit hatte er einen Befehlsgeber, dem gegenüber er verantwortlich war oder auch Untergebene, denen er wiederum Befehle gab. Die Hierarchie wurde letztlich durch den Pharao bestimmt, dem ganz Ägypten gehörte und dem alle gehorchen mussten, diese Idee wirkte in alle Gesellschaftsgruppen hinein.

5. Die Arbeitsorganisation im alten Ägypten

Ein ausgedachtes Interview führen
Sachkompetenz, Urteilskompetenz
Spielt die folgende Situation zu dritt nach: ... (siehe SB, S. 81)

- Zu welchen Ergebnissen das „Interview" führt und wie es präsentiert bzw. festgehalten wird, hängt von euch ab. Wichtig ist, dass die durchgängige Arbeitsteilung und strenge Hierarchie der ägypti-

Das Leben in frühen Hochkulturen – das Beispiel Ägypten

5000 v. Chr. – 30 v. Chr.

Bevölkerungsschicht	Rechte	Pflichten
Pharao	Herr über ganz Ägypten	musste sein Volk schützen, den Frieden bewahren und sich mit den Göttern gut stellen
Wesir	zweitmächtigster Mann Ägyptens, direkt nach dem Pharao	dem Pharao gegenüber verantwortlich, musste Ägypten gut regieren
Bauern	musste geschützt und bei Hungersnot ernährt werden	musste einen Teil der Ernte abgeben, dem Pharao gehorchen
Kaufleute und Handwerker	konnten sich ein Vermögen erarbeiten	mussten Steuern zahlen
Beamte	durften Anweisungen geben, wurden vom Pharao versorgt und geschützt	mussten dem Pharao jederzeit gehorchen

schen Gesellschaft deutlich wird. Diese haben die besonderen Leistungen wie den Bau der Pyramiden erst ermöglicht, bedeuten aber auch eine völlige Unterordnung des Einzelnen unter sehr langfristige Projekte.
- Ein zweiter Aspekt ist die Komplexität der ägyptischen Projekte, die langfristige Planungen, gute Ingenieure, viel Fachwissen und sehr handwerkliches Wissen voraussetzten.
- In dem Interview kann die besondere Traditionsgläubigkeit der ägyptischen Gesellschaft herausgearbeitet werden, in der alte Menschen mit ihren Ideen und Auffassungen praktisch immer Vorrang vor den Ideen und Auffassung der Jüngeren haben. Eine solche Gesellschaft ist eher statisch, Innovationen und Umbrüchen gegenüber eher abweisend, zeichnet sich aber auch durch eine besondere kulturelle Langlebigkeit aus.

6. Die Religion der alten Ägypter

Ein Bild auswerten
Sachkompetenz, Methodenkompetenz, Urteilskompetenz

Stelle dir vor, du hättest das Grab des Tutanchamun entdeckt. Schreibe einen Forschungsbericht, in dem du auch erklärst, was du aus den Funden über das Jenseitsdenken der alten Ägypter folgerst.
In dem „Forschungsbericht" sollte vorkommen:
- 1 Elfenbeinbett: praktisches Möbel, konkret verwendbar, leicht zu transportieren, wertvoll;
- 2 Reisetruhe: auch mobil, nicht viel zu erkennen;
- 3 Liege in Stiergestalt: am Tage zu verwenden oder bei Gastmählern, Stiergestalt: ein kraftvolles Tier, wollte der Liegende auch so wirken?
- 4 lauter kleine Schalen mit Lebensmitteln: Der Pharao benötigt als Mumie also nicht nur sein Bett und seine Liege, sondern auch etwas zu essen – hier insbesondere teures Rindfleisch.
- 5 vergoldeter Hocker: wie 1 bis 3
- Das Foto zeigt einen ziemlich chaotischen Stapel. Entweder ist in dem Grab nicht genügend Platz oder die gewählte Ordnung ist durcheinander gebracht worden: Könnten vielleicht Grabräuber das Grab durchwühlt haben? Was ist gestohlen worden?

7. Frühe Hochkulturen

Einen Vortrag halten
Sachkompetenz, Urteilskompetenz

Halte vor der Klasse einen kleinen Vortrag zum Thema „Ägypten – eine frühe Hochkultur". Sprich möglichst frei und nicht länger als fünf Minuten.
- Hier können ganz unterschiedliche Schwerpunkte gesetzt werden. Du kannst auch Kenntnisse außerhalb des Geschichtsbuches heranziehen. Am besten ist es, wenn du dir eine Besonderheit herausgreifst und an dieser die ägyptische Hochkultur erschließt. Beispiel sind die Mumifizierung, die Pyramide oder das Totengericht. Es ist aber auch die Nilschwemme denkbar.
- Eine andere Möglichkeit bietet eine Orientierung an den folgenden Leitfaden: Überlege zuerst, zu welchen Fragen du sprechen möchtest. Hier bekommst du Hilfe und Anregung:
  • Wodurch zeichnet sich eine Hochkultur aus?
  • Woran kann man erkennen, dass die alten Ägypter in einer frühen Hochkultur lebten?
  • Wo entwickelten sich frühe Hochkulturen und warum gerade dort?

Bereite einen Stichwortzettel oder Karteikärtchen mit Stichworten vor und sprich möglichst frei. Denke auch daran, dass der Vortrag nicht zu lang wird, fünf Minuten reichen aus. Wertet am Schluss den Vortrag in der Klasse aus.

Schrift und Schreiber

Phiops muss in die Schule
An einem Sommertag im Jahr 1250 v. Chr. segelt der Schreiber Duauf mit seinem Sohn Phiops auf dem Nil südwärts in Richtung Theben. Phiops soll in der
5 Schule des Tempels von Theben wie sein Vater zum Schreiber ausgebildet werden. Wir kennen die Namen der beiden aus einem Brief. Darin erklärt der Vater seinem Sohn die Vorzüge seines Berufes. Phiops ist acht Jahre alt. Natürlich ist er nicht davon
10 begeistert, für einige Jahre von zu Hause weg zu sein. Doch er weiß, dass sich die harte Zeit lohnen wird: Schreiber sind in Ägypten sehr angesehen.

Eine Schrift wird notwendig
Schrift und Schreiber hatten in Ägypten eine große
15 Bedeutung. Listen über Vorräte und Abgaben der Bauern mussten angelegt werden, Berichte der Beamten verfasst, Aufträge und Befehle geschrieben werden. Hierfür entwickelten die Ägypter besondere Zeichen. Sie erfanden eine eigene Schrift. Auch
20 deshalb nennen wir das alte Ägypten heute eine „Hochkultur".

In die Schule darf jeder
Kehren wir zurück zu Duauf und seinem Sohn. Immer wieder fragt Phiops, was ihn in der Schule
25 erwartet. Oft hat er seinem Vater beim Schreiben von Hieroglyphen zugesehen. Der Vater hat Phiops erklärt, dass es neben den Hieroglyphen auch eine einfachere Schrift für den täglichen Gebrauch gibt. Für sie verwendet man als Schreibmaterial den
30 Papyrus. In der Schule wird Phiops Mitschüler aus allen Gruppen der Bevölkerung treffen. Mädchen wird er nur selten sehen. Sein Vater kennt aber Frauen, die als Beamtinnen, Ärztinnen und Priesterinnen das Schreiben beherrschen. In die Schrei-
35 berschule zu gehen, ist jedem gestattet. Der Vater berichtet von einem Priester, der arm gewesen war. Dank seiner Klugheit wurde er aber in die Schule aufgenommen und stieg zum „Dolmetscher für jedes Ausland" auf.

Schläge und Gehorchen
40
Der Vater erzählt Phiops außerdem, dass er auch Mathematik, Bildhauerei, Malerei, Geografie und Sport zu lernen habe. Nicht alles verrät er seinem Sohn. Aus eigener Erfahrung weiß er, dass
45 die Lehrer strengen Gehorsam verlangen und die Schüler oft schlagen. Die jungen Menschen sollten erkennen, dass sie ein Teil der allgemeinen Ordnung seien, die nur mit strenger Disziplin zu bewahren sei. Erziehung und Lernen waren für die Ägypter ein
50 Teil der göttlichen Ordnung.

Das Leben in frühen Hochkulturen – das Beispiel Ägypten

5000 v. Chr. – 30 v. Chr.

1. Schreibe das Gespräch in verteilten Rollen auf. Spielt danach dieses Gespräch nach.

   _____
   _____
   _____
   _____
   _____
   _____
   _____
   _____
   _____

2. Schreibe für Phiops einen Stundenplan. Vergleiche ihn mit deinem Stundenplan. Schreibe auf: Was ist gleich oder ähnlich? Was ist anders?

   _____
   _____
   _____
   _____
   _____
   _____
   _____

3. Erkläre, warum die alten Ägypter eine Schrift erfanden.

   _____
   _____
   _____
   _____
   _____
   _____
   _____

Das Leben in frühen Hochkulturen – das Beispiel Ägypten

5000 v. Chr. – 30 v. Chr.

Mein Großvater – ein echter Fellache!

1. Ergänze den Lückentext.

D1 Bewässerungssystem im alten Ägypten

Wir befinden uns im alten Ägypten. Das Mädchen Taheb sitzt mit seinem Großvater Menes auf einem Deich am Ufer des Nils.

Taheb: Hier am Fluss ist alles so schön grün, aber wenn man sich von ihm entfernt, gibt es nur noch Sand. Kannst du mir das erklären?

Menes: Der Boden benötigt _____ aus dem Nil, damit Pflanzen auf ihm wachsen können.

Taheb: Aber wie gelangt das Nilwasser dorthin?

Menes: Jeden Sommer in der _____ steigt der Nil um mehrere Meter an. Wir haben deshalb am Ufer hohe _____ gebaut und das Land so in große _____ unterteilt. Ist das Wasser genügend angestiegen, öffnen wir die _____ an den Deichen. Das Schlammwasser strömt dann durch unsere _____ in die Felder. Am Ende der Überschwemmungszeit öffnen wir die Schleusen erneut, und das schlammfreie Wasser fließt in den Nil zurück. Dann können wir mit dem Anbau von _____ und _____ beginnen.

Taheb: Aber was passiert mit den höher gelegenen Feldern, die vom Wasser nicht erreicht werden?

Menes: Dafür benutzen wir _____ . Mit ihrer Hilfe können wir Wasser von unten nach oben transportieren.

Taheb: Wenn man dir zuhört, dann weiß man sofort, dass du ein echter Fellache bist!

Fehlende Wörter: Getreide – Schlamm – Schöpfräder – Regenzeit – Bewässerungskanäle – Felder – Wasser – Gemüse – Schleusen – Deiche

Das Leben in frühen Hochkulturen – das Beispiel Ägypten

5000 v. Chr. – 30 v. Chr.

2. Recherchiere im Internet oder in einem Lexikon, was ein Fellache ist und schreibe eine kurze Erklärung.

3. Erkläre, was ein Schaduf ist und wie er funktioniert.

Das Leben in frühen Hochkulturen – das Beispiel Ägypten

5000 v. Chr. – 30 v. Chr.

Das Tal der Könige

Sieh dir den Filmclip „Das Tal der Könige" an und löse die folgenden Aufgaben:

1. Beschreibe die Steinfiguren. Vermute, wozu die alten Ägypter die Skulpturen an dieser Stelle aufgestellt haben.

2. Beschreibe die Abbildung im Grab des Sennedjem. Erkläre, welche Jenseitsvorstellungen der alten Ägypter damit ausgedrückt werden.

3. Erläutere, warum die alten Ägypter ihre Gräber so prächtig ausgestalten ließen.

Name _____ Klasse _____ Datum _____

Das Leben in frühen Hochkulturen – das Beispiel Ägypten

5000 v. Chr. – 30 v. Chr.

Ein guter Ratschlag

Der Schreiber Ani riet seinem Sohn (ca. 1500 v. Chr.) Folgendes:

Nimm dir eine Frau, solange du jung bist; sie soll dir einen Sohn bringen und Kinder bekommen, solange du noch ein junger Mann bist. Lehre du deinen Sohn dann, ein Mann zu werden. Glücklich
5 der Mann, der viele Kinder hat; er wird entsprechend seiner Kinderzahl geachtet. (…) Hüte dich vor einer fremden Frau, die niemand in ihrer Stadt kennt. Starre ihr nicht nach, wenn sie vorbeigeht. (…) Du sollst nicht deine Frau in ihrem Haus beauf-
10 sichtigen, wenn du weißt, dass sie tüchtig ist. Sage nicht: „Wo ist denn das? Bring es her!", wenn sie es an die richtige Stelle getan hat. Lass dein Auge sie beobachten und schweige, dann wirst du ihre Geschicklichkeit kennenlernen. Welche
15 Freude, wenn sie dann deine Hand empfängt. Aber viele hier wissen das nicht (…). Jeder, der eine Familie gründen will, muss sein hitziges Temperament zügeln. So geh also nicht immer hinter der Frau her und vermeide, dass sie dich deswegen
20 tadelt.

Aus: Hellmut Brunner (Hg.), Altägyptische Weisheit. Lehren für das Leben, Artemis Zürich/München 1988, S.199, 205 und 210f.

Das Leben in frühen Hochkulturen – das Beispiel Ägypten

5000 v. Chr. – 30 v. Chr.

1. Schreibe auf, was du über die Rolle der ägyptischen Frauen aus dem Text herausgehört hast.

2. Schreibe die Quelle so um, wie du sie in deiner heutigen Sprache formulieren würdest.

3. Begründe, warum im alten Ägypten Männer mit vielen Kindern besonders geachtet wurden.

4 Griechische Wurzeln Europas

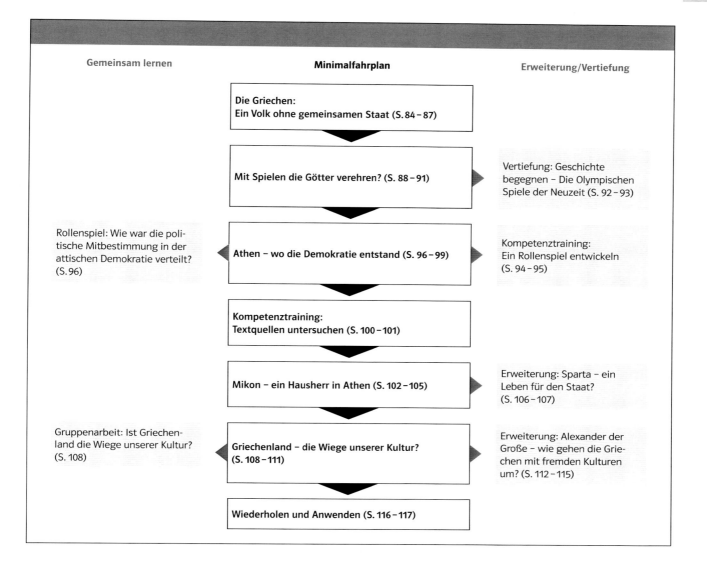

4 Griechische Wurzeln Europas

9. Jh. v. Chr. – 4. Jh. v. Chr.

Kompetenzziele des Kapitels

Sachkompetenz
Die SuS
- wissen, wie die griechische Staatenwelt entstanden ist,
- begründen, warum es keinen gemeinsamen Staat in Griechenland gegeben hat,
- erklären Begriffe wie Polis, Kolonisation, Mythos, Orakel usw.,
- kennen die Göttervorstellungen und den Götterglauben der alten Griechen,
- wissen, dass Religion und Wettspiele bei den Griechen zusammenhingen,
- erläutern, wie sich die antiken und die modernen Olympischen Spiele zueinander verhalten,
- erklären, wie die attische Demokratie entstanden ist und wie sie aufgebaut war,
- wissen, welche Bevölkerungsgruppen in Athen lebten und wie ihr Alltagsleben strukturiert war,
- wissen, welche Bevölkerungsgruppen zur Polis Sparta gehörten und wie ihr Leben funktionell miteinander verknüpft war,
- kennen die Leistungen der alten Griechen auf den Gebieten von Wissenschaft, Technik und Kultur,
- wissen, dass Alexander der Große ein Weltreich begründete, in dem sich die griechische Kultur weit nach Asien ausbreitete.

Methodenkompetenz
Die SuS
- können Text- und Bildquellen fachgerecht auswerten,
- können historische Situationen durch Rollenspiele veranschaulichen.

Urteilskompetenz
Die SuS
- beurteilen, inwieweit die attische Demokratie unserer heutigen Demokratie ähnlich ist bzw. sich von ihr unterscheidet,
- beurteilen die Bedeutung der griechischen Kolonisation und die Weltreichsgründung Alexanders des Großen,
- beurteilen den Einfluss der griechischen Kultur auf unsere Kultur.

Hinweise zur Orientierungsseite

- Beginn mit einer spontanen Stellungnahme der SuS, bei der sie ihre Vorkenntnisse zum Thema „Griechische Wurzeln Europas" einbringen können
- Überführung in eine systematischere Betrachtung, beginnend mit dem „Blickfang" der Orientierungsseite (Abbildung Parthenon-Tempel)
- Vergegenwärtigung der inhaltlichen Leitgedanken (Einleitung) und wichtiger geografischer Vorstellungen (Karte)
- Vermittlung eines ersten Eindrucks von den zu erwartenden Inhalten anhand der Kompetenz-Box und der Zeitleiste
- abschließende Stellungnahme der SuS zu individuellen thematischen Interessen

Weiterführende Medienhinweise

Bücher/Zeitschriften
- Cartledge, Paul (Hg.): Kulturgeschichte Griechenlands in der Antike. Stuttgart 2000.
  Ausgewiesene Kenner vermitteln in essayistisch geschriebenen Kapiteln profunde Einblicke in grundlegende Verhältnisse und Konfigurationen der griechischen Geschichte: natürliche Umwelt; Arme und Reiche, Frauen, Kinder, Männer; Krieg und Frieden; Arbeit und Freizeit; Sport, Literatur und Theater; Philosophie und Naturwissenschaft; Religion und Mythos. Auch Staat und Demokratie fehlen selbstverständlich nicht. Vorzügliche Abbildungen, Informationskästen und eingestreute Quellentexte machen das Buch zur idealen Vorbereitung für den Unterricht.
- Gehrke, Hans Joachim: Kleine Geschichte der Antike. München 2003.
  Gehrke liefert auf 175 Seiten einen Überblick über die gesamte Antike, von 3000 vor bis 500 nach Chr. Die zehn Unterkapitel sind nur grob chronologisch geordnet, bisweilen sind sie vergleichend angelegt, so z. B. das Unterkapitel über griechisches und römisches Recht. Gehrke schreibt bewusst für ein „weiteres Publikum" (Vorwort), auf Anmerkungen wird verzichtet, der Text ist gut lesbar. In der Taschenbuchausgabe wird auf die Abbildungen verzichtet, die in der Originalausgabe vor allem die kulturgeschichtlichen Aspekte stärken.
  Der Band kann für alle Unterkapitel übergreifende Hintergrundinformationen geben.

- Koenig, Viviane: Das Leben der Kinder im alten Griechenland. Weltgeschichte für junge Leser. München 2006.
  Das Buch ist für Kinder und Jugendliche geschrieben. Es schildert typische Lebensverhältnisse in verschiedenen Bevölkerungsschichten, so wird z. B. das harte Leben eines Bauernsohnes vorgestellt. Die sozialen und politischen Ungerechtigkeiten in der Polis, die Religion der Griechen, die Erziehung – all das wird ohne explizite Wertung und kindgerecht dargestellt. Bebildert ist das Buch mit Originalen, zumeist Vasenbildern.
  Der Band kann für alle Unterkapitel übergreifende Hintergrundinformationen geben.
- Praxis Geschichte: Schauplätze der Polis, 4/2012.
  Das Heft legt den Schwerpunkt auf Athen in der Mitte des 5. Jahrhunderts v. Chr. – wie es auch unser Griechenlandkapitel tut. Neben dem informativen Leitartikel von Werner Tietz („Das Athen des Perikles") finden sich Unterrichtsvorschläge für die Sek I; das vorgeschlagene Thema „Agora und Pnyx – Schauplätze des öffentlichen Lebens in Athen" enthält auch Material für die Sek II.
  Der Band kann Hintergrundinformationen zum Unterkapitel „Athen – wo die Demokratie entstand" (S. 96–99) geben.
- Neer, Richard T.: Kunst und Archäologie der griechischen Welt. Von den Anfängen bis zum Hellenismus. Darmstadt 2013.
  Neers Bildband ist ein voluminöses, aufwendig und schön gestaltetes Buch: 400 Seiten, über 400 farbige Abbildungen. Neer gibt einen beeindruckenden Überblick über die gesamte griechische Kunst; er geht dabei chronologisch vor. Zahlreiche Infokästen, Karten, Pläne ergänzen die Abbildungen von Statuen, Vasenmalereien, Tempeln etc. Der Text stellt die Kunst nicht nur vor, sondern ordnet sie mit leichter Hand geschichtlich ein, verbindet sie mit der Gesellschaftsgeschichte und der Politik. Das Buch kann als Nachschlagewerk genutzt werden, liest sich aber auch als Gesamtdarstellung hervorragend.
  Der Band kann Hintergrundinformationen zum Unterkapitel „Griechenland – die Wiege unserer Kultur?" (S. 108–111) geben.
- Rubel, Alexander: Die Griechen. Kultur und Geschichte in archaischer und klassischer Zeit. Wiesbaden 2012.
  Eine sehr packend geschriebene Skizze der wichtigsten Entwicklungen und Phänomene griechischer Kultur und Geschichte von Homer bis ins 4. Jahrhundert v. Chr. Der Autor findet zwischen althumanistischer Verehrung und neumodischer Verfremdung der Griechen einen Mittelweg; er bietet keinen dürren Abriss, sondern setzt Akzente, wenn er etwa die Ausweitung politischer Rechte auf breitere Bevölkerungsschichten im 7. und 6. Jahrhundert umreißt, dann aber betont, dieser Prozess sei „keineswegs als eine politische Lawine zu sehen, die, einmal ins Rollen gebracht, ungebremst und zielgerichtet ins Tal der Demokratie rollt" (S. 72). Die Entwicklung in Athen sei eher als ein „Kuriosum der Geschichte" zu betrachten. Besonders lesenswert ist die differenzierte Schlussbemerkung „Die Griechen und wir": Man müsse nicht zwischen Sokrates und Platon, Goethe und Schiller unterscheiden können, um den komplexen Alltag im 21. Jahrhundert bewältigen zu können. Man „kommt über die Runden" – mehr aber auch nicht.
- Schulz, Raimund: Kleine Geschichte des antiken Griechenland. Stuttgart 2010.
  Der Band ist mit 418 – wenn auch kleinen – Seiten im Grunde keine „kleine" Geschichte mehr. Schulz stellt die griechische Geschichte in zehn chronologisch geordneten Kapiteln dar, die in sich wieder thematisch untergliedert sind. Viele der Unterkapitel lassen sich problemlos auch einzeln lesen, ohne Kenntnis des gesamten Bandes. Das Werk ist klar und verständlich geschrieben und enthält eine Fülle von Hinweisen auf weiterführende Literatur.
  Der Band kann für alle Unterkapitel übergreifende Hintergrundinformationen geben.

Internet
- Mediathek der Universitätsbibliothek Graz (http://ub.uni-graz.at/index.php?id=30779, Zugriff 07.01.15)
  Auf der Homepage der Universitätsbibliothek Graz finden sich unter der Rubrik „Klassisches Altertum, Antike Kulturen" eine Vielzahl von empfehlenswerten Filmbeiträgen, Dokumentationen usw., die sich zur Unterrichtsvorbereitung, aber sicher teilweise (jahrgangsabhängig) auch zum direkten Einsatz im Unterricht eigenen. Für die Griechische Antike finden sich zu folgenden Stichpunkten filmische Beiträge (alphabetisch): Alexander der Große, Alexandria, Athen, Herodot, olympische Idee, Sparta.

4 Griechische Wurzeln Europas

9. Jh. v. Chr. – 4. Jh. v. Chr.

84–87 Die Griechen: Ein Volk ohne gemeinsamen Staat

Kompetenzziele

Sachkompetenz
- Die SuS wissen, dass sich viele unabhängige Poleis bildeten, die eine gemeinsame Sprache, Religion und Kultur hatten.
- Die SuS wissen, dass die Poleis Kolonien rund um das Mittelmeer gründeten.

Methodenkompetenz
- Die SuS können historische Karten analysieren und daraus Schlüsse ziehen.
- Sie können historische Text- und Bildquellen zum antiken Griechenland untersuchen.

Urteilskompetenz
- Die SuS schätzen Vor- und Nachteile der dezentralen Herrschaftsform ein.
- Sie beurteilen die Auswirkungen der Kolonisation.

84–87 Sequenzvorschlag xp9s9g

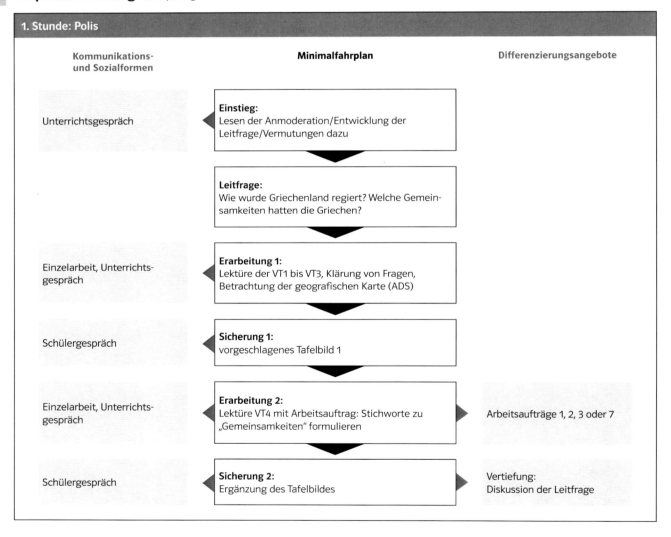

94

Tafelbild 1 d88786

Wie wurde Griechenland regiert?

Polis
- Grund: zerklüftete Landschaft
- Lage: Meer oder Flusstal
- Zeit: ab 850 v. Chr.
- Einwohnerzahl: 1000 bis 200 000 (Athen)
- Herrschaft: meist Adlige (Aristokratie)
- Besonderheit: Mitsprache der Bürger/Volksversammlungen

Jede Polis entschied über sich selbst.

<u>Gemeinsamkeiten der Griechen:</u>
- gleiche Bedingungen (Seefahrt, Fischfang, Ackerbau, Viehzucht)
- gleiche Sprache
- gleiche Götter, Helden und Sagen

 2rx8uu

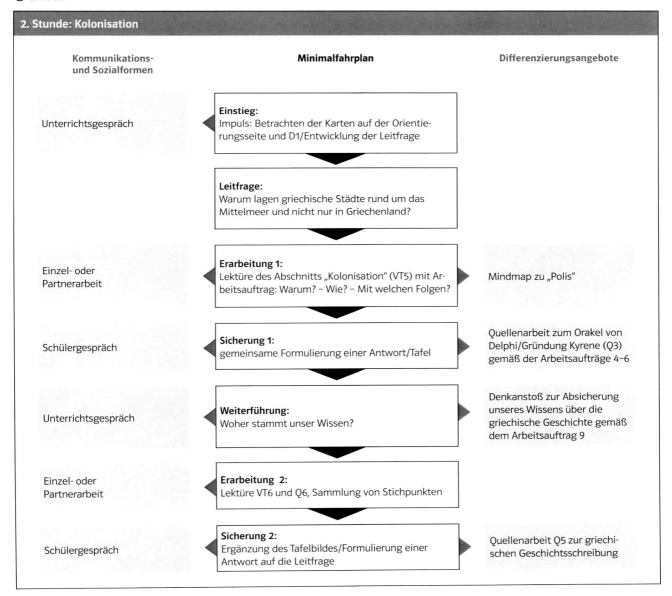

4 Griechische Wurzeln Europas

9. Jh. v. Chr. – 4. Jh. v. Chr.

Tafelbild 2   et697y

Warum lagen griechische Städte rund um das Mittelmeer und nicht nur in Griechenland?

Kolonisation
- Grund: Bevölkerungswachstum, Enge, Unzufriedenheit, Abenteuerlust
- Vorgehen: Auswanderergruppen – Seefahrt ins Ungewisse – Suche nach geeignetem Platz – Gründung einer Stadt am Meer im heutigen Spanien, Italien, Afrika …
- Folgen: Siedlungsgebiete vergrößerten sich stark, Handel wuchs

Woher stammt unser Wissen?
Es gibt viele Quellen: Texte, Inschriften, Malereien auf Krügen, Skulpturen, Gebäude- und Tempelüberreste.

84–87 Hinweise zum Verfassertext und zu den Materialien

VT Zentrales Thema des Unterkapitels ist die griechische Polis. So beginnt der VT mit den Anfängen der Polis-Kultur, kommt zu deren Besonderheiten und ihrer Einbettung in den Naturraum, ferner ihrer Organisation sowie der räumlichen Ausbreitung in den gesamten Mittelmeerraum (VT1–VT4). Aufgrund dieser Schwerpunktsetzung wurde auf eine Erwähnung der – ebenfalls bedeutenden – griechischen Palastkultur (1600–1200 v. Chr., Mykene, Kreta …) verzichtet.

Das griechische Staatsmodell Polis ist ungewöhnlich und bemerkenswert: Eine Gemeinschaft mit einem städtischen Zentrum und einem agrarischen Hinterland, mit oft nur 1000 Einwohnern, entschied wie ein autonomer Staat souverän über ihre inneren und äußeren Angelegenheiten. Innerhalb der Polisgemeinschaft gab es eine intensive Kommunikation um die „Politik", an der auch die Bürger beteiligt waren. Sie verhandelten in Volksversammlungen die öffentlichen Belange – mit den Adligen. Dieses Grundmuster ist in allen Poleis gleich – in der konkreten Ausformung unterschieden sie sich dann erheblich.

Der VT leitet im Folgenden über zur Kolonisation (VT5); hier liefern die Materialien (D1 und Q3) Zusatzinformationen. Der VT sollte durch den Hinweis ergänzt werden, dass die Auswanderung aus „überfüllten" Poleis nicht immer freiwillig erfolgte – oft wurde gelost.

Der VT6 beschäftigt sich mit der Frage nach den Quellen: Woher wissen wir all diese Dinge? Wichtig ist die Betonung der Schrift: Die griechische Schrift gibt es etwa seit dem 9. Jahrhundert v. Chr., sie ist eine Weiterentwicklung der phönizischen Schrift und ist anders als alle früheren Schriften einfach zu lernen und schnell zu schreiben – und so haben wir eine Fülle von Texten unterschiedlicher Art, die uns Informationen liefern.

Q1 Schiffe waren das wichtigste Verkehrsmittel der Griechen – für den Handel und im Krieg. Häufig mussten die Schiffe auf günstige Winde warten, da die Griechen nur vor dem Wind segeln konnten. Das Kreuzen kannten sie noch nicht.

D1 Die Aneinanderreihung von Tochterstädten, wie sie z. B. rund um das Schwarze Meer vorliegt, ist auf Gründungen der Tochterstädte selbst zurückzuführen: Man gründete „nebenan" eine neue Polis, wenn es vorteilhaft erschien. – Nicht alle Kolonien hatten Bestand; es gibt auch zahlreiche Berichte über gescheiterte Unternehmungen. Athen taucht auf der Karte nicht als Mutterstadt auf: Das Umland, Attika, war groß genug, eine wachsende Bevölkerung aufzunehmen.

Q2 „Amphora", 510 v. Chr., Louvre, Paris. Herakles ist wohl der berühmteste griechische Held, seine Beliebtheit zeigt sich auch an der Häufigkeit, mit der Szenen aus der Herakles-Sage auf Vasenbildern vorkommen. Auf der Amphora erledigt Herakles die letzte der zwölf Aufgaben, die er für seinen Rivalen Eurystheus erledigen muss, um eine schwere Schuld zu sühnen. Herakles besiegt und entführt den dreiköpfigen Höllenhund Zerberus aus der Unterwelt. Zuvor hat er den nemeischen Löwen getötet, dessen Fell er seitdem ständig trägt – daher die merkwürdige Kopfbedeckung.

Q3 Der Bericht des griechischen Geschichtsschreibers Herodot zeigt die Probleme, die bei der Gründung einer Kolonie, hier Kyrene, auftauchen konnten. Dabei spielt das Orakel von Delphi eine große Rolle. Tatsächlich wurde von Delphi aus die griechische Kolonisation in nicht geringem Maße gesteuert und koordiniert – für die Gründung einer Tochterstadt war ein günstiger Spruch der Pythia sehr wichtig. In dieser Quelle wird gezeigt, dass ein Missachten der Weisung aus Delphi bestraft wird. Es wird auch deutlich, dass die Theraier nicht freiwillig und freudig ihre Heimat verlassen: Es muss gelost werden.

Q4 Neben Szenen aus der Mythologie finden sich auf den griechischen Tongefäßen (Trinkschalen, Krüge, Gefäße für Wein, Oliven …) auch Szenen aus dem Alltag, wie hier von der Olivenernte. Viele der Vasenmalereien waren vermutlich Auftragsarbeiten; so erklären sich auch ungewöhnliche Motive, die manchmal zu finden sind.

Q5 Der Ausschnitt aus Thukydides' Historiae steht in der Vorrede zu seiner Geschichte des Peloponnesischen Krieges. Mit diesem Werk begründete Thukydides in methodischer Hinsicht eine Geschichtsschreibung, die durch Neutralität und Berücksichtigung mehrerer Sichtweisen nach „Wahrheit" sucht.

Q6 Herodot, der Autor von Q3, hat auch die Textquelle zur „besten Staatsform" verfasst, die auf der Methodenseite untersucht und analysiert wird.

Erläuterungen zu den Arbeitsaufträgen

84–87

1. Warum entstand in Griechenland kein Gesamtstaat für alle Griechen? Nenne die Gründe (VT, Karte, ADS). (AFB I)
- Die griechische Landschaft ist in kleine Räume geteilt, hohe und steile Berge im Landesinneren, eine zerklüftete Küste und viele kleine Inseln.
- Der Kontakt untereinander war schwierig und funktionierte noch am besten über den Seeweg.
- In diesen von einander abgegrenzten Siedlungsräumen blieben die Poleis folglich für sich.

2. Erkläre, warum Landschaft und Meer das Leben in Griechenland so stark bestimmten (VT, Karte, ADS, Q1)? (AFB II)
Der Denkanstoß schlägt eine Mindmap vor. Möglich ist auch eine geordnete Stichwortsammlung:
- Ansiedlung von Städten: wenig Raum, am Meer und in Flusstälern, keine Möglichkeit zur Ausbreitung;
- Entstehung der Polis: wenig Kontakt, Stadtstaat, selbstbestimmt, Ackerland außerhalb, Mitsprache der Bürger;
- Ackerbau: wenig fruchtbarer Boden, Wein, Oliven – Bedeutung des Fischfangs;
- Viehzucht: Schafe und Ziegen;
- Handel: über das Meer, Schiffe, Möglichkeit des Austauschs;
- Kolonien: keine Möglichkeit zur Ausbreitung der Polis, Auswanderung, Seefahrt, Suche nach neuen Siedlungsmöglichkeiten.

3. Arbeite die politischen Reglungen heraus, die für eine Polis typisch sind (VT). (AFB II)
- In der Polis besetzte eine Gruppe von Adligen die wichtigsten Ämter, sie waren z.B. im Krieg Feldherren und leiteten Gerichtsprozesse.
- Die männlichen Bürger hatten in der Politik ein Mitspracherecht.
- Sie trafen sich in Volksversammlungen, besprachen alles, was die Polis anging, und handelten mit den Adligen Entscheidungen aus.
- Die Volksversammlung traf sich im Zentrum der Polis, auf dem Marktplatz.

4. Beschreibe den Ablauf der Gründung einer Kolonie. Erstelle einen „Fahrplan" (VT, D1, Q3). (AFB I)
Der Denkanstoß schlägt eine Nummerierung der einzelnen Schritte vor:
1. Die Polis hat zu wenig Platz für ihre Bürger.
2. Man sucht nach einem Ausweg.
3. Man befragt das Orakel in Delphi, das eine Stadtgründung in einer bestimmten Gegend fordert.
4. Auswanderungswillige werden gesucht. Wenn sie sich nicht finden, wird ausgelost.
5. Es wird ein Anführer bestimmt.
6. Die Auswanderergruppe bekommt Schiffe und sticht in See.
7. An der vom Orakel genannten Stelle geht sie an Land und gründet eine Stadt.

5. Ein Gelehrter im alten Griechenland hat einmal gesagt: „Wir Griechen sitzen um das Mittelmeer herum wie Frösche um einen Teich." Erläutere, was er damit meinte (D1, VT). (AFB II)
Ein Blick auf die Karte D1 zeigt, was der Gelehrte gemeint hat:
- An den Küsten des Mittelmeers hatten die Griechen zahlreiche Städte, Mutterstädte im heutigen Griechenland und an der heute türkischen Küste – und Tochterstädte von der spanischen Küste bis Zypern, von Afrika bis hoch zum Schwarzen Meer.
- So hatten die Griechen sich das Mittelmeer zu ihrer Heimat gemacht und saßen an fast allen Seiten – eben wie „Frösche um einen Teich".

Griechische Wurzeln Europas
9. Jh. v. Chr. – 4. Jh. v. Chr.

6. Erörtere, welche Rolle das Orakel von Delphi bei der Gründung der Stadt Kyrene spielte (Q3). (AFB III)
- Das Orakel ist sehr wichtig für die Stadtgründung.
- Zunächst fordert die Pythia eine Tochterstadt in Libyen; auf Einwände des Königs, wenigstens einen Jüngeren damit zu beauftragen, reagiert sie nicht.
- Als die Theraier nicht gehorchen, werden sie bestraft – so lange, bis sie die Pythia ein zweites Mal befragen. Sie erneuert ihr Gebot, eine Tochterstadt zu gründen. Erst dann gehorchen die Theraier.
- Das Orakel entscheidet also nicht nur, dass eine Kolonie entstehen soll, sondern auch, an welchem Ort. Dem darf sich niemand widersetzen.

7. Erörtere, warum die Griechen Tongefäße wie Q2 und Q4 kauften und teuer bezahlten. (AFB III)
- Mit der Herakles-Amphora (Q2) kann der Käufer beweisen, dass er ein gebildeter Mann und ein guter Grieche ist. Jeder Besucher sieht sofort, dass man sich in seinem Hause mit der griechischen Mythologie auskennt.
- Die Abbildung dient auch der Erziehung der Söhne: Der furchtlose Herakles ist das Vorbild, dem sie nacheifern sollen.
- Der Krug mit dem Motiv der Olivenernte (Q4) gehörte vielleicht einem Händler oder Landbesitzer, der mit Oliven und Olivenöl sein Geld verdiente – vielleicht symbolisierte er in einem reichen Haus auch nur den Inhalt: Oliven. Die dargestellten Arbeiter konnten sich das schöne Gefäß sicher nicht leisten.

8. Fasse zusammen, was du auf den Vasenbildern über das Leben in Griechenland erfährst (Q1, Q2, Q4). (AFB I)
- Q1 zeigt ein Kriegsschiff und ein Handelsschiff. Beide fahren mit Segeln, es gibt aber auch Ruder. Seefahrt war sehr wichtig für die Griechen.
- Q2 stellt eine Szene aus der Sage um Herakles dar, der einer der bekanntesten griechischen Helden ist. Die Erzählungen seiner Heldentaten kannten alle Griechen, darum konnte man davon ausgehen, dass die dargestellte Szene sofort verstanden wird.
- Q4 zeigt eine Szene aus dem bäuerlichen Alltag. Die Ernte der Oliven war, wie man sieht, mühsam. Die Arbeit wurde aber auch anerkannt, sonst hätte man sie nicht als schöne Dekoration für einen wahrscheinlich teuren, großen Krug gewählt.

9. Beurteile, ob unser Wissen über die griechische Geschichte gut abgesichert ist (VT, Q5, Q6). (AFB III) ○
Der Denkanstoß schlägt vor, in drei Schritten vorzugehen:
1. Woher stammt unser Wissen?
   - Unser Wissen stammt aus zahlreichen Texten, die über Auseinandersetzungen und Kriege berichten, über die Politik und über den Alltag. Daher kennen wir auch die Mythologie, die griechischen Götter und Helden. Malereien auf Tongefäßen geben ebenfalls viele Informationen, ebenso Skulpturen. Überreste von Gebäuden und Tempeln vermitteln uns ebenfalls Wissen.
2. Welche Quellen geben sichere Informationen?
   - In den Texten bekommen wir genaue Informationen, weil hier auch Zusammenhänge erklärt werden. Aber Texte können auch einseitig sein. Thukydides versucht, das zu vermeiden, indem er alle Sichtweisen einbezieht. Aber ob ihm das wirklich gelingen konnte? Malereien stellen vielleicht manche Dinge zu schön dar, z.B. die Arbeit der Bauern. Gebäudereste und Ruinen sind ganz neutrale Quellen, aber man muss sie erst verstehen und deuten können.
3. Ist das eine gute Grundlage?
   - Eine endgültige Wahrheit über das Leben und Denken der Griechen bekommen wir trotz aller Quellen sicher nicht, aber wir haben doch eine recht gute Grundlage.

10. Auch heute verlassen Menschen ihre Heimat und bauen sich anderswo ein neues Leben auf. Stelle Unterschiede und Gemeinsamkeiten zwischen der Kolonisation der Griechen und heutiger Auswanderung dar (VT, D1, Q3). (AFB III) ●
- Die griechische Kolonisation geschah, weil es in den Poleis zu eng wurde. Es gab also ein Problem, das gemeinsam gelöst werden musste. Das Orakel, das von allen Griechen anerkannt wurde, gab eine Lösung vor. Freiwillige oder Ausgeloste fuhren dann in Gruppen los und suchten sich eine neue Heimat. Viele meldeten sich sicher auch freiwillig, weil sie abenteuerlustig waren oder Erfolge suchten.
- Heute wird die Auswanderung nicht als eine Aufgabe einer Stadt oder eines Staates gesehen. Es gibt auch keine zentrale Stelle, die über die Auswanderung entscheidet und den Auswanderern ihre neue Heimat zuweist. Die Auswanderer sind ganz auf sich allein gestellt und gehen auch nicht als große Freundesgruppe gemeinsam in die Fremde. Auch können sie keine neue Stadt gründen, sie ziehen in Städte, in denen bereits Menschen leben. Dort sind sie nicht immer willkommen. Das alles ist unterschiedlich. Gemeinsam ist aber, dass es in der Heimat zumeist ein Problem gibt und dass man sich dort nicht mehr ganz wohlfühlt. Man sucht nach einem besseren Leben.

Mit Spielen die Götter verehren?

88-91

Kompetenzziele

Sachkompetenz
- Die SuS wissen, wie sich die Griechen die Götterwelt und ihre Bedeutung für ihren Alltag vorstellten.
- Sie kennen die Disziplinen und den Ablauf der antiken Olympischen Spiele.
- Sie verstehen, warum die Religion und die Verehrung der Götter so wichtig für die Griechen waren, sie erklären den Zusammenhang zwischen den großen Wettspielen und der Götterverehrung.

Methodenkompetenz
- Die SuS arbeiten mit unterschiedlichen Bild- und Textquellen und können diese entsprechend der Arbeitsaufträge auswerten.

Urteilskompetenz
- Die SuS beurteilen die Bedeutung der olympischen Religion für das Zusammengehörigkeitsgefühl der Griechen.
- Sie bewerten die Bedeutung der großen Spiele für das Identitätsbewusstsein der alten Griechen.

Sequenzvorschlag v6pn6z

88-91

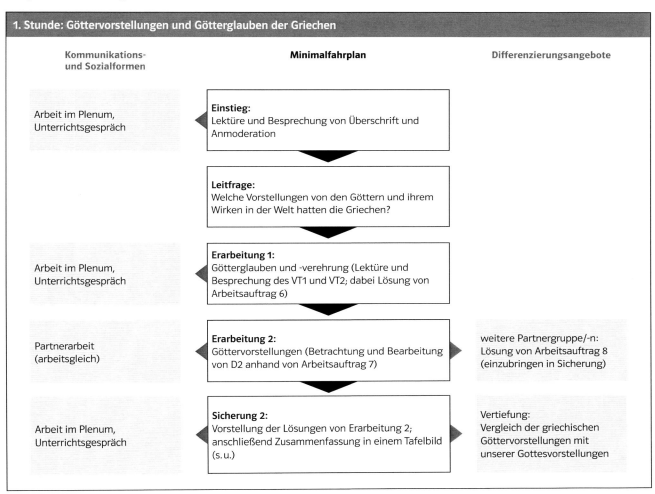

1. Stunde: Göttervorstellungen und Götterglauben der Griechen

Kommunikations- und Sozialformen	Minimalfahrplan	Differenzierungsangebote
Arbeit im Plenum, Unterrichtsgespräch	**Einstieg:** Lektüre und Besprechung von Überschrift und Anmoderation	
	Leitfrage: Welche Vorstellungen von den Göttern und ihrem Wirken in der Welt hatten die Griechen?	
Arbeit im Plenum, Unterrichtsgespräch	**Erarbeitung 1:** Götterglauben und -verehrung (Lektüre und Besprechung des VT1 und VT2; dabei Lösung von Arbeitsauftrag 6)	
Partnerarbeit (arbeitsgleich)	**Erarbeitung 2:** Göttervorstellungen (Betrachtung und Bearbeitung von D2 anhand von Arbeitsauftrag 7)	weitere Partnergruppe/-n: Lösung von Arbeitsauftrag 8 (einzubringen in Sicherung)
Arbeit im Plenum, Unterrichtsgespräch	**Sicherung 2:** Vorstellung der Lösungen von Erarbeitung 2; anschließend Zusammenfassung in einem Tafelbild (s. u.)	**Vertiefung:** Vergleich der griechischen Göttervorstellungen mit unserer Gottesvorstellung

4 Griechische Wurzeln Europas

9. Jh. v. Chr. – 4. Jh. v. Chr.

Tafelbild 1 ⊕ nr25gr

	**Götterglaube und -verehrung bei den Griechen**
Hauptgötter:	Zeus und die olympischen Götter
Götterglaube: Götterverehrung:	– Götter bestimmen alles in der Welt – durch Feste und Spiele (z. B. Olympische Spiele), um die Götter günstig zu stimmen

⊕ 9b7j7b

2. Stunde: Die antiken Olympischen Spiele und ihre Bedeutung

Kommunikations- und Sozialformen	Minimalfahrplan	Differenzierungsangebote
Arbeit im Plenum, Unterrichtsgespräch	**Einstieg:** Stummer Impuls (Tafelanschrieb): „Olympische Spiele"; SuS äußern sich spontan dazu	
	Leitfrage: Wie wurden die Olympischen Spiele abgehalten und welche Bedeutung hatten sie für die Griechen?	
Arbeit im Plenum, Unterrichtsgespräch	**Erarbeitung 1:** Die antiken Olympischen Spiele (Lektüre und Besprechung von VT3, Berücksichtigung von Abbildung Q2 und Lösung von Arbeitsauftrag 1)	
Gruppenarbeit (arbeitsteilig)	**Erarbeitung 2:** Lob und Kritik der antiken Olympischen Spiele (Bearbeitung von Q3–Q4 gemäß den Arbeitsaufträgen 4 und 5)	
Arbeit im Plenum, Unterrichtsgespräch	**Sicherung:** Präsentation der Ergebnisse aus Erarbeitung 2; Erstellung eines Tafelbilds (s. u. TB)	weitere Gruppe: Lösung von Arbeitsauftrag 2 (einzubringen in Vertiefung) Vertiefung: Diskussion gemäß Arbeitsauftrag 9

Tafelbild 2 ⊕ m642x8

	**Bedeutung der antiken Olympischen Spiele**
sportlich	religiös	politisch
bedeutendstes Sportereignis für alle Griechen	hohes Fest zu Ehren des Zeus	– Treffpunkt der griechischen Welt – Zusammengehörigkeitsgefühl

Zum Verfassertext und zu den Materialien

VT Die drei Abschnitte des VT bilden eine Denkfigur, in der wichtige Aspekte der für die alten Griechen so bezeichnenden (in der Anmoderation angedeuteten) engen Beziehungen zwischen Religion und Sport bzw. Religiosität und agonaler Leidenschaft zusammenhängend thematisiert werden. Dabei behandelt der VT1 die Herkunft des agonalen Ansporns und seinen Bezug zum Religiösen, manifest bei der Austragung der großen Spiele. Der VT2 begründet diesen Bezug, indem er die Bedeutung der Götter und der Götterverehrung in der Lebenswelt der Griechen aufzeigt, während der VT3 die Verbindung von Wettkämpfen und Religion am Beispiel der Olympischen Spiele veranschaulicht. In diesem Sinne sollte der VT auch aufgearbeitet werden.

Die SuS sollen erkennen, dass lebensweltlicher Erfolg bei den Griechen ein Indikator für die Gunst der Götter war und dass sich daraus die agonale Leidenschaft erklärt. Bei den Helden Homers entlud sie sich besonders im militärischen Bereich, während in späterer (geschichtlicher) Zeit sportlicher Wettkampf, vor allem bei den großen Spielen, ihr Betätigungsfeld wurde.

Die ältesten der großen Spiele waren die Olympischen Spiele. Das von Hippias von Elis in seiner Liste der Olympiaden genannte Jahr 776 v. Chr. als Beginn der Spiele gilt zwar mittlerweile als fragwürdig, dennoch war die Zahl für die antike Zeitrechnung nach Olympiaden verbindlich. Von den übrigen großen Spielen wurden die (pythischen) von Delphi 583 v. Chr., die (isthmischen) von Korinth 581 v. Chr. und die von Nemea 573 v. Chr. gegründet. Da die olympischen und pythischen Spiele alle vier Jahre und die beiden anderen alle zwei Jahre ausgetragen wurden, fand praktisch jedes Jahr eines der großen Spiele statt.

Q1/Q2 Die Bildmaterialien veranschaulichen einige wissenswerte Aspekte der Thematik des Unterkapitels. Dabei stellen die antiken Sachquellen Q1 und Q2 Episoden aus der griechischen Mythenwelt bzw. aus dem damaligen Wettkampfsport dar, die von den SuS leicht als „griechische Wurzeln" unserer heutigen Welt zu verstehen sind.

D1/D2 Beide Darstellungen veranschaulichen die olympische Götterwelt bzw. am Beispiel der Bauten Olympias die auch architektonisch sichtbare Verknüpfung von Religion und Sport bei den Griechen.

Q3/Q4 Die beiden Textquellen sollen in ihrer kontroversen Spiegelung der Olympischen Spiele die SuS zur Beurteilung der Spiele für das Identitäts- und Zusammengehörigkeitsbewusstsein der Griechen anregen.

Isokrates, der Verfasser von Q3, war Gründer und Leiter einer berühmten Rednerschule in Athen. Zu seiner Zeit waren die Spiele zu aufwendigen Spektakeln ohne tiefere religiöse Bezüge geworden; Streitigkeiten zwischen den Poleis gehörten zum Alltag. Seine Festschrift ist daher ein Appell an die Griechen, sich durch ein an alte Werte anknüpfendes Erleben der Spiele wieder auf ihre Gemeinsamkeiten und Zusammengehörigkeit zu besinnen.

Die Partner in Lukians Gespräch (Q4) sind der berühmte griechische Reformer Solon und der Skythenfürst Anacharsis. Seiner (hier teilweise wiedergegebenen) Deutung der Spiele aus der Sicht eines befremdeten Besuchers hält Solon im Verlaufe des Gesprächs die griechische Deutung entgegen.

Erläuterungen zu den Arbeitsaufträgen

1. Benenne die in Q2 dargestellten Sportarten. Welche gibt es noch heute? (AFB I)

Dargestellte Sportarten:
- Laufen
- Wagenrennen
- Faustkampf

Laufdisziplinen und Boxen gibt es auch heute noch.

2. Erläutere anhand der Anlagen von Olympia (D1), welche Veranstaltungen im Rahmen der Spiele stattfanden. (AFB II)
- Sportlichen Zwecken diente das Stadion (4), aber auch die Versammlungshallen (6).
- Religiösen Zwecken dienten die Tempel zu Ehren von Zeus (1) und Hera (2) sowie auch die Häuser für Weihegaben (3).
- Eher politischen Zwecken dienten das Gästehaus für Ehrengäste (5) und die Hallen, wo sich Besucher treffen konnten (6).

3. Erläutere an den Olympischen Spielen, dass bei den Griechen Sport und Religion eng zusammenhingen (VT). (AFB II)
- Die Spiele fanden bei einem Tempel zu Ehren des Göttervaters Zeus statt.
- Feiern zu Ehren des Zeus gehörten zum Programm der Spiele.
- Sieger erhielten einen Kranz von einem von Zeus geweihten heiligen Ölbaum, und ein Sieg galt als Zeichen für die Gunst der Götter.

4. Versetze dich in die Person des Isokrates (Q3) und erkläre aus seiner Sicht, was er mit seiner Festschrift erreichen wollte. (AFB II)

„Ich möchte, dass den griechischen Besuchern die Wichtigkeit der Spiele bewusst ist. Sie sollen eindrücklich erleben, dass sie durch ihre Religion und ihre Freude an den Spielen zusammengehören. Sie sollen Freundschaft miteinander schließen und künftig Frieden untereinander halten."

4 Griechische Wurzeln Europas

9. Jh. v. Chr. – 4. Jh. v. Chr.

5. Beurteile, ob der Nichtgrieche (Q4) den Sinn der Olympischen Spiele verstanden hat. (AFB III)
- Der Nichtgrieche sieht nur auf den oft brutalen Einsatz der Sportler. Aber es ist ihm nicht bewusst, dass es in den Wettkämpfen nicht nur um einen sportlichen Sieg geht, sondern der Sieg auch eine religiöse Bedeutung hat.
- Außerdem übersieht er die Bedeutung der Spiele für das Identitätsbewusstsein der Griechen. Er versteht also nicht den Sinn der Spiele.

6. Beschreibe, wie sich die Griechen die olympischen Götter und ihren Einfluss auf die Welt vorstellten (VT). (AFB I)
Die Griechen stellten sich die Götter wie Menschen vor, nur dass sie übermenschliche Kräfte hatten und ewig lebten. Alles, was auf der Erde geschah, wurde durch sie bestimmt.

7. Trage die in D2 dargestellten Götter in eine zweispaltige Tabelle unter den Überschriften „Götter" und „Aufgabenbereiche" ein. (AFB I) ○

Götter	Aufgabenbereiche
Zeus	oberste Herrschaft
Hermes	Schutz von Reisenden
Hephaistos	Schmieden
Athene	Lenken von Schlachten
Aphrodite	Schönheit und Liebe
Poseidon	Meer
Demeter	Getreidewachstum
Dionysos	Wein und Fruchtbarkeit
Apollo	Musik
Artemis	Tiere und Jagd
Ares	Krieg
Hera	Gattin des Zeus, Geburtshelferin

8. Erläutere anhand von Q1, was die Griechen mit dem Namen unseres Kontinents zu tun haben. (AFB II)
Europa ist eine Königstochter in einer griechischen Sage, die erzählt, wie ihr Name auf den Kontinent Europa übertragen worden ist.

9. Beurteile die Bedeutung der Göttervorstellungen und der großen Spiele für das Zusammengehörigkeitsgefühl der Griechen. (AFB III) ●
- Der Glaube an die olympischen Götter und daran, dass sie das gesamte Weltgeschehen lenkten, war etwas Gemeinsames, was alle Griechen miteinander verband.
- Die großen Spiele, die von Griechen aus der ganzen griechischen Welt besucht wurden, waren Ereignisse, bei denen die Griechen ihre Zusammengehörigkeit im Erleben der gemeinsamen Sprache, Religion, kulturellen Gewohnheiten praktisch erfahren konnten.

Geschichte begegnen: Die Olympischen Spiele der Neuzeit

92–93

Kompetenzziele

Sachkompetenz
- Die SuS wissen, dass und warum die Olympischen Spiele 393 n. Chr. verboten wurden.
- Sie kennen wichtige Einzelheiten der Entwicklung der Olympischen Spiele seit ihrer Wiederbelebung 1896.

Methodenkompetenz
- Die SuS können auf einem Zeitstrahl die im VT genannten Jahreszahlen mit den Ereignissen aufzählen.
- Die SuS können Text- und Bildquellen zu den Olympischen Spielen auswerten.

Urteilskompetenz
- Die SuS beurteilen den Grad der Gemeinsamkeit der modernen Olympischen Spiele mit den antiken.
- Sie untersuchen eine moderne Beurteilung darüber, was die heutigen Spiele noch zur Realisation der olympischen Idee beitragen können.

Sequenzvorschlag y2t3m3

92–93

Einzelstunde: Die Olympischen Spiele der Neuzeit

Kommunikations- und Sozialformen	Minimalfahrplan	Differenzierungsangebote
Arbeit im Plenum, Unterrichtsgespräch	**Einstieg:** Lektüre und Besprechung der Anmoderation; Formulierung von Vermutungen/Hypothesen	Beginn mit einer Betrachtung von Q1; Vermutungen zum dargestellten Geschehen
	Leitfragen: Warum wurden die Olympischen Spiele wiederbelebt? Was ist gleich oder ähnlich wie bei den Griechen, was anders?	
Arbeit im Plenum, Unterrichtsgespräch	**Erarbeitung 1:** Lektüre und Besprechung des VT (dabei Lösung des Arbeitsauftrages 1 in Form eines Tafelbilds; vgl. Seite 103 oben)	
Partnerarbeit	**Erarbeitung 2:** Bearbeitung von Q2 und Q3 anhand der Arbeitsaufträge 2, 3 und 6	
Arbeit im Plenum, Unterrichtsgespräch	**Zusammenfassung:** Präsentation aller Ergebnisse aus Erarbeitung 2	weitere Partnergruppen: Lösung von Arbeitsauftrag 5
Einzelarbeit	**Sicherung:** SuS tragen das in Erarbeitung 1 erstellte Tafelbild in ihre Hefte ein.	Vertiefung: Diskussion gemäß den Arbeitsaufträgen 3, 4 und 7

4 Griechische Wurzeln Europas

9. Jh. v. Chr. – 4. Jh. v. Chr.

Tafelbild 9j5wa4

Zeitstrahl Olympische Spiele der Neuzeit

393	Verbot der Olympischen Spiele
1896	1. Olympische Spiele der Neuzeit in Athen; Sportler: 245 Athleten aus 15 Staaten
1920	Zulassung von Athletinnen; Einführung der Olympischen Fahne mit den fünf Ringen
1924	erstmalige Austragung von Winterspielen
1928	Einführung von olympischer Fackel und olympischem Feuer
1960	1. Sommerspiele für Menschen mit Behinderung
1976	1. Winterspiele für Menschen mit Behinderung
2012	Sommerspiele in London; Sportler: 10 875 Athleten aus 204 Ländern

92–93 Hinweise zum Verfassertext und den Materialien

VT Der VT soll die SuS in knapper Form über wesentliche Entwicklungen der Olympischen Spiele von der Spätantike bis heute informieren. Dieser Intention gemäß sind folgende Aspekte bei der Erarbeitung herauszuheben:
- das Verbot der Olympischen Spiele als heidnische Veranstaltung durch den christlichen, römischen Kaiser Theodosius (was beweist, dass bis zu ihrem Ende den Menschen ihr Doppelcharakter als religiöse und sportliche Veranstaltung bewusst war),
- die Wiederbelebung der Spiele durch Pierre de Coubertin 1896,
- die fortschreitende Erweiterung der teilnehmenden Personen und Staaten sowie der Veranstaltungsjahre,
- die Einführung und Verwendung von olympischen Symbolen (Fahne mit fünf Ringen, Fackel, Feuer),
- die Entwicklung zu einem gigantischen Medien- und finanziellen Wertschöpfungsspektakel.

Q1 Die Abbildung Q1, aufgenommen im Zuge der die Olympischen Winterspiele von 2014 in Sotschi einleitenden Veranstaltungen, stellt den „Blickfang" der Doppelseite dar. Sie eignet sich daher besonders als Impuls zur gedanklichen „Verhakung" der SuS mit der Thematik des Unterkapitels im Sinne der einleitenden Fragen der Anmoderation. Zu beachten ist, dass es sich bei der Szene nicht um die Nachstellung eines tatsächlichen Geschehens der antiken Spiele handelt, sondern um einen symbolhaltigen Programmpunkt, der erst in die modernen Spiele eingeführt worden ist.

Q2/Q3 Die beiden Textquellen dokumentieren das Spannungsverhältnis zwischen der olympischen Idee, die Coubertin mit der Wiederbelebung der Olympischen Spiele verband, und dem Zustand ihrer Realisation in unserer Zeit. Um dieses Verhältnis bei der unterrichtlichen Behandlung differenziert zu erfassen, empfiehlt es sich, die beiden Texte parallel bearbeiten und vergleichend besprechen zu lassen.

92–93 Erläuterungen zu den Arbeitsaufträgen

1. Liste auf einem Zeitstrahl die im VT genannten Jahreszahlen mit den Ereignissen auf. (AFB I)
siehe Tafelbild

2. Gib wieder, welche Absichten und Ziele Pierre de Coubertin hatte (Q2). (AFB I)
- Coubertin wollte, dass junge Menschen sich darüber freuten, wenn ihre Leistungen als Repräsentanten ihres Landes von den Zuschauern aller Länder geehrt wurden.
- Untereinander sollten die jungen Menschen sich gegenseitig kennen- und schätzen lernen, Vorurteile und Misstrauen abbauen und in freundschaftlichem Wettstreit und nicht im Krieg miteinander ihre Kräfte messen. So sollten die Spiele ein wichtiger Beitrag zum Weltfrieden werden.

3. Beurteile, ob sich die Hoffnungen Pierre de Coubertins erfüllt haben. (AFB III)
- Sie haben sich nicht erfüllt. Es hat im 20. Jahrhundert schreckliche Weltkriege gegeben, und in unserer Zeit sind unter der Überschrift eines Kampfes gegen den Terrorismus Kriege weltweit zum alltäglichen Geschehen geworden.
- An die Stelle von freundschaftlichem Wettkampf ist in vielen Disziplinen ein oft mit unlauteren Mitteln geführter Konkurrenzkampf getreten, in dem Siege als Beweise für politische oder technische Überlegenheit von Staaten und Konzernen vereinnahmt werden.

4. Beurteile aus der Sicht des Isokrates (Q3, S. 90), ob er sich mit Pierre de Coubertin über den Sinn der Olympischen Spiele einig wäre. (AFB III)

Sie wären sich einig. Denn beide wollten, dass Athleten und Besucher an den Wettkämpfen ihre Freude hatten und auf diese Weise freundschaftliche Gefühle und Frieden zwischen ihnen gefördert würden.

5. Beschreibe die in Q1 dargestellte Zeremonie und erkläre, welche Bedeutung sie haben soll. (AFB II)

- Q1 zeigt in der griechischen Antike nachempfundenen Gewändern gekleidete Frauen, die in den Ruinen des antiken Olympia die olympische Fackel entzünden.
- Die Zeremonie soll deutlich machen, dass die modernen Olympischen Spiele sozusagen eine Wiederbelebung der antiken Spiele sind.

6. Untersuche, welche Antwort die Wissenschaftler in Q3 auf die Frage geben, ob die Olympischen Spiele noch zeitgemäß sind. (AFB II)

- Sie kritisieren zunächst Entwicklungen, die bei den Olympischen Spielen von 1996 bis 2012 sichtbar geworden sind und die die Verwirklichung der olympischen Idee gefährden.
- Sie halten die Ziele, die die olympische Idee setzt, für Normen, die es weiterhin wert sind, verwirklicht zu werden.
- Sie halten die Olympischen Spiele weiterhin für zeitgemäß, aber es muss genauer untersucht werden, was sie für die Verwirklichung der olympischen Idee leisten können.

7. Überprüfe, inwieweit die modernen Olympischen Spiele Gemeinsamkeiten mit den antiken haben. (AFB III)

- Die Olympischen Spiele sind heute wie damals das größte Sportereignis überhaupt, wenn sich auch die Zahl und Herkunft der Teilnehmer, die teilnehmenden Staaten, die Art und Anzahl der Disziplinen, die Art der die sportlichen Wettkämpfe begleitenden Veranstaltungen geändert haben.
- Gemeinsam ist den damaligen und heutigen Spielen auch die Idee, Freundschaft und Frieden zwischen Menschen und Völkern zu fördern.

4 Griechische Wurzeln Europas
9. Jh. v. Chr. – 4. Jh. v. Chr.

Kompetenztraining Gemeinsam lernen: Ein Rollenspiel entwickeln

Kompetenzziele

Methodenkompetenz
- Die SuS können anhand der methodischen Arbeitsschritte (Vorbereitung, Durchführung, Auswertung) ein Rollenspiel entwickeln.

Hinweise zum Verfassertext und den Materialien

VT Der VT behandelt der Reihe nach spezifische Leistungen des Rollenspiels im Geschichtsunterricht, Hinweise zu unterschiedlichen Arten und zu wichtigen Punkten, die insbesondere bei der Vorbereitung und Auswertung von Rollenspielen zu beachten sind. Insgesamt sollen den SuS damit grundlegende Kenntnisse zum Rollenspiel vermittelt werden.
Der Text könnte gelesen und besprochen werden. Dabei wäre es für das Verständnis des im VT2 behandelten Zusammenhangs zwischen der Eigenart einer darzustellenden historischen Szene und dem Gestaltungsfreiraum des Rollenspielers förderlich, wenn man für die unterschiedlichen Arten von Rollenspielen von den SuS Beispiele suchen oder sie vorgegebene Beispiele der passenden Art zuordnen ließe.

Als Materialien werden hier neben den dargestellten Rollenkarten D1 auch die allgemeinen Arbeitsschritte zur Entwicklung eines Rollenspiels und ihre Konkretion am Beispiel der Mitbestimmung in der attischen Demokratie angesehen.
Im Anschluss an den VT könnten – als konsequente Fortsetzung des VT3 – die allgemeinen Arbeitsschritte (S. 94) gelesen und besprochen werden. Um den SuS zu zeigen, wie man sie bei der Entwicklung eines Rollenspiels konkret anwendet, sollte danach das konkrete Beispiel (S. 95) besprochen werden, und zwar, indem der Reihe nach der allgemeine Arbeitsschritt mit seiner Konkretion im Beispiel und in der Abbildung D1 verglichen wird.

Erläuterungen zu den Arbeitsaufträgen

1. Beschreibe Ziele, Arten und Vorgehensweisen beim Rollenspiel. (AFB I)
- Ziele: Durch das Sich-Hineinversetzen in wirkliche oder erfundene historische Personen im Rollenspiel kann historisches Geschehen besser verstanden werden.
- Arten: Rollenspiele unterscheiden sich vor allem im Hinblick auf den Gestaltungsspielraum, den darzustellende historische Szenen dem Rollenspieler lassen.
- Vorgehensweisen: Ein Rollenspiel muss vorbereitet und ausgewertet werden. Das geschieht am besten, indem bestimmte Arbeitsschritte vollzogen werden.

2. Fertigt anhand des Unterkapitels „Mit Spielen die Götter verehren?" in Gruppenarbeit Rollenkarten für folgendes Rollenspiel an: Zwei Zuschauer bei den Olympischen Spielen kritisieren, dass nur Wettkampfsieger geehrt werden; zwei andere halten dagegen. (AFB III)
Festlegung der Hauptpunkte der Karten (am besten durch die Klasse, um die Punkte einheitlich zu halten), z. B.: VORSTELLUNG und ARGUMENTE; danach weitere Ausgestaltung in den Gruppen, z. B.:
VORSTELLUNG: Ich bin ein ..., und spreche für ...
ARGUMENTE (zwei Gruppen schreiben Pro-, zwei andere Kontra-Argumente auf)

3. Stellt aus den vorangegangenen Unterkapiteln weitere Szenen zusammen, die sich eurer Ansicht nach für ein Rollenspiel eignen. Nennt jeweils Ziel, Inhalt, Rollen des Spiels. (AFB III)
Z. B.:
- Ziel: Herausarbeitung der Bedeutung der Olympischen Spiele für die Griechen;
- Inhalt: Ein Nichtgrieche kritisiert die Brutalität bei manchen Wettkämpfen; ein Grieche hält dagegen und erklärt ihm den Sinn der Spiele;
- Rollen: z. B. Isokrates und ein Nichtgrieche

Athen – wo die Demokratie entstand

Kompetenzziele

Sachkompetenz
Die SuS
- kennen wichtige Einrichtungen der Verfassung des Kleisthenes,
- kennen Neuerungen der attischen Demokratie unter der Regierung des Perikles,
- wissen, welche politischen Rechte und Pflichten die unterschiedlichen Bevölkerungsgruppen Athens hatten.

Methodenkompetenz
Die SuS
- können ein Schaubild zur Bevölkerung Athens und deren politischer Rechte auswerten,
- können Bild- und Textquellen mit Bezug zur Poleis Athen analysieren,
- können ein Rollenspiel zur Frage der politischen Mitbestimmung in Athen organisieren.

Urteilskompetenz
Die SuS
- beurteilen, ob die Mitspracherechte in Athen gerecht verteilt waren,
- bewerten aus heutiger Sicht die Merkmale der attischen Demokratie.

Sequenzvorschlag nk6kd7

Gemeinsam lernen (Erarbeitung gemäß der Gemeinsam-lernen-Box, S. 96)

Kommunikations- und Sozialformen	Minimalfahrplan	Differenzierungsangebote
Arbeit im Plenum, Unterrichtsgespräch	**Einstieg:** Lektüre der Team-Box; Rückschau auf die Ausführungen des Unterkapitels S. 94/95; Arbeitsorganisation der SuS	
	Leitfrage: Wie war die politische Mitbestimmung in der attischen Demokratie verteilt?	
Gruppenarbeit (arbeitsteilig)	**Vorbereitung:** - Die SuS informieren sich gemäß den Angaben auf S. 95 über die inhaltlichen Grundlagen (Alternative: bekannt als vorbereitende Hausarbeit) - Anfertigen von Rollenkarten	
Arbeit im Plenum, Unterrichtsgespräch	**Durchführung:** Durchführung des Rollenspiels gemäß den Angaben auf S. 95	
Arbeit im Plenum, Unterrichtsgespräch	**Auswertung:** - Auswertung des Rollenspiels gemäß den Angaben auf S. 95 - Erstellung eines Tafelbilds (s. TB) - Besprechung, inwieweit wichtige Informationen des Unterkapitels „Athen – wo die Demokratie entstand" im Rollenspiel zu kurz kamen und noch genauer aufzuarbeiten sind.	

4 Griechische Wurzeln Europas

9. Jh. v. Chr. – 4. Jh. v. Chr.

96–99 Sequenzvorschlag: 7km6h2

1. Stunde: Entwicklungsstufen der attischen Demokratie (Erarbeitung ohne Gemeinsam-lernen-Box)

Kommunikations- und Sozialformen	Minimalfahrplan	Differenzierungsangebote
Arbeit im Plenum, Unterrichtsgespräch	**Einstieg:** Lektüre und Besprechung von Überschrift und Anmoderation; Vermutungen zu den Fragen in der Anmoderation	
	Leitfrage: Wie entwickelte sich die Demokratie in Athen?	
Arbeit im Plenum, Unterrichtsgespräch	**Erarbeitung 1:** Lektüre und Besprechung von VT1–VT3; dabei Heraushebung der wichtigen Impulse zum Aufbau und Ausbau der Demokratie (Kleisthenes, Seemachtpolitik, Perikles)	
Partnerarbeit (arbeitsteilig)	**Erarbeitung 2:** Entwicklungsstufen und Kennzeichen der attischen Demokratie: Lösung der Arbeitsaufträge 1, 4, 5	Analyse des Modells der Akropolis D1; Lösung von Arbeitsauftrag 6
Arbeit im Plenum, Unterrichtsgespräch	**Sicherung:** – Präsentation und Besprechung der Ergebnisse aus Erarbeitung 2 – Erstellung eines Tafelbilds (s. u. TB 1)	Vertiefung: Diskussion zu Ämterbesetzung durch Losverfahren, Arbeitsauftrag 7; Vortrag der Ergebnisse des Differenzierungsangebots mit anschließenden Überlegungen dazu, ob es auch in unserer Demokratie Möglichkeiten zur Stellenbesetzung durch Losverfahren geben sollte.

Tafelbild 1 nc86pv

Entwicklungsstufen der Athener Demokratie

durch Kleisthenes (ca. 507 v. Chr.)
- Bürgerversammlungen verleihen Bürgerrecht
- Auslosung des Rats der 500 und der Richter aus allen Bürgern
- adliges Vorrecht nur für einzelne hohe Ämter
- Bürger können Politiker durch ein Scherbengericht verbannen

durch Athens Seemachtpolitik
- Bedarf an einfachen Bürgern als Ruderer für die Kriegsschiffe
- Folge: Öffnung höherer Ämter für sie

durch Perikles (ca. 450–430 v. Chr.)
- Entmachtung des Adelsrats zugunsten der Volksversammlung
- Besoldung der Richter
- Verbindung Demokratie/Wohlstand in Athen

⊕ m2xb3i

2. Stunde: Verteilung der politischen Mitbestimmung in der Demokratie Athens (Erarbeitung ohne Gemeinsam-lernen-Box)

Kommunikations- und Sozialformen	Minimalfahrplan	Differenzierungsangebote
Arbeit im Plenum, Unterrichtsgespräch	**Einstieg:** Tafelanschrift „Demokratie = Volksherrschaft?" als stummer Impuls; SuS äußern sich spontan dazu; Überleitung zur Erarbeitung mit Formulierung der Leitfrage	
	Leitfrage: Wie war die politische Mitbestimmung in der Demokratie Athen verteilt?	
Arbeit im Plenum, Unterrichtsgespräch	**Erarbeitung 1:** Verteilung der Mitspracherechte auf die verschiedenen Bevölkerungsgruppen Athens: Lektüre und Besprechung von VT4 sowie Betrachtung und Verbalisierung von Schaubild D2; dabei Lösung der Arbeitsaufträge 2 und 8	
Gruppenarbeit (arbeitsteilig)	**Erarbeitung 2:** Demokratie Athens im Urteil von beteiligten Zeitgenossen (Perikles, ein unbekannter Adelsvertreter): Bearbeitung und Auswertung von Q2 und Q3 gemäß der Arbeitsaufträge 3 und 9	
Arbeit im Plenum, Unterrichtsgespräch	**Sicherung:** Präsentation und Besprechung der Ergebnisse von Erarbeitung 2; Erstellung eines Tafelbilds (s. u. TB2)	Vertiefung: Vergleich der attischen Demokratie mit der heutigen gemäß den Arbeitsaufträgen 10 und 11
Arbeit im Plenum, Schülergespräch		Stellungnahme: Würde der Adlige die heutige repräsentative Demokratie der direkten Athens vorziehen? (einzubringen in Vertiefung)

Tafelbild 2 ⊕ 39fz6k

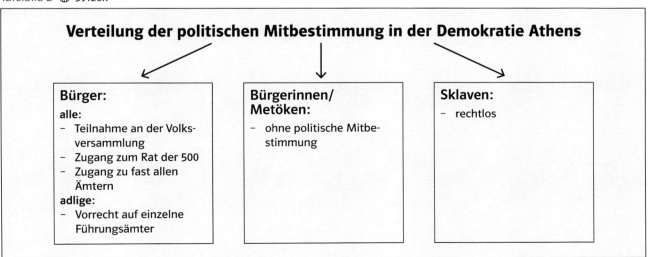

4 Griechische Wurzeln Europas

9. Jh. v. Chr. – 4. Jh. v. Chr.

96–99 Hinweise zum Verfassertext und den Materialien

VT Bei der Darstellung der Reformen des Kleisthenes werden hauptsächlich Maßnahmen genannt, die die Teilhabe möglichst aller Athener Bürger bei der Beschlussfassung und Ämterbesetzung garantieren sollten. Von diesen war die Übertragung der Verleihung des Bürgerrechts vom Adel und seiner Klientel auf die Bürgerversammlungen aufgrund der politischen Bedeutung dieses Rechts von besonderer Wichtigkeit. Auf die Darstellung der Maßnahmen, die angesichts der kurzen Amtszeiten eine gleichmäßige Berücksichtigung der Landschaften und Wohngebiete Attikas bei der Mandatsvergabe bewirken sollten, wurde aus Vereinfachungsgründen verzichtet. Sie sei hier beigefügt. Danach waren die 139 Gemeinden drei Landschaftsgebieten Attikas zugeordnet, nämlich: Stadt (Athen) – Land – Küste. Diese drei Bereiche waren in jedem der zehn Stämme vertreten, in die die 139 Gemeinden zusammengefasst waren. Die Gemeinden regelten die lokalen Angelegenheiten und führten die Beschlüsse der zentralen Gremien aus. Die zehn Stämme wiederum spielten eine bedeutende Rolle bei der Besetzung der zentralen Gremien und im Militärwesen.
Der Anteil der Athener Kriegsflotte am Sieg über die Perser (480 v. Chr.) machte die Polis zur führenden Seemacht im östlichen Mittelmeer. Der Bau der Flotte war maßgeblich das Werk des Athener Staatsmanns Themistokles gewesen. Als 483 große Silbervorkommen in den Bergwerken von Laureion gefunden wurden, verhinderte er, dass die Gewinne daraus – wie ursprünglich vorgesehen – an die Athener Bürgerschaft verteilt wurden. Stattdessen setzte er durch, dass davon eine Flotte gebaut wurde, die gegen die Inselpolis Aigina, mit der Athen einen Handelskrieg führte, eingesetzt werden sollte. Bis 480 wurden 200 Schiffe gebaut, die größte Kriegsflotte im damaligen Griechenland, die dann (anders als geplant) gegen die Perser eingesetzt wurden und maßgeblich zum griechischen Sieg beitrugen.

Q1 Ob ein Scherbengericht stattfinden sollte, wurde von der Volksversammlung im Jahr vor der Durchführung beschlossen. Das erste bekannte Scherbengericht fand 487 v. Chr. statt, im Anschluss daran jedes Jahr bis 483 v. Chr. Bei einigen der Betroffenen scheint ihre auf Ausgleich mit den Persern, die Athen 490 bei Marathon besiegt hatte, bedachte Haltung zu ihrer Verbannung geführt zu haben. Seit dem Ende des 5. Jahrhunderts v. Chr. wurde das Scherbengericht nicht mehr angewandt.

D1 Die Akropolis war 480 v. Chr., als das persische Landheer Athen eroberte, schwer zerstört worden. Unter Perikles wurde sie prächtiger als zuvor renoviert. Die enormen Summen, die er dafür und für seine politischen Neuerungen verbrauchte, nahm er – vertragswidrig – aus der Kasse des unter Athens Führung 477 gegründeten Attischen Seebunds. Das brachte ihm vonseiten seiner adligen Gegner ständig Kritik ein, verschaffte ihm aber starken Zuspruch bei der Athener Bürgerschaft.

Q2 Perikles hielt die Rede anlässlich der Leichenfeier für die Athener Bürger, die im ersten Jahr des Krieges gegen Sparta gefallen waren. Er strich dabei die Vorzüge heraus, die Athen vor allen anderen Poleis auszeichneten und die daher auch den Einsatz des Lebens rechtfertigten, wie es die Gefallenen – dadurch Vorbilder für die Lebenden – gezeigt hätten.

96–99 Erläuterungen zu den Arbeitsaufträgen

1. Beschreibe die Entwicklungsstufen der Athener Demokratie (VT). (AFB I)
Die Grundlagen der Athener Demokratie wurden von dem Adligen Kleisthenes gelegt. Er stärkte den Einfluss des Volkes in den Bürgerversammlungen, in der Volksversammlung, im Rat der 500 und in den Gerichten. Außerdem gab er dem Volk die Macht, unliebsame Politiker durch das Scherbengericht zu verbannen.
Wichtige Fortschritte machte die Athener Demokratie, als das einfache Volk als Ruderer in der Kriegsflotte Athens, die der Stadt eine militärische Vormachtstellung verschaffte, gebraucht wurde. Die höhere militärische Bedeutung wirkte sich auch politisch aus, indem auch einfachen Bürgern schließlich fast alle Ämter offenstanden.
Eine Glanzzeit erlebte die attische Demokratie unter Perikles. Durch zahlreiche Maßnahmen zugunsten des Volkes stärkte er dessen Stellung gegenüber dem Adel: Er schränkte die Rechte des adligen Areopags zugunsten der Volksversammlung ein, besoldete zugunsten ärmerer Amtsinhaber das Richteramt, verschaffte den Arbeitern durch umfangreiche Bauvorhaben sichere Einkünfte.

2. Fasse zusammen, welche Voraussetzungen ein Athener ab 451 v. Chr. erfüllen musste, um das Bürgerrecht zu erhalten (VT, D2). (AFB I)
Er musste 18 Jahre alt und männlich sein sowie väter- und mütterlicherseits von Athener Bürgern abstammen.

3. Liste auf, was Athen nach Ansicht des Perikles zu einer Musterdemokratie machte (Q2). (AFB I)
- Der Staat wird von der Mehrheit der Bürger getragen.
- In persönlichen Dingen sind alle vor dem Gesetz gleich.
- Ansehen in Staatsangelegenheiten erwirbt jeder durch seine Tüchtigkeit, das gilt auch für die Armen.
- Die Bürger leben frei in Athen.

4. Beschreibe, was in der in Q1 abgebildeten Szene geschieht. (AFB I) ○
- Die Personen links und rechts sammeln die Scherben ein.
- Die Person halblinks sagt die eingeritzten Namen laut an und die Person halbrechts schreibt die genannten Namen auf.

5. Begründe, inwiefern das Scherbengericht (Q1) eine wichtige demokratische Einrichtung war. (AFB II)
Es gab dem Volk die Macht, unliebsame Politiker für zehn Jahre aus Athen zu verbannen.

6. Erkläre, warum der Bau der Akropolis die Einstellung der Athener zu ihrer Demokratie günstig beeinflusst haben dürfte (VT, D1). (AFB II)
- Die gewaltigen Bauarbeiten verschafften vielen Athenern Arbeit und guten Lohn.
- Ferner verschönerten die Bauten die Stadt Athen und die Feste zu Ehren der Götter in Athen.

7. Überlege, warum die Athener bei der Besetzung ihrer wichtigsten Staatsämter unterschiedliche Verfahren anwandten (D2). (AFB II) ○
- 10 Strategen: Sie wurden gewählt. Denn dafür kamen nur erfahrene Feldherrn infrage.
- Rat der 500: Er wurde ausgelost. Denn jeder Bürger sollte Mitglied werden können.
- 10 Gerichte: Ihre Mitglieder wurden ausgelost. Denn jeder Bürger galt als kundig, über Recht und Ordnung zu urteilen.

8. Vergleiche, in welchem Maße die unterschiedlichen Bevölkerungsgruppen Athens an der politischen Mitbestimmung beteiligt waren (VT, D2). (AFB II)
- An der Mitbestimmung beteiligt waren nur die Bürger, d. h. männliche Athener ab 18 Jahren, deren Eltern beide schon Athener Bürger waren.
- Alle anderen Gruppen – Frauen und Kinder der Bürger, die Metöken in Athen und die Sklaven – waren nicht beteiligt.

9. Begründe aus der Sicht des Adligen (Q3), was an der Demokratie Athens zu kritisieren ist. (AFB II)
- Zu kritisieren ist, dass die einfachen Leute es besser haben als die edlen. Das ist zwar verständlich aufgrund ihrer militärischen Bedeutung, aber es gilt auch, dass das einfache Volk weit weniger an Gerechtigkeit, Selbstzucht und Bildung als die Edlen aufweist.
- Daher wäre es besser, nur die Gescheitesten öffentlich reden und am Rat teilnehmen zu lassen.

10. Beurteile, ob die von Perikles genannten Merkmale (Q2) auch heute noch zu einer guten Demokratie gehören. (AFB III)
Folgende Punkte gehören auch heute noch zu einer modernen Demokratie:
- Mehrheitsgedanke (Z. 3)
- Gleichheit vor dem Gesetz (Z. 5)
- Leben in Freiheit (Z. 11)

11. Erörtere, inwieweit man die Demokratie Athens als Vorläuferin unserer Demokratie ansehen kann. (AFB III) ●
- Athen war damals eine direkte Demokratie. Die Bürger übten die volle Gesetzgebungs-, Regierungs-, Kontroll- und Gerichtsgewalt aus. Sie durften an Volks- und Gerichtsversammlungen teilnehmen und jeder Bürger durfte ein Amt wahrnehmen, unabhängig davon, ob arm oder reich.
- Das Ausmaß der Bürgerbeteiligung ist in keiner der später folgenden Demokratien jemals wieder erreicht worden. Hingegen durften Frauen, Sklaven und Metöken nicht an der Demokratie partizipieren. Insofern hat sie nur eingeschränkten Vorbildcharakter.
- Im direkten Vergleich von attischer und moderner Demokratie kann darüber hinaus u. a. festgehalten werden: Damals gab es keine Parteien und auch kein Parlament mit gewählten Repräsentanten. Vielmehr gab es auf den Volksversammlungen ein allgemeines Rederecht eines jeden Bürgers. Wer gut argumentierte, konnte Mehrheiten schaffen und Entscheidungen erwirken. Minderheitenrechte, wie sie sich auch in den heutigen Grund- und Menschenrechten ausdrücken, gab es in der attischen Demokratie nicht.

4 Griechische Wurzeln Europas

9. Jh. v. Chr. – 4. Jh. v. Chr.

Kompetenztraining Fachmethode: Textquellen untersuchen
📄 100–101

Kompetenzziele

Methodenkompetenz
- Die SuS können anhand methodischer Arbeitsschritte (Beschreiben, Untersuchen, Deuten) eine Textquelle untersuchen.
- Sie können zwischen textinternen und textexternen Informationen unterscheiden.

Hinweise zum Verfassertext und zu den Materialien
📄 100–101

VT Der VT liefert zunächst in der Anmoderation eine Definition dessen, was im Fach Geschichte unter einer „Textquelle" zu verstehen ist, und erläutert, dass ein methodisches Vorgehen notwendig ist, um eine Textquelle möglichst gut zu verstehen. Deutlich durch „Merkkästen" hervorgehoben, werden die zentralen Arbeitsschritte „Beschreiben", „Untersuchen" und „Deuten" vorgestellt. Sie sind jeweils unterteilt in mehrere nacheinander zu erledigende Arbeitsschritte. Die Umsetzung dieser Arbeitsschritte wird den SuS anhand eines Herodot-Textes gezeigt; die angebotene exemplarische Lösung ist dabei bewusst schlicht formuliert. Die SuS sollen das Gefühl bekommen, dass auch sie in der Lage sind, mithilfe der methodischen Schritte einen Text gründlich zu untersuchen – und ihre Ergebnisse auch zu verschriftlichen.

Q1 Herodot, der Verfasser der hier untersuchten Textquelle, ist den SuS bereits begegnet: Im ersten Griechenland-Unterkapitel „Die Griechen: Ein Volk ohne gemeinsamen Staat" berichtet er von der Gründung der Kolonie Kyrene (Q3) und wird mit Büste und kurzer Information zu Leben und Werk vorgestellt (Q6).
Das Thema – die Diskussion um die Vorzüge und Nachteile verschiedener Staatsformen – ist den SuS aus dem vorhergehenden Unterkapitel „Athen – wo die Demokratie entstand" vertraut – auch hier wurden ihnen in Q2 und Q3 unterschiedliche Meinungen vorgestellt.

Erläuterungen zu den Arbeitsaufträgen
📄 100–101

1. Lies die Anleitung zu den drei Arbeitsschritten noch einmal. Stelle zusammen, welche der Schritte du anhand des Textes Q1 umsetzen kannst und für welche du Zusatzinformationen brauchst. (AFB I)

Anhand Q1 lösbar:
- Lies den Text genau durch und stelle fest, worum es geht. Achte dabei auf die genannten Personen sowie die Orts- und Zeitangabe.
- Unterteile den Text in Sinnabschnitte und formuliere für jeden eine zusammenfassende Überschrift.
- Untersuche, ob der Verfasser einseitig oder mit einem bestimmten Interesse geschrieben hat: Erkennst du Wertungen in seinem Text? Vertritt er eine bestimmte Meinung?
- Gibt es bestimmte Schlüsselbegriffe, die der Verfasser verwendet?

Mit Zusatzinformationen lösbar:
- Kläre alle Begriffe, die du nicht verstehst, mit einem Wörterbuch oder frage deine Lehrerin/deinen Lehrer.
- Stelle fest, wer den Text geschrieben hat. Angaben zum Verfasser findest du in der Einleitung der Quelle, manchmal auch in begleitenden Texten.
- Kläre, mit welchem zeitlichen Abstand zum Geschehen der Verfasser geschrieben hat und woher er seine Kenntnisse hatte.
- Ordne die Quelle in einen größeren geschichtlichen Zusammenhang ein.
- Formuliere nun eine Einschätzung: Warum ist die Quelle für das Thema wichtig?
- Formuliere zum Schluss deine eigene Deutung des historischen Sachverhalts unter Einbezug der Quelle und anderer Informationen.
- Überlege: Gibt es Fragen, die offen bleiben?

2. Schreibe einen Brief an Otanes, Megabyzos oder Dareios, in dem du aus heutiger Sicht auf die Frage nach der „besten Staatsform" antwortest. (AFB II)

„Lieber Otanes, in dem Gespräch trittst du für die Demokratie ein, für die Herrschaft des Volkes. Das gefällt mir sehr gut und auch deine Argumente leuchten mir ein: Ein Alleinherrscher wird schnell übermütig und verliert den Kontakt mit dem Volk. Er hält sich auch nicht an das Recht. Erst wenn alle mitbestimmen, gibt es wirklich gleiches Recht für alle. Heute haben sehr, sehr viele Staaten eine demokratische Verfassung und fast alle Menschen halten die Demokratie für die beste Staatsform. Es war sehr vorausschauend, was du damals über die Herrschaftsformen gesagt hast. Allerdings losen wir die Regierung heute nicht mehr aus, sondern wählen sie."

3. **In Herodots Text endet die Diskussion schließlich damit, dass die meisten Zuhörer die Argumente des Dareios am überzeugendsten finden – dieser Teil ist nicht mehr abgedruckt. Diskutiert diesen Ausgang.** (AFB III)
Folgende Argumente könnten in der Diskussion auftauchen:
- Das finde ich überraschend; seine Argumente sind doch nicht überzeugend.
- Vielleicht haben die Zuhörer schlechte Erfahrungen mit der Herrschaft von Volk und Adel gemacht.
- Das Problem ist doch, dass in einer Monarchie gar nicht „der Beste" an der Macht ist, sondern der Mächtigste.
- Die Zuhörer sind vielleicht an Alleinherrscher gewöhnt und können sich nichts anderes vorstellen.
- Wenn der Alleinherrscher wirklich ein richtig guter und kluger Mensch ist, könnte die Monarchie auch gut funktionieren.
- Der Text ist fast 2 500 Jahre alt. Heute hat sich die Demokratie in vielen Ländern durchgesetzt.

4 Griechische Wurzeln Europas

9. Jh. v. Chr. – 4. Jh. v. Chr.

Mikon – ein Hausherr in Athen

Kompetenzziele

Sachkompetenz
- Die SuS wissen, dass ein athenischer Haushalt aus dem Hausherren, seiner Frau, den gemeinsamen Kindern, gegebenenfalls Sklaven und dem Haus selbst sowie dem Hausrat bestand.
- Sie können wesentliche Merkmale der Existenz eines Sklaven benennen.
- Sie können den Begriff „Metöke" im Vergleich zum Bürger und zum Sklaven bestimmen.

Methodenkompetenz
- Die SuS können dem VT wesentliche Informationen über den häuslichen Lebensraum der Athener in der zweiten Hälfte des 5. Jahrhunderts entnehmen und diese sprachlich angemessen wiedergeben.

- Sie können die Standortgebundenheit von Quellenzeugnissen, in diesem Fall je nach Sprecher (Frau/Mann), bei der Interpretation berücksichtigen.
- Sie können mit Unterstützung und auf der Basis von Kontextwissen wesentliche Zeichen eines antiken Bildzeugnisses entschlüsseln und erklären.

Urteilskompetenz
- Die SuS berücksichtigen bei der Bewertung der Stellung von Bürgern, Bürgerfrauen, Metöken und Sklaven die Rahmenbedingungen (Güterknappheit; wirtschaftliche Interessen; Einbindung in soziale Rollen).

Sequenzvorschlag cz6g9f

Doppelstunde: Häusliches Leben im alten Athen

Kommunikations- und Sozialformen	Minimalfahrplan	Differenzierungsangebote
Lehrervortrag	**Einstieg:** Vorlesen des Verfassertextes (SuS hören zu und lesen nicht mit)	
	Leitfrage: Was war in Athen um 450 v. Chr. so ähnlich wie heute auch; in welchen Hinsichten war das häusliche Leben der alten Athener ganz anders, als wir es heute pflegen und für richtig halten?	
Unterrichtsgespräch	**Impuls:** „Ich behaupte, dass es den Frauen in Athen sehr schlecht ging: Sie waren eingesperrt im Haus, mussten ihrem Mann gehorchen und wurden oft schlecht behandelt. Sie hatten auch keine politischen Rechte und galten nichts!"	
Unterrichtsgespräch	**Impuls:** „Jetzt wollen wir sehen, ob wir nicht über den allwissenden Erzähler im Buch hinauskommen können. Denn auch er hat nicht im antiken Athen gelebt, sondern kann nur das erzählen, was ihm die Texte und Bilder berichten, die von damals auf uns gekommen sind."	
arbeitsteilige Gruppenarbeit	**Erarbeitung:** Erschließung der Quellen Q1–Q4 mittels der vorgegebenen Leitfragen (ggf. unter Rückbezug auf den VT)	SuS formulieren eigene Leitfragen zu den Quellen
Schülergespräch	**Sicherung:** Vorstellen der Erarbeitungen in kurzen Präsentationen	komplementäre bzw. kontrastierende Präsentation: Q2 und Q4; Q3 und Q5
Unterrichtsgespräch	**Impuls:** „Wo können wir nach der Erarbeitung der Quellen genauer als der Erzähler im Buch Auskunft über das Leben der antiken Athener geben?"	

Tafelbild 4v2234

Eine Frau im alten Athen

+	−
+ genießt als Ehefrau und Mutter meist große Achtung und hat Anspruch auf Fürsorge und Treue	− muss den Ehemann unter Umständen mit einer anderen Frau teilen
+ leitet den Haushalt mit großer Verantwortung	− hat kaum einklagbare Rechte
+ darf sich auch außerhalb des Hauses bewegen	− kann sich gegen einen schlechten Mann nicht wehren
+ trägt zum Familieneinkommen bei	− ist bei jeder Geburt in Lebensgefahr

Hinweise zum Verfassertext und den Materialien

102–105

VT Das Unterkapitel bietet im VT eine fiktionale Erzählung, die auf jedes novellistische Ornament verzichtet. Der Charakter des Textes wird eingangs offengelegt. Inhaltlich geht es um eine multiperspektivische Vergegenwärtigung der häuslichen Lebenswelt im Athen um 450 v. Chr., kategorial um die sozialgeschichtlichen Grundphänomene Status, Familie und Unfreiheit. Häufig separat behandelte Themen wie die Geschichte der Frauen oder der Sklaven sind in ihren lebensweltlichen Kontext eingebunden, die abstrakte Frage nach deren Status ist damit modifiziert. Dabei nehmen Wertvorstellungen und Mentalität einen ganz wesentlichen Rang ein. Um einer vorschnellen präsentistischen Abwertung der historischen Verhältnisse entgegenzuwirken, ist es wichtig, den Handlungsrahmen der Akteure klar herauszuarbeiten, in erster Linie die stete Knappheit der Ressourcen, die allen Angehörigen eines Oikos Arbeit, Sorgfalt und Disziplin abverlangte. An dieser Konstellation kann man auch den ethischen Gehalt des Begriffs Ökonomie erkennen; ihm liegt nach griechischem Verständnis die Idee einer alle Akteure einbeziehenden, ihnen einen Platz zuweisenden Ordnung zugrunde.

Der VT berichtet aus der Perspektive eines Athener Bürgers mit Namen Mikon, danach werden Lebens- und Sichtweise seines Sklaven thematisiert. In der Reflexion über die Möglichkeit der Freilassung und damit über sozialen Aufstieg wird zugleich der Sonderstatus der Metöken eingeführt. Während die Elemente des Oikos, nämlich Haus, Familie und Sklaven, im VT aus dieser doppelten, aber beide Male männlichen Sicht geschildert werden, erlaubt der zugehörige Arbeitsteil, der sich auf die Frauen konzentriert, einen Perspektiv- und Medienwechsel. Betont werden die Aufgabenteilung zwischen Mann und Frau im Oikos und die Bedeutung des „guten Wirtschaftens im Haus" (Oikonomie), aus der sich eine funktionale Gleichwertigkeit beider Geschlechter ergab. Auch die Stellung der weiblichen Gestalten im griechischen Götterkosmos und eine mythische Figur wie Penelope sprechen für diese Sicht; gerade die Athener brachten ihrer Stadtgöttin eine echte und tiefe Verehrung entgegen.

Wegen der grundverschiedenen sozialen und politischen Strukturen genossen die Frauen in Sparta indes einen größeren Handlungsraum als die athenischen. Wenn die athenische Frau – anders als etwa die römische – auch keine rechtliche oder wirtschaftliche Selbstständigkeit besaß und stets einen Vormund (Vater, Bruder oder Ehemann) hatte, beruht das Bild von der haremsartig im Haus eingesperrten Frau auf einer unzulässigen Verallgemeinerung bestimmter Normvorstellungen in der Oberschicht, wie sie sich zumal in den vielzitierten Passagen von Xenophons „Oikonomikos" 7,3 ff. finden.

In Athen gab es drei Arten des Zusammenlebens von Männern und Frauen: die reguläre Ehe, die Beziehung zu einer Hetäre und das Konkubinat. Die bekannte Aspasia, die lange mit Perikles zusammenlebte, wird in den Quellen mal als dessen Ehefrau, mal als seine Konkubine, polemisch auch als Hetäre bezeichnet. Komplex waren die Beziehungen im Spannungsfeld zwischen den Bedürfnissen der Männer, den Forderungen der Polisgemeinschaft und dem Bestreben, Konflikte zu vermeiden und einen tadellosen Ruf zu bewahren – all dies war in der Demokratie mit ihrer starken sozialen Kontrolle eine wesentliche Voraussetzung für ein gutes Leben. Wie in den meisten vormodernen Gesellschaften war auch hier das „Private" eminent politisch. Im normierten Zentrum der bürgerlichen Existenz stand die Ehe mit einer geborenen Athenerin zur Zeugung von Bürgerkindern. Die strenge Aufsicht über die Ehefrau, beginnend mit der frühen Heirat, durch die die Ehe auch als ein Erziehungsprozess gesehen wurde, diente v. a. der Sicherung des garantiert ehelichen, echtbürtigen Nachwuchses. Die anderen Formen, zumal Beziehungen zu Hetären als Statussymbol in jüngeren Jahren, wurden geduldet, solange man die Hauptpflicht nicht aus den Augen verlor. Hatte sie der Athener erfüllt und war dabei gar verwitwet, wurde auch die dauerhafte nichteheliche Partnerschaft mit einer Konkubine geduldet.

Es trifft zu, dass gerade das große Gewicht, das der politische Raum (eine reine Männerdomäne) in Athen im Zuge der Entwicklung zur Demokratie gewann, die Bedeutung der Frau insgesamt insofern verkleinerte, als sie daran keinen Anteil hatten. Im homerischen Epos, wo der Oikos die wichtigste Zugehörigkeitseinheit darstellte, war das noch anders. Die Entdeckung des Politischen und die Vergemeinschaftung der Bürger auf der Basis von Gleichheit und Genossenschaftlichkeit (und nicht von Verwandtschaft!) hatte für die Frauen also Kosten. Die Frauen galten aber natürlich als Bürgerinnen (astai) und spielten im religiösen Teil des öffentlichen Lebens eine wesentliche Rolle, etwa bei Prozessionen. Einige Kulte waren ihnen sogar ausschließlich vorbehalten.

4 Griechische Wurzeln Europas

9. Jh. v. Chr. – 4. Jh. v. Chr.

Die Sklaven in Athen entwickelten kein kollektives Bewusstsein als „Klasse", obwohl es Kommunikationsmöglichkeiten gab. Aber die Lebensbedingungen waren sehr unterschiedlich (hier plakativ durch den Verweis auf die Bergwerkssklaven vom Laureiongebiet aufgezeigt); zudem waren Aufsicht und Konditionierung stark ausgeprägt. Sein Heil suchte der einzelne Sklave für sich allein: durch Zusammenleben in geduldeten familienähnlichen Verhältnissen, mit der Hoffnung auf Aufstieg durch Tüchtigkeit oder durch die (risikoreiche) Flucht.

Die Metöken waren auf den ersten Blick benachteiligt; hinzuzufügen wäre noch: Sie durften auch kein Grundeigentum erwerben und mussten sich vor Gericht durch einen Vormund vertreten lassen. Gleichwohl lebten sie, soweit wir wissen, gern in Athen, weil es in dieser Metropole des Handels vielfache Möglichkeiten gab, zu Wohlstand zu kommen. Sie galten in krisenhaften Situationen (oligarchische Umstürze 411 und 404/03) als zuverlässige Stützen des Demos.

D1 Die Räume des Hauses gruppierten sich um einen ummauerten Innenhof. Meist befand sich im Erdgeschoss der sogenannte „Männerraum" (andrôn), wo die Männer auf Speiseliegen (Klinen) an der Wand gelagert Gastmähler und Trinkgelage (Symposien) feierten, sowie die Küche, die Vorratsräume und die kleinen Räume der Diener bzw. Sklaven. Im Obergeschoss lagen das eheliche Schlafzimmer und der „Frauenraum" (gynaikonitis). Generell war das Mobiliar griechischer Häuser sehr einfach und im Vergleich zur Ausstattung heutiger Wohnungen kärglich. Erst im 4. Jahrhundert v. Chr. gab es größere und aufwendiger ausgestattete Häuser wohlhabender Bürger.

Q1 Auf dem Vasenbild fällt die Bedeutungsgröße (s. zu Q4) als ikonografisches Mittel auf. Die Auffassung spiegelt sich auch in der Sprache: Ein geläufiges Wort für „Sklave" war im Griechischen „pais", was zugleich auch „Kind" bedeutet, aber durchaus auch den erwachsenen (jüngeren) Sklaven bezeichnen konnte. Mit dem Kind gemeinsam hatte er die Unmündigkeit (s. zu Q3).

Q2 An allgemeinen Informationen sind dem Text zu entnehmen: 1. das Mitgiftprinzip, das in fast allen vormodernen Gesellschaften üblich war, 2. die Rechtsgewalt des „Herrn" (kyrios) über die Ehefrau sowie deren sexuelle Verfügbarkeit, 3. der völlige Übertritt in den Oikos des Ehemannes und dadurch der Abbruch aller bisherigen Bindungen, 4. der Mangel an Abwechslung durch die Beschränkung auf das Haus als Lebensraum und 5. das hohe Risiko für Leib und Leben bei der Niederkunft.

Q3 Der stark normativ und lehrhaft geprägte Text zeigt das hohe Maß an Rationalität und Umsicht, das zur guten Führung eines Hauses erforderlich war. Das schloss neben der Anlage des Hauses (funktionale Aufteilung der einzelnen Räume) auch die Aufsicht über die Sklaven ein. Da diese durch den Verlust der persönlichen Freiheit als unvollständige Menschen galten, wurde ihnen auch die Fähigkeit zur Selbstkontrolle abgesprochen. Sie bedurften also der Konditionierung und der strikten Aufsicht, die „guten" und die „schlechten" Sklaven in unterschiedlichen Mischungsverhältnissen. Hinter dem „Gefälle" in dem lehrhaften Text steht der oft große Altersunterschied zwischen den Eheleuten; die noch sehr jungen Frauen bedurften nach gängiger Vorstellung einer Einweisung in ihre Aufgaben sowie einer regelrechten Erziehung zu Fleiß, Sparsamkeit und Wachsamkeit im Haus.

Q4 Im Zentrum der (auf zahlreichen attischen Grabreliefs erscheinenden) Szene steht der Händedruck (Dexiosis) zwischen dem stehenden Ehemann und der auf einem thronartigen Stuhl sitzenden Ehefrau; zusammen mit dem Blickkontakt zwischen beiden drückt er eine innige Verbundenheit des Paares aus. In diesem Sinne charakterisiert Aristoteles das Verhältnis zwischen Mann und Frau als eine besondere Form von Freundschaft. Gegen die durch den Tod verursachte Trennung soll die zu Lebzeiten bestehende familiäre Gemeinschaft vergegenwärtigt werden. – Die hinter Glykera stehende Sklavin, offenbar ihre persönliche Dienerin, trägt ein Kästchen und ist durch ihre geringere Körpergröße als sozial untergeordnet gekennzeichnet (sog. Bedeutungsgröße). – Größe des Bildfeldes: 23 × 25 cm.

Q5 Zu den wichtigsten häuslichen Arbeiten gehörte die Kleiderherstellung. Grundlegende Arbeitsschritte bei der Aufbereitung der Schafwolle waren Reinigen, Färben, Spinnen und Weben. Das Bild auf der attischen Lekythos des Amasis-Malers zeigt verschiedene Arbeitsgänge: ganz rechts das Ausziehen eines ersten Fadens aus der Rohwolle mittels einer Spindel, daneben das Verspinnen (= Verdrillen) zu Garn mithilfe eines Gewichtes am unteren Ende, ganz links das Walken des Gewebes zum Tuch bzw. Zusammenlegen des fertigen Textilstückes. Auf dem hier nicht abgebildeten Teil des Bildfrieses ist u. a. der Webstuhl zu sehen. Die Frauen eines Haushaltes, Herrin und Dienerinnen, bildeten eine „Produktionsgemeinschaft" und leisteten einen unentbehrlichen Beitrag zum Wohlstand des Hauses. Auffälligerweise wird die Textilherstellung immer als Gemeinschaftswerk der Frauen dargestellt. Auf dem Bild sind die Frauen in diesem Sinne paarweise einander zugeordnet und pflegen Blickkontakt.

Q6 Der Redeausschnitt spielt zunächst auf die im 4. Jahrhundert v. Chr. immer wichtiger werdende Praxis der Liturgien an, also der Finanzierung einzelner, genau benennbarer öffentlicher Aufgaben (Unterhaltung eines Kriegsschiffs, Unterhalt eines dramatischen Chores, Instandsetzung eines Gebäudes u. a.) durch einzelne wohlhabende Bürger, denen im Gegenzug öffentliche Anerkennung gezollt wurde. Zu beachten ist, dass der genannte Timarchos dem Redezweck gemäß in einem schlechten Licht erscheinen soll, als jemand, der nicht imstande war, den ererbten Oikos ungeschmälert zu erhalten. Hier schimmert erneut die Prekarität des Besitzes selbst von vermögenden Athenern durch. – Typisch war der Streubesitz: Haus, zwei weit auseinanderliegende Grundstücke, Sklaven. Neben Immobilien stellten Sklaven Vermögenswerte dar, v. a., wenn sie spezielle Fähigkeiten erworben hatten. Der Hinweis auf den „Gruppenleiter" bezeugt, dass die Gruppe der Schuhe herstellenden Sklaven gegen zwei Obolen am Tag vermietet wurden. Diese Summe war im 4. Jahrhundert v. Chr. niedrig, etwa im Vergleich zum Tagegeld für die Bürger in den Gerichten oder in der Volksversammlung. Aber der Besitzer musste die Sklaven an diesem Tag nicht ernähren, sparte also zusätzlich Kosten.

Erläuterungen zu den Arbeitsaufträgen

→ 102–105

1. Erstelle eine Liste, die alle Personen im Haushalt des Mikon und ihre Tätigkeiten enthält. Stelle dann Unterschiede zwischen einem Haushalt früher und heute zusammen (VT). (AFB I)

Personen:
- Mikon: Hausvorstand, Erwerb des Lebensunterhaltes meist außerhalb des Hauses;
- Kalliope: Ehefrau, Arbeit im Haus, Betreuung der Kinder, Beaufsichtigung des Personals;
- zwei Kinder;
- Mikons Mutter: auf dem „Altenteil", Mitarbeit im Haus, soweit möglich;
- Skythos: Sklave, Arbeit nach Anweisung von Mikon;
- Hermione: Sklavin, Arbeit nach Anweisung v. a. von Kalliope.

Unterschiede:
- weitgehende Trennung der Lebens- und Tätigkeitssphären von Ehemann und Ehefrau;
- Unterstützung bei der Arbeit durch Unfreie.

2. Beschreibe das Bild auf dem Grabstein Q4. Was wollte der ihn aufstellende Bürger damit wohl zum Ausdruck bringen? (AFB II)

- Im Zentrum der (auf zahlreichen attischen Grabreliefs erscheinenden) Szenen steht der Händedruck (Dexiosis) zwischen dem stehenden Ehemann und der auf einem thronartigen Stuhl sitzenden Ehefrau; zusammen mit dem Blickkontakt zwischen beiden drückt er eine innige Verbundenheit des Paares aus.
- In diesem Sinne charakterisiert Aristoteles das Verhältnis zwischen Mann und Frau als eine besondere Form von Freundschaft. Gegen die durch den Tod verursachte Trennung soll die zu Lebzeiten bestehende familiäre Gemeinschaft vergegenwärtigt werden.
- Die hinter Glykera stehende Sklavin, offenbar ihre persönliche Dienerin, trägt ein Kästchen und ist durch ihre geringere Körpergröße als sozial untergeordnet gekennzeichnet (sog. Bedeutungsgröße).

3. Beschreibe die hier dargestellten Tätigkeiten der Stoffherstellung (Q5, D1). (AFB I)

- Grundlegende Arbeitsschritte bei der Aufbereitung der Schafwolle waren Reinigen, Färben, Spinnen und Weben.
- Das Bild auf der attischen Lekythos des Amasis-Malers zeigt verschiedene Arbeitsgänge: ganz rechts das Ausziehen eines ersten Fadens aus der Rohwolle mittels einer Spindel, daneben das Verspinnen (= Verdrillen) zu Garn mithilfe eines Gewichts am unteren Ende, ganz links das Walken des Gewebes zum Tuch bzw. Zusammenlegen des fertigen Textilstückes.

4. Wodurch ist aus der Sicht von Medea die Frau gegenüber dem Mann zurückgesetzt? Liste auf (Q2). (AFB I)

- „einen Ehemann uns kaufen" (Z. 3 f.) – Verweis auf die (vom Brautvater zu stellende) Mitgift bei der Eheschließung.
- „einen Herrn gewinnen über unseren Körper" (Z. 4 f.) – Verfügung des Ehemannes über seine Frau.
- „sich scheiden lassen ..." (Z. 9) – Möglichkeit zur Scheidung bestand rechtlich für Männer und Frauen, faktisch war sie für Frauen aber oft kaum möglich.
- „In eine neue Art und Ordnung tritt die Frau" (Z. 12) – Übertritt der jungen Ehefrau in den bereits bestehenden Oikos ihres Mannes, ohne zu wissen, was sie dort erwartet.
- „Wir aber dürfen nur in eine Seele blicken" (Z. 22) – Ehefrau hat kaum Möglichkeiten, außerhalb des Hauses ein soziales Umfeld oder einen Freundinnenkreis aufzubauen.
- „als einmal nur ein Kind auf die Welt zu bringen" (Z. 26 f.) – Schmerzen und hohes Risiko für Leib und Leben durch Geburt; hohe Sterblichkeitsrate.

5. Schreibe eine Gegenrede zu Medeas Klage: Eine junge Ehefrau versucht in einem Brief, ihrer kleinen Schwester die Angst vor der Ehe zu nehmen (VT, Q3, Q4). (AFB II)

Elemente einer solchen Gegenrede könnten sein:
- Zu heiraten und Mutter zu werden markiert den Eintritt ins Leben als Erwachsene.
- Nur die Ehefrau leistet einen anerkannten Beitrag zum Blühen und Fortbestand der Polis.
- Wenn es gut geht, wird die Ehefrau von ihrem Mann mit Respekt und Freundschaft behandelt.
- Die Aufsicht über den Oikos stattet die Ehefrau mit großer Verantwortung aus und lässt sie über Güter und Sklaven verfügen.
- Es besteht auch weiterhin die Gelegenheit zu geselligem Austausch, z. B. beim Gang auf den Markt oder zum Brunnenhaus sowie bei den großen religiösen Festen.

6. In Athen heirateten Mädchen im Gegensatz zu den Männern sehr jung. Nimm Stellung zu den Auswirkungen, die dieser Umstand auf ihre Ehe und ihre Position gegenüber dem Ehemann hatte (VT, Q2, Q3). (AFB III)

Elemente einer solchen Stellungnahme könnten sein:
- Es besteht ein großer Unterschied zwischen Mann und Frau hinsichtlich von Selbstständigkeit, Lebenserfahrung und Autorität.
- Aufgrund dieses Unterschiedes und durch den Übertritt in einen fremden Oikos (s. Arbeitsauftrag 4) ist es die Ehefrau, die sich anpassen beziehungsweise sogar („aus Sicht der Männer") „erzogen werden" muss.
- Die Frau bleibt für ihren Mann über längere Zeit sexuell attraktiv, trägt aber durch die zahlreich möglichen Schwangerschaften auch ein hohes Lebensrisiko.

4 Griechische Wurzeln Europas

9. Jh. v. Chr. – 4. Jh. v. Chr.

7. Stelle die Rechte, Einschränkungen und Pflichten der Metöken zusammen (VT). (AFB I)

Metöken
- dürfen dauerhaft in Athen wohnen und können durch ihre Tätigkeit in einer wirtschaftlich starken Stadt mit vielen Möglichkeiten zu Wohlstand gelangen;
- sind keine Bürger und dürfen nicht an den Volksversammlungen teilnehmen;
- müssen eine eigene Metökensteuer zahlen und nach Aufforderung auch Kriegsdienst leisten.

8. Beschreibe das Bild Q1. Welchen Kniff hat der Vasenmaler benutzt, um ohne erklärende Bildlegende den Bürger und seinen Sklaven zu kennzeichnen? (AFB I)

Zu sehen ist ein offenbar älterer athenischer Bürger (weiße Haare, weißer Bart!) mit dem typischen Bürgerstock. Die hinter ihm gehende Figur mit einem kurzen Obergewand ist sehr viel kleiner dargestellt – ein Hinweis auf sozial nachgeordnete Stellung.

9. Timarchos in Q6 war offenbar ein wohlhabender Bürger. Worin bestand sein ererbtes Vermögen? Erkläre, wie er mit seinen Sklaven Geld erwirtschaftete. (AFB II)

Das Vermögen bestand aus
a) einem Haus,
b) einem kleinen Stück Land,
c) einem weiteren Grundstück,
d) neun oder zehn Sklaven mit Kenntnissen im Schuhmacherhandwerk,
e) zwei weiteren Sklaven mit speziellen handwerklichen Fähigkeiten.

Offenbar arbeiteten die Sklaven unter Aufsicht eines „Gruppenleiters" weitgehend selbstständig oder sie wurden vermietet (als „Leiharbeiter"); in jedem Fall brachte das dem Besitzer der Sklaven Geld ein (Ertragsanteil oder Miete).

10. Ein Freund von Skythos arbeitet in einem Bergwerk. Er schlägt vor, gemeinsam wegzulaufen. Skythos schwankt, ob er mitmachen soll oder nicht. Notiere Gründe, die dafür, und welche, die dagegen sprechen (VT, Q6). (AFB II)

Folgende Aspekte sollten genannt werden:
Gründe, die dafür sprechen:
- Der Bergwerkssklave muss damit rechnen, wegen der harten, gefahrvollen Arbeit nicht mehr lange zu leben.
- Auch Skythos lebt in ständiger Ungewissheit, ob sein geregeltes Leben so weitergehen kann. Er könnte z. B. verkauft werden.
- Als Flüchtling in einer anderen Stadt könnte er u. U. eine Familie gründen.

Gründe, die dagegen sprechen:
- Flüchtige Sklaven wurden energisch verfolgt, auch über die Grenzen einer Polis hinaus.
- Als Haussklave mit gewissen Fertigkeiten hatte Skythos ein einigermaßen berechenbares Leben vor sich; er war gegen Angriffe von außen geschützt und konnte sogar hoffen, sich dereinst als Freigelassener eine eigene Existenz aufzubauen.

Sparta – ein Leben für den Staat?

→ 106–107

Kompetenzziele

Sachkompetenz
- Die SuS kennen die verschiedenen Bevölkerungsgruppen und ihre Funktionen in der Polis Sparta,
- Sie wissen, wie der Lebenslauf der spartanischen Führungselite (Spartiaten) organisiert war.

Methodenkompetenz
- Sie können ein Schaubild zu den Tätigkeiten und Aufgaben der Spartiaten anfertigen.
- Sie können ein Schaubild zur Bevölkerung Spartas und deren politischer Rechte auswerten.

Urteilskompetenz
- Die SuS bewerten die spartanische Lebensordnung auf Zweckmäßigkeit und selbst gewählte Beschränkungen hin.

Sequenzvorschlag 38z3jq

→ 106–107

Einzelstunde: Polis Sparta

Kommunikations- und Sozialformen	Minimalfahrplan	Differenzierungsangebote
Arbeit im Plenum, Schülergespräch	**Einstieg:** Lektüre der Überschrift und der Anmoderation; die SuS stellen spontan Vermutungen zur Einleitungsfrage an.	
	Leitfrage: Worin bestand das Besondere des Stadtstaates Sparta und worauf war es zurückzuführen?	
Arbeit im Plenum, Unterrichtsgespräch	**Erarbeitung 1:** Entstehung und Aufbau der spartanischen Lebensordnung (Lektüre und Besprechung des VT unter Einbeziehung von Q1; dabei Lösung von Arbeitsauftrag 1)	
Arbeit im Plenum, Unterrichtsgespräch	**Sicherung 1:** Zwischenbilanz, was sich daraus für die Beantwortung der Leitfragen ableiten lässt	
Partnerarbeit (arbeitsteilig)	**Erarbeitung 2:** spartanische Erziehung und ihre Kritik (Bearbeitung und Auswertung von Q2 und Q3 gemäß den Arbeitsaufträgen 2 und 4)	
Arbeit im Plenum, Unterrichts- bzw. Schülergespräch	**Sicherung 2:** a) Besprechung der Ergebnisse von der Erarbeitung b) Lösung von Arbeitsauftrag 3 (Bevölkerungsaufbau Sparta), abschließende Beantwortung von Arbeitsauftrag 6 (Besonderheiten an Sparta) c) Erstellung eines Tafelbilds gemäß Arbeitsauftrag 5	Sparta und andere Poleis gemäß Arbeitsauftrag 7
Schülerpräsentation vor der Klasse		Diskussion zwischen Athener und Spartaner, Stegreifdarstellung gemäß Arbeitsauftrag 8

4 Griechische Wurzeln Europas

9. Jh. v. Chr. – 4. Jh. v. Chr.

Tafelbild 5nh6nu

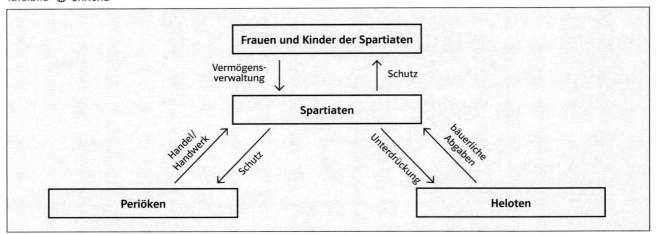

Hinweise zum Verfassertext und zu den Materialien

VT Der VT1 informiert über den Zusammenhang zwischen der Eroberungspolitik Spartas und der Entstehung einer völlig von militärischen Erfordernissen geprägten Lebensordnung in der Polis. Die immer wieder gefährdete Herrschaft über Messenien dürfte (zusammen mit dem feindschaftlichen Verhältnis zur Nachbarpolis Argos) Sparta um 650 v. Chr. veranlasst haben, die Schlachtordnung der Phalanx mit all ihren Implikationen für die Gesellschaftsordnung einzuführen.

Die Phalanx, die sich damals in Griechenland durchsetzte, war mehr als nur eine Kampfformation. Sie war Ausdruck einer tief greifenden gesellschaftlichen Veränderung in Griechenland gegenüber der Zeit, als adlige Heroen den Ton angaben. In jener Zeit dominierten frei agierende adlige Einzelkämpfer die Schlachten; nun in der Zeit der Poleis führten die Griechen Kriege mit geschlossen auftretenden Großheeren, deren schwerbewaffnete Mitglieder (Hopliten) sich den Zwängen eines Formationskampfes unterwerfen mussten, wenn sie siegen wollten. Die Phalanx verlangte daher neben physischem auch psychischen Drill, der umso eher ertragen wurde, je sinnhafter er erlebt wurde. Solchen Sinn lieferte dem Einzelnen das Bewusstsein, für die Gemeinschaft zu leben und bei Tod im Kampf in ihrem ehrenden Angedenken fortzuleben. Nicht zufällig war der erste Künder dieser neuen Ethik im 7. Jahrhundert der spartanische Dichter Tyrtaios.

Der VT2 befasst sich anhand einer Beschreibung der verschiedenen Bevölkerungsgruppen und ihrer gesellschaftlichen Funktionen mit der gesellschaftlichen Ordnung Spartas. Insbesondere wird dabei auf die gesellschaftlichen Normen eingegangen, die sowohl den äußeren Lebensablauf als auch die innere Einstellung der spartanischen Führungsschicht der Spartiaten prägten, da gerade sie es waren, die das Besondere an der Polis Sparta ausmachten.

Die Materialien heben (Q1–Q3 in Form wissenschaftlich bedeutender Quellen) wichtige Aspekte hervor, die die Besonderheit der spartanischen Lebensordnung maßgeblich beeinflusst bzw. geprägt haben. In diesem Sinne sollten sie auch ausgewertet und in den Unterricht eingebracht werden.

D1 Die geschätzten Zahlen veranschaulichen das zahlenmäßige Ungleichgewicht zwischen der Führungsschicht der Spartiaten und den anderen Bevölkerungsgruppen in Sparta. Das war unproblematisch bei den loyalen Periöken, aber höchst problematisch für das Verhältnis zu den unterdrückten Heloten.

Q1 Die Abbildung zeigt die berühmte „Chigi-Kanne", die in Veji bei Rom gefunden wurde. Auf ihr ist die beste bekannte Darstellung einer Phalanx bei zwei aufeinander zuschreitenden Schlachtreihen zu sehen. Sie lässt die Bewaffnung griechischer Hopliten sowie das von einem Flötenspieler unterstützte Gleichmaß der Formationsbewegungen erkennen. Die Schilde der Kämpfer tragen – noch – individuelle Erkennungszeichen, da die „gesichtslose" Hoplitenausrüstung ein Erkennen von Gesicht zu Gesicht, was früher bei den adligen Einzelkämpfern selbstverständlich war, nicht zuließ. Bezeichnenderweise wurden jedoch die individuellen Zeichen mit der Zeit durch ein allen Kämpfern gemeinsames Zeichen ersetzt, das die Zugehörigkeit zur Polis anzeige, bei den Spartanern z. B. durch ein „L" für „Lakedämonier".

Q2 Plutarch (um 50 – um 120 n. Chr.) stammte aus einer wohlhabenden griechischen Familie und war Oberpriester am Orakelheiligtum von Delphi. Dies, dazu weite Reisen und Verbindungen zur römischen Oberschicht waren Grundlagen einer fruchtbaren Schriftstellerei, die ihn zu einem der bekanntesten Gelehrten seiner Zeit machte. Zu seinen wichtigsten Werken gehören Parallelbiografien großer Griechen und Römer, aus denen auch die vorliegende Quelle stammt.

Q3 Aristoteles (384–322 v. Chr.) plädierte für eine ausgewogene Erziehung. Kinder sollten zwar Notwendiges und Nützliches lernen, aber nicht in quälendem Übermaß, weil sonst die lustvolle Hingabe an ein zweckfreies Lernen in Muße verloren ginge. Vor Verfrühungen und einseitigen Überanstrengungen warnte er, da sie den Menschen dauerhaft an Körper und Geist schädigen würden. Daher entsprach die einseitig auf Drill und Abhärtung ausgerichtete spartanische Erziehung keineswegs seinen Vorstellungen.

Erläuterungen zu den Arbeitsaufträgen

1. Beschreibe die Bewaffnung der Schwerbewaffneten und ihre Kampfesweise in der Phalanx (Q1, VT). (AFB I)
- Die Schwerbewaffneten waren mit zwei Lanzen, Helm, Brustpanzer, Schild und Beinschienen bewaffnet.
- Die Krieger mussten sich in große Heere einordnen und kämpften in der Schlacht in dichten Reihen neben- und hintereinander, was ihnen viel Übung und Disziplin abverlangte.

2. Liste auf, wie der Lebenslauf eines Spartaners aussah (VT, Q2). (AFB I) ○
Geburt: Prüfung der körperlichen Verfassung durch die Ältesten; bei Missfallen Tötung.
- ab 7 Jahren: Kasernenleben in Gruppen unter selbst gewählten Anführern; Erziehung zu Gehorsam, Abhärtung und kriegerischer Tüchtigkeit
- mit 20 Jahren: Anerkennung als vollwertiger Krieger
- mit 30 Jahren: Stimmberechtigung in der Volksversammlung
- danach: Fortsetzung des militärisch ausgerichteten Gemeinschaftslebens.

3. Beschreibe den Bevölkerungsaufbau Spartas (D1) und erkläre daraus, wie Eroberungspolitik und Lebensordnung der Spartiaten zusammenhingen (VT, Q2). (AFB II) ○
Die spartiatische Oberschicht war gegenüber den spartanischen Periöken und vor allem den Heloten deutlich in der Minderzahl. Deshalb drohte ihr vonseiten der von ihr unterdrückten Heloten, aufgrund deren zahlenmäßiger Überlegenheit, ständig Gefahr. Diese Gefahr suchten die Spartiaten durch ihre ganz auf überlegene militärische Tüchtigkeit ausgerichtete Lebensordnung auszuschalten, die gleichsam in eine Eroberungspolitik mündete.

4. Untersuche, wie Aristoteles sein Urteil über die spartanische Erziehung begründet (Q3). (AFB II)
- Aristoteles unterscheidet zwischen dem Erziehungsziel und den Erziehungsmethoden in Sparta.
- Das Ziel, sich ganz dem Staat zugehörig zu fühlen, heißt er gut. Aber die Methoden kritisiert er, weil sie einseitig auf kriegerische Tüchtigkeit gerichtet sind und den Verstand unentwickelt lassen. Dadurch würden die spartanischen Jungen fast schon tierähnliche Einfaltspinsel.

5. Stelle in einem Schaubild dar, wie die Tätigkeiten und Aufgaben der Spartiaten mit denen ihrer Frauen, der Periöken und Heloten verknüpft waren (VT). (AFB II)
siehe Tafelbild

6. Beantworte die Frage in der Überschrift des Unterkapitels. (AFB II)
Die Frage kann man bejahen. Die Spartaner glaubten tatsächlich, dass ihr Leben in erster Linie dem Staat gehörte. Denn sie wussten, dass sich ihre Führungsposition angesichts der selbst verschuldeten Gefährdung durch die zahlenmäßig überlegenen Heloten nur durch eine Ordnung bewahren ließ, in der dem Wohl des Staates bzw. des herrschenden Kollektivs ein höherer Wert beigemessen wurde als dem Wohl des Einzelnen.

7. Begründe, warum Kontakte mit anderen Poleis in Sparta nicht gern gesehen wurden. (AFB III)
Die Spartaner wussten, dass sich ihre Lebensordnung gewaltig von solchen in anderen Poleis unterschied und dass sie vom Einzelnen ein Höchstmaß an Selbstverleugnung verlangte. Um daher keine Zweifel an der eigenen Lebensordnung aufkommen zu lassen, wurden Kontakte zu anderen Poleis vermieden.

8. Ein Spartaner und ein Athener diskutieren über die richtige Lebensform. Gestaltet ein Streitgespräch dazu. (AFB III) ●
Der Spartaner könnte auf den Gemeinschaftssinn in Sparta, auf die Bereitschaft zum Einsatz für die Gemeinschaft, die Geringschätzung von Herkunft und Reichtum und die Betonung der Gleichheit aller Spartaner hinweisen, der Athener auf das hohe Maß an individueller Freiheit in Athen, auf Athen als Musterdemokratie in Griechenland, auf die auch in Athen vorhandene Bereitschaft des Einsatzes für das Gemeinwesen.

4 Griechische Wurzeln Europas

9. Jh. v. Chr. – 4. Jh. v. Chr.

Griechenland – die Wiege unserer Kultur?

Kompetenzziele

Sachkompetenz
- Die SuS wissen, dass zentrale Elemente unserer Kultur in Griechenland ihren Ursprung haben.
- Sie wissen, dass zu diesen Elementen Wissenschaft und Philosophie, aber auch Theater und Kunst gehören.

Methodenkompetenz
- Die SuS können Textabschnitte stichwortartig zusammenfassen und eine Mindmap erstellen.
- Sie können Bildquellen beschreiben und die dargestellte Situation mithilfe darstellender Texte erklären.

Urteilskompetenz
- Die SuS schätzen Vor- und eventuell Nachteile der neuen Wissenschaftsorientierung ein.
- Sie beurteilen die grundlegende Bedeutung philosophischer Fragestellungen.

Sequenzvorschlag 5zi8he

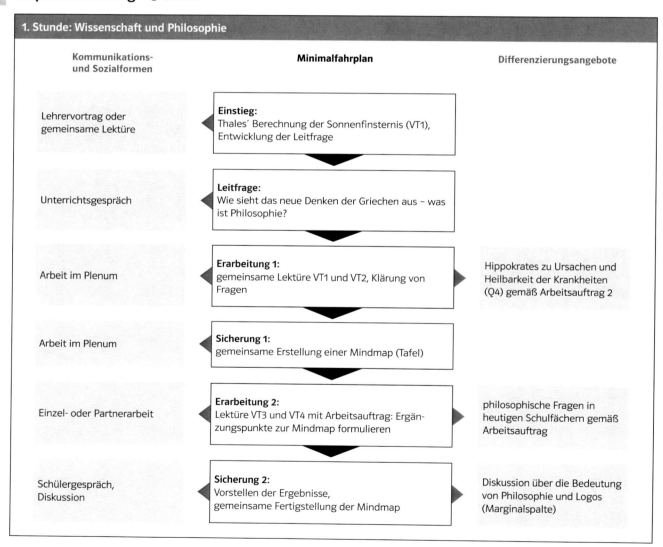

Tafelbild 1 hw48k7

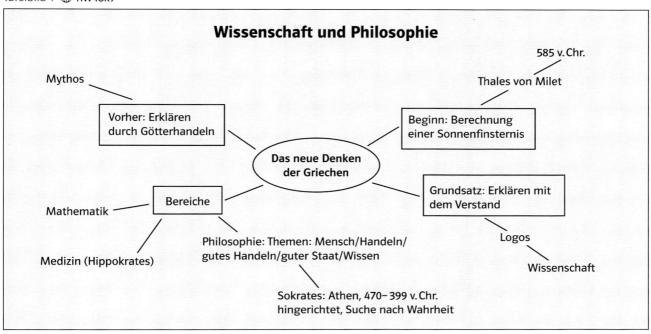

 z2qf98

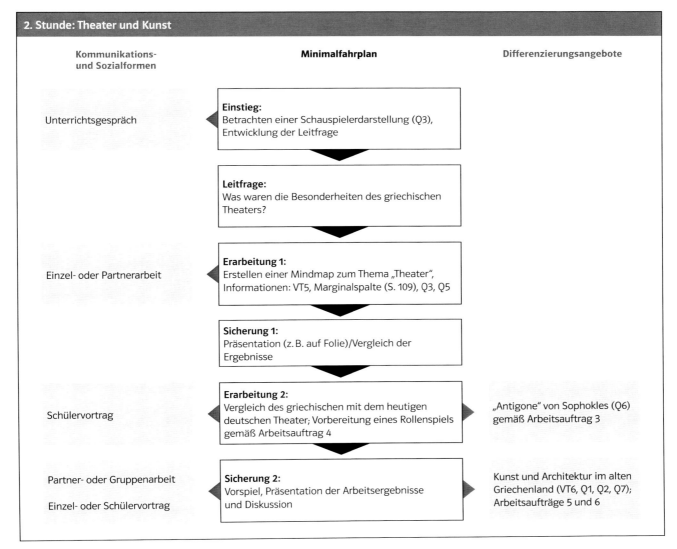

4 Griechische Wurzeln Europas

9. Jh. v. Chr. – 4. Jh. v. Chr.

Tafelbild 2 up87jr

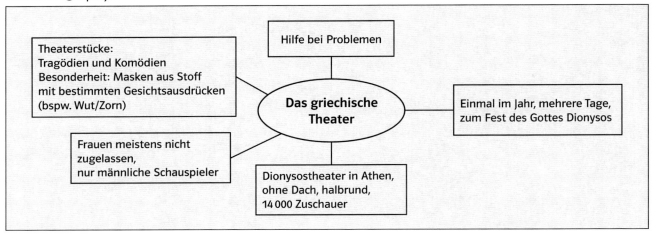

108–111 Hinweise zum Verfassertext und zu den Materialien

VT Ausgehend von der Entdeckung der (Natur-)Wissenschaft werden die Merkmale der athenischen Kultur vorgestellt: Philosophie, Theater, Architektur und Bildhauerei. All diese Bereiche waren miteinander und mit dem Beginn demokratischer Lebensformen verflochten. Theater und Philosophie der Griechen sind nur erklärbar als Verarbeitungsversuche einer komplizierten politischen Situation, der Demokratisierung. Sie wiederum steht in enger Beziehung zum Aufstieg des Logos und zur Ablösung des magischen und religiösen Weltbildes.

Der VT ist dreigeteilt: VT1 und VT2 beschreiben den Beginn wissenschaftlichen Denkens und die Auswirkung auf Mathematik und Medizin. VT3 und VT4 befassen sich mit der Philosophie, die nun zu ihren eigentlichen Themen (Ethik, Staatsphilosophie, Erkenntnistheorie) findet, und stellen den wohl berühmtesten griechischen Philosophen, Sokrates, vor. VT5 und VT6 sind dem Theater, der Kunst und Architektur gewidmet.

Betont werden zwei Aspekte der griechischen Kultur: Einerseits das Neuartige, das am Beispiel des Naturphilosophen Thales verdeutlicht wird, und andererseits das Bahnbrechende, Prägende der griechischen Kultur. Griechenland hat die europäische Kultur grundlegend beeinflusst – so ist das alte Bild von der „Wiege" unserer Kultur, das für die Überschrift gewählt wurde, sicherlich treffend. Deutlich und optisch fassbar wird diese Vorbildfunktion im Vergleich eines griechischen Tempels mit dem Brandenburger Tor (Q1 und Q2). Erkennbar wird sie auch in der Fülle griechischer Lehnwörter im Kulturbereich – darauf verweist die Anmoderation.

Der VT5 zum Theater betont einerseits die Andersartigkeit des griechischen Theaters, andererseits zeigt er die Funktion des Theaters innerhalb der Athener Gesellschaft des 5. Jahrhunderts. Die Tragödie vor allem versucht, die bedrängenden politischen Probleme „durchzuspielen und in Ordnung zu bringen" (Christian Meier: Athen, München 1997, S. 368). Der Fall „Antigone" (Q6) zeigt dies: Er beleuchtet den Konflikt zwischen Gewissen und Gesetzesgehorsam.

Q1 Der Hera-Tempel in Paestum ist dorisch, er hat 6 Quersäulen und 14 Längssäulen (25 m × 60 m), die sich nach oben verjüngen und den massigen Bau leichter wirken lassen. Der Tempel ist vermutlich nach dem Vorbild des Zeus-Tempels in Olympia errichtet worden und gehört zu den besterhaltenen Bauwerken dieser Zeit. 2014 wurden Sanierungsarbeiten vorbereitet: Die Säulen sollen durch ein kompliziertes System dünner Stahlseile gesichert werden, die ihnen auch bei den in der Gegend häufigen Erdbeben Halt verleihen.

Q2 Das Brandenburger Tor wurde vom preußischen König Friedrich Wilhelm II. in Auftrag gegeben; es ist in neoklassizistischem Stil gebaut, der Architekt orientierte sich an Stichen antiker Tempel und Stadttore. Inklusive der beiden Flügelbauten ist das Tor 65 m breit, 11 m tief und 26 m hoch. Es hat dorische Säulen, gekrönt wird es von der Quadriga, dem vierspännigen Wagen, den die Siegesgöttin Victoria lenkt. In den Torhäusern stehen Skulpturen von Mars und Minerva; auch hier Anspielungen auf die Antike.

Die SuS erkennen folgende Gemeinsamkeiten zwischen Q1 und Q2: große, repräsentative, festliche Gebäude ohne sichtbaren praktischen Zweck, 6 Säulen, oben ein Kapitell, darüber der Fries und darüber ein Giebel, dreieckig beim Hera-Tempel, rechteckig, aber mit angedeutetem Dreieck beim Brandenburger Tor.

Q3 Die Szene zeigt ein Gespräch zweier Schauspieler vor oder nach der Aufführung: beide haben ihre Masken abgenommen (rechts nicht mehr im Ausschnitt). Der linke Schauspieler spielt einen alten Satyr, ein Wesen aus der Mythologie, oft als Mischwesen zwischen Mensch und Tier dargestellt. Erkennbar ist das an dem Fell, das seinen Körper bedeckt. Sein Gegenüber spielt Herakles, erkennbar an den Löwenpranken, die an ihm herunterhängen.

Q4 Hippokrates erforschte die natürlichen Zusammenhänge von Körper und Gesundheit, er ging von Beobachtungen aus, suchte nach Erklärungen, hinterfragte Behauptungen und lehnte religiöse Erklärungsmuster ab. Seine Therapien sahen u. a. Bäder, Diät, Gymnastik vor, das Ziel war ein naturgemäßes Leben. Der „Hippokratische Eid" (Fürsorge für den Patienten, Schweigepflicht ...), der heute noch das Berufsethos der Ärzte bestimmt, stammt nicht von Hippokrates selbst, sondern trägt nur – als Verbeugung vor seinen Prinzipien – seinen Namen.

Q5 Das Dionysostheater hat eine hervorragende Akustik: Heutige Touristengruppen testen dies gerne mit einer Münze. Ihr Aufprall ist noch auf den oberen Rängen zu hören. Trotzdem benötigten die Schauspieler eine ausgefeilte Sing- und Sprechtechnik, um überall verstanden zu werden. Viele unserer Begriffe rund ums Theater entstammen dem Griechischen: Szene, Inszenierung, Orchester, Chor, Tragödie, Komödie und Theater selbst. Mithilfe des Bildes lassen sie sich ableiten: Auf der halbrunden Orchestra stand der Chor, die Schauspieler spielten auf der Bühne (Proskenion; die Skene war das Umkleide- und Requisitengebäude). Bei ca. 40 000 Vollbürgern in Athen fasste das Theater etwa 14 000. Das griechische Klima ermöglichte ein Spielen im Freien.

Q6 Antigone ist die vielleicht bekannteste Tragödie des Sophokles; sie wird auch heute noch häufig aufgeführt. Hier der weitere Verlauf der Tragödie: Haimon, Kreons eigener Sohn und Verlobter Antigones, beschwört den Vater, Antigone zu begnadigen. Aber Kreon ist verstockt und ändert seinen Sinn erst zu spät: Als er zur Befreiung Antigones eilt, hat diese sich bereits erhängt, Haimon erdolcht sich neben der toten Geliebten, Kreons Frau nimmt sich bei der Nachricht vom Tod ihres Sohnes das Leben. Kreon bleibt als gebrochener Mann zurück. Griechische Geschlechterrollen: Die Tragödie kennt weibliche Hauptfiguren als Heldinnen; gespielt wurden sie auf dem Theater aber von Männern.

Q7 Keines der Werke des Myron ist im Original erhalten. Vom Diskuswerfer gibt es aber sechs erhaltene oder teilerhaltene römische Kopien. Die Darstellung des Diskuswerfers war für die damalige Zeit ungewöhnlich und gewagt: Durch die Drehung des Körpers greift die Figur weit in den Raum hinein.

Erläuterungen zu den Arbeitsaufträgen

1. Liste auf, in welchen Schulfächern heute philosophische Fragen besprochen werden. Nenne Beispiele aus deinem Unterricht (VT). (AFB I)
In der Sekundarstufe 1 werden philosophische Fragen in den Fächern Ethik bzw. Praktische Philosophie angesprochen, ebenso in Religion und Politik. Sie finden sich aber z. B. auch im Deutschunterricht und in den Fächern Erdkunde und Sport wieder. – In dem für diese Frage vorgesehenen Denkanstoß wird eine Mindmap vorgeschlagen.

2. Fasse zusammen, was Hippokrates zu Ursachen und Heilbarkeiten der Krankheiten sagt (VT, Q4). (AFB I)
- Krankheiten haben keine magischen Ursachen, sie sind nicht von den Göttern geschickt und können nicht von Zauberern geheilt werden. Das gilt auch für Geisteskrankheiten.
- Die meisten Krankheiten können geheilt werden, wenn der Arzt sorgfältig beobachtet und nach den natürlichen Ursachen der Krankheit forscht.

3. Erkläre, welche Entscheidung Antigone zu treffen hatte und wie sie ihr Verhalten begründet (Q6). Diskutiert, ob Antigone richtig gehandelt hat. (AFB III)
- Antigone muss sich entscheiden, ob sie ihrem Gewissen und damit den göttlichen, ewigen Gesetzen gehorcht und ihren Bruder beerdigt oder ob sie die weltlichen Gesetze, d. h. Kreons Gesetze, befolgt. Sie lässt sich von ihrem Gewissen leiten, weil sie göttliches Recht höher einschätzt als menschliches.
- Antigone gibt ihr Leben dafür hin, dass ihr Bruder beerdigt wird. Das ist aus heutiger Sicht vielleicht ein zu hoher Preis. Für Antigone aber stellt sich die Frage, ob sie den Göttern und damit ihrem Gewissen mehr gehorcht als einem tyrannischen Herrscher. Diese Frage ist immer noch aktuell – und Antigones Entscheidung ist nachvollziehbar, bewundernswert und – vielleicht – „richtig".

4 Griechische Wurzeln Europas

9. Jh. v. Chr. – 4. Jh. v. Chr.

4. Stelle dir vor, ein griechischer Schauspieler des 5. Jahrhunderts v. Chr. besucht ein heutiges Theaterstück und redet anschließend mit der Hauptdarstellerin über das Theater. Schreibe den Dialog (VT, Q3, Q4). (AFB II)
- Der griechische Schauspieler erzählt: Theater einmal im Jahr, mehrere Tage Feststimmung, religiöses Fest, Entscheidungshilfe für die Politik, nur männliche Schauspieler, Masken, kein Eintritt, Freilichttheater, Zuschauer: Bürgerschaft.
- Die heutige Schauspielerin erzählt: tägliche Aufführungen, mehrfaches oder häufiges Spielen eines Stückes, Bühnenbild wechselt, Schauspielerinnen, keine Masken, Charakterspiel mit Mimik und Gestik, Eintritt und Subvention, geschlossene Häuser, vergleichsweise klein, Zuschauer: Bildungsbürger.

5. Erläutere, welchen Augenblick der Bewegung der Künstler Myron in seinem „Diskuswerfer" festhält, und erkläre, warum die Figur so lebendig wirkt (Q7). (AFB II)
- Die Darstellung des Werfers konzentriert sich auf einen ganz bestimmten Moment, die winzige Ruhepause zwischen dem Ausholen und dem Wurf.
- Noch sind Arm, Körper und Kopf nach hinten gedreht – konzentriert und bewegungslos. Diesen Augenblick fängt Myron ein: Auch der „reale" Sportler verharrt kurz in dieser Stellung.
- Und wie bei einem realen Sportler erwarten wir bei Myrons Meisterwerk im nächsten Augenblick den Wurf. Das macht die Statue – neben der anatomisch genauen Wiedergabe des durchtrainierten Körpers – so überaus lebendig.

6. Begründe, warum man Griechenland die Wiege unserer Kultur nennt (VT, Q1, Q2). (AFB II)
In folgenden Punkten fungierte Griechenland als Vorbild:
- „Erfindung" der Demokratie,
- Begründung des wissenschaftlichen Denkens,
- Betonung der Vernunft als Maßstab von Entscheidung und Handeln,
- Begründung der Philosophie,
- Grundlegung der Staatstheorie und der Ethik,
- „Erfindung" des Theaters, der Tragödie und Komödie,
- Vorbild in Architektur (s. ADS) und Bildhauerei – das „klassische" Schönheitsideal.

Diese Aufgabe kann auch in Form einer Mindmap gelöst werden.

7. Beurteile, ob mit Thales von Milet wirklich „etwas ganz Neues" begonnen hat. Benutze dabei auch die Worte Mythos und Logos (VT). (AFB III) ●
- Wie dachten die Menschen in der Zeit vor Thales? Sie glaubten, dass Naturereignisse von den Göttern verursacht würden. Wenn es gewitterte, hatten sie z. B. Angst vor dem Zorn des Göttervaters Zeus. Sie konnten sich die Welt nicht erklären und fühlten sich den Göttern ausgeliefert. Auch bei Krankheiten dachten sie so. Man konnte nur beten und Opfer bringen – aber meist half das nicht. Alles wurde mit einem Mythos erklärt.
- Thales bewies nun, dass es für Naturereignisse auch natürliche Ursachen gab. Wenn man eine Sonnenfinsternis mathematisch berechnen kann, braucht man keine Götter mehr zur Erklärung und man muss auch keine Angst mehr davor haben. Vieles konnte man immer noch nicht erklären, aber man dachte nun, dass alles eine natürliche Ursache haben musste – und irgendwann würde man sie herausfinden. Das galt auch für Krankheiten. Diese Denkweise nennt man Logos.
- Ist das nun etwas ganz Neues? Etwas, nach dem nichts mehr so ist wie vorher? Die SuS können dies bejahen. Nachdem Thales den Beweis erbracht hatte, dass man Naturereignisse erklären und sogar berechnen kann, konnte eigentlich niemand mehr Götter als Erklärung ins Feld führen. Wenn man unter den vernünftigen Menschen ernst genommen werden wollte, musste man auf der Seite von Verstand und Logos sein – und das war etwas ganz Neues.

Alexander der Große – wie gehen die Griechen mit fremden Kulturen um?

→ 112–115

Kompetenzziele

Sachkompetenz
- Die SuS wissen, dass der Makedonier Alexander ein riesiges Reich eroberte.
- Sie wissen, dass die griechische Kultur zwischen Mittelmeer und Indien zur normgebenden Kultur wurde (Hellenismus).

Methodenkompetenz
- Die SuS können Textquellen vergleichen, die unterschiedliche Sichtweisen beinhalten.
- Sie können einem Stadtplan Informationen entnehmen und formulieren diese Erkenntnisse.

Urteilskompetenz
- Die SuS beurteilen die Persönlichkeit und die Taten Alexanders des Großen.
- Sie beurteilen den Hellenismus, d.h. die Verbreitung einer sich überlegen fühlenden Kultur.

Sequenzvorschlag bp67di

→ 112–115

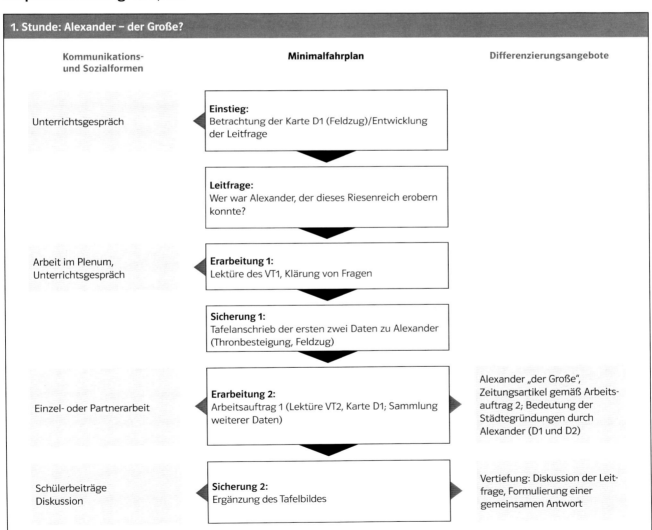

1. Stunde: Alexander – der Große?

Kommunikations- und Sozialformen	Minimalfahrplan	Differenzierungsangebote
Unterrichtsgespräch	**Einstieg:** Betrachtung der Karte D1 (Feldzug)/Entwicklung der Leitfrage	
	Leitfrage: Wer war Alexander, der dieses Riesenreich erobern konnte?	
Arbeit im Plenum, Unterrichtsgespräch	**Erarbeitung 1:** Lektüre des VT1, Klärung von Fragen	
	Sicherung 1: Tafelanschrieb der ersten zwei Daten zu Alexander (Thronbesteigung, Feldzug)	
Einzel- oder Partnerarbeit	**Erarbeitung 2:** Arbeitsauftrag 1 (Lektüre VT2, Karte D1; Sammlung weiterer Daten)	Alexander „der Große", Zeitungsartikel gemäß Arbeitsauftrag 2; Bedeutung der Städtegründungen durch Alexander (D1 und D2)
Schülerbeiträge Diskussion	**Sicherung 2:** Ergänzung des Tafelbildes	Vertiefung: Diskussion der Leitfrage, Formulierung einer gemeinsamen Antwort

4 Griechische Wurzeln Europas

9. Jh. v. Chr. – 4. Jh. v. Chr.

Tafelbild 1 kt8kd9

	Wer war Alexander, der dieses Riesenreich erobern konnte?
Jahr v. Chr.	**Stationen Alexanders**
356	Geburt Alexanders als Sohn des Königs von Makedonien
336	König von Makedonien – ehrgeiziger Krieger
334	Schlacht am Fluss Granikos – Sieg über die Perser
333	Schlacht bei Issos – Sieg
331	Ägypten, Schlacht bei Gaugamela – Sieg
330–327	Persepolis, Kabul, Samarkand, Kabul
326–324	Soldaten verweigern Befehl – Rückkehr
323	Tod Alexanders – Krankheit

Alexander war ein genialer Feldherr und Eroberer, aber er war skrupellos und rücksichtslos auch gegen seine Soldaten.

 c5m4th

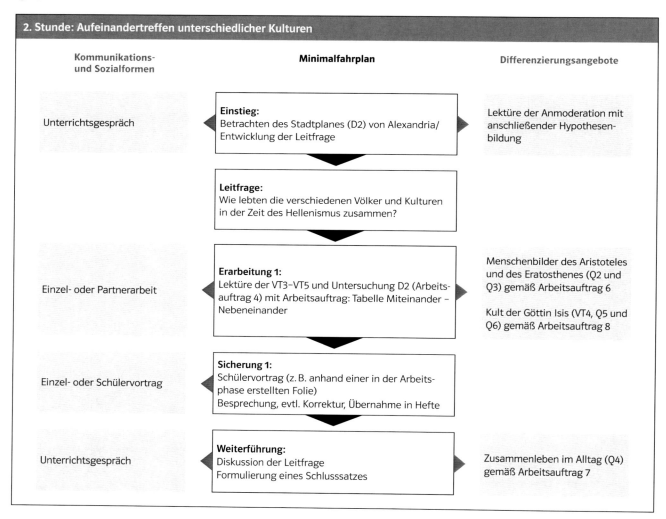

Tafelbild 2 cp7x99

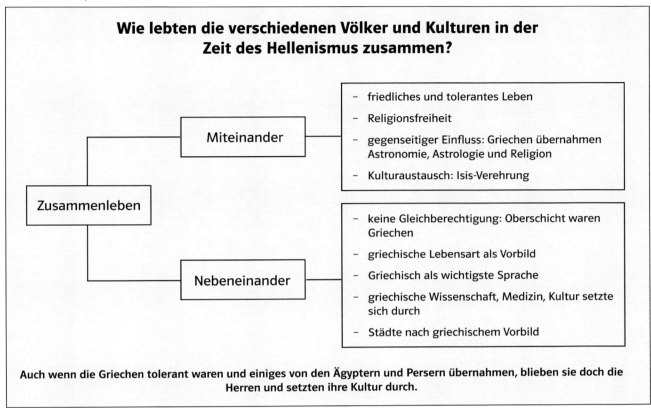

Auch wenn die Griechen tolerant waren und einiges von den Ägyptern und Persern übernahmen, blieben sie doch die Herren und setzten ihre Kultur durch.

Hinweise zum Verfassertext und den Materialien

112–115

VT Was geschah, nachdem Alexander die riesigen Gebiete seines Reiches erobert hatte? Wie lebten die unterschiedlichen Ethnien während und nach der langfristigen Besatzung zusammen? Das ist das zentrale Thema des letzten Unterkapitels der Griechenland-Einheit: Ausgehend von den Eroberungen Alexanders wird der Umgang mit den fremden Kulturen der besetzten Länder in den Mittelpunkt gestellt: das weitgehend tolerante, aber hierarchisch geordnete Zusammenleben – und die Fortschritte in der Wissenschaft. Das Unterkapitel gliedert sich also in zwei Teile: Zunächst werden Alexander und die Eroberungszüge vorgestellt (VT1 und VT2), anschließend wird ein Einblick in das komplizierte Mit- und Nebeneinander der Völker während des Hellenismus gegeben (VT3 bis VT5). Dem ersten Teil ist die Karte der Feldzüge zugeordnet (D1), alle anderen Materialien beleuchten Aspekte des Zusammenlebens der Völker.

Q1 Die Unterwassergrabungen vor Alexandria gestalten sich durchaus schwierig: unruhiges Meer, schlechte Sicht und in Sand und Schlick versunkene Fundstücke. Trotzdem orteten und hoben die beiden konkurrierenden Meeresarchäologen Empereur und Goddio mit ihren Teams Tausende Fundstücke: zahlreiche Sphingen, Statuen von Göttern, Königen, Hohenpriestern, Granit- und Marmorköpfe, Teile des Leuchtturms und des Hafenbeckens sowie ein gut erhaltenes antikes Schiff.

D1 Die historische Karte zeigt die riesige Wegstrecke des Alexander-Heeres, sie gibt aber keine weiteren Informationen über Landschaft und Gelände. Um die Gefahren, Probleme und Strapazen deutlich zu machen, sollte darauf hingewiesen werden, dass das Gelände zu großen Teilen bergig und unwegsam ist, vielfach auch unfruchtbar, z. T. wüstenartig. Die Fortbewegung ist anstrengend, die Versorgung mit Lebensmitteln kann zum Problem werden. Diese Information kann auch ein Vergleich mit einer geografischen Karte der Region liefern.

Q2 Aristoteles war der Lehrer Alexanders des Großen: König Philipp holte den Philosophen an seinen Hof, damit er seinen Sohn erziehe und lehre. Das gibt der Quelle eine zusätzliche Bedeutung: Die hier vertretene nationale Überheblichkeit und Kulturarroganz – vielleicht lässt sich auch von Rassismus sprechen – war Alexander vertraut. Zumindest teilweise hatte er sich von diesem Menschenbild aber losgesagt.

Q3 Strabon, dem wir die Informationen über Eratosthenes verdanken, lebte von 63 v. Chr. bis 23 n. Chr. Der Text ist also rund 200 Jahre nach Eratosthenes geschrieben – das sollte den SuS deutlich gemacht werden: Es handelt sich nicht um Eratosthenes' eigene Worte. Allerdings kann man davon ausgehen, dass Strabon die damals zugänglichen Bücher gelesen hatte, er gilt als sehr zuverlässige Quelle.

4 Griechische Wurzeln Europas

9. Jh. v. Chr. – 4. Jh. v. Chr.

Q4 In der Zeit des Hellenismus wurde Papyrus preiswert, die schriftliche Kommunikation wurde fast alltäglich. So haben wir eine Fülle von Urkunden, Quittungen, Mietverträgen, Lohnkontrakten etc., selbst private Briefe wie der hier abgedruckte sind nicht selten. Diese Papyri sind eine wichtige Quelle, allerdings schwierig zu erschließen, weil sie oft nur fragmentarisch erhalten und „unleserlich" geschrieben sind.

D2 Bei D2 handelt es sich selbstverständlich um eine Rekonstruktion, angefertigt vor allem nach zahlreichen Reiseberichten aus der Zeit des Hellenismus. Alexandria galt als die schönste Stadt der damaligen Welt und zog Besucher aus der gesamten hellenistischen Welt an. Ihren Berichten verdanken wir auch die recht genaue Beschreibung des Leuchtturms.

Q5 Der Isis-Hymnus nennt in den folgenden Versen unterschiedliche Namen, die die verschiedenen Völker der Göttin geben, und endet: „Sie wissen, dass dich allein, dich unter allen Göttinnen die Völker anrufen." Der ägyptische Mythos erzählt: Isis ist die Frau (und Schwester) des mächtigen Gottes Osiris. Osiris wird von seinem Bruder Seth getötet und zerstückelt. Isis durchquert die ganze Welt, um die Stücke zu finden, fügt sie dann zusammen und gibt ihrem Gatten das Leben zurück. Der gemeinsame Sohn Horus rächt später die Tat und vernichtet Seth.

Q6 Die Darstellung der Göttin Isis verändert sich im Hellenismus: Die strenge Form der altägyptischen Figuren nähert sich zunehmend der Form griechischer Statuen an. Auf unserer Abbildung gleicht Isis eher der Göttin Demeter als der ägyptischen Isis. Allerdings trägt sie wie in den ursprünglichen Darstellungen ihre Hieroglyphe auf dem Kopf.

112–115 Erläuterungen zu den Arbeitsaufträgen

1. Beschreibe anhand der Karte den Alexanderfeldzug. Nenne zu möglichst vielen angegebenen Jahreszahlen ein Ereignis oder eine Wegstrecke (VT, D1). (AFB I)
Die Lösung findet sich im Tafelbild für die erste Stunde. Die Denkanstöße schlagen statt der Stichworte ausformulierte kleine Sätze vor.

2. Die Römer gaben Alexander den Ehrentitel „der Große". Schreibe einen Zeitungsartikel, in dem du zustimmst oder ablehnst (VT, D1, D2). (AFB III)
Die Denkanstöße formulieren den Beginn eines flammenden Aufrufs. Er könnte so fortgeführt werden:
- „Einerseits ist Alexander ein großer Mann, ein Held, der Unglaubliches vollbracht hat. Das kleine Makedonien und seine griechischen Verbündeten haben das riesige Perserreich besiegt, nichts hat sie aufhalten können. Er hat die großartige griechische Kultur überall hingebracht, er hat die Welt beinahe ‚griechisch gemacht' – und das alles in so jungen Jahren. Er ist ein wirklicher ‚Herakles'. – Andererseits hat er auf nichts und niemand Rücksicht genommen, nicht auf seine Soldaten, nicht auf die besiegten Völker, nicht einmal auf sich selbst. Ihn interessierte nur der Erfolg, dafür ging er über Leichen."

Die SuS können entscheiden, ob der Name „der Große" angebracht ist.

3. Stell dir vor, dass du eine Stadtführung durch das antike Alexandria machst. Notiere dir Stichpunkte dazu (VT, Q1, D2). (AFB II)
Die Denkanstöße formulieren die ersten beiden Punkte. Die Liste könnte so aussehen:
- Beginn auf dem Marktplatz vor dem Theater. Information über Größe und Gründung der Stadt;
- Besichtigung des Museion und der Bibliothek – Menge der Bücher! Zentrum der Wissenschaft;
- vorbei an den Schiffswerften über die Mole nach Pharos, Besichtigung der beiden Tempel (griechischer Gott, ägyptische Göttin);
- Besteigung des Leuchtturms (Information über die Höhe);
- zurück über die Mole durch die Ägypterstadt zum Heiligtum für alle Götter;
- durch die Königsstadt zum Königspalast.

4. Untersuche, ob in Alexandria die verschiedenen Völker miteinander oder eher nebeneinander lebten (D2). (AFB II)
- Der Stadtplan deutet eher auf ein „Nebeneinander" hin: Es gibt getrennte Wohnviertel für Ägypter, Juden und Griechen. Damit ist allerdings nicht gesagt, dass den Ethnien Wohngebiete zugewiesen wurden. Es ist eher anzunehmen, dass die Volksgruppen auch ohne Zwang zumeist unter sich blieben.
- Die unterschiedlichen Tempel sprechen dagegen nicht für eine Abgrenzung, da, wie im VT dargelegt, die ägyptischen Götter von den Griechen „übernommen" wurden. Sie sprechen daher eher für ein Miteinander: Hier verehrten Griechen und Ägypter gemeinsam dieselbe Gottheit – Die Juden wird man davon ausnehmen können.

5. Nenne die Völkergruppen und ihre Eigenschaften, die Aristoteles in seinem Text unterscheidet (Q2). (AFB I)
- Barbaren/Völker kalter Gegenden: etwas sklavisch, mutig, denkerisch und künstlerisch unbegabt;
- Asiaten: sklavisch, mutlos, denkerisch und künstlerisch begabt;
- Griechen: frei, mutig, denkerisch begabt: fähig, über alle zu herrschen.

6. **Vergleiche das Menschenbild des Aristoteles mit dem des Eratosthenes und formuliere deine Meinung dazu. Achte dabei auf die Angaben über die beiden Autoren (Q2, Q3). (AFB III)**
   - Aristoteles behauptet, dass jedes Volk von Natur aus bestimmte Eigenschaften habe, die Barbaren seien mutig, aber dumm, die Asiaten feige, aber klug – und die Griechen seien die Besten, sie seien sowohl mutig als auch klug. Aristoteles war älter als Alexander der Große, er schrieb seine Einteilung der Menschen vor der Zeit des Hellenismus auf.
   - Eratosthenes dagegen war ein hellenistischer Gelehrter aus Alexandria. Er hat eine ganz andere Sichtweise: Für ihn kommt es auf den einzelnen Menschen an, nicht darauf, aus welchem Volk er kommt. In jedem Volk gibt es danach gute und schlechte, gebildete und ungebildete Menschen.

7. **Liste auf, worüber sich der Ägypter beklagt, und beschreibe seine Situation (Q4). (AFB I)**
   - Der Ägypter beklagt sich, dass seine griechischen Arbeitgeber ihn schlecht behandeln: Er bekommt zu wenig zu essen, außerdem ist das Essen schlecht und der Wein sauer, die Bezahlung zu gering. Überdies wird er verächtlich behandelt.
   - Der Ägypter schreibt, dass man ihn verachte, weil er sich nicht wie ein Grieche „benimmt". Das ist etwas unklar: Benimmt er sich nicht angemessen bei seiner Arbeit, wie es ein Grieche tun würde, und wird deshalb schlecht behandelt? Oder wird er wirklich wegen seiner Herkunft schlecht behandelt?

8. **Begründe, warum so viele Völker den Kult der Göttin Isis übernehmen (VT, Q5, Q6)? (AFB II)**
   - Isis ist eine mächtige Muttergöttin, sie ist eine liebende, treue Ehefrau und die fürsorgliche Mutter des Horus. An ihr ist nichts Hinterhältiges oder Falsches, man kann sich ihr anvertrauen und auf ihr Verständnis und ihre Hilfe bauen.
   - Die griechischen Götter dagegen denken und handeln menschlich: Sie sind miteinander verwandt, hassen und lieben einander, betrügen und bekämpfen sich, sind einander untreu. Man kann ihnen nicht richtig vertrauen.

9. **Wodurch ist der Hellenismus gekennzeichnet? Lies noch einmal alle Texte des Unterkapitels. Wähle zur Beantwortung dieser Frage dann eine der folgenden Aufgaben: (AFB II)**
   a) **Lege eine ausführliche Mindmap dazu an.**
      Die Mindmap sollte alle Aspekte des Unterkapitels aufgreifen und kann dabei in zwei Abschnitte unterteilt werden: 1. Alexander der Große (Leben/Tod, Feldzüge, sein Reich usw.); 2. Mit- und Nebeneinander der Völker während des Hellenismus (Religion, Städteleben, Kulturaustausch, Menschenbild usw.)
   b) **Stelle dir vor, dass du in das Jahr 280 v.Chr. reisen kannst, nach Alexandria. Interviewe vier Menschen, die du dort triffst, und schreibe die Gespräche auf. Stelle bewusst Fragen, die dir die nötigen Informationen geben.**

Interviewer (I): Sie eilen gerade in dies große Gebäude. Was tun Sie denn da?
A.: Das ist doch die Bibliothek! Ich arbeite dort.
I.: Das ist ja interessant! Sind Sie Grieche oder Ägypter?
A.: Ich bin Grieche. Meine Vorfahren sind mit Alexander hier nach Ägypten gekommen. Ich bin sehr stolz, in der Bibliothek arbeiten zu dürfen. Wir sammeln alle wichtigen Bücher, damit sie für die Nachwelt erhalten bleiben. Wir Griechen lieben unsere Sprache und unsere Kultur. Sie sind doch einfach besser als alle anderen.
I.: Danke für das Gespräch! Ich gehe jetzt zum Hafen. Hallo, darf ich Sie etwas fragen?
B.: Natürlich, ich bin Fischer und habe meine Arbeit schon getan.
I.: Sie sind sicher Ägypter, denn Ihr Griechisch klingt sehr ungewohnt für mich.
B.: Ja, das stimmt. Aber die meisten Ägypter hier in Alexandria können Griechisch, weil wir ja unsere Fische auch verkaufen müssen. Griechisch macht alles einfacher.
I.: Finden Sie das denn richtig? Hier ist doch Ägypten!
B.: Was soll ich sagen? Ich bin ein einfacher Mann. Die meisten Griechen sind in Ordnung, sie lassen uns in Ruhe, sie sorgen für Ordnung. Sie haben diese Stadt ja auch gebaut – und wie schön diese Stadt ist! Der Leuchtturm! Und es ist viel los: Meine Fische kann ich gut verkaufen und bekomme einen ordentlichen Preis. ...

   c) **Schreibe einen informativen Text über den Hellenismus, den du in deinen eigenen Worten formulierst.**
      Die SuS könnten diesen Text unter Berücksichtigung der Informationen dieses Unterkapitels und weiterer selbst recherchierter Informationen im Rahmen einer Hausaufgabe verfassen.

10. **Beurteile, ob der Name „Hellenismus" für diese Zeit gut gewählt ist (VT). (AFB III)** ●
    - Der Name „Hellenismus" bezeichnet die Zeitspanne nach dem Tod Alexanders des Großen bis zur Eroberung Ägyptens durch die Römer (323–30 v.Chr.). In einem riesigen Gebiet galt die griechische Kultur (Sprache, Lebenskultur, Religionsfreiheit, Kunst, Wissenschaft, Medizin, Philosophie) als Vorbild und wurde von vielen Völkern übernommen.
    - Vor diesem Hintergrund ist der Begriff für die Zeit aus objektiver Sicht sicher treffend gewählt.
    - Allerdings hatten auch die Griechen etwas von den anderen Völkern übernommen, so z.B. den ägyptischen Götterglauben.

4 Griechische Wurzeln Europas

9. Jh. v. Chr. – 4. Jh. v. Chr.

Wiederholen und Anwenden

Lösungen

1. Überblickswissen antikes Griechenland I

Begriffe erklären
Sachkompetenz

Ordne den Wortanfängen der ersten Spalte die Wortendungen der zweiten Spalte so zu, dass dabei sinnvolle Begriffe entstehen. Trage diese in dein Heft ein.
Erkläre die einzelnen Begriffe.
- Demokratie: „Volksherrschaft", Athen war eine direkte Demokratie, d.h. jeder Bürger – bis auf Frauen, Sklaven und Metöken – konnte Mitglied der Volksversammlung sein und hatte Zugang zu politischen Ämtern. In der Bundesrepublik haben wir heute eine repräsentative Demokratie, in der gewählte Abgeordnete in Parlamenten an unserer Stelle entscheiden.
- Hellenismus: Hellas = Griechenland. Zeitspanne nach dem Tod Alexander des Großen bis zur Eroberung Ägyptens durch die Römer (320–30 v. Chr.), in der sich die griechische Kultur in seinem Reich bis weit nach Asien ausbreitete.
- Aristokratie: „Herrschaft der Besten", Herrschaft mächtiger Adelsfamilien, die die wichtigen Ämter der Politik untereinander aufteilten;
- Polis: Griechischer Stadtstaat mit eigenem Gebiet und eigenen politischen Einrichtungen;
- Orakel: „Sprechstätte", Ort, wo nach antikem Glauben ein Gott durch den Mund von Priestern Ratschläge gab;
- Kolonisation: Ca. 750–550 v. Chr. Auswanderung von Griechen und Siedlung an den Küsten des Mittel- und Schwarzmeers;
- Mythos: „Erzählung", die die Geschehnisse in der Welt mit dem Wirken der Götter erklärt;
- Philosophie: „Liebe zur Weisheit", Lehren von Philosophen über wichtige Fragen und Probleme, die sich mit den Menschen und ihrem Leben in der Welt befassen;
- Logos: Bestreben, das Geschehen in der Welt auf wissenschaftliche Weise mit dem Verstand zu erklären.

2. Gesellschaftsaufbau in Athen und Sparta

Fehlende Begriffe ergänzen
Sachkompetenz, Urteilskompetenz

a) Übertrage das Schema ausgefüllt in dein Heft.
b) Füge in die leeren Kästchen jeweils einen der folgenden Begriffe ein: Heloten, Metöken, Bürger, Periöken. Dabei sollten vergleichbare Personengruppen nebeneinander stehen.
c) Erläutere, um wen es sich bei den einzelnen Personengruppen handelt und welche Rechte und Pflichten sie in ihrer Polis hatten.
d) Vergleiche den Gesellschaftsaufbau in den beiden Poleis und beurteile, ob er eher gleich oder verschieden war.

Sparta	Athen
Spartiaten: Vollbürger (stimmberechtigte Teilnahme an der Volksversammlung, Pflicht zu ständigem Militärdienst), Eliteschicht Spartas	Bürger: volle politische Rechte (Teilnahme an der Volksversammlung und dortigen Entscheidungen, Zugang zu politischen Ämtern); Pflicht zum Militärdienst
Periöken: in der Umgebung Spartas wohnende Spartaner, persönlich frei ohne politische Rechte, besorgten Handel und Handwerk, mussten im Krieg als Hilfstruppen dienen.	Metöken: Ausländer in Athen; persönlich frei ohne politische Rechte, besorgten Handel und Handwerk, dienten im Krieg als Hilfstruppen
Heloten: versklavte Messenier, rechtlos, mussten bäuerliche Abgaben liefern und im Krieg als Hilfstruppen dienen	Sklaven: rechtlos, mussten Arbeiten in Bergwerken, Haushalten usw. verrichten

In beiden Poleis gab es einen dreistufigen Gesellschaftsaufbau, bei dem die auf den gleichen Stufen befindlichen Bevölkerungsteile im Wesentlichen gleiche Rechte und Pflichten hatten.

Griechische Wurzeln Europas

9. Jh. v. Chr. – 4. Jh. v. Chr.

3. Leistungen berühmter Griechen

Zuordnen, wer was getan hat
Sachkompetenz

Trage die folgenden Namen der Reihe nach in dein Heft und ergänze jeweils den richtigen Text. Die kleinen Buchstaben von 1–7 ergeben ein dir bekanntes Lösungswort.
- Kleisthenes richtete in Athen den Rat der 500 ein (p)
- Sokrates suchte durch Gespräche Menschen zu vernünftigem Handeln zu bringen (h)
- Perikles führte die Bezahlung der Richter ein (a)
- Herodot sammelte auf seinen weiten Reisen Berichte der Menschen über ihre Vergangenheit (l)
- Alexander der Große breitete durch seine Eroberungen die griechische Kultur aus (a)
- Hippokrates schrieb vermutlich viele medizinische Bücher (n)
- Thales erklärte als erster Naturerscheinungen mithilfe von Verstand und mathematischen Berechnungen (x)

Lösungswort: P H A L A N X

4. Überblickswissen antikes Griechenland II

Ein Silbenrätsel lösen
Sachkompetenz

Schreibe die Silben in dein Heft, damit du benutzte Silben durchstreichen kannst. Schreibe die Lösungswörter der Reihe nach darunter. Die in Klammern angegebenen Buchstaben ergeben einen bekannten Begriff.
A Scherbengericht (S) – B Akropolis (O) – C Metöken (K) – D Ruderer (R) – E Olympia (A) – F Pythia (T) – G Poseidon (E) – H Polis (S)

Lösungswort: S O K R A T E S

5. Antike und moderne Olympische Spiele vergleichen

Eine Abbildung kommentieren
Sachkompetenz, Urteilskompetenz

a) Beschreibe die Bestandteile des Plakats und erläutere, was sie dem Betrachter mitteilen sollen.
Das Plakat zeigt groß im Mittelpunkt einen Läufer, klein im Hintergrund die Teilansicht einer überdachten Stadiontribüne, die Olympische Fahne und ein turmähnliches Bauwerk. Die Aufschrift vorn teilt mit, dass 1928 in Amsterdam die 9. Olympischen Spiele stattfanden.

b) Beurteile, was einem Betrachter aus dem alten Griechenland darauf bekannt und was ihm fremd vorgekommen wäre.
Bekannt wäre ihm die Stadiontribüne vorgekommen, dazu auch der Läufer, aber dass dieser bekleidet ist, wäre ihm so fremd gewesen wie auch die Olympische Fahne und der Turm.

c) Erläutere, welche Absicht Pierre de Coubertin mit den modernen Spielen verfolgte und wie sie mit den antiken Olympischen Spielen zusammenhing.
Coubertin wollte junge Menschen zum sportlichen Wettkampf zusammenbringen, damit sie sich kennenlernten und Vorurteile ablegten, die zu Unfrieden und Krieg führen konnten. Diese Absicht war auch mit den antiken Olympischen Spielen verbunden, allerdings stellten diese auch eine Form der Götterverehrung dar.

d) Beurteile, ob sich die modernen Olympischen Spiele der Absicht Coubertins gemäß entwickelt haben.
Keineswegs. Die Olympischen Spiele haben keine Kriege verhindert und sie stehen in der Gefahr, dass sie sich immer weiter von der olympischen Idee entfernen, indem diese mehr und mehr von finanziellen Absichten überdeckt wird.

Griechische Wurzeln Europas

9. Jh. v. Chr. – 4. Jh. v. Chr.

6. Politische Ordnung in Sparta und Athen

Ein Rollenspiel entwickeln
Urteilskompetenz, Methodenkompetenz

Inhalt: Ein Spartaner und ein Athener schildern die politische Ordnung ihrer Polis. Jeder will den anderen von den Vorzügen der eigenen Ordnung überzeugen. Die Klasse hört zu und stimmt darüber ab, wer überzeugender war.
Aufgabe: Fertigt Rollenkarten für die Spieler an und führt das Spiel durch.
Z. B. Rollenkarte Spartaner:
- Vorstellung: Ich bin ein Spartaner und finde unsere Ordnung der athenischen überlegen.
- Argumente: größerer Gemeinschaftssinn – größere Opferbereitschaft für den Staat – Achtung auf kraftvolle Gesundheit schon bei der Geburt – Abhärtung gegen Verweichlichung – militärische Überlegenheit – wirkliche Gleichheit in Lebensführung und Gesinnung usw.

Z. B. Rollenkarte Athener:
- Vorstellung: (analog wie oben)
- Argumente: individuelle Freiheit – öffentliche Anerkennung von Leistungen für den Staat – Gleichheit vor dem Gesetz – großes Maß an politischer Mitbestimmung – Stolz auf die Demokratie usw.

7. Griechische Wurzeln Europas

Einen Vortrag halten
Sachkompetenz, Urteilskompetenz

Gehe in deinem Vortrag auf folgende Punkte ein:
- **Erkläre an Q2, warum es so viele Poleis im antiken Griechenland gab.**
  - Die landschaftlichen Bedingungen – die Zerteilung der Landschaft durch hohe Gebirge – förderten die Entstehung vieler kleiner Stadtstaaten.
- **Erläutere, in welchen Bereichen wir heute noch von „griechischen Wurzeln Europas" sprechen können.**
  - In der Politik (Entstehung unterschiedlicher Staatsformen bzw. staatlicher Institutionen, u. a. Demokratie, Nachdenken über Politik), in der Wissenschaft (Philosophie, Mathematik, Technik), in der Baukunst, in der Kunst.
- **Begründe, warum 1993 in vielen Ländern das 2500-jährige Jubiläum der Demokratie gefeiert wurde.**
  - 1993 waren 2500 Jahre vergangen, seitdem Kleisthenes in Athen die Reformen durchgeführt hatte, die zur Grundlage der Athener Demokratie, der ersten Demokratie überhaupt, wurden.

Die Sage von Herakles und Zerberus

Herakles und der Wachhund der Unterwelt
Herakles war der Sohn des Zeus und einer menschlichen Mutter namens Alkmene. Er war der wohl beliebteste griechische Held. Noch als kleines Kind, in der Wiege, vollbrachte er seine erste Heldentat: Zeus' Ehefrau Hera war wütend über das Kind, das ihr Mann mit einer anderen gezeugt hatte, und schickte eine giftige Schlange, die den kleinen Herakles töten sollte. Aber das Kleinkind lachte nur und erwürgte die Schlange.

D1 Hera

Und so ging es weiter: Herakles war übermenschlich stark und besiegte eine Reihe von Bestien, die Griechenland unsicher machten. Heras Hass auf ihn steigerte sich immer mehr. Schließlich gelang es ihr, Herakles für eine kurze Zeit mit Wahnsinn zu schlagen. Ohne dass er wusste, was er tat, tötete er in dieser Zeit seine eigenen Kinder. Als Strafe für diese furchtbare Tat sollte er sich in den Dienst bei Eurystheus, dem König von Mykene, begeben und als dessen Diener zwölf Aufgaben erfüllen. Eurystheus mochte Herakles nicht – und er hatte auch Angst vor ihm. So dachte er sich Aufgaben aus, die eigentlich unlösbar waren. Er hoffte, dass Herakles dabei umkommen würde. Aber Herakles erledigte eine schwere Arbeit nach der anderen: Zunächst tötete er einen furchtbaren Löwen und hängte sich dessen Fell um die Schultern. Es machte ihn fast unverwundbar. Danach tötete er die neunköpfige Hydra und auch die übrigen Aufgaben erledigte er.
Bei der letzten Aufgabe jedoch war Eurystheus überzeugt, dass Herakles sie nicht überleben würde – und niemand außer Herakles hätte sie überlebt. Der Herrscher der Unterwelt, also des Totenreiches, hieß Pluto. Er hatte als ständigen Begleiter einen riesigen dreiköpfigen Hund namens Zerberus. Diesen Hund sollte Herakles besiegen und auf die Erde bringen.

Das war nach menschlichem Ermessen unmöglich, denn man konnte nicht in das Reich der Toten gehen und dann zurückkommen. Eurystheus war sich sicher, dass er Herakles nie wiedersehen würde.
Herakles bereitete sich sorgfältig vor: Er besuchte Priester und weise Männer, die ihm alles erzählten, was man auf Erden vom Totenreich wusste. Sie nannten ihm auch die geheime Stelle, an der man in die Unterwelt gelangt. Dort stieg er tief und immer tiefer in die Erde hinab. Bald schon sah Herakles die Schatten der gestorbenen Menschen, die traurig und ohne Freude im Jenseits hin und her wandelten. Manche flohen vor Angst, als sie ihn, einen lebendigen Menschen, sahen. Immer weiter kam Herakles, bis sich ihm schließlich Pluto, der König des Totenreiches, selbst in den Weg stellte. Ohne zu zögern nahm Herakles einen Pfeil aus dem Köcher und schoss auf ihn. Das war ungeheuerlich! Der Pfeil traf Pluto und durchbohrte dessen Schulter. Pluto war unsterblich, aber jetzt krümmte er sich vor Schmerzen und war bereit, mit dem gefährlichen Bogenschützen zu verhandeln. Da wurde Herakles ganz freundlich. Er erklärte, dass er sich den Hund Zerberus ausleihen und mit an die Erdoberfläche nehmen wolle. Danach werde er ihn selbstverständlich zurückbringen. Pluto war zwar einverstanden, doch wie konnte Herakles den Wachhund einfangen?
Herakles, der nur durch die Löwenhaut ein wenig geschützt war, fand den Wachhund an einem der Flüsse im Totenreich: Er war schrecklich anzusehen, bellte und geiferte mit drei Mäulern in drei Köpfen. Sein Schwanz war eine lebendige Schlange, die hin- und herzuckte. Herakles packte das Untier von hinten mit aller Kraft und drückte ihm den Hals zu. Zerberus wand sich, heulte, fletschte die Zähne und wollte zuschnappen. Sein Schlangenschwanz versuchte derweil den Gegner von hinten zu beißen. Doch es nützte dem Tier nichts: Herakles gab nicht nach und schnürte dem Hund die Luft ab, bis er in sich zusammensackte. Dann schleppte er das besinnungslose Tier in die Oberwelt und fesselte es dort. Als Zerberus zu sich kam und merkte, dass er nicht mehr im Totenreich war, war er außer sich vor Angst und Schrecken.
Herakles brachte das Tier zu Eurystheus, der seinen eigenen Augen nicht trauen wollte. Herakles hatte auch diese Aufgabe erfüllt! Eurystheus wusste nicht, vor wem er mehr Angst haben sollte: vor Herakles oder vor Zerberus. Voller Entsetzen rief er Herakles zu: Du bist frei, deine Aufgaben sind erfüllt, geh mir aus den Augen! Herakles aber brachte den Hund zurück zu Pluto, dem Gott der Unterwelt.

Sage nacherzählt von Ursula Fries, frei nach Gustav Schwab.

Griechische Wurzeln Europas

9. Jh. v. Chr. – 4. Jh. v. Chr.

1. Fasse zusammen, welche Eigenschaften die Götter in dieser Sage haben, und beurteile ihr Verhalten.

2. Erörtere anhand dieser Sage, warum Herakles als Held und Vorbild bei den Griechen so bekannt und beliebt war.

3. Recherchiere, welche zwölf Aufgaben Herakles zu erfüllen hatte. Das kannst du im Internet erfahren, aber es lohnt sich auch, in einem Sagenbuch nachzulesen. Schreibe dann die Aufgaben auf.

Die Sage von Zeus und Europa

Wie Zeus Europa entführte

Europa – so hieß die Tochter des Königs der Phönizier Agenor. Sie war weithin berühmt und bekannt für ihre außergewöhnliche Schönheit. Davon erfuhr auch Zeus, der Göttervater. Als Zeus die schöne Europa das erste Mal sah, verliebte er sich auf der Stelle in sie. Er beschloss, sie zu entführen und in seine Gewalt zu bringen.

D1 Göttervater Zeus

Dazu ersann er eine List. Zeus wusste, dass sich Europa häufig mit ihren Freundinnen am Meeresstrand bei der Stadt Tyros aufhielt. Er befahl dem Gott Hermes, die Rinderherden ihres Vaters Agenor an diesen Ort zu treiben. Als nun Europa sich mit ihren Begleiterinnen wieder einmal dem Strand näherte, verwandelte Zeus sich flugs in einen prachtvollen Stier und mischte sich unter die dort weidende Herde. Dabei hob er sich durch seinen kraftvollen und wohlgestalten Wuchs von allen anderen Tieren ab und zog so rasch die Aufmerksamkeit der Mädchen auf sich. Europa und ihre Freundinnen gingen arglos zu ihm und betrachteten ihn bewundernd. Und da er zahm und gar nicht gefährlich zu sein schien, begannen sie ihn zu streicheln und mit ihm zu spielen. Der Stier ließ sich das willig gefallen und schien sanft wie ein Lamm.

Schließlich wurde Europas Zutrauen zu dem Stier so groß, dass sie sich übermütig auf seinen Rücken heben ließ. Doch darauf hatte der listige Zeus nur gewartet. Augenblicklich erhob er sich und rannte in wildem Galopp mit Europa, die sich angstvoll an sein Stierfell klammerte, zur Küste. Dort angekommen sprang er ins Mittelmeer und schwamm mit ihr auf dem Rücken bis zur Insel Kreta. Nicht einen Tropfen Wasser soll Europa dabei abbekommen haben.

Auf Kreta stieg er mit ihr an Land, gab sich zu erkennen und gestand ihr seine Liebe. Für die erlittene Angst versprach er, Europa reichlich zu entschädigen, und gelobte, ihr Unglück in Glück zu verwandeln. Er machte sie zur Mutter von drei fast göttergleichen Söhnen, von denen einer der König von Lykien und einer der König von Kreta wurde. Diesen und den dritten Sohn erhöhte Zeus nach beider Tod, indem er sie zu Richtern der Verstorbenen in der Unterwelt einsetzte. Europa aber zu Ehren sollte der Kontinent, zu dem Kreta gehörte, fortan ihren Namen tragen.

Sage nacherzählt von Peter Offergeld, frei nach Gustav Schwab.

1. Erkläre in deinen eigenen Worten, wie der Kontinent Europa der Sage nach zu seinem Namen kam.

Griechische Wurzeln Europas

9. Jh. v. Chr. – 4. Jh. v. Chr.

Auf den Spuren von Olympia

Schau dir den Filmclip „Auf den Spuren von Olympia" an und bearbeite folgende Aufgaben:

1. Beschreibe anhand der Überreste, wie das antike Stadion in Olympia ausgesehen haben könnte.

2. Beschreibe die Zeus-Statue im Zeus-Tempel, die in der Antike zu den sieben Weltwundern zählte.

3. Vergleiche anhand der Informationen des Filmclips die antiken und die modernen Olympischen Spiele miteinander. Nutze dazu die Tabelle.

Antike Olympische Spiele	Moderne Olympische Spiele

Name _____ Klasse _____ Datum _____

Autor: Peter Offergeld

5 Vom Dorf zum Weltreich – Menschen im Römischen Reich

118–165

Gemeinsam lernen	Minimalfahrplan	Erweiterung/Vertiefung
	Rom – wie eine Stadt entsteht (S. 120–121)	Kompetenztraining Fachmethode: Eine Geschichtskarte untersuchen (S. 122–123)
	Republik: Wie wurde die Macht aufgeteilt? (S. 124–127)	
Think-Pair-Shaire: „Traumfrau und Traummann gesucht" Oder: Wie hätten Römerinnen und Römer eine Heiratsanzeige formuliert? (S. 128)	Die römische familia – eine normale Familie? (S. 128–131)	
	Warum wurde Rom Großmacht? (S. 132–135)	
	Im Krieg erfolgreich, zu Hause in der Krise? (S. 136–139)	
	Wer schafft neue Ordnung? (S. 140–143)	
	Alltag und Pracht in Rom (S. 144–147)	
	Römische Herrschaft – Unterdrückung der Provinzbewohner? (S. 148–151)	Vertiefung: Geschichte begegnen – Römische Geschichte im Comic (S. 152–153)
Rollenspiel: Sind die Germanen nur Wilde und Barbaren? (S. 154)	Römer und Germanen – unversöhnliche Nachbarn? (S. 154–157)	Erweiterung: Die Christen – Feinde des römischen Staates? (S. 158–159) Erweiterung: Ein islamisches Weltreich entsteht (S. 160–161)
	Roms Untergang – eine Folge seiner Größe? (S. 162–163)	
	Wiederholen und Anwenden (S. 164–165)	

5 Vom Dorf zum Weltreich – Menschen im Römischen Reich

8. Jh. v. Chr. – 7. Jh. n. Chr.

Kompetenzziele des Kapitels

Sachkompetenz

Die SuS
- stellen die Entwicklung Roms zum Stadtstaat dar und unterscheiden zwischen Sage und Wirklichkeit;
- erkennen den Zusammenhang zwischen naturräumlichen Gegebenheiten und politisch-territorialer Entwicklung;
- beschreiben die Formen der politischen Herrschaft in Rom und die Partizipationsmöglichkeiten der verschiedenen Gruppen der römischen Gesellschaft;
- erklären, wie sich das politische System Roms durch Kompromisse zwischen Herrschenden und Beherrschten herausbildete;
- unterscheiden verschiedene Lebensweisen und stellen Bezüge zwischen gesellschaftlichen Rahmenbedingungen und individuellen Lebensformen her, indem sie die römische familia mit der heutigen Familie vergleichen und die Beziehung zwischen Patron und Klient erklären;
- erläutern die Probleme, die sich für die römische Gesellschaft und die Republik durch die erfolgreiche Expansion ergaben;
- erklären, wie durch Augustus die römische Herrschaft insgesamt verändert und stabilisiert wurde;
- beschreiben, wie das Leben in der antiken Weltstadt Rom ablief und was es für unterschiedliche Lebensweisen gab;
- erläutern die Probleme, die sich für das Leben der einfachen Bürger in der Hauptstadt ergaben;
- beschreiben, wie die Menschen in den römischen Provinzen lebten und erläutern ihr Verhältnis zur Zentralgewalt in Rom;
- erklären, wie die Provinzverwaltung funktionierte;
- beschreiben, in welchem Verhältnis die Römer und die Germanen zu verschiedenen Zeitabschnitten der Geschichte lebten;
- erläutern, wie die Germanen aus römischer Perspektive gesehen wurden und unterscheiden dabei verschiedene Sichtweisen;
- erklären, warum es im Römischen Reich zu Christenverfolgungen kam;
- erläutern die Sichtweise der heidnischen Römer auf die Christen;
- beschreiben, wie es zur Wende unter Konstantin kam;
- beschreiben die Ausdehnung des Islam;
- erläutern, wie die islamischen Machthaber/der Koran die Nichtmuslime sehen und welche Stellung er ihnen beimisst;
- erklären, warum das Römische Reich in eine Krise geriet und schließlich unterging.

Methodenkompetenz

Die SuS
- können die römische Expansion räumlich und zeitlich einordnen;
- können methodisch Geschichtskarten analysieren;
- können Textquellen fachgerecht auswerten und vergleichen etwa am Beispiel der Auseinandersetzungen zwischen Patriziern und Plebejern unterschiedliche gesellschaftliche Gruppen miteinander;
- können die folgenden Grundbegriffe in sinnvollen Zusammenhängen verwenden: Republik, Prinzipat, Patriarchat, Klientelwesen, Romanisierung, Kolonie und Provinz; Aquädukt, Thermen, Circus, Amphitheater, Barbar, Limes, Märtyrer, Apostel, Buchreligion, Romanisierung, Völkerwanderung;
- können das Verhältnis von Römern und Germanen in einen zeitlichen Rahmen einordnen.

Urteilskompetenz

Die SuS
- stellen am Beispiel des frühen Roms einen Bezug zwischen den räumlichen Gegebenheiten und dem politischem Handeln in der Königszeit her;
- reflektieren am Beispiel der römischen familia eigene und fremde Wertvorstellungen;
- beurteilen das Handeln einzelner Adliger zur Zeit der Späten Republik;
- beurteilen, ob die Bewohner der Provinzen von den Römern unterdrückt wurden;
- beurteilen die einseitigen Aussagen der Quellen zu den Germanen und den frühen Christen;
- beurteilen die Politik gegenüber den Christen;
- beurteilen, ob der Islam gegenüber den Nichtmuslimen eine tolerante Politik vertrat.

Hinweise zur Orientierungsseite

- Wie kaum eine andere Personengruppe des römischen Weltreichs ist die römische Armee zum Sinnbild Roms geworden. Dort, wo die römische Geschichte fassbar und für uns präsent ist, prägen die römischen Legionäre das Bild von der Vergangenheit. Damit bietet sich die Chance, das Wissen einiger SuS für den gemeinsamen Einstieg in das Kapitel zu nutzen. Und gleichzeitig stellt sich die Aufgabe, von Beginn an auch den Blick für andere Gruppen von Menschen im römischen Weltreich zu weiten.
- Mithilfe von Einleitungstext, Karte, Zeitstrahl und Bildquelle können die SuS ihr Vorwissen und ihre schon vorhandenen Vorstellungen von Rom einbringen. Das Vorwissen kann in Form einer Mindmap erfasst und mit Fragen verknüpft werden: Was wollen die SuS näher untersuchen, wenn sie sich mit dem Thema Rom beschäftigen? Die dann gestellten Fragen, z.B. „Wie wurde Rom regiert?", können zunächst notiert und später bei einer Zusammenfassung wieder aufgegriffen und abschließend beantwortet werden. Am Ende der Unterrichtseinheit lässt sich besprechen, was in Wirklichkeit anders war, als man es sich eigentlich vorgestellt hatte.
- Einbeziehen lässt sich an dieser Stelle auch die bemerkenswerte räumliche und zeitliche Dimension des römischen Weltreichs sowie seine außergewöhnliche Fähigkeit, Menschen verschiedenster Kulturen miteinander zu verbinden.

Weiterführende Medienhinweise

Bücher/Zeitschriften

- Christ, Karl: Geschichte der Römischen Kaiserzeit. Von Augustus bis zu Konstantin. 6. Aufl. mit aktualisierter Bibliographie. München 2009.
  Sehr gute und übersichtliche Darstellung der Kaiserzeit bis Konstantin unter Berücksichtigung moderner Forschungsergebnisse. Ein Standardwerk, das auch einen sehr guten Überblick über Aspekte wie Provinzverwaltung, Religion, Germanen, Wirtschaft u.Ä. gibt.
  Der Band kann Hintergrundinformationen insbesondere zu den Unterkapiteln „Wer schafft die neue Ordnung?" (S. 140–143), „Alltag und Pracht in Rom" (S. 144–147) geben.
- Eich, Armin: Die römische Kaiserzeit. München 2014.
  Sehr aktuelle und übersichtliche Darstellung zur römischen Kaiserzeit.
  Der Band kann Hintergrundinformationen insbesondere zu den Unterkapiteln „Wer schafft die neue Ordnung?" (S. 140–143), „Alltag und Pracht in Rom" (S. 144–147) geben.
- Heuß, Alfred: Römische Geschichte, eingeleitet und mit einem neuen Forschungsteil vers. von Jochen Bleicken, Werner Dahlheim, Hans-Joachim Gehrke. Paderborn 2007.
  Guter, manchmal recht knapper Überblick über die römische Geschichte, ein immer wieder aktualisiertes Standardwerk seit den 1960er-Jahren.
  Der Band kann für alle Unterkapitel übergreifende Hintergrundinformationen geben.
- Jehne, Martin: Die römische Republik. Von der Gründung bis Caesar. München 2013.
  Auf ca. 100 Seiten gelingt Jehne ein gut lesbarer und interessanter Überblick über die römische Geschichte bis Caesar (Kap. „Wer schafft die neue Ordnung?", S. 140–143). Es werden sowohl übergreifende Strukturen wie Persönlichkeiten gewinnbringend dargestellt und auch für den Unterrichtsalltag immer noch prägende Bilder, wie das der massenhaften Verelendung der italischen Bauern im 2. Jahrhundert, aufgebrochen.
- Kolb, Frank: Rom. Die Geschichte der Stadt in der Antike. München 2002.
  Sehr gute Darstellung der Geschichte der Stadt Rom in der Antike und ihrer Besonderheiten, reiche Illustrationen und 101 Abbildungen und Karten.
  Der Band kann Hintergrundinformationen insbesondere zu den Unterkapiteln „Rom – wie eine Stadt entsteht" (S. 120–121), „Alltag und Pracht in Rom" (S. 144–147) geben.
- Krämer, Gudrun: Geschichte des Islam. München 2005.
  Knappe, aber gute Übersicht über die Geschichte des Islam.
  Der Band kann Hintergrundinformationen insbesondere zum Unterkapitel „Ein islamisches Weltreich entsteht" (S. 160–161) geben.
- Piepenbrink, Karen: Antike und Christentum. Darmstadt 2007.
  Das Verhältnis zwischen den Heiden und den frühen Christen wird unter verschiedenen Perspektiven umfassend und gut betrachtet.
  Der Band kann Hintergrundinformationen insbesondere zum Unterkapitel „Die Christen – Feinde des römischen Staates?" (S. 158–159) geben.
- Sommer, Michael: Erster Band: Rom und die antike Welt bis zum Ende der Republik. Stuttgart 2013.
  Sommers Überblicksdarstellung zur römischen Geschichte bis zur Zeit der Bürgerkriege bietet einen fundierten Überblick und zeigt, wie sich innerhalb der Forschung die Fragestellungen und Herangehensweisen an scheinbar altbekannte Themen in den letzten Jahren deutlich verändert und so neue Erkenntnisse eröffnet haben. Auch wenn die Zeit für die Lektüre der gesamten fast 600 Seiten umfassenden Monografie fehlen sollte, lohnt schon das Lesen einzelner Unterkapitel zu den behandelten Unterrichtsschwerpunkten. Ausschnitte von Textquellen, Übersichtstabellen und Karten machen Sommers Buch zu einer echten Fundgrube.
  Der Band kann Hintergrundinformationen insbesondere bis zum Unterkapitel „Im Krieg erfolgreich, zu Hause in der Krise?" (S. 136–139) geben.

Vom Dorf zum Weltreich – Menschen im Römischen Reich

8. Jh. v. Chr. – 7. Jh. n. Chr.

- Stöver, Hans Dieter: Quintus geht nach Rom (Buch 1), Quintus in Gefahr (Buch 2), Quintus setzt sich durch (Buch 3). München 1987, 1991, 1993 – Trilogie.
  Noch immer ist Stövers Trilogie eine echte Empfehlung. In den drei Büchern werden auf gelungene Weise das spannend erzählte Schicksal eines Jungen und seiner Familie mit den fundiert dargestellten Leben in der Großstadt Rom zur Zeit der Späten Republik verbunden. Ganz nebenbei erfahren wir beim Lesen viel über die gesellschaftlichen und politischen Verhältnisse um das Jahr 50 v. Chr. Am Ende führt der Weg sogar bis ins ferne Ägypten, wo der Held Quintus den Brand der großen Bibliothek von Alexandria miterlebt.
  Der Band kann Hintergrundinformationen insbesondere bis zum Unterkapitel „Im Krieg erfolgreich, zu Hause im Krieg?" (S. 136–139) geben.
- Wolters, Reinhard: Die Römer in Germanien. München 2011.
  Knappe, aber sehr gute und differenzierte Darstellung. Der Band kann Hintergrundinformationen insbesondere zum Unterkapitel „Römer und Germanen – unversöhnliche Nachbarn" (S. 160–161) geben.

Internet/Film

- Imperium Romanum.Wissen.de
  Die DVD-Sammlung bietet Dokumentationen zu vier Themenschwerpunkten: Hannibal, Varus-Schlacht, Cleopatra und Wagenrennen. Dabei werden nicht nur die militärischen Auseinandersetzungen ausführlich mit nachgespielten Szenen – wie auch bei anderen Produktionen aus Großbritannien und den USA – gekonnt inszeniert. Ausführlich werden auch auf der Grundlage der Darstellung archäologische Funde wirtschaftliche und gesellschaftliche Aspekte dargestellt. Gerade der Teil zu Hannibal ermöglicht viele unterschiedliche Einblicke in die Zeit der römischen Expansion (z. B. zum römischen Bundesgenossensystem) und dazu einen guten Überblick über die komplexen Entwicklungen des Zweiten Punischen Krieges. Die Darstellungen unterliegen keiner Altersbegrenzung.
- Mediathek der Universitätsbibliothek Graz (http://ub.uni-graz.at/index.php?id=30779, Zugriff 07.01.2015)
  Auf der Homepage der Universitätsbibliothek Graz finden sich unter der Rubrik „Klassisches Altertum, Antike Kulturen" eine Vielzahl von empfehlenswerten Filmbeiträgen, Dokumentationen usw., die sich zur Unterrichtsvorbereitung, aber sicher teilweise (jahrgangsabhängig) auch zum direkten Einsatz im Unterricht eigenen. Für die Römische Antike finden sich zu folgenden Stichpunkten filmische Beiträge/Verweise (alphabetisch): Brot & Spiele – Gewalt und Unterhaltung im antiken Rom; Caesar – die römischen Kaiser; Karthago; Kolosseum – Arena des Todes; Rom; Römer zwischen Alpen und Nordmeer; Völkerwanderung; Weltmacht Rom.

Rom – wie eine Stadt entsteht

Kompetenzziele

Sachkompetenz
- Die SuS erkennen die konkreten Voraussetzungen vor Ort und Einflüsse anderer Kulturen auf die Entstehung Roms,
- Sie stellen dar, wie es auf politischer, wirtschaftlicher und gesellschaftlicher Ebene zur Bildung der Stadt kam,
- Sie kennen die Gründungssage,
- Sie vollziehen den Prozess der Stadtentstehung nach,
- Sie beschreiben die Herausbildung der Monarchie unter dem Einfluss etruskischer Adliger.

Methodenkompetenz
- Die SuS können eine Zeichnung zur Landschaft Roms auf die naturräumlichen Bedingungen hin untersuchen, die eine Stadtgründung begünstigten.

Urteilskompetenz
- Die SuS vergleichen die historische Entwicklung mit der Gründungssage und beurteilen, welche Elemente der Sage fiktiv waren (z. B. das Gründungdatum „753") und welche einen historischen Kern besaßen.

Hinweise zum Verfassertext und zu den Materialien

VT Das Verhältnis zwischen den Bewohnern der sich herausbildenden Stadt Rom und den Etruskern wird in der Forschung seit geraumer Zeit differenziert gedeutet. Als überholt gilt die Vorstellung, die Etrusker hätten ihre überlegene Kultur und Herrschaft gleichsam Rom übergestülpt, die Römer dagegen hätten sich dann mit der Vertreibung des letzten etruskischen Königs von der etruskischen Fremdherrschaft befreit. Statt der Unterschiedlichkeit der etruskischen und der römischen Kultur wird heute vielfach die Affinität zwischen Etruskern und Römern betont: Beide lebten in einer einheitlichen materiellen Welt, ihre Gebräuche waren ähnlich. Demnach wäre von einem wechselseitigen Austausch und einer gegenseitigen Durchdringung gerade der Oberschichten der Etrusker und Römer auszugehen – zu nennen wären hier auch die Eliten der griechischen Städte Italiens. Dass es in Rom etruskische Adelsgeschlechter und zeitweise auch etruskische Könige gab, wäre dann weniger als Zeichen der politischen Oberhoheit und Dominanz der Etrusker, sondern vielmehr als Beleg für kulturelle und gesellschaftliche Austausch- und Durchdringungsprozesse zu verstehen. Unstrittig ist jedoch, dass von den kulturell weiter fortgeschritteneren etruskischen Städten wichtige Impulse für die Entwicklung des frühen Roms ausgingen.

Q1 Die Urne zeigt die vermutliche Form der Hütten, wie sie vor allem auf den Hügeln auf dem Gebiet des späteren Roms errichtet worden waren. Aschenurnen in runder, rechteckiger oder ovaler Hüttenform sind charakteristische Funde für Latium und Etrurien des 9. und 8. Jahrhundert v. Chr. Sie sind Zeugnisse der Villanova-Kultur, die später von der etruskischen Kultur abgelöst wurde.

Q2 Die Abbildung der Wölfin zusammen mit Romulus und Remus war ein gängiges Motiv auf den Münzen der römischen Republik. Die Wölfin, die ab dem 3. Jahrhundert regelmäßig mit Romulus und Remus dargestellt wird, symbolisiert den Ewigkeitsanspruch Roms und verweist auf die göttliche Herkunft des Romulus: Er war Gründer der Stadt und zugleich Sohn des Kriegsgottes Mars.

D1 In der Zeichnung wurden die Faktoren festgehalten, welche die Entstehung der ersten Siedlungen wie auch das Heranwachsen einer Stadt begünstigten. Hervorgehoben wurden die nach Etrurien führende Salzstraße, die Flussverbindung zum Mittelmeer, die landwirtschaftlichen und klimatischen Bedingungen, die Hügel als trockenere und sicherere Rückzugsorte. – Das Forum war zu dieser Zeit ein Sumpfgelände, das von Flussläufen wie dem Velaber durchzogen wurde. Bei Hochwasser überschwemmte zudem der Tiber das Gelände.

D2 Die Sage von Romulus und Remus wird vermutlich einigen SuS nicht unbekannt sein. Mit Blick auf den angestrebten Vergleich zwischen Sage und heutigem Wissen können vorab allgemeine Merkmale einer Sage besprochen werden.
Die Sage von der Flucht des Aeneas und die Geschichte von der Wölfin, die zwei Jungen im Kleinkindalter fand, waren in Italien schon früh allgemein bekannt. Vermutlich wurden beide Traditionen in einer Gründungssage zusammengefasst, als Rom bereits als Stadt eine gewisse Größe erreicht hatte. Auffällig ist, dass die Etrusker innerhalb der Gründungssage keine Rolle spielen. Ein Grund hierfür könnte sein, dass man nach der Vertreibung der Etrusker besonderen Wert darauf legte, die Ursprünge Roms als autochthon darzustellen. Das Gründungsjahr 753 v. Chr. wurde von dem römischen Gelehrten Varro im 1. Jahrhundert v. Chr. errechnet und war schon bald kanonisch.

5 Vom Dorf zum Weltreich – Menschen im Römischen Reich

8. Jh. v. Chr. – 7. Jh. n. Chr.

120–121 **Sequenzvorschlag** 🌐 4uh6fk

Doppelstunde: Entstehung und Entwicklung Roms – Voraussetzungen

Kommunikations- und Sozialformen	Minimalfahrplan	Differenzierungsangebote
Unterrichtsgespräch	**Einstieg:** Bilder der SuS zum antiken Rom, Beschreibung der Tonurne Q1, Rückschluss auf die damaligen Lebensverhältnisse	
	Leitfrage: Wie entstand aus Dörfern ein mächtiger Stadtstaat?	
Einzelarbeit	**Erarbeitung 1:** Suche nach den Voraussetzungen, Untersuchung der Zeichnung D1, Auswertung des VT, Arbeitsauftrag 1	
Unterrichtsgespräch	**Sicherung 1:** Anlegung des TB, Eintrag erster Ergebnisse	
Partnerarbeit	**Erarbeitung 2:** Beschreibung der Münze mit dem Bildmotiv der säugenden Wölfin Q2, Hinweis auf die Bedeutung des Bildmotivs für Rom, Frage nach den positiven Eigenschaften von Wölfen – Vergleich von Sage und Wirklichkeit, Arbeitsauftrag 3	Erschließung der Grenzen heutigen Wissens, Arbeitsauftrag 2
Unterrichtsgespräch	**Sicherung 2:** Ergänzung des TB, Beantwortung der Leitfrage	
Klassengespräch	**Transfer:** Frage nach Wahrzeichen von Vereinen heute und ihrer Bedeutung für Mitglieder und Fans	Verfassen eines Briefes an einen griechischen Händler, Arbeitsauftrag 4
Diskussion	**Beurteilung:** Frage nach den Motiven für den Mord an Remus, Diskussion zur Bedeutung der Sage für die Gemeinschaft der Stadt	

Tafelbild zx9r6y

Rom – eine Stadt entsteht und wächst

Voraussetzungen

Natürliche Gegebenheiten	Wirtschaft	Gesellschaft	Herrschaft	Religion/Sage
- Hügel (Schutz) - schiffbarer Fluss - Furt - fruchtbares Land	- Handelsweg (Salz) - Markt - Handel mit Etruskern, Griechen und Nachbarvölkern	- Bevölkerungszunahme - Einwanderer mit neuen Ideen - Zusammenschluss: gemeinsame Verteidigung	- König: im Krieg Befehlshaber und im Frieden Verwalter von Stadt und Land - Stadt als Zentrum für das Umland	- gemeinsame Götter - Ursprungssage von der Entstehung der Stadt (Mitwirkung der Götter)

Wachstum (700 – 500 v. Chr.):
Rom wird eine der größten Städte Italiens.

Erläuterungen zu den Arbeitsaufträgen

📖 120–121

1. Fasse mithilfe der Zeichnung D1 und des VT die Voraussetzungen für die Entstehung und die weitere Entwicklung der Stadt Rom zusammen. (AFB I)
- Hier sind zunächst die naturräumlichen Gegebenheiten zu berücksichtigen.
- Neben den klimatischen Bedingungen und den fruchtbaren Böden am Tiber war es vor allem Roms Lage an der ersten Tiberfurt vom Mittelmeer landeinwärts, welche die Entstehung einer Stadt begünstigte.
- Gesellschaftliche und wirtschaftliche Faktoren lassen sich dann als weitere Bedingungen hinzufügen.

2. Arbeite heraus, was wir heute über die Entstehung Roms nur vermuten können, aber nicht sicher wissen (VT). (AFB II) ○
- Auch unsere wissenschaftlich fundierte Kenntnis hat ihre Grenzen und basiert gerade im Bereich der römischen Frühzeit an vielen Stellen auf Annäherungen und Deutungen.
- Das können die SuS erkennen, indem sie noch einmal den VT durchlesen und die Textstellen heraussuchen, an denen deutlich wird, dass man hier nichts Genaueres sagen kann (Orientierungshilfe sind Adverbien wie „vielleicht", „vermutlich" usw.).
- Siehe dazu u. a. VT1, Z. 17 (Markt an der Tiberfurt), VT2, Z. 34 (Name der Stadt Ruma aus dem Etruskischen).

3. Vergleiche die Sage von der Gründung Roms mit dem, was wir heute über die Entstehung Roms wissen und vermuten. Überlege dir zunächst die Vergleichspunkte und trage die Ergebnisse in eine Tabelle ein. (AFB II) ○
- Wichtige Vergleichspunkte werden mit der Tabelle auf S. 172 bereits als Denkanstoß genannt.
- Die Unterschiede zwischen unserem Wissen und der Sage sind gut erkennbar, interessant ist deshalb die Besprechung der Gemeinsamkeiten: Die Örtlichkeiten der Sage stimmen mit unserem heutigen Wissen um die Entstehung Roms überein (frühe Besiedlung des Palatins – Gründung Roms auf dem Palatin).
- Darüber hinaus gibt es folgende Berührungspunkte: Bau einer Mauer durch Romulus – der Bau von Mauern und Wällen unter den Königen; dann die genannte Wirtschaftsform: Romulus und Remus waren zunächst Hirten – das Gebiet am Tiber wurde von den Latinern als Weideland genutzt.
- Abschließend könnte kurz auf die Frage eingegangen werden, wie sich heute Sagen für die Archäologie und Geschichtswissenschaft nutzbar machen lassen.

4. Schreibe einen Brief: Ein römischer Händler erklärt seinem griechischem Geschäftspartner, warum die Römer eine Wölfin mit zwei Kleinkindern auf ihre Münzen prägen (Q2). (AFB II) ●
- Bei dieser Aufgabe haben die SuS die Möglichkeit, direkt mit der Darstellung des Gründungsmythos zu beginnen oder – wenn mehr Zeit zur Verfügung steht – die Perspektive des Adressaten stärker einzubeziehen: Welche Personen und Gottheiten sind auch den Griechen bekannt? Warum wird gerade die Szene des Säugens der Wölfin dargestellt und nicht etwa der Sieg über den unrechtmäßigen König, den Großonkel? Welche positiven Eigenschaften verbinden die Römer mit Kindheit und Jugend von Romulus und Remus?
- Zunächst ist die Lage Roms an der Grenze zwischen dem Gebiet der Etrusker und den Gebieten der Stämme der Italiker zu beschreiben, ferner die Erreichbarkeit für die Schiffe der griechischen Händler zu erkennen.
- In einem zweiten Schritt können dann die Sachinformationen zu den Etruskern und Griechen einbezogen werden. Mit Blick auf die griechischen Städte ist es wichtig, sich an die Themen Koloniegründung und Wirtschaft in Athen zu erinnern, um den Vorteil des gemeinsamen Handelns mit den Griechen zu sehen.

5 Vom Dorf zum Weltreich – Menschen im Römischen Reich

8. Jh. v. Chr. – 7. Jh. n. Chr.

Kompetenztraining Fachmethode: Geschichtskarten untersuchen

Methodenkompetenz
- Die SuS können die Karte zu den Völkern Italiens beschreiben (Thema, Kartentyp, Kartenausschnitt, Zeitabschnitt, Maßstab).
- Sie können ihr die wesentlichen Informationen entnehmen (Einfluss- und Machtbereiche verschiedener Völker, Lage Roms zwischen den verschiedenen Einflussbereichen).
- Sie können anhand der Karte untersuchen, welche Völker wohl Einfluss auf die Entstehung und Entwicklung der Stadt hatten.

Hinweise zum Material

D1 Als Grundlage zur methodischen Einführung in die Kartenarbeit dient ein schnell erfassbarer Kartenausschnitt zu Italien im 6. Jahrhundert v. Chr. Er bietet aufgrund seiner Überschaubarkeit die Möglichkeit, das Kartenmaterial möglichst vollständig im Detail auszuwerten und die Inhalte direkt für den Kontext der Gründung Roms einzusetzen. Die Karte bildet auch den Startpunkt für das Erfassen des Aufstiegs Roms zur Weltmacht.

Erläuterungen zu den Arbeitsaufträgen

1. Errechne die ungefähren Wegzeiten: Wie lang brauchte ein griechischer Händler mit seinem Schiff von Neapel bis zur Tibermündung (Durchschnittsgeschwindigkeit: 10 km/h)? In wie viel Stunden erreichte eine Armee aus der verfeindeten Etruskerstadt Veji die Stadt Rom (Durchschnittsgeschwindigkeit: 4 km/h)?
Verwende hierzu die direkte Linie zwischen Ausgangs- und Zielort. (AFB I)

- Die Arbeit mit den Entfernungen soll zum einen das Anwenden der Maßstabsleiste ermöglichen, zum anderen die Vor- und Nachteile der Lage Roms verdeutlichen helfen.
- Für die Errechnung der Wegstrecke auf dem Seeweg von Neapel nach Rom kann mit einer Vereinfachung gearbeitet werden: Zunächst wird in direkter Linie die Distanz zwischen Neapel und Rom gemessen, bevor die Umrechnung in Kilometer und die Ermittlung der Reisedauer erfolgt.
- Bei Annäherungswerten von um die 250 Kilometer (25 h) wird deutlich, dass auf dem Seeweg griechische Händler aus Neapel – selbst bei Pausen während der Nacht und einem Umladen der Waren für die Fahrt auf dem Tiber – den Handelsplatz Rom in wenigen Tagen auf dem Seeweg erreichen konnten.
- Die etruskische Stadt Veji lag nur 18 km nordöstlich von Rom an einem Seitenfluss des Tiber, und profitierte wie Rom vom Handel mit Salz und Waren, die auf dem Tiber verschifft wurden. Veji gehörte zu dem etruskischen Zwölf-Städte-Bund, mit dem Rom über längere Zeit Krieg führte. Die Distanz zwischen den beiden verfeindeten Städten ist auf der Karte gerade noch erfassbar – Schätzwerte von 20 km sind zu erwarten. Auf diese Weise kann auch die Aufmarschzeit bei einem Angriff errechnet werden: ca. 5 Stunden. Die Tatsache, dass die Entfernung gerade noch messbar ist und sich auf eine Wegdistanz von wenigen Stunden Fußweg umrechnen lässt, kann verdeutlichen, in welche Gefährdungssituationen Stadtstaaten wie das frühe Rom in kürzester Zeit geraten konnten.

2. **Beschreibe die Lage Roms und erläutere die hiermit verbundenen Vor- und Nachteile mithilfe der Karte und der Musterlösung. Überlege hierzu, von welchen Nachbarn die junge Stadt Rom wohl besonders profitieren konnte. Formuliere Vermutungen, welche Bedrohungen wohl für Rom aufgrund seiner geografischen Lage entstanden.** (AFB I)
- Bei dieser Aufgabe sollten die SuS genau auf die Arbeitsschritte achten.
- Zunächst ist die Lage Roms an der Grenze zwischen dem Gebiet der Etrusker und den Gebieten der Stämme der Italiker zu beschreiben, ferner die Erreichbarkeit für die Schiffe der griechischen Händler zu erkennen.
- In einem zweiten Schritt können dann die Sachinformationen (VT) zu den Etruskern und Griechen einbezogen werden. Mit Blick auf die griechischen Städte ist es wichtig, sich an die Themen Koloniegründung und Wirtschaft in Athen zu erinnern, um den Vorteil des gemeinsamen Handelns mit den Griechen zu sehen. Die Römer konnten aber potenziell auch durch den Handel mit ihren direkten Nachbarn profitieren (bspw. verschiedene bäuerliche Volksgruppen Latiner, Volsker, Aequer bzw. Städte wie etwa Caere, Veji).
- Die Nähe zu den Etruskerstädten wie auch den Völkern der Italiker bedeutete zugleich eine große Gefahr, gerade wenn Rom in Konflikt mit mehreren seiner Nachbarn geriet und zeitgleich an unterschiedlichen Fronten kämpfen musste.

3. **Informiere dich mithilfe des Internets oder eines Lexikons darüber, mit welchen auf der Karte genannten Nachbarn Rom im 6. und 5. Jahrhundert v. Chr. Kriege führte.** (AFB I)
- In den beiden folgenden Jahrhunderten führten die Römer Kriege gegen viele ihrer Nachbarn. Und der Aufstieg zur führenden Macht Italiens war mit vielen Rückschlägen und Niederlagen verbunden.
- Beispiele sind die langjährigen Auseinandersetzungen mit der Stadt Veji und der Latiner-Krieg, ferner die Auseinandersetzungen mit den Sabinern wie auch mit den Aequern und denen mit ihnen verbündeten Volskern. Diese drei Stämme waren in den Bergregionen der Apenninen beheimatet, sie fielen immer wieder plündernd in die Ebene und die Hügellandschaft von Latium ein (vgl. auch die Rede des alten Mannes Q2, SB S. 126).
- Die Frage der andauernden Kriege leitet über zum folgenden Unterkapitel über die Verfassung und Ständekämpfe.

5 Vom Dorf zum Weltreich – Menschen im Römischen Reich

8. Jh. v. Chr. – 7. Jh. n. Chr.

124–127 Republik: Wie wurde die Macht aufgeteilt?

Kompetenzziele

Sachkompetenz
- Die SuS kennen Grundbegriffe der römischen Herrschaft zur Zeit der Republik.
- Sie wissen, dass um das Jahr 500 die Königsfamilie vertrieben und die Macht unter den Senatoren neu aufgeteilt wurde.
- Sie wissen, dass das Ringen um die angemessene Verteilung der Macht (Ständekämpfe) über 200 Jahre dauerte.
- Sie erkennen, dass die Leitung der Republik von den Magistraten übernommen wurde und dass das eigentliche Machtzentrum der Senat war.
- Sie stellen dar, dass die von der Herrschaft ausgeschlossene Gruppe die Plebejer waren, zu denen arme Bauern wie auch reiche Familien gehörten.
- Sie erklären, dass die Patrizier durch den Widerstand der Plebejer gezwungen waren, Kompromisse einzugehen und Zugänge zur Macht zu öffnen bzw. neu zu schaffen.

Methodenkompetenz
- Sie können eine längere Textquelle im Hinblick auf die Lebensbedingungen vieler römischer Plebejer untersuchen.
- Sie können mit eigenen Texten und Bildern eine von Livius dargestellte Szene der Auseinandersetzung zwischen Patriziern und Plebejern gestalten.

Urteilskompetenz
- Sie beurteilen die römische Verfassung unter der Frage, inwieweit sie demokratisch war (integriert: Vergleich mit den Mitwirkungsmöglichkeiten der Athener Bürger im 5. Jahrhundert v. Chr.).

Tafelbild i54s9p

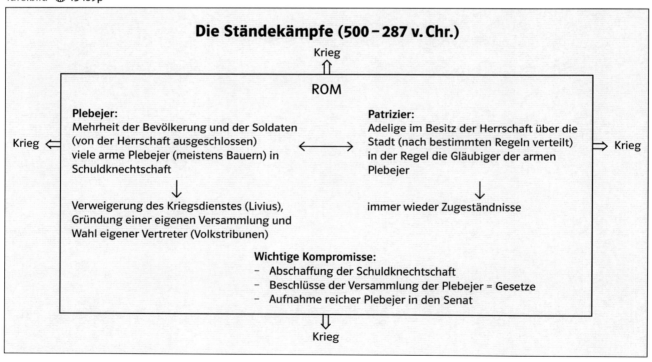

Sequenzvorschlag z69hb4

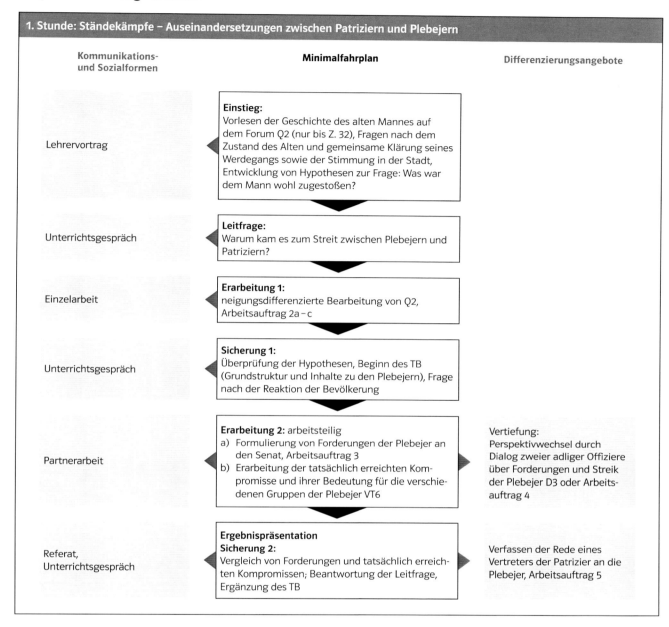

1. Stunde: Ständekämpfe – Auseinandersetzungen zwischen Patriziern und Plebejern

Kommunikations- und Sozialformen	Minimalfahrplan	Differenzierungsangebote
Lehrervortrag	**Einstieg:** Vorlesen der Geschichte des alten Mannes auf dem Forum Q2 (nur bis Z. 32), Fragen nach dem Zustand des Alten und gemeinsame Klärung seines Werdegangs sowie der Stimmung in der Stadt, Entwicklung von Hypothesen zur Frage: Was war dem Mann wohl zugestoßen?	
Unterrichtsgespräch	**Leitfrage:** Warum kam es zum Streit zwischen Plebejern und Patriziern?	
Einzelarbeit	**Erarbeitung 1:** neigungsdifferenzierte Bearbeitung von Q2, Arbeitsauftrag 2a–c	
Unterrichtsgespräch	**Sicherung 1:** Überprüfung der Hypothesen, Beginn des TB (Grundstruktur und Inhalte zu den Plebejern), Frage nach der Reaktion der Bevölkerung	
Partnerarbeit	**Erarbeitung 2:** arbeitsteilig a) Formulierung von Forderungen der Plebejer an den Senat, Arbeitsauftrag 3 b) Erarbeitung der tatsächlich erreichten Kompromisse und ihrer Bedeutung für die verschiedenen Gruppen der Plebejer VT6	**Vertiefung:** Perspektivwechsel durch Dialog zweier adliger Offiziere über Forderungen und Streik der Plebejer D3 oder Arbeitsauftrag 4
Referat, Unterrichtsgespräch	**Ergebnispräsentation Sicherung 2:** Vergleich von Forderungen und tatsächlich erreichten Kompromissen; Beantwortung der Leitfrage, Ergänzung des TB	Verfassen der Rede eines Vertreters der Patrizier an die Plebejer, Arbeitsauftrag 5

Zum Verfassertext und zu den Materialien

VT Zielpunkt der Argumentation ist die Entwicklung der römischen Verfassung aus einer Geschichte der Konflikte und Kompromisse zwischen Patriziern und Plebejern. Den Startpunkt der Darstellung bildet der Versuch des Adels, die Macht im Staat nach der Vertreibung des Königs dauerhaft so zu verteilen, dass eine Monarchie unmöglich und die Herrschaft exklusiv unter der Gruppe der Patrizier aufgeteilt wurde.

Q2 Die Rede ist in der vorliegenden Form ein Produkt des Livius, eines Zeitgenossen des Augustus. Die frühesten Autoren, welche die römische Geschichte schriftlich festhielten, schrieben an der Wende vom 3. zum 2. Jahrhundert (z.B. Fabius Pictor, Ennius). Ihre Grundlage waren vermutlich mündlich tradierte Geschichten. Innerhalb der überlieferten Darstellungen der römischen Geschichte bis zur Gründungsphase der Republik sind nur verhältnismäßig wenige Abweichungen zu beobachten. Das deutet auf einen relativ einheitlichen Bestand an überlieferten Geschichten hin. Auf diesen Bestand griff letztlich auch Livius zurück. Als zuverlässiger Kern der Geschichte kann die hier dramatisch dargestellte Problematik der Schuldknechtschaft verstanden werden.

5 Vom Dorf zum Weltreich – Menschen im Römischen Reich

8. Jh. v. Chr. – 7. Jh. n. Chr.

v526g5

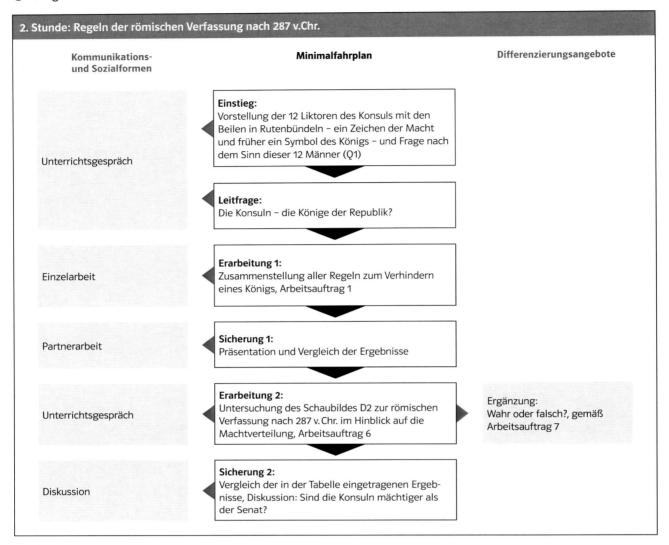

D1 In dem Schaubild werden die wichtigsten Erfolge der Plebejer aufgezählt. Beim Zwölf-Tafel-Gesetz ist es wichtig, zu erkennen, dass es schon ein Fortschritt war, dass überhaupt Gesetze aufgestellt wurden, die zumindest ein Mindestmaß an Rechtsschutz garantieren sollten – auch wenn man angesichts der Inhalte der Gesetze aus heutiger Sicht Zweifel an der Fortschrittlichkeit bekommen kann: z. B. beim Höchstgewicht der Ketten, in die jemand während der Schuldknechtschaft gelegt werden durfte. Durch ein Gesetz wurde die Schuldknechtschaft 326 v. Chr. zwar verboten, es blieb jedoch das Problem der Schulden vieler ärmerer Bauern. Zudem scheint das Gesetz nicht durchgehend eingehalten worden zu sein. Mit der Ausbreitung der Sklavenwirtschaft ab 300 v. Chr. verlor das Problem der Schuldknechtschaft jedoch endgültig an Bedeutung.

D2 Das Verfassungsschaubild stellt den durch die Ständekämpfe erreichten Kompromiss zwischen den Plebejern und den Patriziern dar. Betont werden die starke Position des Senats und die Machtmöglichkeiten der Volkstribune. Letztere spielten mit Verschmelzung von Patriziern mit reichen plebejischen Familien zu einer neuen Führungsschicht, der Nobilität, kaum eine Rolle mehr. Konkret: Die Volkstribune orientierten sich an den Beschlüssen des Senats. Das Volkstribunat wurde schon bald zu einem Amt auf der Karriereleiter der Magistraturen. Gleichzeitig wuchs die Bedeutung der Plebejerversammlung im Rahmen der Gesetzgebung, immer mehr Gesetzesvorhaben wurden durch sie beschlossen, die vom Senat auf den Weg gebracht worden waren.

Das Schaubild ist in seiner Struktur abgestimmt auf das Verfassungsschaubild zum Prinzipat (s. S. 143) und soll den Vergleich erleichtern.

D3 In der Marschordnung des dargestellten Zugs römischer Soldaten spiegelt sich auch die gesellschaftliche Ordnung wider. Hervorgehoben werden kann an dieser Stelle bereits die Position der ärmeren Bauern. Bis etwa zu dem Jahr 340 v. Chr. dauerten die bewaffneten Auseinandersetzungen mit den Gegnern Roms oft nur wenige Wochen. Danach mussten die Soldaten schon für längere Zeit ihre Höfe verlassen, weshalb sie Sold erhielten.

Erläuterungen zu den Arbeitsaufträgen

1. Fasse alle Regeln der Republik zusammen, die verhindern sollten, dass erneut ein König über Rom herrsche (VT). (AFB I)
- Die SuS sollten den Grundgedanken dieser Spielregeln adliger Machtverteilung selbst mit eigenen Worten zusammenfassen.
- Die Regeln der Ämter unterscheiden sich deutlich von Regelungen zur Wahl und Amtszeit heute:
Die Ämter der Konsuln, Prätoren, Ädilen und Quästoren wurden allesamt nur für ein Jahr übernommen (Prinzip der Annuität – allein die Zensoren übten ihr Amt bis zu 18 Monaten aus). Ferner sollte jedes Amt mindestens von zwei Beamten besetzt werden (Prinzip der Kollegialität). Die Macht konzentrierte sich damit in den Händen der Patrizier.

2. Bei der Bearbeitung der Rede des alten Mannes in Q2 hast du die Wahl zwischen drei Aufgaben (AFB II):
a) Schreibe einen Artikel wie bei einer heutigen Zeitung über den Vorfall auf dem Forum und seine Hintergründe. Lies dazu auch den VT.
b) Male ein Bild von dem alten Mann. Notiere dir dazu die Einzelheiten zu seinem Äußeren und Auftreten.
c) Der Geschichtsschreiber Livius hat die Rede des alten Mannes nur verkürzt wiedergegeben. Schreibe eine ausführliche Rede, wie der alte Mann sie tatsächlich gehalten haben könnte und trage sie in der Klasse vor.
Bei allen drei Aufgaben sollte besonders auf den erbärmlichen Zustand eingegangen werden, indem sich der ehemalige Hauptmann befand.
  - Für den Zeitungsartikel und die Rede können dem Quellentext insbesondere folgende Informationen zu den Gründen für die Verschuldung des alten Mannes entnommen werden: die lange Abwesenheit als Soldat, die Verwüstung seiner Felder während der Abwesenheit, der Ausfall der Ernte, die gewaltsame Zerstörung und Plünderung seines Hofes, das Zahlen der Steuern zu einem denkbar schlechten Zeitpunkt.
  - Die Folgen dieser Verschuldung bieten ebenfalls Stoff für beide zu schreibenden Texte: Verkauf des ererbten Landes und des gesamten Besitzes, Inhaftierung und Festsetzung im Arbeitshaus durch den Gläubiger, am Ende Folter.
  - Bei Nachfragen der SuS wird eventuell zu erklären sein, dass es während der frühen Republik den Gläubigern offenstand, die Schuldner in Ketten zu legen und über sie zu verfügen. Für die Betroffenen gab es zunächst überhaupt keine rechtliche Sicherheit. (Erst mit dem Zwölf-Tafel-Gesetz um 450 v. Chr. wurden überhaupt die Haft- und Lebensbedingungen eines festgehaltenen Schuldners näher geregelt.)

3. Stelle dir vor, du könntest als Plebejer dem Senat deine Forderungen vorbringen. Schreibe auf, was du dem Senat sagen würdest (VT, Q2). (AFB II)
- Forderungen der Gesandtschaft können sein: Abschaffung der Schuldknechtschaft; finanzielle Hilfen für Soldaten, die während des Krieges ihren Hof verloren haben; Verbot von Folterung römischer Bürger.
- Wichtige Forderungen über die Basis des Quellentexts hinaus wären: Übernahme von Ämtern durch die Plebejer, Anerkennung einer eigenen Versammlung und eigener Vertreter durch die Patrizier.

4. Beschreibe die in D3 dargestellten Personen und ordne sie verschiedenen gesellschaftlichen Gruppen zu. (AFB I)
- An der Spitze des Zuges reiten zwei Patrizier.
- Ihnen folgen schwerbewaffnete Plebejer, die über Grund und Boden sowie ein gewisses Einkommen verfügen mussten.
- Am Ende laufen ärmere Plebejer, deren Bewaffnung auch aus Gegenständen des Alltages bestehen konnte.

5. Die Senatoren schicken einen Patrizier zu den streikenden plebejischen Soldaten, er soll die Plebejer überzeugen, ihren Widerstand aufzugeben. Verfasse eine kurze Rede, mit der man die Plebejer vielleicht hätte überzeugen können. (AFB II)
- Die SuS sollen sie für den Verhandlungsführer der Senatoren eine Rede mit konkreten Kompromissvorschlägen erarbeiten.
- Hierbei können sie sich auch Vorschläge für die verschiedenen Gruppen der Plebejer überlegen.
- Berühmt ist die Rede des Mennius Agrippa – Livius lässt den Patrizier im Auftrag des Senats in das Lager der Plebejer gehen und das Gleichnis vom Körper und seinen Gliedern skizzieren, von denen keines auf das andere verzichten kann. Der Text dieser Rede kann am Schluss noch zur Vertiefung gelesen werden. Deutlich wird durch das vom Redner verwendete Gleichnis, welche Bedeutung dem Konsens und dem Zusammenhalt in Rom zugesprochen wird.

5 Vom Dorf zum Weltreich – Menschen im Römischen Reich

8. Jh. v. Chr. – 7. Jh. n. Chr.

6. Bei wem lag in Rom die Macht? Untersuche das Schaubild zur Verfassung (D2) mit Blick auf die verschiedenen Gruppen und Personen: reiche und arme Plebejer und Patrizier, Frauen und Sklaven, Senat und Magistrate, Volkstribune und Diktator. (AFB II)

- Die Versammlung aller Plebejer wählte die Volkstribunen, die mit ihrem Veto die Plebejer vor unrechtmäßigen Maßnahmen der adligen Magistrate schützen konnten. Ferner wählten die Plebejer zwei der vier Ädile.
- In den Volksversammlungen konnten die armen Plebejer keinen Einfluss auf die Entscheidungen nehmen. Hier hatten vor allem die Patrizier und die reichen Plebejer großen Einfluss.
- Ausgeschlossen von allen politischen Entscheidungen waren in Rom die römischen Frauen und Kinder, freie Einwohner ohne Bürgerrecht und Sklaven.
- Die Magistrate wurden von den erwachsenen männlichen Bürgern gewählt – die Volkstribune nur von den plebejischen Bürgern.
Der Senat hatte insofern eine besondere Stellung, als er den Magistraten die Beschlüsse vorgab und in Notzeiten einen Diktator für sechs Monate auswählte.
- Wählbar waren nur Personen, die über ein bestimmtes Vermögen verfügten, faktisch waren es nur Adlige (nach der Bildung einer gemeinsamen Führungsschicht durch Patrizier und reiche Plebejer, der Nobilität, gelang lange Zeit nur noch sehr wenigen Familien der Aufstieg in die Senatsaristokratie).
- Neben dem Veto besaßen die Volkstribunen die Möglichkeit, Gesetzesanträge in der Plebejerversammlung zu stellen.
- Der Diktator konnte in Notsituationen für beschränkte Zeit den Staat allein regieren (z. B. wenn im Krieg beide Konsuln getötet wurden).

7. Wahr oder falsch? Überprüfe folgende Aussagen mithilfe von D2 und des VT und stelle sie gegebenenfalls richtig: Die drei Konsuln sind die obersten Beamten, verwalten die Staatskasse und werden für sechs Monate gewählt. – Die Römer, die nicht Patrizier sind, dürfen in einer eigenen Versammlung Gesetze beschließen und eigene Vertreter wählen. – Die Karriere junger Senatoren begann als Konsul, dann wurde man Prätor, Ädil und am Ende Quästor. – Die eine Hälfte der Prätoren wurde von der Versammlung des gesamten Volkes, die andere von der Versammlung der Plebejer gewählt. (AFB II)

- **Falsch.** Die zwei Konsuln leiteten den Staat, führten das Heer und stellten Gesetzesanträge; sie wurden für ein Jahr gewählt.
- **Falsch.** In Rom bestimmte der **Senat** die Politik.
- **Falsch.** Die Karriere junger Senatoren begann als **Quästor**, dann wurde man **Ädil**, **Prätor** und am Ende **Konsul**.
- **Falsch.** Die eine Hälfte der **Ädile** wurde von der Versammlung des gesamten Volkes, die andere von der Versammlung der Plebejer gewählt.

Die römische familia – eine normale Familie?

Kompetenzziele

Sachkompetenz
- Die SuS kennen die verschiedenen Mitglieder einer römischen familia.
- Sie wissen, dass viele Römer als Klienten abhängig von adligen Patronen waren (Klientelwesen).
- Sie erkennen die grundlegenden Unterschiede zwischen einer heutigen Familie und der römischen familia.
- Sie stellen Grunderfahrungen und Wertevorstellungen römischer Frauen, Männer, Jungen und Mädchen dar.
- Sie erklären die wechselseitigen Verpflichtungen von Patron und Klient und erläutern die Bedeutung des Klientelwesens für die Republik.

Methodenkompetenz
- Sie können historische Inschriften und Texte unter der Fragestellung der Rollen von Frauen und Männern untersuchen.
- Sie können in Form heutiger Partneranzeigen Texte zu Rollenerwartungen römischer Frauen und Männer gestalten.

Urteilskompetenz
- Sie beurteilen an einem Fallbeispiel die Handlungsspielräume von römischen Frauen und Männern.

Sequenzvorschlag 6a9a5c

1. Stunde: Die römische familia – eine normale Familie?

Kommunikations- und Sozialformen	Minimalfahrplan	Differenzierungsangebote
Unterrichtsgespräch	**Einstieg:** Beschreibung von Mann und Frau auf dem Relief des Grabmals Q3 (eventuell nur Bildausschnitt): zunächst Alter der Personen, dann ihre Beziehung zueinander, Hypothesenbildung zum ersten Kennenlernen der beiden	
	Leitfrage: Römische familia – eine normale Familie?	
Einzelarbeit	**Erarbeitung 1:** Vergleich der römischen familia mit heutiger Familie, Arbeitsauftrag 2	Think-Pair-Share, Traumfrau – Traummann
Unterrichtsgespräch	**Sicherung 1:** Erstellung des TB, Festhalten der Strukturen der familia	
Partnerarbeit	**Erarbeitung 2:** positive Eigenschaften für die römische Frau und für den römischen Mann Q4–Q5, Arbeitsauftrag 1	Referat zur Bedeutung der Vorfahren, Arbeitsauftrag 5
Unterrichtsgespräch	**Sicherung 2:** Überprüfung der Hypothesen zum ersten Kennenlernen des Paares, zusammenfassende Beantwortung der Leitfrage und Einführung des Begriffs Patriarch	
Klassengespräch	**Transfer:** Gespräch über Rechte und Pflichten der heutigen Kinder in ihren Familien im Vergleich	

5 Vom Dorf zum Weltreich – Menschen im Römischen Reich

8. Jh. v. Chr. – 7. Jh. n. Chr.

🌐 z3m28r

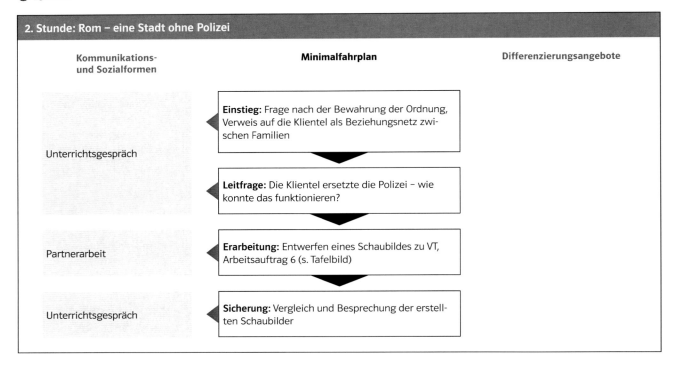

Tafelbild 🌐 p222je

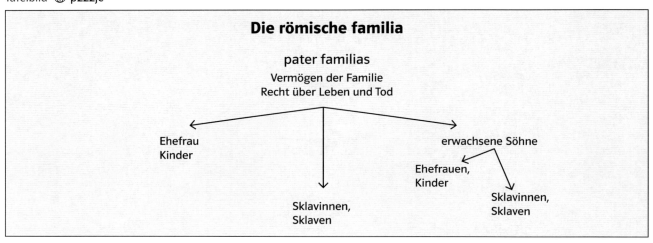

Tafelbild 🌐 c38u7x

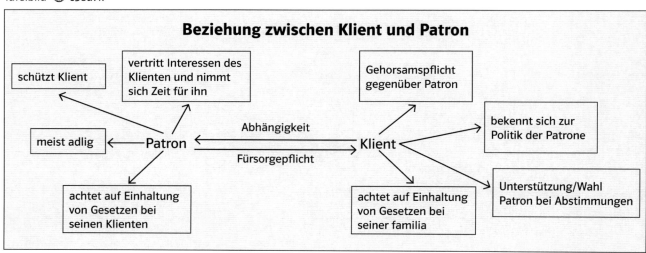

Zum Verfassertext und zu den Materialien

VT Die familia bildete die wichtigste Grundlage von Staat und Gesellschaft. Ihre Andersartigkeit im Vergleich zur heutigen Familie können die SuS am Beispiel der Rollen des pater familias sowie der anderen Mitglieder der familia erschließen. Ein wichtiger Unterschied ist z. B. das Heiratsalter der Mädchen. Eine Heirat im Alter von ca. 15 Jahren war in Rom für Mädchen nicht unüblich. Das Heiratsalter stieg allgemein erst in der Kaiserzeit. Der deutliche Altersabstand zum Ehemann stärkte letztlich nicht nur dessen Autorität. Männer, die Ende 20 waren, hatten auch schon eine Reihe von Feldzügen überlebt und wurden weniger häufig zum Militärdienst eingezogen als die jüngeren Jahrgänge.

Eingebunden und vernetzt wurden die einzelnen Familien durch das Klientelwesen, also ein Netz von Abhängigkeitsverhältnissen zwischen adligen und nicht adligen Familien. Die SuS sollten erkennen, dass durch das Klientelwesen Funktionen übernommen wurden, die heute der Staat übernimmt.

Q1, Q2 Die Statue des Mannes mit den Porträts seiner Vorfahren stammt aus der frühen Kaiserzeit. An ihr zeigt sich die besondere Bedeutung der Vorfahren. Typisch römisch ist der Naturalismus, mit denen gerade die Gesichter dargestellt wurden. Die realistische Darstellungsform römischer Porträts erklärt sich dadurch, dass es vor allem auf das Wiedererkennen und das konkrete Erinnern an die verstorbene Person ankam.

Auch bei römischen Frauendarstellungen finden sich individualisierte Gesichtszüge, bei Privatporträts wird auch das Alter deutlich erkennbar und auf eine idealisierte Darstellung wurde weitgehend verzichtet – im Gegensatz etwa zu Darstellungen von Kaiserinnen. Erkennbarkeit und Nähe zum Original sind Ziele der Darstellung. So auch bei der Frauenstatue aus dem 3. Jahrhundert n. Chr. Bei der weiblichen Gewandstatue handelt es sich um die sogenannte Große Dame von Leptis Magna (Tripolitanien), Libyen. Sie stellt eine Römerin der Oberschicht dar, bekleidet mit Stola und Palla. Ihre Darstellung ist orientiert an den Statuen römischer adliger Frauen: Eine aufrecht und selbstbewusst wirkende Haltung, verstärkt durch das Faltenspiel von Stola und Palla, und eine vornehme, fast reserviert erscheinende Gestik der Arme und Mimik des Gesichts erzeugen zusammen mit der Größe von 1,75 m den Eindruck aristokratischer Überlegenheit. Frauen aus der Unterschicht trugen in der Regel keine Palla.

Q3, Q4 Wie bei den Grabmälern von Frauen der römischen Oberschicht zeigt sich auch beim Grabmal der freigelassenen Aurelia Philematium die für Rom typischen Wertbegriffe weiblichen Verhaltens: Keuschheit, Treue, Pflichtbewusstsein, Bescheidenheit und Sorgsamkeit. Auch wird der für römische Ehepaare typische Altersunterschied deutlich: Schon als siebenjähriges Kind hatte sie auf dem Schoß ihres späteren Ehepartners gesessen. Beide Freigelassenen scheinen in derselben familia gelebt zu haben. Das Relief in der Mitte des Grabmals zeigt das Paar, wie es sich anlässlich der Heirat die rechte Hand gibt (nicht ganz deutlich zu erkennen: eine Papyrusrolle in der Linken des Bräutigams, auf der der Ehevertrag festgehalten wurde). Der Altersunterschied ist auch an den Gesichtern der Brautleute gut zu erkennen.

Q5 Der von Plinius dem Jüngeren angepriesene Minucius Acilianus besitzt die für einen zukünftigen Ehemann wichtigen Tugenden: Sittsamkeit, Genügsamkeit und ländliche Einfachheit. Bei ihm verbinden sich laut Plinius Männlichkeit und Bescheidenheit mit einem schönen Äußeren. Insgesamt bemüht sich Plinius das Bild eines Mannes zu zeichnen, der durch Verhalten und Erscheinung dem Habitus des senatorischen Standes voll und ganz entspricht. Zudem kommt er aus vermögenden Verhältnissen. Interessanterweise bezeichnet Plinius diese Qualitäten des jungen Manns als eine Belohnung der Braut für ihre Keuschheit.

Q6 Die Frontseite des Sarkophags (Länge 149 cm, Höhe 47,5 cm) befindet sich seit 1861 im Louvre, stammt jedoch eventuell aus dem Gebiet um Rom. Es ist überlegt worden, ob es sich bei der Frau um eine Amme und bei dem bärtigen Mann um einen Erzieher handelt. Die gesamte Bildszene lässt sich jedoch eher als Zeugnis für den Wunsch der Eltern deuten, an das gemeinsame Leben mit ihrem Sohn zu erinnern. Obwohl diese Erinnerung mit Bildern arbeitet, die idealisiert zu sein scheinen, bereichert dennoch diese Darstellung das traditionelle, eher juristisch geprägte Bild des strengen pater familias um weitere Aspekte. Er zeigt das verstorbene Kind als Neugeborenes und Kleinkind, als spielenden Jungen und älteres Kind, das bereits zur Schule geht und etwas vorträgt.

Q7 Als Cicero den Brief an seinen Freund Atticus schreibt, ist die eheliche Situation zwischen seinem Bruder Quintus und dessen Frau Pomponia bereits verfahren – später kommt es dann zur Scheidung. In der dargestellten Szene zeigen beide nicht das angemessene Verhalten und respektieren sich nicht, da sie jeweils die Rollen des anderen missachten.

5 Vom Dorf zum Weltreich – Menschen im Römischen Reich

8. Jh. v. Chr. – 7. Jh. n. Chr.

128–131 Erläuterungen zu den Arbeitsvorschlägen

1. Nenne Eigenschaften, die aus römischer Sicht positiv für eine Frau und für einen Mann waren (Q4, Q5). (AFB I)
- Keuschheit, Treue, Pflichtbewusstsein, Bescheidenheit, Anständigkeit (nicht durch das einfache Volk verdorben), Fleiß
- Im Gespräch mit den SuS sind unbedingt die Begriffe zu besprechen – zum Beispiel: Was bedeutet Keuschheit?

2. Vergleiche die römische familia mit einer heutigen Familie. Welche Gemeinsamkeiten und Unterschiede fallen dir auf? (VT) (AFB II)
- Vermutlich fallen den SuS zunächst die Unterschiede stärker ins Auge: die außergewöhnliche Machtfülle des pater familias, die Unterordnung auch erwachsener Söhne unter seine Autorität, das frühe Heiratsalter der Mädchen, der mit der frühen Heirat verbundene Rollenwechsel sowie die Größe und der Personenkreis der familia.
- Dagegen werden die SuS nur wenige auf einer sehr allgemeinen Ebene liegende Gemeinsamkeiten erkennen können: dass es z. B. heute auch noch – zumindest in einem Teil der Familien – eine deutliche Trennung der Geschlechterrollen gibt.
- Wichtig ist es, abschließend mit den SuS das deutliche Übergewicht der Unterschiede festzuhalten: Obwohl unser Wort Familie seine Wurzeln im lateinischen Begriff der familia hat, haben beide im Alltag nur verhältnismäßig wenige Gemeinsamkeiten.

3. Erläutere, wie die beiden Personen von ihren Zeitgenossen gerne gesehen werden wollten (Q1, Q2). Was war ihnen anscheinend besonders wichtig? (AFB II)
- Bei der Betrachtung beider Statuen sollte zunächst auf die Kleidung näher eingegangen werden: Wie mussten sich Frauen und Männer in einer solchen Kleidung verhalten? Welcher Eindruck entstand wohl bei den Betrachtern, wenn Toga oder auch Stola würdevoll getragen wurden?
- Ein weiterer Aspekt ist die Gestaltung der Gesichtszüge. Werden die Personen geschönt dargestellt? Können sie wiedererkannt werden?
- Näher einzugehen ist auch auf die Porträts der Vorfahren. Deren Darstellung sollte wahrscheinlich besonders die bleibende Bedeutung der Familie und gleichsam die Verehrung der Ahnen unterstreichen.

4. Beschreibe, was auf den einzelnen Bildabschnitten des Sarkophags (Q6) zu sehen ist. (AFB I)
- Zunächst ist zu erkennen, dass es sich um eine Bilddarstellung handelt, die wie bei einem Komik aufgebaut ist und somit eine Folge von Szenen mit denselben Personen zeigt.
- Zu klären ist auch, dass es sich um einen Teil eines Sarkophages handelt – ein Steinsarg also, dessen Funktion eventuell noch einmal zu erläutern ist. Wichtig ist hier der Hinweis, dass die Sarkophage in der Regel so aufgestellt wurden, dass die mit Reliefs verzierten Seiten für die Betrachter gut sichtbar waren.
- Gezeigt wird das verstorbene Kind als Neugeborenes und Kleinkind, als spielender Junge und älteres Kind, das bereits zur Schule geht und etwas vorträgt.
- Ferner werden die Mutter und der Vater in der Rolle des Erziehers seines Sohnes (vgl. auch VT) dargestellt.

5. Halte für deine Mitschüler ein Kurzreferat zur Bedeutung der Verehrung der Ahnen (Q2). (AFB II)
- Da das Thema der Ahnenverehrung aufgrund seiner Bedeutung in vielen Kulturen sehr umfangreich für eine Recherche ist, bietet der Hinweis, es mit dem Suchbegriff „pompa funebris" zu versuchen, eine deutliche Erleichterung.
- Der römische Beerdigungszug für Mitglieder des Adels war wohl einmalig in der antiken westlichen Mittelmeerwelt und zeigt die Fähigkeit des römischen Adels, Ehrungen zu organisieren und zu kanalisieren. Die Informationsquelle, auf die die SuS dann stoßen werden, ist die Darstellung bei Polybios (Historiai VI, 53.1 – 54.3) aus dem 2. Jahrhundert v. Chr.: Wesentlich ist die Teilnahme aller Mitglieder der familia, ihrer Freigelassenen und einiger Schauspieler, die unter anderem die Wachsmasken der verstorbenen ehrenwerten männlichen Vorfahren trugen. Mit anderen Worten: Auch die Ahnen waren präsent, sie bildeten zusammen mit dem Verstorbenen (stehend fixiert für alle sichtbar der tote Körper auf einer Art Trage) den Abschluss des Zuges. Ziel war in der Regel das Forum, wo eine Rede über die Leistungen der Vorfahren gehalten wurde. Diese für uns geradezu gespensterhafte Szenerie ist mit den SuS zu besprechen. Was dachten wohl Römerinnen und Römer, wenn die Ruhmestaten der Vorfahren so vor Augen geführt wurden? Welchen Einfluss besaßen in den Augen der Römer die Vorfahren auf das eigene Verhalten? Am Ende können die SuS auch noch auf die Statue Q1 zu sprechen kommen. Wie wollte der dargestellte Römer gesehen werden?

6. **Entwirf ein Schaubild zur Beziehung zwischen Klient und Patron (VT). Verwende dabei folgende Begriffe: Wahlstimme, viel Zeit, Vertretung vor Gericht, Gehorsam, Hilfe in Notlagen. (AFB II)** ○
- Siehe Tafelbild.
- Während die Verpflichtungen des Klienten für die SuS vielleicht sofort zu erkennen sind, ist der Aufwand des Patrons wohl noch eingehender zu besprechen, so etwa der Faktor Zeit.
- Der Missbrauch der Treue des Klienten durch den Patron wurde übrigens unter Strafe gestellt: Das Zwölf-Tafel-Gesetz sieht für den Patron, der seinen Klienten betrügt, eine außergewöhnlich hohe Strafe vor, nämlich die Sakration (Tafel VIII,21). Das heißt der Patron, welcher elementar gegen das Prinzip der gegenseitigen Treue (fides) verstößt, gilt als den Göttern ausgeliefert, ausgestoßen aus der menschlichen Gemeinschaft und darf damit von jedermann straflos getötet werden.

7. **Erkläre, warum sich auf der einen Seite Quintus durch das Verhalten seiner Frau unfreundlich behandelt fühlte und sich auf der anderen Seite Pomponia durch ihren Mann nicht hinreichend respektiert sah (Q7). (AFB II)** ○
- Bei dieser Aufgabe sollten die SuS zunächst überlegen, welche Aufgaben Pomponia als Ehefrau und Herrin des Hauses in der beschriebenen Situation eigentlich zugestanden hätten.
- Gleichzeitig sollte auch die Position des Quintus nicht vergessen werden. Während Quintus die Rechte Pomponias als Gastgeberin und Hausherrin übergeht (ein gewisser Statius ist bereits vorausgeschickt worden um für das Essen zu sorgen), missachtet Pomponia durch ihren Rückzug und die Vernachlässigung ihrer Pflichten die Rolle des Quintus als Hausherrn. Schließlich steht das Verhalten der Pomponia im deutlichen Kontrast zu Q4 und Q6.
- Auffällig sind das Selbstbewusstsein und die Stärke, mit der Pomponia agiert. Hier könnte zur Erklärung von Pomponias Verhalten auch noch die Frage nach ihrer Herkunft und Erziehung gestellt werden. In was für einer Familie ist Pomponia vermutlich groß geworden? Warum konnte sie so selbstbewusst auftreten? Ciceros Schwägerin stammte aus einer der ältesten und angesehensten römischen Adelsfamilien.

8. **Pomponia will noch am selben Abend einen Brief an ihren Bruder schreiben. Verfasse über die Ankunft auf dem Landgut und den Verlauf des Abends einen Brief aus der Perspektive der Pomponia. (AFB II)** ●

Ein solcher Brief könnte wie folgt beginnen:

Pomponia grüßt ihren Titus,
lange habe ich gezögert, ob ich dir schreiben soll. Aber zwischen mir und meinem Mann Quintus kommt es immer häufiger zum Streit. Oft bin ich gereizt, und auch Kleinigkeiten bringen mich dazu, scharfzüngig zu werden. Aber sind es überhaupt Kleinigkeiten? Häufig habe ich den Eindruck, dass er mir gegenüber nicht den Respekt und die Liebe zeigt, die einer Ehefrau und Herrin des Hauses zustehen. Meint er, er hätte eine Freigelassene geheiratet? Als wir zum Beispiel vor kurzem mit seinem Bruder Marcus beim Landgut ankamen, da …

Lösungshinweis zu „Gemeinsam lernen", S. 128
„Traumfrau und Traummann gesucht" Oder: Wie hätten Römerinnen und Römer eine Heiratsanzeige formuliert? Führt zur römischen familia ein Think-Pair-Share durch. Geht dabei wie folgt vor:
1. Think: Erstellt zunächst in Einzelarbeit eine Liste der Eigenschaften, die in Rom an Frauen und Männern besonders geschätzt wurden. Lest dazu den VT und untersucht die Materialien dieses Unterkapitels.
2. Pair: Gleicht eure Listen mit der eures Sitznachbarn ab und einigt euch auf eine gemeinsame Liste. Überlegt dann, welche Eigenschaften von Frauen und Männern in Rom wohl allgemein negativ bewertet wurden.
3. Share: Formuliert zu viert zwei Anzeigen, eine für die römische Traumfrau und eine andere für den römischen Traummann.
4. Diskussion in der Klasse: Stellt euch die Anzeigen gegenseitig vor. Diskutiert darüber, inwieweit sich eure Anzeigen für die Menschen im alten Rom von Heiratsanzeigen heute unterscheiden.

Das Think-Pair-Share kann im Anschluss an die Untersuchung des Grabmals Q3 und dem Vergleich zwischen der römischen familia und einer heutigen Familie durchgeführt werden. Die zum Grabmal gehörende Inschrift Q4 wie auch das Empfehlungsschreiben des Plinius Q5 bieten in komprimierter Form viele Hinweise auf positive Eigenschaften von Männern und Frauen in Rom, die direkt für die Formulierung einer Heiratsanzeige verwendet können. Wichtig ist hier Klärung einzelner Begriffe (z. B. Keuschheit). Die erste Teilaufgabe ist komplex und kann dadurch einfacher bearbeitet werden, wenn ein Schema zur Formulierung eines Anzeigentextes zur Verfügung gestellt wird, ähnlich den Vordrucken heutiger Zeitungen.

5 Vom Dorf zum Weltreich – Menschen im Römischen Reich

8. Jh. v. Chr. – 7. Jh. n. Chr.

132–135 Warum wurde Rom zur Großmacht?

Kompetenzziele

Sachkompetenz
- Die SuS kennen unterschiedliche Phasen der römischen Expansion.
- Sie erstellen mithilfe der Karte zu den Punischen Kriegen einen Überblick über den Verlauf des 2. Punischen Krieges.
- Sie kennen mit dem Bundesgenossensystem und den Provinzen unterschiedliche Formen der Herrschaft Roms.
- Sie erkennen am Beispiel des Bundesgenossensystems und der Provinzverwaltung, dass die Stabilität der Herrschaft durch ein wechselseitiges Geben und Nehmen zwischen den Römern und den Bundesgenossen bzw. Provinzbewohnern erreicht wurde.
- Sie kennen die Auseinandersetzungen mit Karthago als einen Konflikt, der die aufstrebende Macht Rom an den Rand einer endgültigen Niederlage führte.
- Sie wissen, dass weitere Voraussetzungen für Ausdehnung des Herrschaftsbereichs Anpassungsfähigkeit, Disziplin und Organisation der römischen Armee waren.
- Sie erkennen, welche materiellen Zugewinne die erfolgreich geführten Kriege vor allem den Senatorenfamilien eröffneten.

Methodenkompetenz
- Sie können ihre Arbeit mit Karten vertiefen, indem sie den Prozess der Expansion der römischen Herrschaft auf der Grundlage des Kartenmaterials erschließen und hierbei die grundlegenden Elemente der Kartengestaltung einbeziehen (Maßstab, Kartenausschnitt).
- Sie können verschiedene Textquellen hinsichtlich ihrer unterschiedlichen Einschätzungen der römischen Kriegsführung und Herrschaftspraxis untersuchen.

Urteilskompetenz
- Sie setzen sich mit der Frage auseinander, inwieweit die Römer ihrem eigenen Anspruch, gerechte Kriege zu führen, selbst gerecht wurden.

Tafelbild 232p5k

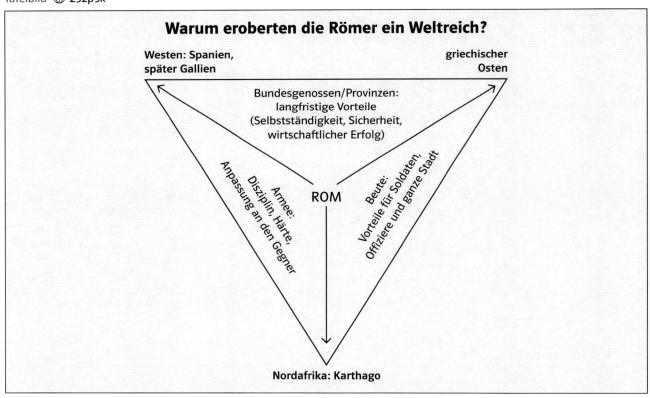

Sequenzvorschlag ⊕ c3v634

→ 132–135

Großmacht Rom

Kommunikations- und Sozialformen	Minimalfahrplan	Differenzierungsangebote
Unterrichtsgespräch	**Einstieg:** Kartenvergleich zur römischen Expansion D3–D5, Arbeitsauftrag 4	
	Leitfrage: Warum wurde Rom zur Großmacht?	
Einzelarbeit	**Erarbeitung 1:** Analyse des Bundesgenossensystems als Schlüssel zur erfolgreichen Expansion, Vergleich mit den Provinzen, Arbeitsauftrag 1	
Unterrichtsgespräch	**Sicherung 1:** Erstellung des TB mit ersten Einträgen	
Partnerarbeit	**Erarbeitung 2:** Erschließung der Gründe für die militärische Überlegenheit, Arbeitsauftrag 2. Untersuchen des Bechers mit Triumphdarstellung (Q1), Arbeitsauftrag 5	Verfassen des Berichts eines Soldaten, Arbeitsauftrag 6
Unterrichtsgespräch	**Sicherung 2:** Beantwortung der Leitfrage, Ergänzung des TB	im Anschluss Übung: Kartenarbeit im Details D3–D5, Arbeitsauftrag 3
Klassengespräch/ Unterrichtsgespräch		Vertiefung: Ansetzen bei der eigenen Erfahrungswelt: Frage zum richtigen Verhalten nach gewonnenem Spiel gegenüber den Verlierern, Frage nach unpassendem Verhalten in dieser Situation, Transfer: Frage nach dem passenden Verhalten von siegreichen Soldaten nach einem gewonnenen Krieg gegenüber den Verlierern – Bildung von Hypothesen
Einzelarbeit		Erschließung von Ciceros Grundsätzen zur richtigen Behandlung von Besiegten Q3, Arbeitsauftrag 8. Untersuchung des römischen Vorgehens bei der Eroberung Karthagos und der Städte in Epirus Q2 und Q4, Arbeitsauftrag 9

5 Vom Dorf zum Weltreich – Menschen im Römischen Reich

8. Jh. v. Chr. – 7. Jh. n. Chr.

132–135 Zum Verfassertext und zu den Materialien

VT Drei Bereiche werden als wichtige Voraussetzungen für die erfolgreiche Expansion vorgestellt. Eine Bedingung für den langfristigen Erfolg der römischen Politik lag in den Vorteilen, welche die römische Herrschaft den Verbündeten wie auch den Einwohnern der eroberten Gebiete brachte. Die militärische Überlegenheit wird vor allem durch Anpassungsfähigkeit und die Strukturen und Werte einer Armee mit Bürgersoldaten erklärt. Ein wesentlicher Motor der Expansion waren schließlich auch die materiellen Vorteile, welche die Römer selbst aus ihren Eroberungen zogen.

Q1 Der Becher mit der Darstellung eines Triumphzuges ist Teil eines Silberschatzes, der 1896 in einer Villa rustica in Boscoreale am Südhang des Vesuvs gefunden wurde. Auf dem Becher aus der ersten Hälfte des 1. Jahrhunderts n. Chr. ist Kaiser Tiberius auf dem Triumphwagen dargestellt.

Q3 Cicero verfasste als erster antiker Autor eine systematische Theorie des bellum iustum, des gerechten Krieges also. Kern seiner Überlegungen ist, dass jeder Krieg einen gerechten Grund voraussetzt. Der Grund, der allein Krieg rechtfertigt, liegt in der Sicherung des Friedens und der eigenen Lebensgrundlagen. Ein weiterer Punkt des Konzepts vom bellum iustum ist die Wahrung des Kriegsrechts etwa bei der Behandlung von eroberten Städten oder von Gefangenen. Cicero greift damit nicht nur auf Vorüberlegungen der hellenistischen Philosophie zurück. Wie an vielen anderen Stellen seines Werks „Über die Pflichten" führt Cicero auch an dieser Stelle die philosophische Ethik der Griechen mit römischer Herrschaftsmoral und -praxis zusammen. Dabei beansprucht Cicero für sich, ganz im Sinne der römischen Tradition zu argumentieren.

Q2, Q4 Dass die Römer sich selbst häufig nicht an die Regeln des bellum iustum hielten, zeigt der Bericht über die Eroberung griechischer Städte. Plutarchs Bericht über das Ende des Krieges gegen den Makedonenkönig Perseus macht deutlich, dass es sich bei dem brutalen Vorgehen der Römer nicht um einen spontanen Akt, gesteuert etwa durch das Verlangen der Soldaten nach schneller Beute, handelte. Vielmehr wird ausdrücklich darauf hingewiesen, die Städte seien durch einen Senatsbeschluss zur Plünderung freigegeben worden. Wichtig ist hier auch der Hintergrund: Die Vernichtung der Städte in Epirus 168 v. Chr., einer Region im nordwestlichen Griechenland (völlige Zerstörung, Versklavung der gesamten überlebenden Bevölkerung), bildete gleichsam den Auftakt zur einer Reihe äußerst brutaler Zerstörungen gegnerischer Städte um die Mitte des 2. Jahrhunderts v. Chr.; es folgten die Zerstörung Karthagos 146 v. Chr. und des spanischen Numantias 133 v. Chr. Im Falle Spaniens gingen der Zerstörung jahrelange Auseinandersetzungen voraus. Eine äußerst harte und kompromisslose Linie war kennzeichnend für die römische Außenpolitik jener Jahre. Die römische Herrschaft schien – zumindest in den Augen der Römer – fast zeitgleich an mehreren Stellen durch Aufstände und Absetzungsbewegungen bedroht zu sein.

D1 Die entscheidende Neuerung stellte die als „Rabe" (corvus) bezeichnete Enterbrücke dar, über welche die Legionäre auf das gegnerische Schiff vordringen und wie bei einem Landkrieg ihre Gegner niederringen konnten. – Der 1. Punische Krieg wurde am Ende durch die römische Flotte, die zuvor zum Teil verheerenden Niederlagen erlitten hatte, entschieden: Eine Flotte, welche die letzten Bastionen Karthagos auf Sizilien entsetzen sollte, wurde von den Römer bei den Ägatischen Inseln 241 v. Chr. geschlagen.

D2 Die Zeichnung zweier Soldaten zur Zeit des 1. Punischen Krieges führt die kostspielige und individuell angefertigte Ausrüstung der schwer bewaffneten Fußsoldaten vor Augen.

D3–D5 Die Karten ermöglichen es, einen Überblick über die römische Expansion bis zur Mitte des 2. Jahrhunderts v. Chr. zu gewinnen. Erkenntnisreich ist auch der Vergleich einerseits mit D5, SB S. 134 und der Karte auf SB S. 119. Wichtig ist hier die Beachtung der Zeiträume und Phasen der römischen Expansion. Bei D4 lassen sich auch die römischen Erfolge im 1. und 2. Punischen Krieg herausarbeiten und mit den Informationen in der Marginalie in Beziehung setzen: gesichertes Herrschaftsgebiet auf dem italienischen Festland, Eingliederung der Inseln Korsika, Sardinien und Sizilien als Provinzen.

Erläuterungen zu den Arbeitsaufträgen

1. **Nenne die Vor- und Nachteile der römischen Herrschaft für die Bundesgenossen und Provinzen (VT). (AFB I)**
   - Die SuS sollten erkennen, dass der Erfolg der römischen Eroberungspolitik darauf beruhte, über mehrere Möglichkeiten der Herrschaft verfügen zu können.
   - Je nach der Entwicklung der Beziehungen zu einer anderen Stadt bzw. einem anderen Staat, konnten die Römer Bündnisse schließen oder auch – wenn es sein musste – die andere Seite bis zu deren völligen Niederlage bekämpfen.
   - Grundsätzlich ließen die Römer ihren Verbündeten wie auch den Einwohnern der Provinzen ein hohes Maß an Freiheit und Selbstständigkeit und regelten nur die für sie besonders wichtigen Bereiche (Steuereinnahmen, Stellen von Verbündeten und Hilfstruppen im Kriegsfall, Aufrechterhaltung von Ordnung und Sicherheit und später dann in der Kaiserzeit umfangreicher und gezielter Ausbau der Infrastruktur).

2. **Erkläre mithilfe des VT und der Rekonstruktion D1, worin die militärische Überlegenheit der Römer begründet lag. (AFB II)**
   - Dem VT können die SuS entnehmen, wie es den Römern immer wieder gelang, sich taktisch auf Gegner einzustellen. Das zeigt auch das römische Kriegsschiff D1 mit der neu entwickelten drehbaren Enterbrücke, die neben dem Rammen das Erstürmen des gegnerischen Schiffes als zweite wichtige Option des Seegefechts eröffnete und somit zu den militärischen Erfolgen der Römer zur See beitrug.
   - Daneben kann anhand des VT noch die Mentalität der römischen Soldaten als weiterer Grund der Überlegenheit angeführt werden. In der römischen Armee gab es gerade im Vergleich zu den hellenistischen Söldnerheeren der Zeit deutlich weniger Desertionen.

3. **Beschreibe zunächst die Karten D3–D5 (Thema, Zeitraum, Ausschnitt, Zustand oder Entwicklung). Vergleiche dann die Karten im Hinblick auf Unterschiede und Gemeinsamkeiten. Erkläre am Ende die Unterschiede. (AFB II)**
   - Bei dem Kartenvergleich können Schritte der formalen wie auch inhaltlichen Analyse geübt werden. Neben den Kartenausschnitten sollen auf formaler Ebene auch die Maßstabsleisten verglichen werden.
   - Ferner kann nach den Gründen für die Veränderung der äußeren Merkmale gefragt werden (Vergleich D3 und D4: größerer Ausschnitt bei kleinerem Maßstab in D4 – als Erinnerung vielleicht auch noch die Erläuterung der Begriffe „klein" und „groß" bei Maßstabsangaben: „Bei großem Maßstab ist der dargestellte Gegenstand groß, bei kleinem Maßstab klein." – Vergleich D4 und D5: sehr großer Kartenausschnitt).
   - Die unterschiedlichen Phasen der Ausdehnung der römischen Herrschaft werden noch deutlicher, wenn auch die Karte des Methodentrainings noch einmal kurz betrachtet wird. Wichtig ist hier, bei der räumlichen Dimension der römischen Expansion an bereits vorhandenes geografisches Wissen anzuknüpfen, etwa in Form der Frage nach heutigen Ländern auf römischem Gebiet.
   - Auf inhaltlicher Ebene kann mit D3 noch der Bezug auf das Bundesgenossensystem hergestellt werden, bei D4 erscheinen die Punischen Kriege als neuer Aspekt und bei D5 Roms neue Rolle als Großmacht im Mittelmeergebiet etwa im Vergleich zu den hellenistischen Reichen des Ostens.

4. **Beschreibe mithilfe der Karten D3–D5 zusammenfassend die Ausdehnung der römischen Herrschaft von 241 bis 133 v. Chr. (AFB I)**
   - Hier soll auf der Grundlage des vorausgegangenen Vergleichs die Expansion Roms in eigenen Worten beschrieben und in drei Phasen eingeteilt werden:
     1. Herrschaft in Italien mithilfe des Bundesgenossensystems bis 241 v. Chr.,
     2. langwieriger Kampf um die Vorherrschaft mit Karthago, bei denen die Römer zunächst die Inseln Sizilien, Sardinien und Korsika und dann Teile Spaniens erobern konnten,
     3. die Rolle als unumstrittene Großmacht nach der Zerstörung Karthagos und der Eroberung weiterer Teile des Mittelmeerraumes.

5. **Der Auftraggeber für die Darstellung des Triumphzugs auf dem Becher Q1 war vermutlich ein Adliger. Erkläre, warum er gerade einen Triumphzug auf einem teuren Trinkbecher von einem Künstler darstellen ließ. (AFB II)**
   - Die auf dem Silberbecher Q1 dargestellte Szene des Triumphators verdeutlicht, wie stark das Ansehen eines erfolgreichen Feldherrn mit einem Triumph in Rom stieg.
   - Hingewiesen werden kann in diesem Zusammenhang auf den purpurroten, mit goldenen Stickereien versehenen Feldherrnmantel, der nur zu diesem Anlass vom Triumphator getragen werden durfte.
   - Besprochen werden kann ferner die Frage, welchen Vorteil ein solcher Erfolg für den siegreichen Adligen etwa bei einer Bewerbung um weitere politische Ämter hatte.
   - Die Triumphzüge waren zugleich eine Demonstration des materiellen Erfolgs: Die SuS sollten auch erklären, welchen Zusammenhang der adlige Feldherr zwischen seinem Erfolg und dem Wohlergehen und Wachstum der Stadt herstellen konnte.

6. **Einer der beiden römischen Soldaten von D2 schreibt nach der Rückkehr vom Krieg seiner Familie, welche Erfahrungen er mit den anderen Soldaten und dem adligen Kommandeur gemacht hat und welchen persönlichen Gewinn er aus dem erfolgreichen Feldzug gezogen hat. Schreibe diesen Brief. (AFB II)**
   - Die SuS können hier abwägen: Zum einen sind die belastenden Erfahrungen wie Tod, Entbehrungen und Strafen zu nennen, zum anderen können auch positive Erfahrungen der Gemeinschaft auch mit den adligen Offizieren und der militärischen Erfolge aufgrund des gemeinsamen Trainings und der erlernten Disziplin einbezogen werden.

5 Vom Dorf zum Weltreich – Menschen im Römischen Reich

8. Jh. v. Chr. – 7. Jh. n. Chr.

- Als konkreter Gewinn ist zu allererst der materielle Vorteil zu nennen.
- Die Briefform eröffnet die Möglichkeit, selbst Schwerpunkte zu wählen und diese zu vertiefen.

7. Gib die unterschiedlichen Meinungen der Zeitgenossen zur Zerstörung Karthagos durch die Römer in Q2 wieder. (AFB I)

- Die von Polybios wiedergegebene Meinung jener Zeitgenossen, welche die Zerstörung Karthagos billigten, entspricht einer in Rom verbreiteten Argumentation: Karthago stelle immer noch eine Gefahr für Rom dar, die man endgültig beseitigen müsse.
- Demgegenüber zeigen die kritischen Stimmen, die Polybios im Anschluss zitiert, dass das brutale Vorgehen der Römer schon in der Antike als ein Wandel in der römischen Außenpolitik wahrgenommen wurde.

8. Erläutere, wie man nach Meinung Ciceros (Q3) mit besiegten Gegnern umgehen sollte. (AFB II)

- Die SuS sollen hier Ciceros Grundsätze in eigenen Worten festhalten. Dabei sind einzelne Grundsätze zu klären: Die Sieger müssen alle unschuldigen Personen nach Ende des Krieges am Leben lassen. Gemeint sind sowohl die am Krieg nicht direkt Beteiligten wie Frauen, Kinder oder Alte als auch die Soldaten, sofern sie nicht besondere Verbrechen begangen haben.
- Bei den Soldaten konkretisiert Cicero sogar die Situation: Nicht nur um kapitulierende Soldaten müssten sich die Sieger kümmern, vielmehr seien auch die überlebende Besatzung einer erstürmten Stadt ohne Kapitulation am Leben zu lassen und aufzunehmen.

9. Beschreibe, wie sich die Römer im Fall der Stadt Karthago und der griechischen Region Epirus tatsächlich verhielten (VT, Q2 und Q4). Vergleiche dies mit den Aussagen Ciceros (Q3). (AFB II)

- In Q2 werden Kompromisslosigkeit und Härte und in Q4 Schnelligkeit und Brutalität betont, mit der auf einen Schlag die römischen Soldaten die gegnerischen Städte ein- und ausnahmen. Dieses Vorgehen ist zunächst zu erfassen und dann Ciceros Behauptung in Q3 entgegenzustellen, nur gerechte Kriege zu führen, welche der Sicherung von Frieden und Ordnung dienen sollten.
- Die SuS sollten herausarbeiten, wie stark Anspruch und Wirklichkeit bei den von den Römern geführten Kriegen auseinander klaffen konnten.

10. Waren die Römer aus damaliger Sicht Kriegsverbrecher? Beurteile diese Frage. (AFB III) ●

- Maßstab für die Beurteilung von Kriegsverbrechen ist die Einhaltung bzw. Verletzung von Konventionen und Kriegsrechtsbestimmungen. Zwar können heutige Maßstäbe nicht einfach auf die Antike übertragen werden, doch zeigen die für den Krieg von Cicero aufgezeigten Verhaltensregeln, dass es auch in den Kriegen der Römer so etwas wie Spielregeln gab, die als Messlatte dienen konnten.
- Gerade der Fall Karthagos zeigt, dass hier mit Grausamkeit und Härte vorgegangen und eigene Spielregeln bei der Kriegsführung außer Acht gelassen bzw. überschritten wurden. Insofern konnte in diesem Fall auch aus römischer Sicht von einem Kriegsverbrechen gesprochen werden.

Im Krieg erfolgreich, zu Hause in der Krise?

→ 136–139

Kompetenzziele

Sachkompetenz
- Die SuS wissen, dass im Laufe des 2. Jahrhunderts viele Bauernfamilien aufgrund der langen und weit entfernt geführten Kriege verarmten und über weniger Land verfügten und dass viele Menschen deshalb als Besitzlose nach Rom zogen.
- Sie wissen, dass die römische Armee am Ende des 2. Jahrhunderts zu einer Berufsarmee wurde.
- Sie kennen adlige Feldherren und Politiker, die im Kampf um die politische Macht auch militärische Mittel einsetzten und damit die Republik zerstörten.
- Sie stellen die wirtschaftlichen und gesellschaftlichen Folgen der Kriege für die Bauernfamilien dar.
- Sie erklären, warum aus den römischen Bürgersoldaten Berufssoldaten wurden.
- Sie zeigen, wie der Kampf der Adligen um ein politisches Amt und ein Kommando in der Armee immer schärfer ausgetragen wurde und am Ende sogar die eigenen Soldaten eingesetzt wurden.
- Sie stellen dar, wie politische Machtkämpfe und Bürgerkriege die Republik erschütterten und zerstörten.
- Sie erklären, warum Caesar von einer Gruppe von Senatoren ermordet wurde.

Methodenkompetenz
- Sie können Münzen zur Selbstdarstellung römischer Adliger untersuchen und vergleichen.
- Sie können anhand von Textquellen und Münzen mögliche Beweggründe für die Ermordung Caesars erschließen.

Urteilskompetenz
- Sie urteilen über den Anteil Caesars an der Zerstörung der Republik.

Sequenzvorschlag d5u9w3

→ 136–139

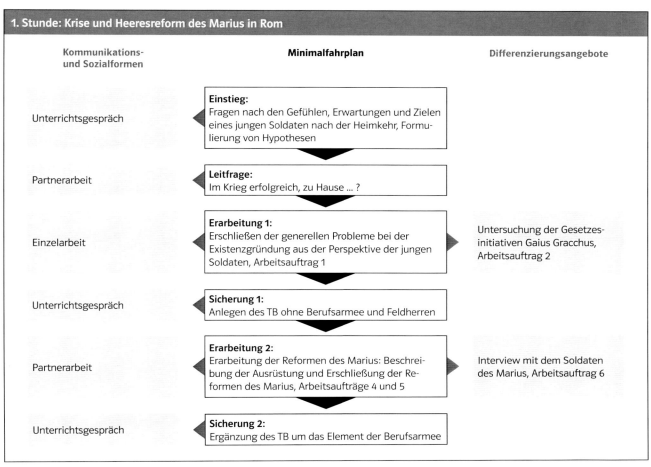

5 Vom Dorf zum Weltreich – Menschen im Römischen Reich

8. Jh. v. Chr. – 7. Jh. n. Chr.

🌐 4wm2pa

2. Stunde: Machtkämpfe und Bürgerkrieg in Rom

Kommunikations- und Sozialformen	Minimalfahrplan	Differenzierungsangebote
Unterrichtsgespräch	**Einstieg:** Wiederholung in Form einer Verbalisierung der bisherigen Elemente des Tafelbildes	
Unterrichtsgespräch	**Leitfrage:** Im Krieg erfolgreich, zu Hause … ?	
Einzelarbeit	**Erarbeitung 1:** Erschließung des Kampfes einzelner adliger Feldherrn um die Macht am Beispiel der Münzen Arbeitsauftrag 8 – Heranziehen ergänzender Informationen zur Person Sullas – Notieren offener Fragen	
Unterrichtsgespräch/ Klassengespräch	**Sicherung 1:** Abschluss des TB – Warum geriet der Republik in die Krise? Abschlussgespräch über die Gründe der Krise	
Lehrervortrag/ Unterrichtsgespräch	**Vertiefung:** Mord an Caesar – Darstellung der Ereignisse vom 15.03.44 v. Chr. als Geschichtserzählung, Frage nach möglichen Gründen	Verfassen einer Rede eines Offiziers von Caesar, Arbeitsauftrag 11
Partnerarbeit	**Erarbeitung 2:** Erschließung der Motive in Q4–Q6, Arbeitsauftrag 10 (eventuell auch als Hausaufgabe)	
Unterrichtsgespräch	**Sicherung 2:** Gespräch über die Gründe für den Mord, Formulierung einer kurzen Zusammenfassung	

Tafelbild k2fn6p

Im Krieg erfolgreich, zu Hause in der Krise? (Rom 200–31 v. Chr.)

Republik
- Senat: Zentrum der Macht
- Gemeinschaft / Machtkampf / Bürgerkrieg

Bauern: viel Arbeit, kleine Höfe, Krieg: hohes Risiko, Zugewinn — treuer Dienst

Adlige: Leben für Politik und Krieg: viel Land, Reichtum, Ruhm — hoher Einsatz

Lange Kriege: mehr Zeit, nicht mehr Beute → Verkleinerung des Landes

Neue Provinzen: Karriere, mehr Geld

Verlust des Landes → **viele Besitzlose** eigentlich zu arm für Armee

viele arme Bauern: nur wenige Soldaten — Eintritt

Einzelne Adlige: mehr Macht und Einfluss — Kampf um die Position

Feldherr: ein Patron für Soldaten

Neue Berufsarmee auch für arme Bauern und Besitzlose: bezahlte Rüstung, Soldat als Beruf, Treue zum Feldherrn, Land nach langem Dienst

---

Zum Verfassertext und zu den Materialien

136–139

VT Der VT trägt einer veränderten Sichtweise in der historischen Forschung zum 2. Jahrhundert Rechnung: Vor allem junge Männer kämpften im Krieg. Ihre Familien konnten bis zu einem gewissen Grad ihre Absenz verkraften. Auf ihren möglichen Tod stellten sich – was für uns heute vielleicht befremdlich ist – die Familien ein. Das Land und das Vermögen der Familie konzentrierten sich im Todesfall und ermöglichten den überlebenden Söhnen eine sicherere Existenzgründung. Das von Historikern der Kaiserzeit vermittelte Bild einer umfassenden Agrarkrise, das auch bisher im Geschichtsunterricht häufig noch vorherrschend ist, trifft so nicht zu. Die übermächtige Konkurrenz durch die Latifundien adliger Großgrundbesitzer gab es im 2. Jahrhundert noch nicht. Vermutlich hatte der Überfluss an Land nach dem 2. Punischen Krieg infolge der hohen Verluste zunächst dazu geführt, dass auch das mittlere Bauerntum seinen Besitz arrondierte – und möglicherweise mehr Kinder bekam, unter denen mittelfristig das Land wieder aufgeteilt werden musste. Dass Adlige verstärkt aufgegebenes Land pachteten und bewirtschaften, war möglicherweise für die Gesamtwirtschaft zunächst förderlich. Das komplexe System von Bauernwirtschaft und Kriegsführung geriet jedoch dann in Schwierigkeiten, als einzelne Faktoren sich negativ für das Gesamtsystem veränderten. Eine solche Entwicklung ergab sich etwa aus dem langjährigen militärischen Engagement Roms auf der Iberischen Halbinsel (197–133 v. Chr.): Längere Abwesenheit und damit auch das Fehlen der jungen Männer auf den elterlichen Höfen in Verbindung mit teilweise geringerer Beute trafen die römischen Bauernfamilien hart. Ihre Möglichkeiten, die überlebenden erwachsenen Söhne sowie die Töchter bei der Gründung eigener Hofstellen materiell auszustatten, schrumpften vermutlich spürbar.

Der verlustreiche Krieg in Spanien war aber nicht nur eine schwere Belastung für die normalen Soldaten gewesen, auch adlige Kommandeure hatten aufgrund militärischer Misserfolge erhebliche Nachteile. Einer der Verlierer war Tiberius Gracchus. Hier verbinden sich neuere Erkenntnisse mit bereits Bekanntem: Seine Karriere war nach einer schweren Niederlage und einem für den Senat inakzeptablen Friedensschluss, den er mit ausgehandelt hatte, an ihrem Tiefpunkt angelangt. Der Enkel des Scipio Africanus, des Siegers über Hannibal und Mitglied einer der vornehmsten Familien Roms entschied sich in dieser Situation zur Durchsetzung der Umverteilung des Staatslandes zur Förderung der Bauern, indem er das Amt des Volkstribunen nicht zuletzt für seine persönlichen Ziele instrumentalisierte und damit die politischen Spielregeln seines Standes brach. Die Maßnahmen, die beide Gracchen als Volkstribunen vor allem mit der Unterstützung von

Teilnehmern in der Plebejerversammlung aus ländlichen Gebieten durchsetzen konnten, waren schon vorher in der Diskussion gewesen. Der nun beschrittene Weg, ohne Abstimmung mit dem Senat quasi im Alleingang unter Verletzung der gemeinsamen Regeln direkt in der Plebejerversammlung Gesetze und Politik zu machen, war jedoch neu und wurde zum Vorbild für eine Reihe von Mitgliedern der kommenden Generation adliger Politiker.

Der momentane Forschungsstand vereinfacht letztlich das Erschließen der komplexen Entwicklungen von der mittleren zur späten Republik – gerade wenn zunächst die Perspektive der Jüngeren auf dem Land eingenommen wird. Dieser Fokus ermöglicht eventuell mehr Identifikation und sicherlich auch eine sinnvolle Reduktion. Ferner lässt sich durch die veränderte Sichtweise ein relativ klarer Spannungsbogen von der Zeit nach dem 2. Punischen Krieg bis Caesar skizzieren. Auf die begriffliche Trennung zwischen Popularen und Optimaten wird aus Gründen der Vereinfachung in diesem Zusammenhang verzichtet.

Q1 Roma vorderseitig, die siegreiche Gottheit, in der Regel Mars oder Jupiter stehend auf der Quadriga, rückseitig – das waren die Grundmotive, die auf den römischen Münzen bis zur Zeit der Gracchen abgebildet wurden. Eine Möglichkeit für die Selbstdarstellung der einzelnen adeligen Familien bestand in dem abgekürzten Namen des Münzmeisters.

Q2 Diese Darstellungsform auf den Münzen wandelte sich grundlegend ab dem Ende des 2. Jahrhunderts. Bereits Marius ließ sich als Triumphator auf der Quadriga abbilden. Dieser Bruch mit der Tradition war in mehrfacher Hinsicht bemerkenswert: Zum einen nimmt die konkrete Person die Stelle der Gottheit ein, zum anderen trat der Münzmeister gegenüber dem triumphierenden Feldherrn gleichsam ins zweite Glied. Die auf den Münzen demonstrierte überragende Stellung eines einzelnen Adeligen wird auf dem vorliegenden Denar mit der Darstellung Sullas besonders deutlich. Hier wird der Name des Feldherrn mit dem Ehrentitel ausdrücklich genannt, das Namenskürzel des Münzmeisters befindet sich auf der Kehrseite. Mit der linken Hand umfasst der Dargestellte die Zügel der Quadriga, mit der Linken ebenfalls einen Stab, den sogenannten caduceus (Zeichen des Handels und des Friedens). Der Stab wie auch die fliegenden Siegesgöttin verdeutlichen Sullas Anspruch auf weitere Siege.

Q3 Aus großer zeitlicher Distanz fasst Plutarch kurz und knapp die Gesetzesinitiativen zusammen. Dass für alle Bundesgenossen bereits um die Mitte des 2. Jahrhunderts das Bürgerrecht erstrebenswert war, kann nicht als sicher gelten – denn das hätte bedeutet, gleich in den römischen Bürgerverband aufzugehen. Für die Latiner war das sicherlich zu diesem Zeitpunkt wünschenswert, für verbündete griechische Städte in Mittel- und Süditalien schon aufgrund ihrer Tradition und Identität wohl eher nicht.

Q5 Die Münzen mit der Darstellung als Diktator (zunächst auf vier Jahre, dann auf Lebenszeit) aus dem Jahr 44 v. Chr. zeigen das älteste bekannte Porträt Caesars.

Q6 Auf der Kehrseite des Denars befindet eine Abbildung des Caesarmörders Brutus, der sich interessanterweise selbst in Form eines Porträts – eigentlich Zeichen eines Monarchen – darstellen ließ.

D1 Die Reformen des Marius brachten eine relative Vereinheitlichung der Bewaffnung und sonstigen Ausrüstung, da diese jetzt gestellt wurden. Damit verschwand der Unterschied zwischen reichen und armen Fußsoldaten. Der hier dargestellte Soldat trägt eine Kettenhemd und darunter eine Tunica. Sein Schild besteht aus Holz, das mit Leder überspannt wurde. Auf der abgewandten Seite des Schildes war ein Eisenbuckel angebracht, der zur Abwehr von Wurfgeschossen benutzt wurde. Auf der linken Seite befindet sich das kurze doppelschneidige Schwert, die Nahkampfwaffe der Legionäre. Das Schuhwerk war mit etwa 80 Nägeln beschlagen, um ein schnelles Ablaufen der Sohlen zu verhindern. An einem hölzernen Tragekreuz wurde das Marschgepäck befestigt. Es bestand in der Regel aus einem Essensvorrat von drei Tagen, wenigen persönlichen Habseligkeiten, die in einer Art Rucksack untergebracht waren, eine Wolldecke und eine Lederflasche für Wasser oder Wein. Zum Gepäck zählte auch Spitzhacke, Spaten und Schanzpfahl die noch einmal auf der linken Seite abgebildet sind. Mit der Sichel konnte sich der Soldat selbst Ähren abschneiden. Der Korb wurde beim Schanzen zum Abtransport der abgetragenen Erde verwendet.

Erläuterungen zu den Arbeitsaufträgen

1. **Ein siebzehnjähriger Bauernsohn wird für seinen ersten Feldzug zur Armee eingezogen und träumt schon von einer eigenen Familie. Erläutere mithilfe des VT die Gefahren und Herausforderungen, die er auf dem Weg zu einem eigenen Bauernhof in den kommenden Jahren meistern muss. (AFB II)**
   - Aus der Perspektive des jungen Soldaten ist zunächst das reine Überleben von Bedeutung. Hier ist sicherlich noch ein Hinweis auf die Struktur der römischen Kohorten sinnvoll: Als siebzehnjähriger Novize stand man während der Schlacht in vorderster Front in den Reihen der sogenannten Hastati, erst als bewährter und erfahrener Soldat kämpfte man für die in zweiter Linie agierenden Einheiten der Principes, die ältesten Soldaten kämpften in den Einheiten der Triarier und wurden nur als Reserve und letzte Verteidigungsreihe eingesetzt.
   - Wem es gelang zu überleben und älter zu werden, musste dann den Schritt zur eigenen Existenz erst schaffen. Für einen einzelnen überlebenden Sohn war die Existenzgründung noch relativ einfach. Die Gründung einer neuen Existenz war umso schwieriger, je mehr Erben vorhanden waren.
   - Eine Möglichkeit mehr Land zu bekommen war, es zu pachten. Doch gutes, ertragreiches Land stand nicht unbegrenzt zu Verfügung.
   - Bei neu zu gründenden Hofstellen musste auch noch die Ausstattung gestellt bzw. finanziert werden.
   - Sklaven gab es zwar mittlerweile in hoher Anzahl auf den Märkten, mit ihrer Arbeitskraft ließ sich auch mehr Land bewirtschaften. Doch auch hier musste man erst einmal über das notwendige Kapital zum Kauf verfügen.

2. **Der Volkstribun Gaius Gracchus wollte Karriere machen und zugleich die Situation vieler Menschen verbessern. Arbeite zunächst heraus, welche Gruppen der Bevölkerung er als Unterstützer gewinnen wollte (Q3). Prüfe dann mithilfe des VT, ob diese Politik Erfolg hatte. (AFB III)**
   - Erkannt werden sollten die unterschiedlichen Zielgruppen der Maßnahmen: verarmte Bauern, besitzlose Stadtbewohner, junge Männer ohne Geld für eigene Rüstung, die Bundesgenossen.
   - Zu klären ist, warum Gaius Gracchus versuchte, verschiedene Gruppen für seine Politik zu gewinnen. Gaius muss mit dem Widerstand der Mehrheit der Senatorenfamilien gegen seine Politik der Reformen rechnen. Deshalb sucht er nach Verbündeten aus anderen gesellschaftlichen Gruppen.
   - Festzustellen wäre dann, dass auch im Fall des Gaius die Senatsmehrheit die Initiativen stoppte und auch den jüngeren der beiden Gracchen bis zu seinem Tod (Selbstmord auf der Flucht vor seinen Gegnern) bekämpfte.
   - Lohnenswert ist sicherlich die Beschäftigung mit der Frage, warum die Senatoren so brutal und kompromisslos vorgingen. Was stand für sie neben möglichen materiellen Einbußen (Aufgabe von Land) auf dem Spiel?

3. **Am Ende des 2. Jahrhunderts v. Chr. fehlten Rom immer mehr Soldaten. Arbeite aus dem VT die Gründe hierfür heraus. (AFB II)**
   - Hauptgrund für das Fehlen von immer mehr Soldaten war die Verarmung vieler Bauernfamilien bzw. der Wegzug vieler ihrer Mitglieder nach Rom, verbunden mit dem Wechsel in die Gruppe der Besitzlosen.
   - Interessant könnte hier für manche SuS sein, der Frage nachzugehen, welche Einstellung sich allmählich bei vielen verarmten Bauernfamilien wohl breit machte: Angespannte materielle Verhältnisse der Familien einerseits und immer längere Abwesenheit der Söhne andererseits haben vermutlich dazu geführt, dass man vielerorts geradezu darauf aus war, dass das Vermögen als nicht mehr ausreichend für eine Rekrutierung geschätzt wurde und junge Männer so nicht mehr länger zur Armee eingezogen werden konnten.
   Die eigentlichen Ursachen lagen jedoch nur zu einem Teil in den langwierigen Kriegen Roms. Eine andere Bedingung für den Rekrutenmangel war das Scheitern der Reformen, wie sie etwa die Gracchen in die Volksversammlung einbrachten.

4. **Beschreibe den Soldat und seine Ausrüstung (D1). (AFB I)**
   - Hier sollten die SuS die einzelnen Ausrüstungsgegenstände aufzählen. Siehe die Informationen zu D1.
   - Besprochen werden sollte, dass es die römischen Soldaten wie kaum eine andere Armee verstanden, sich an Ort und Stelle innerhalb kurzer Zeit hinter schnell ausgehobenen Gräben und einer Art Palisadenzaun zu verschanzen und selbst kritische Gefechtssituationen zu überstehen. Die SuS können mithilfe dieser Information die Funktion eines Teils der Ausrüstung schneller einordnen.
   - Interessant dürfte am Ende auch die Frage nach dem Gewicht der Ausrüstung sein: Die Soldaten hatten seit den Reformen des Marius eine standardisierte Ausrüstung von etwa 40 kg zu schultern, was ihnen auch den Bezeichnung „Maultiere des Marius" eintrug – viele SuS in der Unterstufe wiegen selbst nicht viel mehr.

5. **Erkläre mithilfe des VT, wie die Ausrüstung vor und nach der Heeresreform des Marius bezahlt wurde. (AFB II)**
   - In der Zeit vor den Reformen waren für die Bauernfamilien die Kosten für die Ausrüstung ihrer Söhne, die in Handarbeit mit hohem Zeitaufwand hergestellt wurde, vermutlich beträchtlich – erst recht, wenn mehrere Söhne auszurüsten waren.
   - Mit den Reformen des Marius wurden Soldaten mit einer standardisierten Ausrüstung ausgestattet, die vom Staat gezahlt wurde. Verbunden war der staatliche Aufwand für die Kosten der Ausrüstung mit der Verpflichtung zu einer längeren Dienstzeit.
   - Die Zeit nach den Reformen, das sei nur ergänzend hinzugefügt, war eine Periode des Übergangs – die römische Armee mutierte nicht auf einen Schlag zur reinen Berufsarmee, sondern es wurde auch weiterhin die traditionelle Form der Aushebung für den bestimmten Zeitraum eines Feldzuges durchgeführt.

5 Vom Dorf zum Weltreich – Menschen im Römischen Reich

8. Jh. v. Chr. – 7. Jh. n. Chr.

6. Zwanzig Jahre später. Der Bauernsohn aus Aufgabe 1 ist jetzt Soldat des Marius. Du führst ein Interview mit ihm und fragst nach seinen Gründen für den Eintritt in die Berufsarmee, seinen Erwartungen an den Feldherrn und die nächste Wahl der Konsuln, bei der Marius als Kandidat antritt. Schreibe mithilfe des VT das Interview auf. (AFB II)
- Diese Aufgabe verlangt neben dem Einnehmen der Perspektive eines historischen Akteurs das Einbeziehen verschiedener neuer Kenntnisse.
- Neben dem Wissen um die Reformen des Marius sind vor allem die Auswirkungen der Reform zu berücksichtigen. Hier können im Interview einerseits Aspekte einbezogen werden, die für die Person des Interviewten selbst wichtig sind (Sold, Ausrüstung, Aussicht auf ein Stück Land in den Kolonien).
- Andererseits bieten sich die Beziehungen des befragten Soldaten zu seinen Kameraden und dem adligen Feldherrn Marius (verstärktes Gefühl der Zusammengehörigkeit, Treue und gewisse Abhängigkeit gegenüber dem Feldherrn) als Gegenstand des Gesprächs an.

7. Beurteile, ob Marius die Republik gerettet oder zerstört hat (VT). (AFB III)
- Für eine Rettung spricht vor allem die Tatsache, dass durch die von Marius entscheidend vorangetriebenen Neuerungen in der Armee die Republik insgesamt profitierte. Denn über lange Zeit hatte sich das Problem fehlender Rekruten verschärft, ohne dass Maßnahmen zur Abhilfe auf den Weg gebracht worden waren.
- Sollte die Bearbeitung dieses Arbeitsauftrags in Form einer Hausaufgabe erfolgen, können hier Informationen zu den aktuellen Bedrohungen Roms zur Zeit der Reform (z. B. Bedrohung durch Kimbern und Teutonen) recherchiert und in die Argumentation integriert werden.
- Gegen eine Rettung sprechen die Folgen der Reform: Unterstützung des adligen Feldherrn bei Wahlen durch seinen Soldaten, Einsatz römischer Soldaten im politischen Machtkampf, Einnahme Roms durch die eigenen Soldaten, Herrschaft einzelner Adliger an den Regeln der Verfassung vorbei und Ausweitung des Machtkampfs zum Bürgerkrieg.

8. Vergleiche zunächst die beiden Münzen Q1 und Q2 im Hinblick auf Gemeinsamkeiten und Unterschiede. Wer wurde mit den Münzen jeweils geehrt? Erläutere dann, welche Wirkung der adlige Feldherr Sulla mit den Münzen erzielen wollte. (AFB II)
- Feststellbare Gemeinsamkeiten bestehen in dem Einsatz ähnlicher Bildelemente: Triumphwagen, Darstellung der Person eines Siegers auf dem Triumphwagen.
- Demgegenüber fallen die Unterschiede mehr ins Gewicht: Ehrung eines einzelnen Menschen statt einer Gottheit als Stellvertreter für die Gemeinschaft; statt erbeuteter Waffen am Arm des siegreichen Kriegsgottes eine Siegesgöttin, die dem Sieger Sulla selbst zum außergewöhnlichen Menschen mit ungeheurem Kriegsglück werden lässt. Victoria wird zudem deutlich kleiner dargestellt. Bereits Marius hatte diese Spielregel auf Münzen durchbrechen und sich als Sieger feiern lassen.
- Vertiefend können folgende Fragen bei dem Vergleich besprochen werden: Warum war es in Rom lange Zeit unüblich einzelne Adlige als Sieger darzustellen? Warum konnten sich adlige Feldherren über diese Spielregeln hinwegsetzen?

9. Als Neffe des Marius hatte der ehrgeizige Caesar nach dem Sieg Sullas zunächst keinen leichten Stand, dennoch schaffte er innerhalb von nur zehn Jahren eine glanzvolle Karriere: Er wurde Quästor, Ädil, Prätor und dann Konsul, ferner oberster Priester. Finde mithilfe eines Lexikons bzw. des Internets heraus, wer Caesar bei den Stationen seines Aufstiegs zwischen 69 und 59 v. Chr. jeweils unterstützte. Bereite ein Referat für deine Mitschüler dazu vor. (AFB II)
- Stationen seines Aufstieg waren mit Zeitangaben: Quästor (69 v. Chr.), Ädil (65 v. Chr.), Pontifex maximus (63 v. Chr.), Prätor (62 v. Chr.), Konsul (59 v. Chr.)
- wichtige Unterstützer Caesars waren: seine zweite Frau Pompeia, die reiche Enkelin Sullas (Wahl zum Ädil), der reiche Marcus Licinius Crassus (Veranstaltung prächtiger Spiele Ädil und Wahl zum Ponitifex maximus sowie Statthalterschaft in Spanien), Crassus und Pompeius (Wahl zum Konsul, Statthalterschaft in Illyrien und in Gallien)

10. Warum wurde Caesar von einer großen Gruppe von Senatoren ermordet? Untersuche Q4 – Q6 im Hinblick auf die Motive der Täter. (AFB II)
- Q4: Caesar verhielt sich wie ein Alleinherrscher: Er setzte eigene Kandidaten einfach in Ämter ein, er ließ sich auf übertriebene Weise verehren und wird als unbeherrscht und hochmütig dargestellt.
- Q5: Er ließ sich mehrmals zum Diktator ernennen und wie ein König auf Münzen darstellen.
- Q6: Die Herrschaft Caesars wurde von den Mördern mit der Beendigung aus der Sklaverei verglichen: Der Mord (Dolche) war also das Mittel zur Befreiung. Mit den SuS ist zu besprechen, warum sich die Caesar-Mörder gerade eine typische Kopfbedeckung für freigelassene Sklaven als Bild-Motiv für ihre neuen Münzen ausgesucht hatten und welche Wirkung sie damit erzielen wollten: „Freiheit" (als lateinischer Wertbegriff „libertas") diente als Rechtfertigung für den Mord. Auch an dieser Stelle kann an die Vertreibung des letzten etruskischen Königs erinnert werden.

11. Bald nach dem Mord hält ein Offizier Caesars eine Rede vor einer großen Menge von Anhängern. Er klagt die Mörder an und wirft ihnen vor, nicht besser als Caesar gewesen zu sein. Schreibe und halte eine solche Rede. (AFB II)
- Die SuS können zunächst darstellen, wie der Redner die Stimmung der Anwesenden aufgreifen und nutzen konnte.
- Ein weiterer Ansatzpunkt für die Rede kann sein, die Motive der Mörder und ihre Rechtfertigung infrage zu stellen: Die Mörder seien etwa genauso ehrgeizig wie Caesar selbst und wollten selbst auch nur die Macht (vgl. Brutus auf der Rückseite von Q5).
- Ein Redner konnte auch bei Caesars Verdiensten für Rom ansetzen (z. B. Eroberung Galliens): Im Unterschied zu den machtgierigen Mördern habe Caesar tatsächlich viel für Rom getan.

Wer schafft neue Ordnung?

→ 140–143

Kompetenzziele

Sachkompetenz
- Die SuS kennen Augustus als Alleinherrscher, der als Sieger aus den Kriegen gegen die Caesarmörder und seinen ehemaligen Verbündeten Marcus Antonius hervorgegangen war.
- Sie wissen, dass Augustus seit dem Jahr 31. v. Chr. eine Neuordnung des Staates und der Verwaltung der Provinzen in Gang setzte und mit besonderen Maßnahmen Gesellschaft und Religion erneuern wollte.
- Sie verstehen, dass Augustus im Unterschied zu Caesar offiziell am Rahmen der Republik festhielt und durch die Übernahme von Vollmachten und Rechten einzelner Ämter seine Position als Princeps absicherte.
- Sie erkennen, dass der Schein der Republik gewahrt, faktisch jedoch eine Monarchie geschaffen wurde, bei der die Senatoren an der Herrschaft, insbesondere an der Verwaltung des Reiches beteiligt wurden.
- Sie stellen dar, wie der Senat seine führende Position eingebüßt und die Volksversammlung ihre Funktion verloren hatte.
- Sie erklären, warum die Akzeptanz nach Jahrzehnten des Bürgerkrieges und der allgemeinen Unsicherheit für die Eingriffe des Augustus hoch war.
- Sie verstehen die Gründe für die Entscheidung des Augustus, keine erbliche Stellung eines Monarchen zu schaffen, und erkennen die Folgen dieser Entscheidung für die Zukunft des römischen Kaiserreichs.

Methodenkompetenz
- Sie können Standbild und Relief zum Selbstverständnis der römischen Princeps beschreiben, untersuchen und deuten.
- Sie können die Darstellung des Augustus zu seinem Aufstieg mit der des Tacitus vergleichen.

Urteilskompetenz
- Die SuS können anhand eines ausführlichen Vergleichs von Caesars Politik mit jener der Senatoren die Qualität der Maßnahmen des Augustus vergleichen.

Tafelbild a56th5

Die neue Ordnung des Augustus

Octavian/Augustus	27 v. Chr.	Senat
- hat nach dem Sieg über Antonius und Kleopatra den Oberbefehl über alle römischen Soldaten - sorgt für Frieden im Römischen Reich - wirbt mit großem Aufwand für sich	legt Ämter und Vollmachten nieder → bestimmt erneut Octavian zum Kaiser und verleiht ihm den Namen Augustus	- verliert viele Mitglieder durch den Krieg - besteht zu einem großen Teil aus festen Anhängern Octavians - will Frieden und Sicherheit

↓ neue Ordnung

- Augustus erreicht die Stellung eines Monarchen, hält aber an der Verfassung der Republik fest	- Augustus behandelt die Senatoren mit Respekt und lässt sie seine Entscheidungen bestätigen	- die Senatoren bekleiden wichtige Ämter (Konsuln, Statthalter)

5 Vom Dorf zum Weltreich – Menschen im Römischen Reich

8. Jh. v. Chr. – 7. Jh. n. Chr.

Sequenzvorschlag m8x2dw

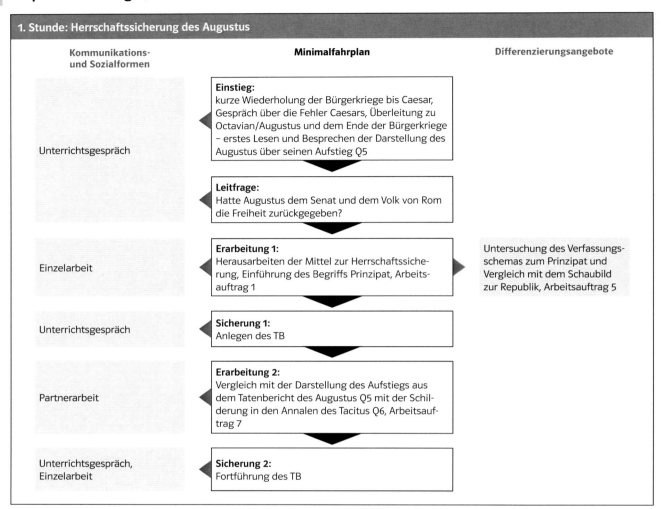

Zum Verfassertext und zu den Materialien

VT Das Unterkapitel setzt mit dem Kontrast zwischen dem blutigen und brutalen Bürgerkrieg nach Caesars Tod und dem bald nach Actium (31 v. Chr.) beginnenden Frieden ein. Der Gegensatz zwischen den Bürgerkriegen nach Caesars Tod und das Einsetzen eines inneren Frieden verbunden mit der Alleinherrschaft Octavians soll die SuS zu der Frage führen, wie das möglich werden konnte. Zwei Erklärungsansätze werden in dem Unterkapitel entwickelt: Der erste folgt dem ereignisgeschichtlichen Verlauf der Bürgerkriege 44 bis 31 v. Chr. Zum Frieden unter den Bürgern trug zweitens die Art und Weise bei, wie Augustus seine Stellung in Rom konsolidierte: der Verzicht auf die Diktatur, die Niederlegung des Konsulats und aller außerordentlichen Vollmachten eröffneten Senatoren überhaupt die Möglichkeit, im Gegenzug neu das Konsulat und Vollmachten an Augustus zu vergeben. Dieser Schritt stellte für die Akzeptanz der für Augustus begründeten Herrschaft einen wesentlichen Faktor dar. Einen eigenen Aspekt der Durchsetzung einer neuen Ordnung bildet das in der augusteischen Kunst angelegte Werben für den Princeps. Das weitverbreitete Bedürfnis nach Frieden und Sicherheit findet hier eine Antwort.

Q1 Am 13. Januar 27 v. Chr. bekam Augustus vom Senat die sogenannte Bürgerkrone (*corona civica*) verliehen, die traditionell aus Zweigen der Eiche geflochten wurde, dem Baum Jupiters. Bei der *corona civica* handelte es sich um eine militärische Auszeichnung; sie wurde an Soldaten verliehen, die andere Soldaten aus einer lebensgefährlichen Situation gerettet, die Stellung gehalten und dabei auch noch Feinde getötet hatten. Augustus ließ sich mit der Verleihung der *corona civica* als Retter seiner Mitbürger ehren. Diese Ehrung wurde später zu einem Symbol der Legitimation des Prinzipats. Das zeigen nicht zuletzt Münzen und Porträts mit der *corona civica*, die heute noch in hoher Anzahl erhalten sind. Während bei den Porträtdarstellungen aus der Zeit der Republik eine Erfahrung und Alter betonende Darstellung im Vordergrund stand, wurde bei dem bekannten Augustus-Porträt mit der *corona civica* darauf verzichtet, das Lebensalter des Princeps kenntlich zu machen: Das Gesicht des Dargestellten erscheint faltenlos und geglättet. Das vorliegende Porträt entstand wahrscheinlich in den letzten Jahren der Regentschaft des Kaisers, der 14 n. Chr. im Alter von 76 Jahren starb. Augustus wurde hier als ein Souverän dargestellt, an dem die Zeit praktisch spurlos vorbeiging und dessen Herrschaft nahezu unvergänglich war.

⊕ j4z7pc

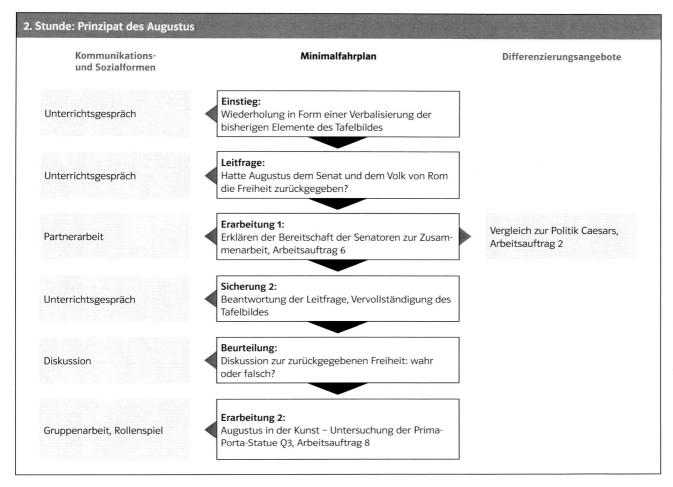

Q2 1938 wurde die Ausgrabung der *Ara Pacis Augustae* abgeschlossen und eine Rekonstruktion unter Verwendung antiker Fragmente errichtet: 6 Meter hohe Mauern umgeben seitdem einen ca. 10 × 11 Meter großen Hof. Der Altar wurde in der Zeit von 13 v. Chr. bis 9 v. Chr. erbaut. Zugleich war er Bestandteil eines Ensembles von Gebäuden, das unter Augustus auf dem Marsfeld errichtet wurde. Dazu gehörten auch noch das Mausoleum des Augustus, das Ustrinum (Verbrennungsstätte der kaiserlichen Familie) und eine große Sonnenuhr (vgl. auch SB S. 165).

Das Bildprogramm der *Ara Pacis Augustae* war von einer Kommission des Senats in Auftrag gegeben und gebilligt worden. Die auf Wänden dargestellten Bildthemen waren Teil der propagandistischen Kunst der augusteischen Zeit. Gerade das sogenannte Tellusrelief (Tellus = Erdgöttin) ist repräsentativ für eine Reihe von Darstellungen, die das unter Augustus angebrochene Zeitalter des Segens und der Fruchtbarkeit zeigen sollten. Die zentralen Figuren des Reliefs sind eine Mutter- und Naturgottheit mit zwei Säuglingen auf ihrem Schoß und die beiden Aurae, d. h. der als Mädchen personifiziert in zwillingshafter Form dargestellte Land- und Seewind. Typisch für die augusteische Kunst ist die Synthese aus verschiedenen Elementen, die sich etwa bei der Muttergottheit zeigt: Die dargestellte Göttin vereinigt in sich die Züge von Tellus, Ceres und Venus, in ihr konnte man aber auch die Friedensgöttin Pax erkennen – es hing wohl auch davon ab, welcher Betrachter mit welchem Vorwissen die Göttin sah. Was mit den SuS gut besprochen werden kann, ist neben den Symbolen der Fruchtbarkeit (den vitalen Babys, die Früchte im Schoß von Pax, die in überdimensionalen Größen dargestellten Pflanzen) die Darstellung der Tiere: Das Schaf und das Rind stehen für das Gedeihen des bäuerlichen Lebens. Daneben das Meerungeheuer: Friedfertig trägt es die Aura, die den Seewind repräsentiert. Gerade an der zahmen Haltung des drachenähnlichen Ungeheuers lässt sich die angebrochene Friedenszeit ablesen. Diskutiert werden könnte mit den SuS auch über die Größenrelationen der dargestellten Gottheiten und Lebewesen.

Den Künstlern ging es nicht um realistische Relationen, eingebettet in eine wirklichkeitsnahe Landschaft. Ihr Ziel war vielmehr ein Raum von symbolischen Bildern.

Q5 Im Jahr 13 n. Chr. verfasste der 76-jährige Augustus einen „Tatenbericht". Hierin stellte er sein politisches Lebenswerk selbst dar. Der Bericht wurde in Stein gemeißelt und an öffentlichen Orten aufgestellt. Mit seinem „Tatenbericht" versuchte Augustus, seine Sicht der neu entstandenen politischen Ordnung im Römischen Reich zu verbreiten.

Vom Dorf zum Weltreich – Menschen im Römischen Reich

8. Jh. v. Chr. – 7. Jh. n. Chr.

Q3 und **Q4** Augustus wird hier zugleich wie ein römischer Feldherr und ein griechischer Halbgott dargestellt. In der Linken hält er eine Lanze. Die Füße sind nackt, ein Merkmal der Darstellung von Göttern und Heroen. Der auf dem Delphin reitende Amor verweist auf Venus, die Ahnin des julischen Geschlechts. Die Gestaltung und die Formen der Statue folgen den Formen der griechischen Klassik des 5. Jahrhunderts. Der siegreiche Augustus sollte zeitlos, wie aus einer anderen Welt stammend, wirken. Die in der Villa seiner Frau Livia gefundene Statue des Princeps ist wahrscheinlich die Marmorkopie einer Bronzestatue. Auf dem Brustpanzer wurde dargestellt, wie ein Parther einem römischen Soldaten die Feldzeichen übergibt, die Crassus in Syrien 53 v. Chr. verloren hatte. Durch Verhandlungen und militärische Drohungen hatte Augustus die Rückgabe der Feldzeichen bei den Parthern erreicht.

Oberhalb dieser Szene sind links der Sonnengott Sol, der mit seinem Wagen zum Himmel fährt, in der Mitte der Himmelsgott Caelus, der den Himmel wie ein Tuch im Bogen aufspannt, und rechts daneben die Mondgöttin Luna dargestellt worden. Ganz oben auf den Schulterklappen befinden sich zwei Sphingen.

Unterhalb der Übergabeszene finden sich links Apoll mit Musikinstrument, in der Mitte unten Tellus, die Erdgöttin, mit Füllhorn und zwei Kindern an ihrer Brust als Zeichen der Fruchtbarkeit und rechts Diana, Göttin der Jagd und Schwester Apolls. Die beiden göttlichen Geschwister waren die Schutzgötter Apolls, Tellus verkörperte das neue goldene Zeitalter, das mit Augustus angebrochen war (vgl. auch dazu den Friedensaltar Q2). Die Götter unterhalb und oberhalb rahmen das Zentrum mit der Übergabe des Feldzeichens ein und bringen den Einklang der erfolgreichen Herrschaft des Augustus mit der göttlichen Ordnung zum Ausdruck.

Q6 Unter verschiedenen Kaisern hatte Tacitus wichtige Ämter bekleidet, bevor er in den Jahren nach 100 n. Chr. eine römische Geschichte für die Zeit ab Augustus schrieb. Vorbild für Tacitus war das Handeln der römischen Adeligen zur Zeit der Republik. Dennoch akzeptierte er den Prinzipat als eine Tatsache, die sich nicht mehr rückgängig machen ließ. Bei der historischen Einordnung des Aufstiegs in seinem Geschichtswerk hat Tacitus auch die Meinungen kritischer Zeitgenossen des Augustus berücksichtigt, im vorliegenden Textausschnitt jedoch nimmt Tacitus selbst Stellung.

D1 Das Schaubild ist auf den Vergleich mit seinem Pendant für die Zeit der römischen Republik ausgelegt. Deutlich werden sollen Veränderungen und Neuerungen gegenüber der Verfassung der Republik. Zu einzelnen Elementen: Die Volksversammlungen verloren schon bald weitgehend ihre Funktion, da immer weniger Gesetze zu beschließen waren. Die gesetzlichen Normen wurden zunehmend per Edikt des Kaisers erlassen und auf eine Beteiligung der römischen Bürger mit der Zeit praktisch ganz verzichtet. Dieser allmähliche und gleichzeitig definitive Funktionsverlust der Volksversammlungen entsprach dem Wesen des Prinzipats, der faktisch eine Monarchie war, aber nach außen den Schein der Republik wahren sollte. Die Rolle der Volksversammlung beschränkte sich vor allem auf die Wahl der Kandidaten für die verschiedenen Ämter, dem Kaiser oblag hierbei jedoch das Recht, Kandidaten zu prüfen und zu empfehlen.

Eine weitere Weichenstellung war der allmähliche Auf- und Ausbau der kaiserlichen Verwaltung. Die Administration der kaiserlichen Provinzen wurde von kaiserlichen Beamten aus dem Senatorenstand übernommen. Die neuen Senatoren stammten aus ganz Italien – das römische Bürgergebiet war infolge des Bundesgenossenkrieges 90/89 v. Chr. auf ganz Italien ausgedehnt worden. Diese neuen Aufsteigerfamilien waren unpolitischer und von vornherein stärker auf den Dienst für den Kaiser ausgerichtet (vgl. hierzu auch die kritischen Bemerkungen des Tacitus Q6). Wie auch schon vorher bei den senatorischen Magistraten begleitete auch die kaiserlichen Beamten ein kleiner Stab, gebildet vor allen von Freigelassenen und Sklaven der eigenen familia. Auch die Mitglieder der zentralen Verwaltung am Hof des Kaisers waren zunächst eigene Freigelassene und Sklaven – ein Umstand, der für die statusorientierte Senatsaristokratie nicht unproblematisch war und erst durch das Einbeziehen von Mitgliedern aus dem Ritterstand entschärft wurde. Die Integration von römischen Rittern als feste Gruppe in der kaiserlichen Verwaltung war ein Prozess, der sich erst in kommenden Jahrzehnten Stück für Stück vollzog. Für die Rekrutierung dieser Personen sorgte ein System der Patronage, bei dem insbesondere kaisernahe Senatoren geeignete Kandidaten empfahlen.

Rom und Italien wurden von senatorischen Beamten verwaltet, die vom Kaiser in Übereinstimmung mit dem Senat ernannt wurden. Infolge des Bürgerkrieges entstammte der Großteil der senatorischen Familien nicht mehr der alten Senatsaristokratie.

Erläuterungen zu den Arbeitsaufträgen

1. Nenne die Stationen des Augustus auf dem Weg zur Alleinherrschaft (VT). (AFB I)
- Die wichtigsten Schritte waren auf militärischer Ebene: die Sicherung der Unterstützung von Caesars Soldaten, Siege über Caesar-Gegner und seinen ehemaligen Verbündeten Antonius sowie die ägyptische Königin Kleopatra und daraus folgend der Eid der Legionen auf seine Person.
- Auf politischer bzw. rechtlicher Ebene: das Gewinnen einer Mehrheit im Senat und bei der römischen Bevölkerung, das Erreichen von wichtigen Ämtern, Rechten und Vollmachten, die Ablehnung der Diktatur und die Rückgabe aller Vollmachten an den Senat sowie die erneute Übertragung von Vollmachten und damit die offizielle Akzeptanz der Herrschaft des Augustus durch den Senat.

2. Erkläre, was Augustus anders machte als Caesar. (AFB II)
- Als Vergleichspunkte bieten sich an: der Umgang mit den Senatoren und die Frage der Diktatur.
- Im Unterschied zu Caesar beteiligte Augustus die Senatoren an der Errichtung der neuen Ordnung und ermöglichte ihnen eine eigene Entscheidung (Aufgabe aller Rechte und Vollmachten und erneute Verleihung des Großteils dieser Rechte durch den Senat im Jahr 27 v. Chr.).
- Ferner hatten sich der Senat in seiner Zusammensetzung noch einmal verändert (in der Mehrheit von Augustus geförderte Personen). Auf Ämter, die wie ein Missbrauch der Verfassung aussahen, wie die Diktatur auf Lebenszeit, verzichtete Augustus bewusst.

3. Nenne mithilfe der Karte auf der Orientierungsseite 119 die Provinzen, die von Augustus hinzugewonnen wurden. (AFB I)
- Unter Octavian/Augustus wurden folgende auf der Karte dargestellte Provinzen erobert (vom Westen nach Osten): der nördliche Teil der Hispania Terraconensis, Alpes, Raetia, Noricum, Pannonia, Dalmatia, Noesia, Galatia, Judea, Aegyptus, Teile der Cyrenaica und der Africa Proconsularis – die nördlichen Alpengebiete Italiens gehörten zu keiner Provinz.

4. Beschreibe, untersuche und deute, wie Augustus seine Herrschaft mit dem Porträt (Q1) und auf dem Relief (Q2) darstellen ließ. (AFB II)
Porträt (Q1):
- Beschreiben: Auf dem Porträt wird Augustus mit der Bürgerkrone aus Eichenlaub dargestellt, die er im Jahr 27 v. Chr. für die Rettung seiner Mitbürger erhalten hatte.
- Untersuchen: Augustus wird als „Retter" dafür geehrt, dass er den Bürgerkrieg beendet und eine stabile Ordnung eingeführt hat. Er hat die Gegner und Feinde Roms, vor allem Marcus Antonius und seine Verbündete Kleopatra besiegt.
- Deuten: Augustus möchte nicht als König wahrgenommen werden. Er will zeigen, dass er seine Herrschaft von den Bürgern übertragen bekommen hat.

Relief (Q2):
- Beschreiben: Gegenstand der Beschreibung sollten die dargestellten Personen und Tiere sein, ferner der Standort und der Altar insgesamt. Siehe Hinweise zu Q2.
- Untersuchen: Wichtige Einzelheiten des Reliefs sind vor allem die Zeichen für Frieden und Sicherheit: das zu Füßen der Friedensgöttin liegende Rind und der friedliche Drache, auf dem Aura sitzt, die Frau also, die den Landwind symbolisiert, ferner die Babys, die Früchte im Schoß von Pax und Pflanzen und wiederum die Tiere, die Zeichen der Fruchtbarkeit sind.
- Deuten: Neben der Schilderung eigener Eindrücke von dem Standbild lassen sich Vermutungen über die mögliche Wirkung auf die Zeitgenossen formulieren: Nach dem langen Bürgerkrieg sehnten sich die Menschen nach Frieden. Das Relief sollte den Römerinnen und Römern das Gefühl vermitteln, dass mit Augustus eine Zeit des Friedens und des Wohlstands angebrochen war. Die Auftraggeber, die Senatoren, wollten mit dem Altar Augustus ein Denkmal setzen: Seine Politik, die neue Ordnung und der Friede scheint auch dem Willen der Götter zu entsprechen.

5. Wie wird die Macht im Staat neu verteilt? Vergleiche die Verfassung der Republik (S. 127, D2) mit der neuen Ordnung (D1). (AFB II) ○
- Augustus vereinte in seiner Person folgende Rechte und Vollmachten: die Gewalt eines Volkstribuns (Veto-Recht und Unverletzlichkeit, Recht zum Vorschlagen von Gesetzen), die Machtbefugnisse eines Konsuls (Oberbefehl über die Legionen, Leitung des Staates) und Rechte des Zensors (Auswahl der Senatoren).
- Deutlich wird diese Machtkonzentration beim Vergleich der beiden Schaubilder vor allem durch den Wegfall des Zensors und der Volkstribunen.
- Hinfällig ist auch das Amt des Diktators, da Augustus mit so einer Machtfülle ausgestattet war, dass er in Krisenzeiten auch dessen besondere Funktionen übernehmen konnte.
- Deutlich werden sollte auch, dass der Senat seine herausragende Bedeutung für die politische Beschlussfassung und Willensbildung verloren hatte. Über seine Zusammensetzung entschied nun der Kaiser, der einzelne Kandidaten gezielt in den Senatorenstand quasi beförderte. Die Aufgabe des Senats beschränkte sich darauf, wieder seine Akzeptanz zu kaiserlichen Beschlüssen und Initiativen zum Ausdruck zu bringen.
- Der Senat konnte über die Auswahl der Statthalter entscheiden, die die senatorischen Provinzen verwalteten.
- Die Magistrate büßten ihre früheren leitenden Aufgaben immer weiter ein. Die Magistraturen wandelten sich immer mehr – das geht aus dem Schaubild zur Kaiserzeit nicht mehr direkt hervor – von politischen Ämtern zu Verwaltungsposten bzw. einer Stellung eines besonderen Prestiges.
- Neue Elemente auf der Seite des Kaisers sind neben den Vollmachten und Rechten die drei Säulen seiner Macht: seine Leibgarde, die Prätorianer, die kaiserliche Verwaltung und das auf den Kaiser vereidigte Heer. Hiermit

kontrollierte der Kaiser zugleich die Hauptstadt, Italien als Kern des Imperiums und die militärisch wichtigen Provinzen.
- Interessant ist am Ende der Behandlung die Frage, inwieweit der Kaiser die Senatoren brauchte.

6. Erläutere, warum sich viele Senatoren mit der neuen Ordnung des Augustus arrangierten. (AFB II)
- Es sollte deutlich werden, dass die Senatoren keine Alternative mehr zur Akzeptanz der Herrschaft des Augustus sahen. Verwiesen werden sollte auf die Erfahrungen aus der Bürgerkriegszeit und die Aussicht auf eine stabile Friedenszeit, die nur Augustus bieten konnte. Ferner ist zu berücksichtigen, dass in Rom, wie auch in den meisten Provinzen, mit Augustus tatsächlich eine Phase des Wohlstands und der Sicherheit begonnen hatte. Sehr vielen Menschen ging es unter Augustus deutlich besser als in den Jahren zuvor.

7. Wie sah Augustus die neue Ordnung? Was dachten seine Kritiker? Vergleiche beide Meinungen (Q5, Q6). (AFB II) ○
- Augustus betont das Ablehnen der ihm angebotenen Diktatur und das Zurückgeben seiner Macht. Damit hätten Senat und Volk wieder die Freiheit gehabt, zu entscheiden, wie viel Macht Augustus in Zukunft haben solle.
- Dagegen lenkte Tacitus den Blick auf den ungeheuren Machtwillen des Augustus und die Entmachtung des Senats, der Magistrate und der Volksversammlung. Ferner gab Tacitus auch eine umfassende Begründung für die ausbleibende Gegenwehr der Senatoren: der Tod der ehemals führenden Senatoren und der Aufstieg von unterwürfigen Anhängern des Augustus und damit verbunden die Ausbreitung einer neuen Mentalität unter den Senatoren (Sicherung und Wahrung des mithilfe des Augustus erreichten Stands an Privilegien).

8. Bei einem Gastmahl unterhalten sich die anwesenden Römerinnen und Römer über das neue Standbild des Augustus. Ein Teil der Gäste unterstützt Augustus und lobt das Standbild, der andere Teil kritisiert vorsichtig die Darstellung des Augustus. Stellt die Diskussion in der Klasse nach, indem ihr zuvor die Argumente für und gegen die Darstellung des Augustus zusammentragt. (AFB II)
Argumente für das Standbild:
- Augustus hat für Rom Außergewöhnliches geleistet: Der Bürgerkrieg wurde beendet, Frieden geschaffen, die Grenzen wurden gesichert und eine stabile Ordnung aufgebaut.
- Konkret könnten die Anwesenden auch die gelungene Darstellung loben, da hier auf geschickte Weise die Machtstellung des Augustus gezeigt wird. Als besonders gelungen kann z. B. der Brustpanzer gelten, da hier ein wichtiges außenpolitisches Ereignis für alle gut erkennbar in Szene gesetzt worden ist.

Argumente gegen die Darstellung:
- All die Dinge, die sich gerade als gelungen bezeichnen lassen, können auch als misslungen gedeutet werden, da sie auf übertriebene Weise einen Einzelnen fast wie einen Gott erscheinen lassen.
- Konkret lässt sich einwenden, dass Augustus sich weit über alle anderen Adligen stellt und für sich beansprucht mehr als ein normaler Mensch zu sein.
- Die Form der Darstellung widersprach der römischen Tradition und den Verhaltensregeln der Senatoren.

9. Augustus behauptete über sich selbst, er habe den Staat wieder „der freien Entscheidung des Senats und des römischen Volkes übergeben". Urteile selbst, inwieweit diese Behauptung zutreffend ist. (AFB III) ●
- Für das eigene Urteil sind verschiedene Gesichtspunkte zu berücksichtigen.
- Zunächst sind die Ergebnisse der Analyse der Verfassung heranzuziehen: die Abhängigkeit der Senatoren vom Princeps und die Bedeutungslosigkeit der Volksversammlung sowie die vielen Vollmachten des Kaisers. Dieses Übergewicht des Princeps kann als Gegenargument gewertet werden.
- Auf der anderen Seiten können der Friede und die neue stabile Ordnung und somit das Schaffen wichtiger Voraussetzungen für Freiheit durch Augustus genannt werden. Hinzu kommt: Im Prinzipat besaßen gerade die Senatoren im Rahmen der Verwaltung der Provinzen Freiheiten.

Alltag und Pracht in Rom

→ 144–147

Kompetenzziele

Sachkompetenz
- Die SuS beschreiben, wie das Leben in der antiken Weltstadt Rom ablief und was es für unterschiedliche Lebensweisen gab.
- Sie erläutern die Probleme, die sich für das Leben der einfachen Bürger in der Hauptstadt ergaben.
- Sie erläutern, wie die Millionenstadt Rom mit Wasser und Getreide versorgt wurde.
- Sie beschreiben Rom als multikulturelle Großstadt.
- Sie beschreiben Widersprüche, indem sie auf Unterschiede zwischen reichen und armen Stadtbewohnern eingehen.

Methodenkompetenz
- Die SuS können anhand von Quellen und Rekonstruktionszeichnungen die Lebensweise der reichen und der armen Römer vergleichen.
- Sie können folgende Grundbegriffe im entsprechenden Zusammenhang verwenden: Aquädukt, Thermen, Circus, Amphitheater.

Urteilskompetenz
- Die SuS beurteilen die Vor- und Nachteile des Lebens in Rom mit Blick auf verschiedene Bevölkerungsgruppen.
- Sie beurteilen, inwieweit das Leben in Rom aus heutiger Sicht angenehm war.
- Sie beurteilen, inwieweit die Aussagen der Quellen zum Leben und den Gebäuden in Rom hinterfragt werden müssen.

Sequenzvorschlag s4m72w

→ 144–147

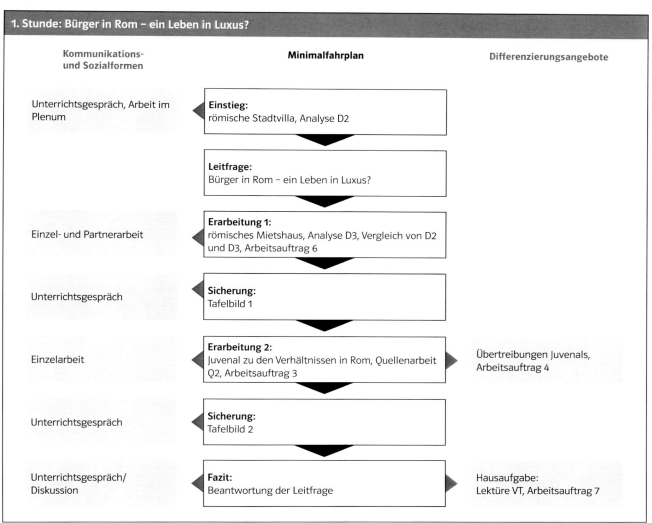

5 Vom Dorf zum Weltreich – Menschen im Römischen Reich

8. Jh. v. Chr. – 7. Jh. n. Chr.

Tafelbild 1 96s82y

Reiche und Arme: unterschiedliche Lebensbedingungen in Rom

Leben in einer römischen Stadtvilla	Leben in einem römischen Mietshaus
- Familie lebt bequem auf einer Ebene - abgeschlossener Garten/Park: Ort der Entspannung, Rückzugsmöglichkeiten - sehr viel Platz - architektonisch reizvoll (vgl. Atrium, Säulen)	- Leben auf mehreren Etagen, häufig beschwerliche Wege - kein privater Außenbereich - große Enge, Nachbarn sehr nah - einfache Zweckbauten, häufig baufällig

Fazit: Das Leben der Römer in der Hauptstadt unterschied sich erheblich, je nachdem, wo man wohnte und wie reich oder arm man war.

Tafelbild 2 mx89m8

Alltagsleben in einer überfüllten Großstadt (nach Juvenal)

Rom ist …

- sehr teuer (hohe Mieten)
- sehr laut (Schlaflosigkeit wegen Lärms)
- eng (Bürger treten sich auf die Füße)
- schmutzig (überall liegen Abfälle und Dreck)
- gefährlich (vor allem nachts)

Fazit: Juvenal beschreibt in extremer Form vor allem die Situation der armen Stadtbevölkerung.

Tafelbild 3 qf3r67

Rom – eine „Stadt aus Marmor" (Augustus)?

pro	kontra
- Augustus führte in Rom ein sehr umfassendes Bauprogramm durch. - Er ließ vor allem große und prächtige Gebäude errichten, die häufig aus Marmor waren und die Bürger beeindrucken sollten (z. B. Paläste, Tempel, Foren, Triumphbögen).	- Die Aussage von Augustus ist zu allgemein; er unterscheidet nicht zwischen der Situation in reichen und armen Stadtvierteln. - Die allermeisten Römer wohnten auch unter Augustus in engen Gebäuden, die keinesfalls aus Marmor waren.

Fazit: Augustus übertreibt mit seiner Aussage und will sich selbst positiv darstellen, auch wenn er Rom tatsächlich sehr verschönert hat.

Tafelbild 4 wm4k2b

Die erste Berufsfeuerwehr Europas in Rom – nur zum Löschen da?

ja	nein
- Es gab häufig Brände in Rom (vor allem in den engen Armenvierteln). - Eine Berufsfeuerwehr konnte Brände gezielt bekämpfen.	- Die Berufsfeuerwehr war militärisch organisiert und bewaffnet. - Augustus konnte die Feuerwehr entgegen der üblichen Regelung in Rom auch in seinem Interesse als Kampftruppe gegen Konkurrenten nutzen.

Fazit: Durch die Einrichtung der Feuerwehr bekämpfte Augustus die Brände und machte sich bei der Bevölkerung beliebt. Zugleich sicherte er – ohne es allzu deutlich zu zeigen – seine eigene Macht.

jb8s6f

2. Stunde: Rom – eine Stadt aus Marmor?

Kommunikations- und Sozialformen	Minimalfahrplan	Differenzierungsangebote
Unterrichtsgespräch, Arbeit im Plenum	**Einstieg:** Rom zur Kaiserzeit, Analyse D1	
Unterrichtsgespräch, Arbeit im Plenum	**Leitfrage:** Rom – eine Stadt aus Marmor?	
Partnerarbeit	**Erarbeitung 1:** Augustus zur Stadt Rom, Arbeitsauftrag 5	
Unterrichtsgespräch	**Sicherung:** Tafelbild 3	Truppen in Rom?, Arbeitsauftrag 2
Einzelarbeit	**Erarbeitung 2:** Feuerwehr in Rom, Quellenarbeit (Q1), Arbeitsauftrag 1 (Einzelarbeit)	
Unterrichtsgespräch	**Sicherung:** Tafelbild 4	Hausaufgabe: Stadtführer in Rom, Arbeitsauftrag 8
Unterrichtsgespräch/ Diskussion	**Fazit:** Beantwortung der Leitfrage	

Hinweise zu den Materialien und dem Verfassertext

144–147

VT In der modernen Forschung werden häufig die multikulturellen und multireligiösen Besonderheiten des antiken Rom hervorgehoben. Wie auch in den Provinzen war das Leben in der Hauptstadt durch große Toleranz gegenüber dem Fremden geprägt. Dies wiegt umso schwerer, als im Rom der Kaiserzeit die eigentlichen „Römer" eine Minderheit ausmachten. Selbst zur Elite fanden diese Fremden immer mehr Zugang. Forscher schätzen, dass neben allen anderen freien Menschen aus verschiedenen Ländern alleine die Zahl der (grundsätzlich fremdländischen Sklaven) einen großen Teil der Einwohner ausmachte. Nicht nur die Tempel der „klassischen" griechisch-römischen Götter wie Jupiter, Apollo und Venus bestimmten das Stadtbild, auch Heiligtümer vor allem orientalischer Gottheiten wie Isis und Mithras gehörten selbstverständlich dazu. Ebenso gilt es dem Bild vom ausnahmslos prächtigen und monumentalen Rom entgegenzuwirken. Die weitaus meisten Römer wohnten in ärmlichen Verhältnissen, die häufig denen in den Armenvierteln des heutigen Asiens entsprochen haben dürften. Wenn – statistisch gesehen – von Superlativen die Rede ist (z. B. Größe der Arenen, Wasserversorgung), so muss man dabei stets im Blick behalten, dass es auch hier zu keiner „gleichen" und „gerechten" Verteilung/Zuteilung kam. In modernen Rekonstruktionszeichnungen kommt selten zum Ausdruck, dass die antike Weltstadt Rom gerade in den Armenvierteln aber auch darüber hinaus keinesfalls sauber und „aufgeräumt" war und einzig in Marmor erstrahlte. Der Schmutz gehörte zum Straßenbild wie die Menschen, die in Rom lebten.

D1 Diese hier im Ausschnitt abgebildete berühmte Rekonstruktion des antiken Rom aus dem Museo della Civiltà Romana zeigt vor allem den „Kern" des antiken Rom mit berühmten Monumentalbauten. Mit Blick auf die unterschiedlichen Gebäude fällt auf, dass zu Julius Caesars Zeit Rom nicht annähernd so prächtig war wie in der späten Kaiserzeit. Berühmte Monumentalbauten entstanden seit Augustus, der von sich rühmte, eine Stadt aus Lehmziegeln in eine Stadt aus Marmor verwandelt zu haben. Das Stadtbild war aufgrund der immer neuen Überbauungen nicht durch das für Römerstädte typische rechtwinklige Muster der Straßenzüge geprägt (vgl. anders im Fall von Trier: Unterkapitel Römische Herrschaft – Unterdrückung der Provinzbewohner?, D1).

5 Vom Dorf zum Weltreich – Menschen im Römischen Reich

8. Jh. v. Chr. – 7. Jh. n. Chr.

D2/D3 Die beiden dargestellten Häuser geben jeweils Eindrücke von den Stadtvillen reicher Römer (D2) sowie den Umständen, unter denen Römer in Mehrfamilienhäusern lebten (D3). Entscheidend ist, dass wie heute, die finanziellen Voraussetzungen die Qualität der Wohnung bestimmten. Für die Mehrfamilienhäuser galt die Regel, dass höher gelegene Etagen für die ärmeren Mieter vorgesehen waren, da Gegenstände des täglichen Lebens und vor allem Wasser über größere Entfernungen getragen werden mussten. Charakteristisch für alle Haustypen ist die Integration von Läden, Garküchen, Werkstätten, die zum allgemeinen Lärm in der Hauptstadt beigetragen haben dürften.

Q1 Der Grieche Cassius Dio berichtet mit großem zeitlichen Abstand von rund 200 Jahren über die Zeit des Augustus. Für ihn ist die Berufsfeuerwehr eine selbstverständliche Einrichtung der Hauptstadt. Zur Zeit von Cassius Dio herrschte die recht autoritäre Kaiserdynastie der Severer, die anders als Augustus ihre Macht nicht mehr tarnte. Dennoch wird in der Schilderung von Cassius Dio deutlich, dass Augustus die Feuerwehr nicht nur zum Löschen von Bränden, sondern auch zum Schutz seiner eigenen Macht verwendet haben dürfte.

Q2 Juvenal ist eine wichtige Quelle für die Zustände in Rom um das Jahr 100 n. Chr. Allerdings war er ein beißender Satiriker, weshalb man im Blick behalten sollte, dass er zu starken Übertreibungen neigt und viele Situationen negativer und einseitiger schildert, als sie nach unserem heutigen Kenntnisstand waren. Mit Blick auf Juvenal wird gern gesagt, dass er mit „Säure" anstatt mit „Tinte" schrieb.

144–147 Erläuterungen zu den Arbeitsaufträgen

1. Begründe, warum Augustus die Feuerwehr einrichtete (Q1). (AFB II)
- Es gab häufig Brände in Rom, bei denen „viele Teile der Stadt dem Feuer zum Opfer fielen" (Z. 1 f.). Die Feuerwehr sollte gezielt und in ausreichender Zahl gegen die Brände vorgehen können.
- Ein Ritter wurde beauftragt, die Feuerwehr zu befehligen, „unter dem Vorwand, so als wolle er sie in Kürze wieder auflösen" (Z. 8 f.). Indessen bestand sie als Truppe in eigenen Unterkünften in der Stadt weiter. Cassius Dio spricht es nicht direkt an, aber die Quelle lässt sich dahingehend auswerten, dass die „Feuerwehr" auch als eine allgemeine Sicherungstruppe des Augustus diente.

2. Nach alter Tradition durften in Rom keine bewaffneten Truppen stationiert sein. Bewerte, wie die Einrichtung der Feuerwehr heute zu sehen ist. (AFB III)
- Es handelte sich um Einheiten, die militärisch organisiert waren (Z. 3: „Kohorten", Z. 14: „Truppe").
- Augustus wollte den Eindruck erwecken, dass die Feuerwehr nur vorübergehend eingerichtet und bald wieder aufgelöst wird (vgl. „Vorwand", Z. 8).
- Fazit: Augustus wollte wohl das Verbot heimlich umgehen, um in Rom über die Feuerwehr auch seinen persönlichen Einfluss notfalls mit Gewalt durchzusetzen.

3. Fasse zusammen, wie Juvenal die Verhältnisse in Rom beschreibt (Q2). (AFB I)
- Rom ist unverhältnismäßig teuer.
- Schlaflosigkeit wegen Lärms, nur die Reichen können zurückgezogen leben
- große Enge
- Schmutz
- Gefahren bei Nacht

4. Überprüfe anhand von konkreten Textstellen, wo Juvenal in seiner Darstellung wahrscheinlich übertreibt (Q2). (AFB III)
- Viele Römer sterben an „Schlaflosigkeit" (Z. 5).
- Wegen der Enge und den Menschenmassen bekommt man bald „Fußtritte von allen Seiten" (Z. 13 f.).

5. Augustus betonte, dass er eine Stadt aus Lehmziegeln in eine Stadt aus Marmor verwandelt habe. Bewerte diese Aussage mithilfe des Verfassertextes. (AFB III)
- Die Aussage von Augustus ist zu allgemein. Außerdem differenziert die Aussage nicht hinsichtlich der einzelnen Stadtviertel.
- Es gab zweifellos unter Augustus neue prächtige Gebäude aus Marmor (vgl. z. B. die Repräsentations- und Monumentalbauten: Thermen, Paläste, Tempel, Foren).
- Der weitaus größte Teil der Römer lebte aber weiterhin in baufälligen engen Gebäuden und einfachen Häusern.

6. Vergleiche anhand der Darstellungen D2 und D3, wie sich das Leben der Römer unterschied. (AFB II)

Römische Stadtvilla	Römisches Mietshaus
- Leben auf einer Ebene (lediglich Speicher im ersten Stock)	- Leben auf mehreren Etagen, häufig beschwerliche Wege (z. B. beim Wasserholen)
- Gartenbereich zur Entspannung (mit Wasserbecken)	- kein privater Außenbereich
- größere Rückzugsmöglichkeiten	- Nachbarn wohnen sehr nah
- sehr viel Platz	- häufige Enge
- architektonisch reizvoll (vgl. Atrium)	- Zweckbauten, häufig baufällig

7. Wähle eine der beiden folgenden Aufgaben:
a) Schreibe einen Dialog zwischen zwei Römern. Einer von ihnen ist ein reicher Mann. Er empfindet das Leben in Rom als äußerst angenehm. Der andere Römer wohnt in einem Armenviertel und sieht seine Lage kritisch.
b) Gestalte ein Lernplakat, auf dem du die Vor- und Nachteile des Alltagslebens in Rom kreativ darstellst. (AFB II)

Für beide Aufgabenteile kann die folgende Gegenüberstellung als Grundlage gelten:

Perspektive des reichen Römers	Perspektive des armen Römers
positiv: - hat viele Sklaven, wird bedient - wird vor Gefahren geschützt - lebt zurückgezogen, hat genug Platz - hat Zeit für Entspannung (z. B. im Garten) - lebt in schönem Haus - viele Wohnräume - kann sein Leben freier gestalten	Einiges ist positiv: - „Brot und Spiele" - Versorgung mit Wasser Leben ist aber beschwerlich: - muss alles selbst machen, beschwerliche Arbeit - schutzlos den Gefahren der Stadt ausgeliefert - lebt beengt - umgeben von Menschenmassen

8. Stelle dir vor, du bist Stadtführer in Rom. Bereite mithilfe von D1 eine Führung für deine Mitschüler vor. (AFB II)

Die Führung könnte folgendermaßen ablaufen:
- Start bei den Thermen (Thema: Bäder in Rom)
- Besichtigung des Kolosseums (Thema: Gladiatorenspiele, Tierhetzen)
- Besichtigung des Forum Romanum (Basiliken, Triumphbögen, Tempel)
- Weg zum Palatin (Kaiserpalast), erster Blick auf den Circus Maximus
- Besichtigung des Circus Maximus (Thema: Wagenrennen)
- Weg am Tiber entlang zur Insel mit dem Äskulaptempel
- Besichtigung des Marcellus-Theaters (Thema: Komödie und Tragödie)

5 Vom Dorf zum Weltreich – Menschen im Römischen Reich

8. Jh. v. Chr. – 7. Jh. n. Chr.

148–151 Römische Herrschaft – Unterdrückung der Provinzbewohner?

Kompetenzziele

Sachkompetenz
- Die SuS beschreiben, wie das Leben in den Provinzen ablief und wie die Verwaltung funktionierte.
- Sie erläutern die religiöse Toleranz der Römer.
- Sie erläutern die Probleme, die sich für die Provinzbewohner ergeben konnten und die Vorteile, die sie von der römischen Herrschaft hatten.
- Sie beschreiben, wie die Wirtschaft im Römischen Reich funktionierte.
- Sie beschreiben mithilfe von Rekonstruktionszeichnungen/Modellen die Besonderheiten einer römischen Stadt (Trier).

Methodenkompetenz
- Die SuS können die Lebensweise der Provinzbewohner anhand von Quellen, Zeichnungen und Karten rekonstruieren.
- Sie können folgende Grundbegriffe im entsprechenden Zusammenhang verwenden: Provinz, Romanisierung.

Urteilskompetenz
- Die SuS beurteilen kritisch die Aussagen der Quellen, die sich unterschiedlich zur Herrschaft der Römer äußern.
- Sie beurteilen, welche Vor- und Nachteile die Herrschaft der Römer mit sich brachte.

148–151 Sequenzvorschlag f8x9kw

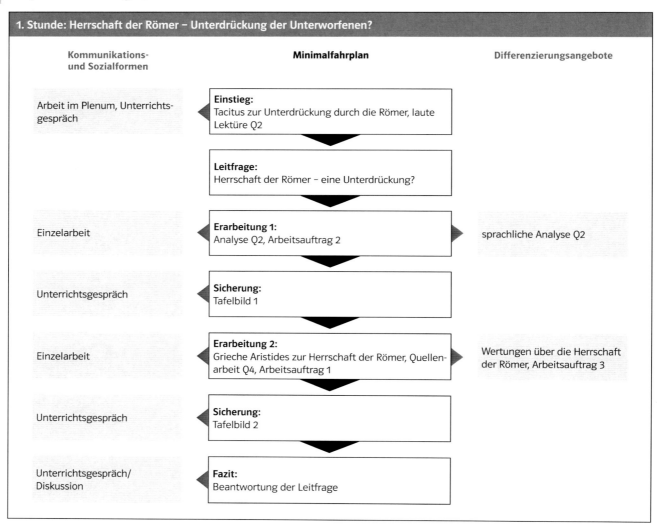

Tafelbild 1 rb4gn9

Die Herrschaft der Römer – unterschiedliche Ansichten	
1. Die Römer – „Räuber der Welt" (Sicht eines keltischen Häuptlings, Q2)	2. „Paradiesische" Zustände (Sicht eines Griechen, Q4)
Römer - sind nur auf Raub aus und erobern deshalb neue Gebiete - verwüsten fremde Länder - sind unersättlich und habgierig - halten sich nicht an das Recht und begehen Verbrechen: stehlen, morden und rauben	Römer - verwalten ihr Reich klug und besonnen - sorgen für Wohlstand und für blühende Städte - sorgen weltweit für Frieden - sorgen für Unterhaltung (Wettkämpfe, Schauspiele, Feste) - Reisen im Römischen Reich sind sicher und gefahrlos
Fazit: Die Sicht auf die Römer fällt unterschiedlich aus und hängt von der Perspektive des Betrachters ab. Der keltische Häuptling übertreibt gewiss, der Grieche Aelius Aristides wollte den Römern wohl auch schmeicheln.	

 8y8477

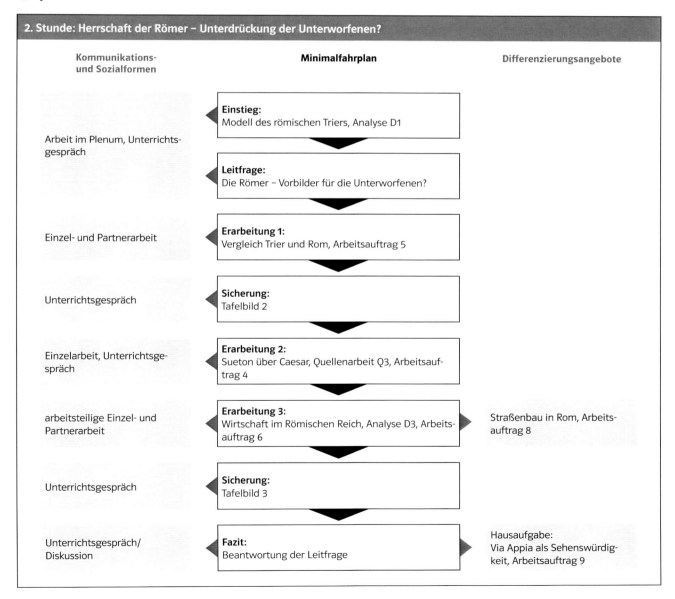

5 Vom Dorf zum Weltreich – Menschen im Römischen Reich

8. Jh. v. Chr. – 7. Jh. n. Chr.

Tafelbild 2 qj93wv

Trier: eine Stadt wie Rom?

Gemeinsamkeiten	Unterschiede
- große öffentliche Gebäude (Amphitheater, Tempel, Circus für Wagenrennen, Thermen) - große Plätze in der Stadt - dichte Bebauung - Stadtmauern	- Rom weist keine so klar geplanten rechtwinkligen Straßenzüge auf (ist über längere Zeit gewachsen) - in Rom sind die Gebäude noch größer - in Trier fehlen Theatergebäude zur Unterhaltung auf der Bühne (Komödien, Tragödien)

Fazit: Trier ist eine typisch römische Stadt, die sich geringfügig vom Vorbild Rom unterscheidet.

Tafelbild 3 k2hx4y

Handelsbeziehungen der Römer auf drei Kontinenten

Gebiete, mit denen die Römer Handel trieben	Gehandelte Produkte
Germanien	Sklaven, wilde Tiere, Felle, Pelze, Honig, Bernstein
Gallien	Blei, Eisen, Silber, Textilien, Keramik, Glas, Metallerzeugnisse
Spanien	Zinn, Eisen, Blei, Kupfer, Metallerzeugnisse, Textilien, Pferde, Sklaven, Keramik, Glas, Holz
Britannien	Blei, Kupfer, Zinn, Sklaven, Keramik, Glas
Nordafrika	Sklaven, Kupfer, Pferde, wilde Tiere, Holz, Kupfer, Marmor, Keramik, Glas, Metallerzeugnisse, Textilien, Gold,
Kleinasien	Seide, Metallerzeugnisse, Textilien, Keramik, Gewürze, Duftstoffe, Glas, Holz, Pferde, Sklaven, Edelsteine, Kupfer, Eisen
Donauprovinzen	Holz, Pferde, wilde Tiere, Gold, Silber, Metallerzeugnisse, Gewürze, Textilien, Marmor

148–151 Hinweise zum Verfassertext und den Materialien

VT Um das Verhältnis zwischen Römern und Unterworfenen zu betrachten, ist es wichtig, zwischen den Phasen der oft brutalen und blutigen Eroberungen sowie der von weitgehendem Frieden geprägten Zeit römischer Herrschaft zu unterscheiden. Anders als in manchen Hollywood-Produktionen suggeriert, bedeutete die römische Herrschaft keineswegs eine Unterdrückung von rechtlosen Eroberten, war aber auch weit von einer romantischen Vorstellung entfernt, die von weitgehender Gleichberechtigung ausgeht. Die Römer waren und blieben die Herren über die besetzten Gebiete, deren Bewohner Steuern zu zahlen hatten. Allerdings hatten sie auch schon vor der Herrschaft der Römer oft noch höhere Steuern aufbringen müssen (vgl. im Ägypten der Pharaonen). Wenn die Römer den Provinzialen dennoch weitreichende Rechte einräumten (z. B. in der Selbstverwaltung der Städte oder bei der Einsetzung einheimischer Klientel-Könige), so dienten diese Regelungen einerseits dazu die Akzeptanz römischer Herrschaft zu fördern, andererseits aber auch dazu, die römischen Beamten zu entlasten und durch effiziente und ortskundige Spezialisten zu unterstützen. Anders als bei den Christen (vgl. S. 158 f.) zeigten sich die Römer gerade aus diesen realpolitischen Erwägungen heraus gegenüber anderen Religionen tolerant und identifizierten fremde Gottheiten mit den ihren (Interpretatio Romana). Der durch all diese Umstände begünstigte Prozess der Romanisierung kann rückblickend als Erfolg gesehen werden, der ganz wesentlich zur langen Existenz des Reiches und der Pax Romana beigetragen hat. Viele Menschen in den Provinzen fühlten sich im Zuge dieser Romanisierung längst als „Römer", noch bevor Kaiser Caracalla allen freien Reichsbewohnern 212 n. Chr. das römische Bürgerrecht zubilligte. Die rund zwei Jahrhunderte umfassende Pax Romana war die längste Friedenszeit in weiten Teilen von Europa.

Q1 Die Via Appia war die erste befestigte Straße, deren Bau die Römer 312 v. Chr. begannen. Der Konsul Appius Claudius Caecus ließ diesen Verbindungsweg zwischen Rom und dem im Süden gelegenen Capua anlegen. Im 2. vorchristlichen Jahrhundert wurde die Straße bis Brindisi verlängert. In der letzten Bauphase wurde die Via Appia mit einem Steinpflaster versehen, auf dem heute noch die Spuren der Wagenräder sichtbar sind.

D1 Die Rekonstruktionszeichnung des römischen Trier zeigt das typische Erscheinungsbild römischer Städte mit einem rechtwinklig angelegten Straßensystem. Die Darstellung zeigt Trier im 4. Jahrhundert kurz vor dem Ende der römischen Herrschaft. Die Kaiserthermen, die den umfassendsten Komplex ihrer Art in Trier darstellen, sind nie fertiggestellt worden. Die im 3. Jahrhundert hastig errichtete Stadtmauer war eine Reaktion auf die Angriffe der Germanen und hat das Amphitheater in ihren Verlauf mit einbezogen.

D2 In der Rekonstruktionszeichnung wird der effiziente Aufbau der römischen Straßen hervorgehoben. Einige der Straßen sind bis heute erhalten und werden teilweise noch genutzt (vgl. Via Appia, Q1). Einige moderne Forscher vermuten, dass sich zwischen den Steinplatten zur Dämpfung Sand befunden hat, um die Schläge der Wagenräder auf den Fugen abzumildern.

Q2 Publius Cornelius Tacitus, der bedeutendste römische Historiker, war ein glühender Verehrer der untergegangen Republik und ein großer Kritiker der Kaiserherrschaft. Seine daraus resultierende Sympathie für die „Freiheit" überträgt Tacitus teilweise auch auf die von den Römern unterworfenen Völker. Daher mag sein Pathos stammen, wenn er die Gegner der Römer, wie hier in Britannien, in fingierten Reden zu Wort kommen lässt. Tacitus schrieb seine Werke unter den recht humanen und toleranten Kaisern Nerva (96–98 n. Chr.), Trajan (98–117 n. Chr.) und Hadrian (117–138 n. Chr.) und konnte demzufolge auch verhältnismäßig offen Kritik äußern.

Q3 Die moderne Forschung stimmt darin überein, dass sie die Bedeutung der Ansiedlung von Veteranen für die Romanisierung besonders betont. Die Veteranen brachten nicht nur die römische Lebensweise in teilweise entfernte Provinzen. Sie vermischten sich mit der Zeit auch mit der ansässigen Bevölkerung, sodass sich die Unterschiede zwischen Römern und Provinzialen mehr und mehr verwischten.

D3 Die Karte zeigt, dass der Handelsaustausch sich nicht nur auf das Römische Reich erstreckte, sondern weit darüber hinaus ging. Beim Handel ist zu bedenken, dass die ausgesprochen gut ausgebauten Römerstraßen und der lange Frieden (Pax Romana) zur wirtschaftlichen Prosperität beigetragen haben. Der Handel mit Gebieten jenseits der Grenzen beweist, dass die Römer nicht nur auf die unterworfenen Völker eingewirkt haben. Römische Waren standen in Germanien hoch im Kurs, wie Archäologen beweisen konnten. Die Millionenstadt Rom war auf Lieferungen angewiesen und hätte sich beispielsweise ohne die Getreidezufuhr aus Ägypten nicht selbst ernähren können.

Q4 Aelius Aristides lässt hier klar eine „römerfreundliche" Perspektive erkennen. Dies liegt u.a. daran, dass er diesen Text als Teil einer Rede vor dem Kaiser Antoninus Pius (138–161 n. Chr.) vorgetragen hat. Unter diesem Kaiser herrschte, wie auch unter den unmittelbaren Vorgängern Hadrian und Trajan, ein verhältnismäßig gerechte Provinzverwaltung. Gerade Griechenland, die Heimat des Autors hat zu dieser Zeit besonders profitiert. Daher dürften die Aussagen des Aelius Aristides einerseits von Schmeichelei, andererseits aber auch von tatsächlicher Überzeugung getragen sein.

Erläuterungen zu den Arbeitsaufträgen

1. Fasse zusammen, wie der Grieche Aelius Aristides die Herrschaft der Römer bewertet (Q4). (AFB I)
- „Klugheit in der staatlichen Verwaltung" (Z. 3)
- Römer sorgen für Wohlstand und für blühende Städte
- Reichtum, die Erde ist „ein paradiesischer Garten" (Z. 6)
- allgemeiner Frieden
- Unterhaltung für die Bürger (Wettkämpfe, Schauspiele)
- gefahrlose Reisen

2. Nenne die Kritikpunkte, die der keltische Häuptling gegen die Römer vorbringt (Q2). (AFB I)
- Römer als „Räuber der Welt" (Z. 1)
- „Verwüstungen" (Z. 3)
- unersättlich und „habgierig" (Z. 4)
- völlige Rechtlosigkeit: Römer „stehlen, morden, rauben" (Z. 6 f.)

3. Vergleiche die Wertungen über die Herrschaft der Römer in Q2 und Q4. (AFB II)
- Siehe die Gegenüberstellung in Tafelbild 1 bzw. die Erwartungshorizonte der Aufgaben 1 und 2.
- Während Tacitus den keltischen Häuptling äußerst negativ über die Römer reden lässt, ist der Grieche Aristides voll des Lobes über die Herrschaftsbedingungen im Römischen Reich.
- Mit den SuS könnte auch unter Zuhilfenahme von Arbeitsauftrag 10 diskutiert werden, inwieweit beide Aussagen zutreffend sind und welche konkreten Belege jeweils angeführt werden könnten. Hilfreich ist u.a. ein Rückblick auf vorangegangene Unterkapitel.

4. Erläutere, inwieweit Julius Caesar die Romanisierung gefördert hat (Q3). (AFB II)
- Zuteilung von Ländereien an die Soldaten
- Verteilung von achtzigtausend Bürgern auf unterschiedliche Kolonien
- **Folge**: Vermischung mit der ansässigen Bevölkerung, Romanisierungsprozess

Vom Dorf zum Weltreich – Menschen im Römischen Reich

8. Jh. v. Chr. – 7. Jh. n. Chr.

5. Vergleiche das Modell des römischen Trier (D1) mit dem Modell des antiken Rom (vgl. S. 145, D1). (AFB II)
s. Tafelbild 2

6. Erläutere, mit welchen Gebieten die Römer Handel trieben und um welche Produkte es dabei ging (D3). (AFB II)
s. Tafelbild 3

7. Beurteile, inwieweit der Handel mit den Provinzen zur Romanisierung beigetragen hat. Wirf dazu auch einen Blick in den Verfassertext. (AFB III)
- Handel hat zu Austausch, Kontakten und Kommunikation geführt;
- gegenseitiger Nutzen fördert friedliches Zusammenleben;
- wirtschaftlicher Erfolg aus dem Handel führt zur Zufriedenheit der Provinzbewohner und Akzeptanz römischer Herrschaft;
- Import von römischen Produkten vermittelte etwas von römischer Lebensweise (Rom als Vorbild);
- allerdings: Auch die Provinzbewohner exportierten Produkte nach Rom und Italien und beeinflussten somit das römische Leben;
- Fazit: Der Handel befördert die Romanisierung in einem Prozess aus Geben und Nehmen.

8. Erkläre mithilfe von D2 den römischen Straßenbau. (AFB III)
- Die Römer waren bestrebt, die Straßen möglichst schnurgerade anzulegen und haben zu Beginn umfassende Vermessungen durchgeführt.
- Die unterste Schicht der Straße bestand aus groben Steinen, über der eine Schotterschicht aufgefüllt wurde. Diese Schicht wurde durch Kies und Sand bedeckt.
- Man kann sagen, dass die Materialien der unterschiedlichen Schichten von unten nach oben immer feiner wurden. Die Steinplatten auf der Oberfläche der Straße konnten sich so gut in den Untergrund einfügen.

9. Die Überreste der Via Appia sind heute eine archäologische Sehenswürdigkeit. Begründe die Aussage mithilfe von D2 und Q1. (AFB II)
- Die Via Appia ist über weite Strecken sehr gut erhalten und zeigt noch die alte antike Struktur. Anhand dieser Straße lässt sich der Aufbau des Untergrundes noch untersuchen und entsprechend belegen.
- Die meisten Römerstraßen verfielen im Laufe der Zeit oder wurden überbaut. Insofern ist die Via Appia archäologisch gesehen von besonderer Bedeutung.

10. Beurteile, ob die Herrschaft der Römer für die Unterworfenen Fluch oder Segen bedeutete. Schreibe dabei entweder
a) eine kurze Stellungnahme aus heutiger Sicht oder
b) ein Streitgespräch zwischen Provinzbewohnern, die unterschiedliche Ansichten vertreten. (AFB III) ●

Für beide Aufgabenteile können folgende Punkte berücksichtigt werden:

Fluch	Segen
- Bewohner nicht gänzlich unabhängig und „frei" (aber: waren sie auch unter der Herrschaft ihrer Könige vor der Ankunft der Römer häufig nicht) - Unmöglichkeit aus dem römischen Herrschaftsgebiet auszuscheiden - Politik in Rom ist die letzte Instanz	- kulturelle und wirtschaftliche Blüte (Romanisierung) - relativer Wohlstand - relativ weitreichende Selbstständigkeit in der Verwaltung - religiöse Toleranz - Frieden - Einflüsse der römischen Kultur (Straßen, Gebäude, Städte)

Fazit: Es muss unterschieden werden zwischen Eroberung durch die Römer (die oft auf grausamen Kriegen beruhten) und deren Herrschaft (die für viele Provinziale überwiegend positiv war).

11. Der Einfluss der USA auf unser Leben und unsere Kultur wird als Amerikanisierung bezeichnet. Erörtere Gemeinsamkeiten und Unterschiede zur Romanisierung. (AFB III)
Gemeinsamkeiten:
- sprachlicher Einfluss von Latein/Englisch
- Rom/USA als Vorbilder für andere Menschen
- Nachahmung römischer bzw. US-amerikanischer Mode/Kleidung
- Export römischer/US-amerikanischer Waren
- Ziel: Friedensordnung im römischen/US-amerikanischen Sinn
- weitgehende Toleranz gegenüber anderen Religionen

Unterschiede:
- Einfluss der Römer im Rahmen militärischer Besatzung, Provinzen standen unter der direkten Kontrolle der Römer
- Betonung von Demokratie, Freiheit, Grund- und Menschenrechten als wichtige US-amerikanische Werte
- starke US-amerikanische Konsummentalität, Einfluss der Medien
- starker Einfluss von Essgewohnheiten (Fastfood)
- starker Einfluss der US-amerikanischen Musikstile

Geschichte begegnen: Römische Geschichte im Comic

Kompetenzziele

Sachkompetenz
- Die SuS erkennen, wann und wie die Eroberung Britanniens abgelaufen ist.
- Sie beschreiben das Leben im nächtlichen Rom.
- Sie beschreiben die Besonderheiten des Comics „Asterix".

Methodenkompetenz
- Die SuS können die historischen Aussagen des Comics richtig einordnen.
- Sie können den Comic mit der Quelle vergleichen.

Urteilskompetenz
- Sie beurteilen, an welchen Stellen der Comic den historischen Tatsachen nahe kommt, wo nicht, und sie begründen ihr Urteil.

Sequenzvorschlag 4g7sb6

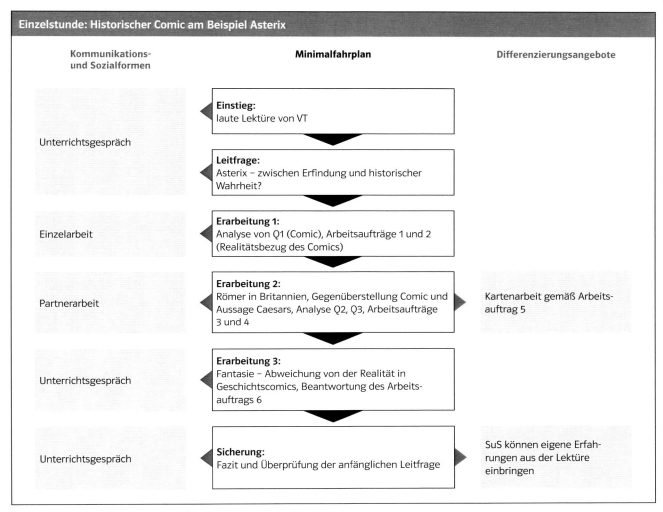

5 Vom Dorf zum Weltreich – Menschen im Römischen Reich

8. Jh. v. Chr. – 7. Jh. n. Chr.

Tafelbild nm2ed5

Asterix – zwischen Erfindung und historischer Wahrheit

Erfindungen	Historische Wahrheit
- Julius Caesar hat Britannien nicht erobert, sondern lediglich eine Expedition dorthin durchgeführt. - Die Gallier hatten keinen Zaubertrank. - Asterix und Obelix gab es ebenso wenig wie das widerspenstige Dorf.	- Die Straßen Roms waren nachts schlecht ausgeleuchtet und unzureichend überwacht. Dort trieben sich viele Räuber herum. - Die Darstellung des Stadtbildes (Q1) wirkt recht realistisch. - Caesar ist, wenn auch mit anderen Absichten, mit einem Heer nach Britannien gesegelt.

152–153 Hinweise zum Verfassertext und den Materialien

VT Die Väter von Asterix, René Goscinny (Text) und Albert Uderzo (Zeichnungen), brachten die ersten Bände des Comics in den 1960er-Jahren heraus. Neben oft sehr tiefsinnigen Anspielungen fällt die große zeichnerische Qualität auf. Laut Uderzo bestand die Motivation für Asterix darin, dem von US-Comics dominierten Markt etwas „typisch Französisches" entgegenzustellen. Um seine besondere Wirkung zu erzielen, bewegt sich „Asterix" nicht immer auf historischem Boden. Beispiele dafür sind u. a.: Zur Zeit Caesars existierte das Kolosseum in Rom noch nicht, Londinium (London) war noch keine römische Stadt (hatte auch noch keinen „Tower"), die Goten spielten noch keine Rolle in der römischen Geschichte, ihre Helme glichen nicht denen des deutschen Kaiserreiches, auch marschierten sie nicht im Gleichschritt, Brutus ermordete Caesar nicht, weil er ihn durch seine Anspielungen zur Weißglut trieb, Caesar lebte nicht in einem großen Palast …
Dennoch entspricht vieles der historischen Realität: Caesar wird als Diktator bezeichnet, es fallen historisch relevante Namen/Bezeichnungen wie Pompejus, Aremorica, Pikten … Teilweise werden Einzelaspekte sogar auf Lateinisch genannt und dann erläutert (Fossa-Graben bei der Erklärung eines Römerlagers). Straßen, Aquädukte, Stadtbilder, Kastelle, gallische Strohhütten sind oft sehr realistisch dargestellt. Die Ausdehnung des Römischen Reiches entspricht weitgehend der Realität (Ausnahme: Britannien).

Q1 Die Darstellung der nächtlichen Szene ist recht realistisch. Das Steinpflaster, die Gebäude (Andeutungen von Stadtvillen und Insulae), die Räuber und der Hinweis auf die nächtlichen Gefahren wirken plausibel.

Q2 Die Piraten spielen in zahlreichen Asterix-Bänden eine Rolle. Sie werden fast ausnahmslos versenkt. Hier einmal von Caesars Flotte und nicht den unbeugsamen Galliern. Die Darstellung der römischen Schiffe als Galeeren mit Rammsporn wirkt recht realistisch. Der Hinweis auf die Eroberung Britanniens ist historisch falsch. Britannien wurde erst von Kaiser Claudius 43 n. Chr. erobert.

Q3 Caesar erwähnt hier richtig, dass es sich lediglich um eine Expedition nach Britannien und nicht etwa um eine Eroberung der Insel gehandelt hat. In seinem Werk über den Gallischen Krieg (Bellum Gallicum) hat Caesar die Römer nicht nur mit Verweis auf seine Eroberungen, sondern auch mit seinen Expeditionen beeindrucken wollen (dasselbe gilt für den Rheinübergang zu den Germanen). Britannien war damals für die Römer noch ein recht unerforschtes Gebiet am Rande der Welt. Umso bemerkenswerter war es, dass Caesar mit einer Armee dorthin vordrang.

152–153 Erläuterungen zu den Arbeitsaufträgen

1. Gib kurz wieder, in was für einer Situation sich Asterix und Obelix in Rom befinden (Q1). (AFB I)
- Asterix und Obelix befinden sich nachts in den Straßen von Rom.
- Sie sind müde und wollen sich ausruhen.
- Beide werden von Räubern überfallen, die in kleinen Banden ihr Unwesen treiben. Die Räuber sind brutal, einer hebt das Schwert.

2. Weise mithilfe des Verfassertextes auf S. 146/147 nach, dass die Situation, die hier geschildert wird, durchaus realistisch dargestellt ist. (AFB II)
- Rom war trotz der halbmilitärisch organisierten Feuerwehr nachts kaum zu kontrollieren.
- Die Hauptstadt war schlecht beleuchtet, und vor allem in den Armenvierteln trieben sich Räuber und Diebe herum.
- Die Situation in Rom war tatsächlich nachts alles andere als sicher.

3. Gib wieder, was für eine historische Situation in der Szene aus „Asterix bei den Briten" (Q2) geschildert wird. (AFB I)
- Die Piraten werden von einer großen römischen Flotte versenkt.
- Die römische Flotte ist unter dem Kommando Julius Caesars auf dem Weg, Britannien zu erobern.

4. Arbeite aus Q3 heraus, welche Ziele Caesar laut eigener Aussage dazu bewogen, mit einem Heer nach Britannien zu segeln. (AFB I)
- Die Briten hatten die Gallier im Kampf gegen die Römer unterstützt.
- Caesar wollte das Land und seine Bewohner kennenlernen sowie das Gelände, die Häfen und Landeplätze besichtigen.
- Fazit: Caesar kam nicht mit den Plänen nach Britannien, die Insel zu erobern, er hatte sich kaum auf umfangreiche Kämpfe eingestellt.

5. Erläutere mithilfe der Karte vom Römischen Reich auf der Orientierungsseite, wann Britannien tatsächlich von den Römern erobert worden ist. (AFB II)
- Kaiser Claudius begann mit der Eroberung Britanniens 43 n. Chr.

6. Begründe, warum die Autoren die Szene in „Asterix bei den Briten" absichtlich falsch dargestellt haben könnten. (AFB II)
- Die Situation soll an die der Gallier erinnern („Ganz Britannien ist von den Römern erobert. Ganz Britannien? Nein!").
- In der Geschichte geht es um ein Dorf in Britannien, das den Römern noch Widerstand leistet. Diese Handlung ist nur möglich, wenn man von einer Eroberung Britanniens im Comic ausgeht.
- Asterix und Obelix sollen die Dorfbewohner unterstützen und reisen daher nach Britannien. Darauf basiert die weitere Handlung.
- Eine kurze Expedition Caesars hätte nicht den Rahmen geboten, um eine Geschichte in dieser Art zu konzipieren, in der Römer, Briten und Gallier umfangreich auftreten können.

5 Vom Dorf zum Weltreich – Menschen im Römischen Reich

8. Jh. v. Chr. – 7. Jh. n. Chr.

154–157 Römer und Germanen – unversöhnliche Nachbarn?

Kompetenzziele

Sachkompetenz
- Die SuS beschreiben, in welchem Verhältnis die Römer und die Germanen zu verschiedenen Zeitabschnitten der Geschichte lebten.
- Sie erläutern, wie die Germanen aus römischer Perspektive gesehen wurden und unterscheiden dabei verschiedene Sichtweisen.
- Sie erläutern, welche Sichtweise die römischen Quellen mit Blick auf die Germanen vertreten.

Methodenkompetenz
- Die SuS können folgende Grundbegriffe im entsprechenden Zusammenhang verwenden: Barbar, Limes.
- Sie können mithilfe von Karten und Quellen die Besonderheiten in der Beziehung zwischen Römern und Germanen beschreiben.

Urteilskompetenz
- Sie beurteilen die einseitigen Aussagen der Quellen zu den Germanen.
- Sie beurteilen, ob es sich bei den Germanen um „Barbaren" handelte.

154–157 Sequenzvorschlag 79k2w6

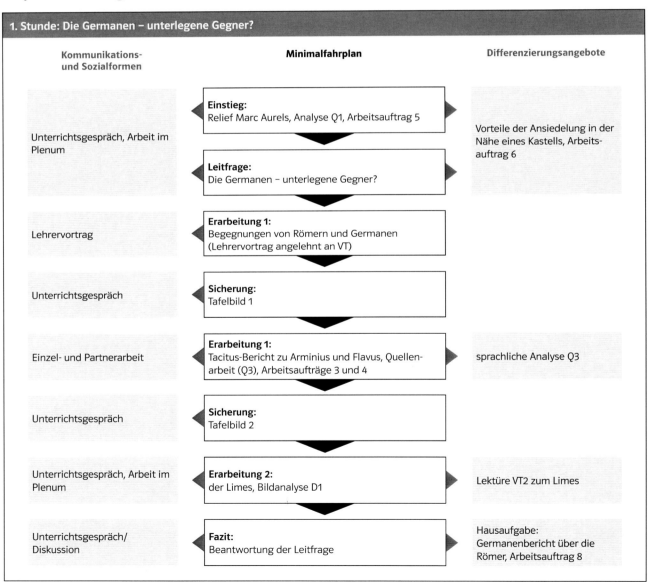

1. Stunde: Die Germanen – unterlegene Gegner?

Kommunikations- und Sozialformen	Minimalfahrplan	Differenzierungsangebote
Unterrichtsgespräch, Arbeit im Plenum	**Einstieg:** Relief Marc Aurels, Analyse Q1, Arbeitsauftrag 5	Vorteile der Ansiedelung in der Nähe eines Kastells, Arbeitsauftrag 6
	Leitfrage: Die Germanen – unterlegene Gegner?	
Lehrervortrag	**Erarbeitung 1:** Begegnungen von Römern und Germanen (Lehrervortrag angelehnt an VT)	
Unterrichtsgespräch	**Sicherung:** Tafelbild 1	
Einzel- und Partnerarbeit	**Erarbeitung 1:** Tacitus-Bericht zu Arminius und Flavus, Quellenarbeit (Q3), Arbeitsaufträge 3 und 4	sprachliche Analyse Q3
Unterrichtsgespräch	**Sicherung:** Tafelbild 2	
Unterrichtsgespräch, Arbeit im Plenum	**Erarbeitung 2:** der Limes, Bildanalyse D1	Lektüre VT2 zum Limes
Unterrichtsgespräch/ Diskussion	**Fazit:** Beantwortung der Leitfrage	Hausaufgabe: Germanenbericht über die Römer, Arbeitsauftrag 8

Tafelbild 1 648wh6

Begegnungen von Römern und Germanen: Konflikte, Kriege, Kooperationen

- 2. Jahrhundert v. Chr.: Züge der Cimbern und Teutonen: erste schwere Auseinandersetzungen
- 1. Jahrhundert: Caesar erobert Gallien, die Römer haben mit dem Rhein eine Grenze zu den Germanen.
- Augustus scheitert mit seinem Plan, Germanien bis zur Elbe zu erobern (Varus-Schlacht 9 n. Chr.).
- 1. Jahrhundert n. Chr.: Römer richten zwei aufblühende germanische Provinzen ein (Ober- und Untergermanien), viele Handelsbeziehungen mit den Germanen, Germanen in römischem Militärdienst
- 1.–2. Jahrhundert: Römer erobern das Limesgebiet
- 3. Jahrhundert: Germanische Stämme bedrohen zunehmend die Rhein- und Donaugrenze, Verlust des Limesgebietes
- 4. Jahrhundert: Aufnahme von Germanen ins Römische Reich
- 410 n. Chr.: Eroberung Roms durch die Goten
- 476 n. Chr.: Ein germanischer Heerführer setzt den letzten weströmischen Kaiser ab.

Tafelbild 2 vi9v6n

Zwei germanische Brüder: unterschiedliche Sicht auf die Römer

Ansichten des Flavus (er steht in römischen Diensten)	Ansichten des Arminius (Cheruskerfürst, Gegner der Römer)
- römische Herrschaft bringt materielle Vorteile: Solderhöhungen - Römer verleihen ehrenvolle Geschenke/Auszeichnungen - Römer sind gegenüber Unterworfenen milde - Rom und der Caesar sind mächtig	- römische Solderhöhungen, Auszeichnungen, Milde sind Zeichen der Sklaverei - nicht die Römer sind der Maßstab, sondern das eigene „Vaterland", die „Freiheit", die „Götter Germaniens", die Familie - Flavus ist „Überläufer" und „Verräter", weil er im Dienst der Römer steht

Fazit: Flavus betont vor allem Äußerlichkeiten (Ruhm) und materielle Aspekte (Sold), Arminius sieht die Kooperation mit den Römern als Sklaverei an und betont die Bedeutung von Freiheit, Göttern und Familie.

Tafelbild 3 qv6x9x

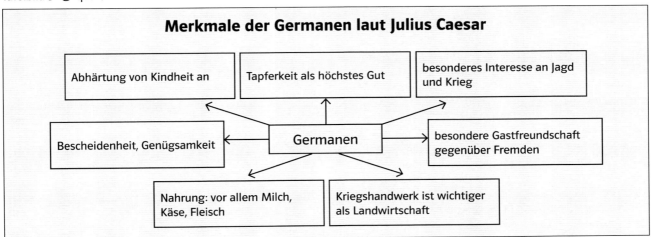

Merkmale der Germanen laut Julius Caesar
- Abhärtung von Kindheit an
- Tapferkeit als höchstes Gut
- besonderes Interesse an Jagd und Krieg
- Bescheidenheit, Genügsamkeit
- besondere Gastfreundschaft gegenüber Fremden
- Nahrung: vor allem Milch, Käse, Fleisch
- Kriegshandwerk ist wichtiger als Landwirtschaft

5 Vom Dorf zum Weltreich – Menschen im Römischen Reich

8. Jh. v. Chr. – 7. Jh. n. Chr.

c5fh8n

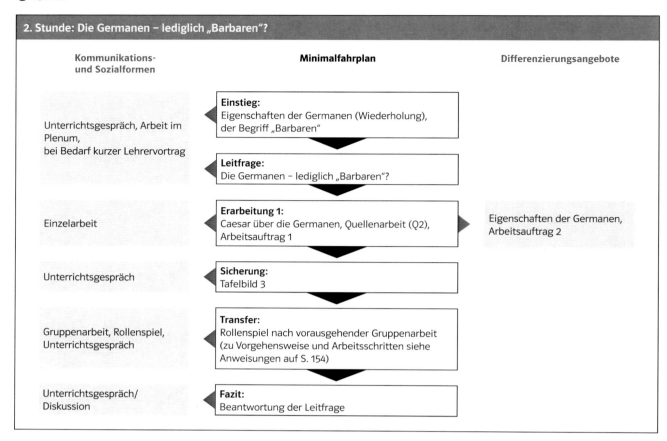

Hinweise zum Verfassertext und zu den Materialien

VT Das Verhältnis von Römern und Germanen muss differenziert betrachtet werden, zumal die schriftliche Überlieferung sich lediglich aus römischer Feder speist. Teilweise galten die Germanen in den Augen der Römer als „Barbaren", die sie zugleich wegen ihrer Kraft bewunderten und wegen ihrer vermeintlich geringen Kultur verachteten. Dies trifft vor allem für viele Stämme zu, die jenseits der römischen Grenzen lebten, auch wenn von diesen wiederum einige mit den Römern verbündet waren. Auf der anderen Seite gab es die germanischen Provinzen an Rhein und Donau, in denen die Bewohner einem Romanisierungsprozess unterworfen waren. Dies gilt vor allem für große Städte, die sich in Grenznähe bildeten. Klassische Beispiele dafür sind auf heutigem Boden u. a. Köln, Mainz, Augsburg, Regensburg oder Trier. Diese Germanen im Römischen Reich sahen sich selbst als Römer und wurden vielfach als solche betrachtet und nicht als „Barbaren" angesehen. Was das Verhältnis zwischen den Römern und den „freien" Germanen jenseits der Grenzen angeht, so muss man zwischen verschiedenen zeitlichen Abschnitten unterscheiden: Am Anfang standen die Invasionen der Cimbern und Teutonen im 1. Jahrhundert v. Chr. Und auch seit dem ausgehenden 2. Jahrhundert befanden sich die Germanen wieder in der Offensive. Dazwischen lag eine Zeit, in der vor allem die Römer aufgrund ihrer militärischen Überlegenheit den Ton angaben und die Grenzen mit Rhein, Donau und Limes nach Norden vorschoben. An dieser Situation änderte langfristig auch die große Niederlage von Varus gegen Arminius wenig, auch wenn die Römer damit den Plan der Elbgrenze endgültig begruben. Unabhängig von Konflikten aber gab es lebhaften Handel zwischen dem Römischen Reich und den Germanen, der sich nicht nur auf reinen Güteraustausch beschränkte.

Q1 Dieses Relief entstand im Zusammenhang mit den sehr umfassenden Kämpfen von Kaiser Marc Aurel gegen die andringenden Sarmaten, Markomannen und Quaden an der Donau. Die Römer gerieten in die Defensive und mussten die Ordnung an den Grenzen mühevoll wieder herstellen. Umso wichtiger war die propagandistische Darstellung der römischen Siege, um das angeschlagene römische Selbstbewusstsein wieder zu stärken.

D1 Der römische Limes erstreckte sich über eine Länge von rund 500 km und war durch ca. 900 Wachttürme gesichert, die sich nachts durch Feuersignale, tagsüber durch Rauchzeichen untereinander verständigten. In verschiedenen Bauphasen wurde der zunächst aus Holzpalisaden bestehende Limes später vielfach durch Steinmauern ersetzt. Im Hinterland befanden sich Lager mit mobilen Einheiten zum Schutz der Grenze. Berühmtestes Beispiel hierfür ist Aalen mit rund 1 000 Reitern.

D2 Nach der Varus-Niederlage 9 n. Chr. zogen sich die Römer hinter den Rhein und die Donau zurück. In den von starken militärischen Einheiten besetzten Provinzen Obergermanien (Germania Superior) und Untergermanien (Germania Inferior) blühte im 1. und 2. Jahrhundert während des römischen Friedens auch das zivile Leben auf. Um die Grenze im Norden abzukürzen und die Verbindung zwischen den Provinzen Ober- und Untergermanien zu erleichtern, errichteten die Römer seit Ende des 1. Jahrhunderts den Limes, der in unterschiedlichen Phasen bis Mitte des 2. Jahrhunderts vorgeschoben wurde.

Q2 Julius Caesar ist in seinem Werk über den Gallischen Krieg (Bellum Gallicum) sehr bestrebt, die Andersartigkeit und auch die Stärke der Germanen hervorzuheben. Vor diesem Hintergrund sollten seine Siege gegen den germanischen König Ariovist und seine Expeditionen in das rechtsrheinische Gebiet in besonderem Glanz erscheinen. Dennoch sind viele Aussagen Caesars über die Germanen durch andere Autoren (vor allem Tacitus) sowie durch archäologische Erkenntnisse bestätigt worden.

D3 Die Saalburg ist ein gutes Beispiel dafür, wie sich militärisches und ziviles Leben am Limes gleichermaßen entwickelten. Aus einem anfänglichen Holzkastell entstand eine mit Steinmauern bewehrte Anlage, in deren Nähe bald eine zivile Siedlung errichtet wurde. Um das Jahr 200 n. Chr. lebten im Bereich der Saalburg rund 2000 Soldaten und Zivilisten. Unter Kaiser Wilhelm II. wurde die Saalburg umfassend rekonstruiert und ist heute eine bedeutende Attraktion in der Umgebung von Bad Homburg.

Q3 Tacitus, der eine besondere Sympathie für die Freiheitsliebe hegt (vgl. Unterkapitel „Römische Herrschaft – Unterdrückung der Provinzbewohner?", Anmerkungen zu Q2), lässt Arminius in durchaus positivem Licht erscheinen. Wie Tacitus in der römischen Kaiserherrschaft eine „Sklaverei" sieht, so betrachtet er aus germanischer Perspektive die Herrschaft der Römer ähnlich. Der Dialog zwischen den beiden Brüdern ist nur bei Tacitus überliefert. Den Text hat der Historiker den beiden Germanen in den Mund gelegt, er hat somit fiktiven Charakter und spiegelt ganz wesentlich die Ansichten des Tacitus wieder, der den Germanen generell wohlwollend gegenübersteht (vgl. sein Werk „Germania").

Erläuterungen zu den Arbeitsaufträgen

1. Nenne die Merkmale der Germanen, welche Caesar besonders hervorhebt (Q2). (AFB I)
- „Jagd und kriegerisches Treiben" (Z. 1 f.);
- von Kindheit an „Strapazen und Abhärtung" gewöhnt (Z. 3);
- Nahrung vor allem: „Milch, Käse und Fleisch" (Z. 6);
- „Kriegshandwerk" ist besonders wichtig, wichtiger als Landwirtschaft (Z. 7.);
- Genügsamkeit („keine großen Ländereien", Z. 8);
- „Tapferkeit" ist sehr wichtig (Z. 11.);
- Raubzüge gegen fremde Stämme werden als Abhärtung gesehen und nicht geächtet (Z. 16 ff.);
- besondere Gastfreundschaft gegenüber Fremden (Z. 21 ff.).

2. Vergleiche die Eigenschaften, die Caesar den Germanen zuspricht (Q2). Lege eine Tabelle an, in der du die Eigenschaften nach Oberbegriffen gliederst. (AFB II)
Training, Abhärtung und Genügsamkeit sollen die Grundlage für Tapferkeit bieten, die oberstes Ziel der Germanen ist. Ein Widerspruch mag zwischen der Rücksichtslosigkeit und den kriegerischen Eigenschaften auf der einen Seite und der besonderen Gastfreundschaft auf der anderen bestehen.

3. Vergleiche die Ansichten von Flavus mit denen von Arminius (Q3). (AFB II)
- s. für den Vergleich Tafelbild 2
- Fazit: Flavus verweist auf Äußerlichkeiten (Ruhm), materielle Aspekte (Sold), Arminius auf hohe Ideale (Freiheit, Heimat, Götter, Familie).

Ständiges Training	Abhärtung	Rücksichtslosigkeit	Tapferkeit	Gastfreundschaft
- „Jagd, kriegerisches Treiben" (Z. 1/2)	- „Von klein auf […] auf Strapazen und Abhärtung bedacht." (Z. 2/3)	- „wenn die Nachbarn aus ihrem Land vertrieben werden" (Z. 11/12), - „Raubzüge außerhalb der Grenzen" (Z. 16/17)	- „Beweis von Tapferkeit" (Z. 11)	- Einen Gast zu verletzen, halten sie für Sünde (Z. 21).

Vom Dorf zum Weltreich – Menschen im Römischen Reich

8. Jh. v. Chr. – 7. Jh. n. Chr.

4. Beschreibe, wie die Germanen auf dem Relief dargestellt sind (Q1). (AFB I)
- typisches Äußeres: bärtig
- Germanen sind unterwürfig und in der Position der Besiegten (kniend, erhobene Hände)
- Germanen sind unbewaffnet (im Gegensatz zu den Römern)
- Germanen wirken (entgegen der Gewohnheit) eher schmächtig gegenüber den Römern (soll Unterlegenheit zeigen)

5. Begründe, warum in Q1 die römische Perspektive offensichtlich ist. (AFB II) ○
- Germanen sind eindeutig unterlegen (unbewaffnet, kniend, relativ kleine Körper)
- Römer sind in der Position der Stärke (Bewaffnung, Rüstung, teilweise erhöht auf dem Pferd, zahlenmäßig überlegen)

6. Begründe, warum es für die Bevölkerung reizvoll war, sich in der Nähe eines Kastells anzusiedeln (D1, D3) (AFB II).
Vorteile:
- Handel/Warenaustausch mit den Soldaten
- Sicherheit und militärischer Schutz
- teils gesellschaftliches Zusammenleben mit den Soldaten
- gute Infrastruktur (da Lager oft an wichtigen Straßen lagen)

7. Sucht euch aus D2 ein Kastell oder ein Legionslager heraus und recherchiert in arbeitsteiliger Gruppenarbeit dessen Geschichte. Präsentiert eure Ergebnisse der Klasse. (AFB I)
Besonders bekannt sind:
- Köln (Colonia Claudia Ara Agrippinensium)
- Bonn (Bonna)
- Koblenz (Confluentes)
- Mainz (Mogontiacum)
- Regensburg (Castra Regina)
- Augsburg (Augusta Vindelicum)

8. Verfasse den kurzen Bericht eines Germanen, in dem er die Römer aus seiner Sicht beurteilt. (AFB III) ●

Der Germane könnte folgende Aspekte hervorheben:

positiv	negativ
Römer sind - mächtig - gut organisiert - diszipliniert (Armee) - haben schöne Städte - sind wohlhabend	Römer sind - machtgierig, wollen erobern - vom städtischen und teils luxuriösen Leben verweichlicht - körperlich unterlegen - überheblich (verachten Germanen als „Barbaren")

Die Christen – Feinde des römischen Staates?

Kompetenzziele

Sachkompetenz
- Die SuS erklären, warum es im Römischen Reich zu Christenverfolgungen gekommen ist.
- Sie erläutern, welche Politik die Kaiser zu unterschiedlichen Zeiten gegenüber den Christen betrieben.
- Sie erläutern die Sichtweise der heidnischen Römer auf die Christen.
- Sie beschreiben, wie es zur Wende unter Konstantin kam.

Methodenkompetenz
- Die SuS können die folgende Grundbegriffe in sinnvollen Zusammenhängen verwenden: Märtyrer, Apostel, Missionare, Buchreligionen.
- Sie können das Verhältnis von Römern und Christen im zeitlichen Rahmen beschreiben.

Urteilskompetenz
- Die SuS beurteilen die einseitigen Aussagen der Quellen zu den frühen Christen.
- Sie beurteilen die Politik der Kaiser gegenüber den Christen.
- Sie beurteilen, ob Konstantin der erste christliche Kaiser Roms war.

Sequenzvorschlag 52u9sx

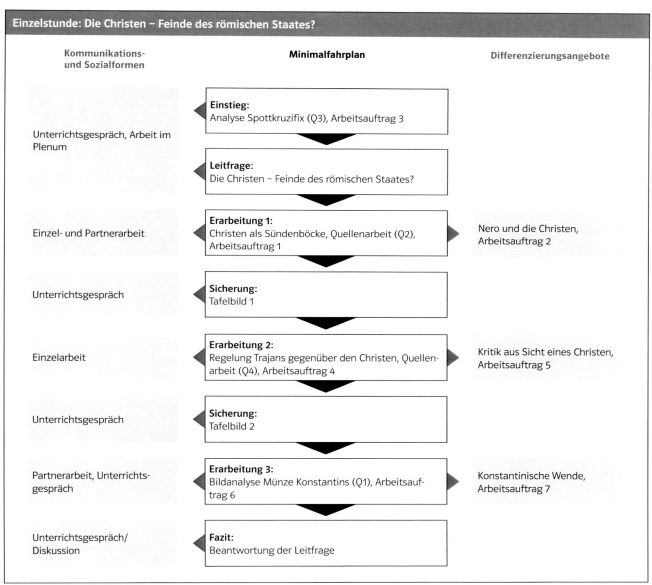

Einzelstunde: Die Christen – Feinde des römischen Staates?

Kommunikations- und Sozialformen	Minimalfahrplan	Differenzierungsangebote
Unterrichtsgespräch, Arbeit im Plenum	**Einstieg:** Analyse Spottkruzifix (Q3), Arbeitsauftrag 3	
	Leitfrage: Die Christen – Feinde des römischen Staates?	
Einzel- und Partnerarbeit	**Erarbeitung 1:** Christen als Sündenböcke, Quellenarbeit (Q2), Arbeitsauftrag 1	Nero und die Christen, Arbeitsauftrag 2
Unterrichtsgespräch	**Sicherung:** Tafelbild 1	
Einzelarbeit	**Erarbeitung 2:** Regelung Trajans gegenüber den Christen, Quellenarbeit (Q4), Arbeitsauftrag 4	Kritik aus Sicht eines Christen, Arbeitsauftrag 5
Unterrichtsgespräch	**Sicherung:** Tafelbild 2	
Partnerarbeit, Unterrichtsgespräch	**Erarbeitung 3:** Bildanalyse Münze Konstantins (Q1), Arbeitsauftrag 6	Konstantinische Wende, Arbeitsauftrag 7
Unterrichtsgespräch/ Diskussion	**Fazit:** Beantwortung der Leitfrage	

5 Vom Dorf zum Weltreich – Menschen im Römischen Reich

8. Jh. v. Chr. – 7. Jh. n. Chr.

Tafelbild 1 ⊕ rf89ar

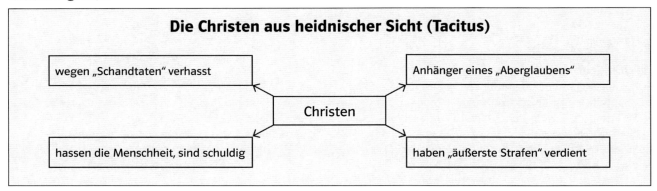

Die Christen aus heidnischer Sicht (Tacitus)

- wegen „Schandtaten" verhasst
- Anhänger eines „Aberglaubens"
- hassen die Menschheit, sind schuldig
- haben „äußerste Strafen" verdient

→ Christen

Tafelbild 2 ⊕ nz2er2

Regelungen Kaiser Trajans zum Umgang mit den Christen

- Christen sollen nicht aufgesucht werden.
- Wenn sie überführt werden, sollen sie aber bestraft werden.
- Christen erhalten die Möglichkeit der Straffreiheit bei Ableugnung ihres Glaubens.
- Anonyme Anzeigen gegen Christen sollen unberücksichtigt bleiben.

Fazit: keine systematische Christenverfolgung

Wie ist Trajans Regelung hinsichtlich der Christen zu bewerten?	
Gute Absichten des Kaisers	Mögliche Kritik aus christlicher Sicht
- keine systematische Christenverfolgung	- Ein Christ darf von seinem Glauben nicht abfallen.
- keine Berücksichtigung anonymer Anzeigen	- Eine Bestrafung der Christen für ihren Glauben ist unzulässig.
- Betonung der Humanität seines Zeitalters	- Opfer für heidnische Götter sind eine Sünde.
	- Regelung des Kaisers ist unlogisch: Warum soll man Christen nicht aufsuchen, überführte Christen aber bestrafen?

158–159 Hinweise zum Verfassertext und den Materialien

VT Der Konflikt zwischen dem römischen Staat und den Christen ist insofern ein besonderes Phänomen, als es sich dabei nicht nur um die Auseinandersetzung mit einer fremden Sekte handelte, die lokal begrenzt war. Das Christentum durchdrang bis in das 3. Jahrhundert nicht nur alle gesellschaftlichen Schichten, sondern dehnte sich auch mit unterschiedlicher Intensität im gesamten Römischen Reich aus. Die Ursachen, warum die ansonsten gegenüber fremden Religionen so toleranten Römer mit den Christen in Konflikt gerieten, liegen nicht nur im Kaiserkult begründet, den die Christen als Gotteslästerung strikt ablehnten. Die Christen blieben eine für die Römer schwer durchschaubare Gruppe, die sich vom allgemeinen Leben vielfach zurückzog. Zu unterscheiden sind verschiedene Phasen: Dienten die verhältnismäßig wenigen Christen Kaiser Nero im 1. Jahrhundert lediglich als Sündenböcke, so kam es im 2. Jahrhundert zu einer Phase relativ ruhigen Zusammenlebens. Mit der Reichskrise im 3. Jahrhundert und dem Vorwurf der Heiden, die Christen hätten den Zorn der Götter und mit ihm die vielen Katastrophen heraufbeschworen, änderte sich die Situation. Kaiser Decius (249–251 n. Chr.) begann die erste systematische Christenverfolgung, Kaiser Diocletian (284–305 n. Chr.) die umfangreichste. Da die Verfolgungen wirkungslos blieben, gehen viele Forscher davon aus, das Konstantin sich aus realpolitischen Gründen dem Christentum zuwandte, um sich auch auf diese mittlerweile große Gruppe stützen zu können.

Q1 Hierbei handelt es sich um die erste römische Münze, auf der ein Zeichen des Christentums dargestellt ist. Auffallend ist, dass das Christogramm mit den griechischen Buchstaben PX sehr klein ist und von Sinnbildern des heidnischen Rom umrahmt wird. Münzen spielten in der kaiserlichen Propaganda stets eine große Rolle, und so ist anzunehmen, dass Konstantin analog zu seiner Religionspolitik verschiedene Gruppen der Bevölkerung im Auge hatte: Wer wollte, konnte das Christogramm erkennen, und auch die Heiden fanden ihre Symbole auf der Münze.

Q2 Tacitus ist der erste heidnische Schriftsteller, der den Namen Jesus Christus erwähnt. Bei ihm wird er lediglich als Gründer einer „verderblichen Sekte" und keinesfalls als Gottes Sohn verstanden. Tacitus erwähnt die Christenverfolgung im Zusammengang mit dem großen Brand von Rom unter Nero, der die Christen dafür als Sündenböcke verantwortlich macht. Auffallend ist, dass Tacitus die Christen nur mit negativen Begriffen belegt, auf der anderen Seite aber die Verfolgung im Umfeld von Neros Untaten sieht, die er ebenfalls scharf kritisiert.

Q3 Das Spottkruzifix verdeutlicht, wie unbegreiflich es für heidnische Römer war, dass Menschen einen gekreuzigten Zimmermannssohn verehrten. Der Tod am Kreuz war nach römischer Tradition Schwerverbrechern vorbehalten und galt als besonders schändlich und entwürdigend. Die Darstellung von Christus als „Esel" betont nicht nur den Spott, sondern könnte auch eine Anspielung darauf sein, dass viele Römer die Christen als besonders starrsinnig ansahen.

Q4 Kaiser Trajan versucht in seinem Brief an Plinius eine allgemeingültige Regelung festzulegen, wie mit den Christen umzugehen ist. Trajan galt als „humaner" Kaiser, der Willkürmaßnahmen ablehnte. Es ist zu vermuten, dass die Ausführungen Trajans für die folgenden Jahrzehnte Gültigkeit behielten. Die Ablehnung von anonymen Anzeigen ist ein klassischer römischer Rechtsgrundsatz, der bis in die heutige Zeit fortwirkt. In dem Brief Trajans liegt allerdings ein Widerspruch begründet: Warum soll man die Christen nicht aufsuchen, die überführten Christen aber verurteilen?

Erläuterungen zu den Arbeitsaufträgen

158–159

1. Arbeite heraus, wie Tacitus die Christen beurteilt. Schreibe einzelne Begriffe heraus und notiere dir dazu die Zeile im Text (Q2). (AFB II)
- „wegen ihrer Schandtaten verhasst" (Z. 4)
- „elende(r) Aberglaube" (Z. 8)
- Vorwurf des „Hasses auf die Menschheit" (Z. 18 f.)
- sind „schuldig" (Z. 25)
- haben „äußerste Strafen verdient" (Z. 26)

2. Begründe, warum Nero gerade die Christen als „Sündenböcke" wählte. Wirf dazu auch einen Blick in den Verfassertext. (AFB II)
- Die Christen waren beim Volk wenig angesehen, teilweise verhasst.
- Sie zogen sich vom öffentlichen Leben zurück.
- Es gab Gerüchte über sie (Vorwurf von Menschenopfern).
- Fazit: Die unbeliebten und suspekten Christen waren geeignete „Sündenböcke" für Nero.

3. Erläutere anhand des Spottkruzifixes (Q3), wie die heidnischen Römer die frühen Christen beurteilten. (AFB II)
- Christus wird als Esel angesehen (Eseln zugeschriebene Eigenschaften: dumm, starrsinnig).
- Verehrung des „Esels" mit erhobener Hand hat etwas Lächerliches und soll die Christen verunglimpfen.
- Fazit: Für die heidnischen Römer war der Glaube an einen gekreuzigten Zimmermannssohn etwas nicht Vorstellbares.

4. Beschreibe, welche Regelung Kaiser Trajan für den Umgang mit den Christen festlegte (Q4). (AFB I)
- Sie sollen nicht aufgesucht werden.
- Wenn sie überführt werden, sollen sie aber bestraft werden.
- Christen erhalten die Möglichkeit der Straffreiheit bei demonstrativer Ableugnung ihres Glaubens.
- Anonyme Anzeigen gegen Christen sollen unberücksichtigt bleiben.

5. Beurteile die Regelung Trajans gegenüber den Christen (Q4). Schreibe dazu eine Kritik aus Sicht eines Christen. (AFB III)
Als wichtige Punkte können hervorgehoben werden:
Trajan hat teils gute Absichten:
- keine systematische Christenverfolgung
- keine Berücksichtigung anonymer Anzeigen
- Betonung der Humanität seines Zeitalters

Dennoch muss der Kaiser aus christlicher Sicht kritisiert werden:
- Ein Christ darf von seinem Glauben nicht abfallen.
- Eine Bestrafung der Christen für ihren Glauben ist unzulässig.
- Opfer für heidnische Götter sind eine Sünde.
- Die Regelung des Kaisers ist unlogisch: Warum soll man Christen nicht aufsuchen, überführte Christen aber bestrafen?

6. Beschreibe die Münze Konstantins (Q1). (AFB I)
- Konstantin ist als siegreicher Feldherr dargestellt (Helm mit Federbusch, Rüstung, Pferd);
- Attribute heidnischer Mythologie: Romulus, Remus, Wölfin;
- Christogramm am Helm zentral, aber klein angebracht, verschwindet fast zwischen den Ornamenten des Helms.

5 Vom Dorf zum Weltreich – Menschen im Römischen Reich

8. Jh. v. Chr. – 7. Jh. n. Chr.

7. Beurteile die Aussage, Konstantin sei der erste christliche Kaiser Roms gewesen. Nimm dazu den Verfassertextes sowie Q1 zu Hilfe. (AFB III)

pro	kontra
– Toleranz und christenfreundliche Maßnahmen (unterstützte Christen, ließ Kirchen errichten, bezog Christen in die Verwaltung ein, gewährte Bischöfen Vorrechte) – ließ sich auf dem Totenbett taufen	– Toleranz als Taktik, um mehr Anhänger zu gewinnen? – Späte Taufe als Zeichen, dass er vorher nicht Christ war? – Konstantin verwendet weiterhin heidnische Symbole (was für einen Christen schwer vorstellbar ist). – Konstantin war erwiesenermaßen, zumindest lange Zeit, Anhänger des Sonnengottes.

Fazit: Es kann nicht klar gesagt werden, ob Konstantin, das Christentum aus Überzeugung oder aus machttaktischen Gründen tolerierte und förderte.

Ein islamisches Weltreich entsteht

↗ 160–161

Kompetenzziele

Sachkompetenz
- Die SuS beschreiben, wie sich der Islam ausdehnte.
- Sie beschreiben den Umgang von islamischen Herrschern mit den Nichtmuslimen und die Sicht des Korans.
- Sie beschreiben Konflikte, indem sie auf das Verhältnis zwischen Römern und Christen, Muslimen und Nichtmuslimen eingehen.

Methodenkompetenz
- Die SuS können die folgenden Grundbegriffe in sinnvollen Zusammenhängen verwenden: Islam, Muslime, Buchreligionen.
- Sie können die Ausdehnung der islamisch-arabischen Herrschaft im 7. und 8. Jahrhundert anhand einer Karte erläutern.
- Sie können Bild- und Textquellen zum Thema Islam auswerten.

Urteilskompetenz
- Sie beurteilen, ob der Islam gegenüber den Nichtmuslimen eine tolerante Politik vertrat.
- Sie beurteilen, inwieweit die Aussagen des Korans gegenüber Nichtmuslimen von Toleranz geprägt sind.

Sequenzvorschlag pa92zb

↗ 160–161

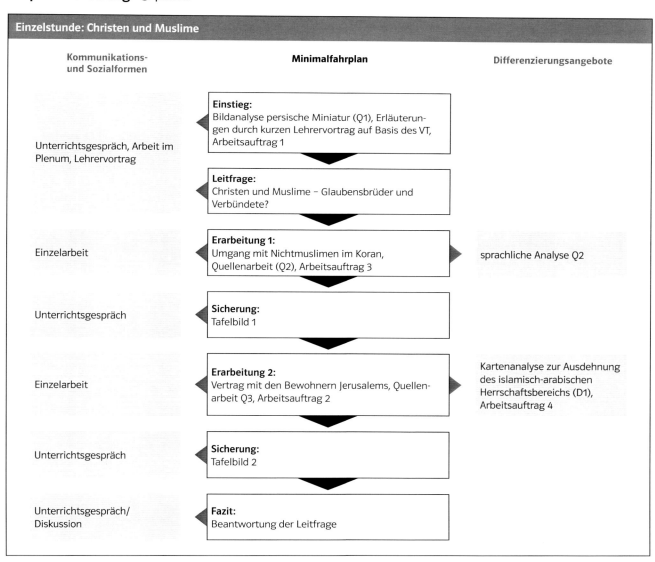

Einzelstunde: Christen und Muslime

Kommunikations- und Sozialformen	Minimalfahrplan	Differenzierungsangebote
Unterrichtsgespräch, Arbeit im Plenum, Lehrervortrag	**Einstieg:** Bildanalyse persische Miniatur (Q1), Erläuterungen durch kurzen Lehrervortrag auf Basis des VT, Arbeitsauftrag 1	
	Leitfrage: Christen und Muslime – Glaubensbrüder und Verbündete?	
Einzelarbeit	**Erarbeitung 1:** Umgang mit Nichtmuslimen im Koran, Quellenarbeit (Q2), Arbeitsauftrag 3	sprachliche Analyse Q2
Unterrichtsgespräch	**Sicherung:** Tafelbild 1	
Einzelarbeit	**Erarbeitung 2:** Vertrag mit den Bewohnern Jerusalems, Quellenarbeit Q3, Arbeitsauftrag 2	Kartenanalyse zur Ausdehnung des islamisch-arabischen Herrschaftsbereichs (D1), Arbeitsauftrag 4
Unterrichtsgespräch	**Sicherung:** Tafelbild 2	
Unterrichtsgespräch/ Diskussion	**Fazit:** Beantwortung der Leitfrage	

5 Vom Dorf zum Weltreich – Menschen im Römischen Reich

8. Jh. v. Chr. – 7. Jh. n. Chr.

Tafelbild 1 ⊕ 2uu3uf

Bestimmungen im Koran zum Umgang mit anderen Religionen

Tolerante Formulierungen	Intolerante Formulierungen	Sonstige Aussagen
- kein Zwang in der Religion (Sure 2,257)	- Aufruf, Nichtmuslime zu töten (Sure 9,5)	- beim Übertritt zum Islam soll den ehemaligen Heiden verziehen werden (Sure 9,5) - Aufruf zum Wetteifern um das Gute (Sure 2,149)

Tafelbild 2 ⊕ 93s3dx

Rechte der nichtmuslimischen Bewohner unter Kalif Umar

- Garantie von Sicherheit (von Personen und Besitz)
- Schutz von Kirchen und Garantie ihrer Funktion als christliche Gotteshäuser
- kein religiöser Zwang
- freies Geleit für Umzugswillige (Personen und Besitz)

160–161 Hinweise zum Verfassertext und den Materialien

VT Bemerkenswert ist, dass die weltliche und geistliche Gewalt, die die neuen islamischen Herren in ihrem riesigen Reich ausübten, sich zumeist in einer Hand befand. Schon Mohammed als Gesandter Allahs hat sowohl die weltliche als auch die geistliche Seite vertreten. Ähnliches gilt für die nachfolgenden Kalifen. Die Ausdehnung des Islam erfolgte zwar größtenteils militärisch, aber die Behandlung der unterworfenen Religionen war sehr unterschiedlich. Den dhimmis (Christen und Juden) als Vertretern der Buchreligionen wurde Schutz und relative Toleranz zugestanden, sodass einige die islamische Herrschaft sogar als „Befreiung" empfanden. Dies galt vor allem für abweichende christliche Glaubensrichtungen im Nahen Osten, die von der Orthodoxen Kirche des Oströmischen Reiches oft unterdrückt worden waren. Anhänger polytheistischer Religionen hingegen sahen sich als „Götzenverehrer" schweren Verfolgungen und Hinrichtungen ausgesetzt. Allerdings konnten sie durch Übertritt zum Islam diesem Schicksal entgehen. Überhaupt ist es kaum möglich, die islamische Herrschaft pauschal zu beurteilen. Zu groß waren die Unterschiede in verschiedenen Regionen des großen Reiches zu verschiedenen Zeiten. Bemerkenswert ist, dass die Muslime in den eroberten Gebieten zwar die Macht ausübten, aber noch lange Zeit häufig die Minderheit darstellten.

Q1 Hierbei handelt es sich um eine Miniatur aus der Weltchronik des Raschid ad-Din Anfang des 14. Jahrhunderts. Auffallend ist, dass Jesus und Mohammed sehr ähnlich dargestellt sind (Aussehen, Größe, Kleidung, Nimbus). Die Darstellung von Mohammeds Gesicht ist in vielen anderen muslimischen Kunstwerken unüblich, das Gesicht wird meist mit einem Schleier bedeckt. Jesus Christus ist in der islamischen Vorstellung ein wichtiger Prophet und wird anders als im Christentum nicht als Gottes Sohn angesehen.

D1 Auffallend ist, wie rasch sich die islamische Herrschaft über weite Gebiete ausdehnte. Allerdings muss zwischen den Aspekten „Verbreitung des Islam" und „islamische Herrschaft" differenziert werden. In vielen Gebieten bildeten die Muslime trotz ihrer Herrschaft gerade in der Frühphase eine religiöse Minderheit. Vielerorts bildeten die Christen die Mehrheit, es gab aber auch starke jüdische Gemeinden. Daher waren die neuen Herren auf das Wissen und die Erfahrungen der ansässigen Bevölkerung angewiesen.

Q2 Den dhimmis wird hier sehr weitreichend Schutz und Toleranz eingeräumt. Einziger Beitrag der dhimmis ist neben der Unterwerfung die Kopfsteuer, die Muslime nicht zu entrichten haben. Derartige tolerante Regelungen gab es häufig. Doch war Toleranz nicht immer und zu allen Zeiten die Regel. Unter besonders autoritären Herrschern kam es auch verschiedentlich zu Übergriffen. Zur Zeit der Kreuzzüge verschlechterte sich die Beziehung zwischen Christen und Muslimen naturgemäß.

Q3 Es gibt im Koran kein einheitliches Bild hinsichtlich des Umgangs mit anderen Religionen. Je nach Entwicklungsstufe des Korans finden sich in ihm unterschiedliche Aussagen über die Andersgläubigen, die verschiedene gesellschaftliche und politische Prozesse widerspiegeln. Diese Aussagen stehen im Kontext teils kriegerischer Auseinandersetzungen zwischen Islam und den „Ungläubigen". Auffallend ist, dass sich Beispiele für Toleranz und für Intoleranz im Islam finden lassen, die aber aus der jeweiligen Situation heraus erklärt werden müssen.

Erläuterungen zu den Arbeitsaufträgen

1. **Beschreibe Q1. Begründe, warum Jesus und Mohammed gemeinsam dargestellt werden. Wirf dazu auch einen Blick in den Verfassertext. (AFB II)**
Beschreibung:
- Jesus in blauem Gewand auf Esel reitend
- Mohammed in grünem Gewand auf Kamel
- Kopfbedeckung bei beiden ähnlich, erinnert an Turban
- beide mit Nimbus („Heiligenschein")
- Mohammed im Vordergrund, Jesus etwas weiter hinten im Bild
- beide gleich groß dargestellt
- ähnliches rotes Zaumzeug
- beide Gesichter ähneln sich, beide tragen Vollbart

Begründung dafür, dass beide gemeinsam dargestellt werden:
- Jesus spielt auch in der muslimischen Vorstellung eine bedeutende Rolle. Er ist dort nicht Gottes Sohn, aber ein wichtiger Prophet.
- Das Christentum gehört wie der Islam zu den Buchreligionen (Bibel, Koran), die auf Offenbarung beruhen, und sind demnach „verwandt".

2. **Arbeite aus Q2 heraus, welche Rechte der Kalif Umar den nichtmuslimischen Einwohnern von Jerusalem garantiert. (AFB 1)**
s. Tafelbild 2

3. **Vergleiche die Bestimmungen im Koran zum Umgang mit den anderen Religionen (Q2). (AFB II)**
s. Tafelbild 1

4. **Die Karte D1 zeigt die Ausdehnung des Islam. Bewerte auch mithilfe des Verfassertextes, inwieweit es gerechtfertigt ist, hier von „islamischen Gebieten" zu sprechen. (AFB III)**

pro	kontra
- grünes Gebiet markiert islamisches Herrschaftsgebiet	- Islamisch beherrschte Gebiete waren in religiöser Hinsicht sehr heterogen. - In vielen Gebieten waren die Muslime gegenüber Christen und Juden in der Minderheit.

5 Vom Dorf zum Weltreich – Menschen im Römischen Reich

8. Jh. v. Chr. – 7. Jh. n. Chr.

Roms Untergang – eine Folge seiner Größe?
📄 162–163

Kompetenzziele

Sachkompetenz
- Die SuS beschreiben, von welchen Stämmen/Völkern die Bedrohung des Römischen Reiches ausging.
- Sie beschreiben die Ursachen für den Untergang Roms und benennen die Zusammenhänge zwischen einzelnen Phänomenen.
- Sie erläutern, wie Zeitgenossen die Krise wahrgenommen haben.

Methodenkompetenz
- Die SuS können folgende Grundbegriffe im entsprechenden Zusammenhang verwenden: Völkerwanderung, Reichsteilung.
- Sie können anhand einer Karte die Siedlungsgebiete und Wanderungszüge germanischer Stammesverbände im 4. und 5. Jahrhundert analysieren.
- Sie können zeitgenössische Textquellen zur Völkerwanderung auswerten

Urteilskompetenz
- Sie beurteilen die einseitigen Aussagen der Quellen zum Untergang Roms.
- Sie beurteilen die Aussagen der Quellen zu den Germanen.

Sequenzvorschlag 🌐 n499s4
📄 162–163

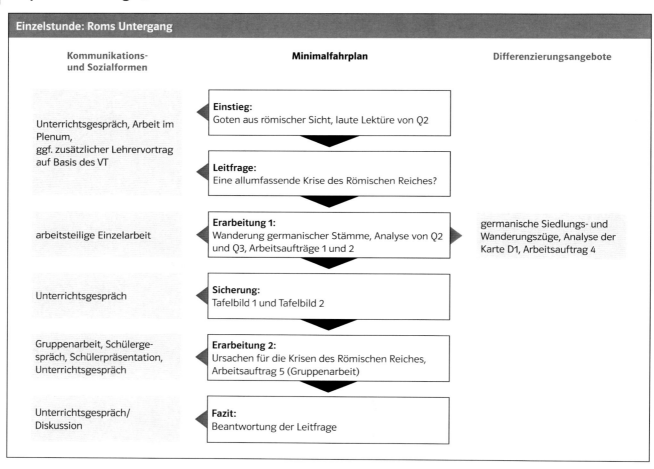

Tafelbild 1 5y5b6m

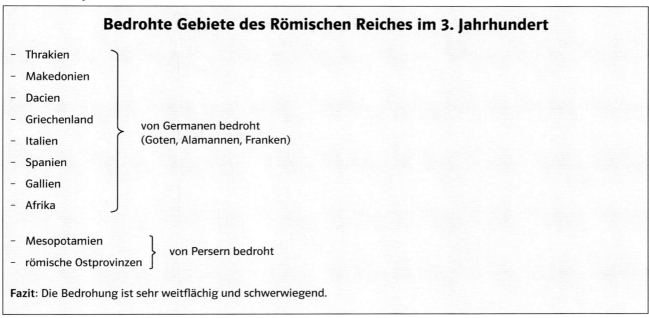

Tafelbild 2 r55m8s

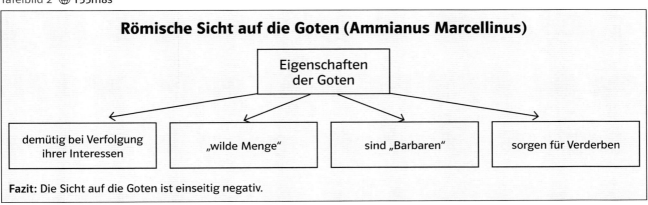

Hinweise zum Verfassertext und den Materialien

162–163

VT Der Untergang des Römischen Reiches gehört zu den kontrovers diskutierten Phänomenen in der Geschichtsforschung. Anders als gemeinhin behauptet ist er keine Folge zunehmender römischer „Dekadenz". Es handelt sich um einen Prozess, der rund 300 Jahre umfasst und mit dem Ende des Weströmischen Reiches 476 n.Chr. seinen Abschluss findet. Fest steht jedoch, dass viele Ursachen für den Untergang Roms gegenseitig in Zusammenhang standen. Die ständigen Abwehrkämpfe vor allem gegen Germanen und Perser haben das Römische Reich nicht nur zermürbt, sondern erforderten sogleich, dass die Armee umfassend verstärkt werden musste. Dadurch wuchs nicht nur der Steuerdruck auf die Bevölkerung, sondern steigerte sich auch das Selbstbewusstsein der Soldaten, die schließlich im 3. Jahrhundert „ihre" Kaiser an die Macht brachten („Soldatenkaiser") und sich in verzehrenden Bürgerkriegen gegeneinander schwächten und oft mehrere Heerführer zugleich zu Kaisern ausriefen. Folgen waren u.a. eine schwere Wirtschaftskrise mit galoppierender Inflation und ein zunehmender Druck der immer autoritärer agierenden Zentralgewalt. Dieser Druck äußerte sich in weiteren Steuererhöhungen sowie Zwangsmaßnahmen wie die Bindung von Bauern an ihre Scholle zur Versorgung der Armee. Viele einflussreiche Generäle stammten in dieser Zeit nicht mehr aus Italien oder den römischen Provinzen, sondern waren Germanen, die sich den alten römischen Traditionen nicht mehr verpflichtet fühlten.

Q1 Der letzte weströmische Kaiser erscheint auf der Münze in militärischer Ausrüstung mit Brustpanzer, Helm und Lanze, was der damaligen militärischen Situation entsprochen hat. Die Bezeichnungen „Herr" (dominus) und die Betonung des kaiserlichen Glücks (felix) täuschen wie auch der militärische Ornat darüber hinweg, dass der Herrscher nur noch eine Marionette germanischer Heerführer war und über keine eigentliche Macht mehr verfügte.

5. Vom Dorf zum Weltreich – Menschen im Römischen Reich

8. Jh. v. Chr. – 7. Jh. n. Chr.

D1 Die Karte zeigt, dass vor allem das Weströmische Reich von sehr unterschiedlichen germanischen Stammesverbänden angegriffen worden ist, die sehr weitflächig vorgingen und tief in Kerngebiete der Römer vordrangen. Analog dazu wuchs auch der Einfluss der Germanen im Römischen Reich, sie setzten Kaiser ein und stiegen in hohe militärische Ämter auf. Das Oströmische Reich war weitaus weniger bedroht und vermochte die Wanderbewegungen zu überstehen. Formell existierte es bis 1453 weiter (Eroberung Konstantinopels durch die Türken).

Q2 Ammianus Marcellinus, der bis in die 90er-Jahre des 4. Jahrhunderts lebte, ist der letzte bedeutende Historiker Roms. Er selbst war Heide und über weite Strecken der traditionellen römischen Denkweise verhaftet. Ammian hatte persönlich miterlebt, welchen Einfluss die Germanen auf die römische Politik erlangten. Vor diesem Hintergrund ist u. a. zu erklären, warum er die massenweise Aufnahme von Stämmen kritisiert.

Q3 Aurelius Victor, der in den 60er-Jahren des 4. Jahrhunderts einen kurzen Abriss der römischen Kaiserzeit verfasste, übertreibt in dieser Darstellung nicht. Unter Kaiser Gallienus (253–268 n. Chr.) erreichte die Krise des Römischen Reiches im 3. Jahrhundert ihren Höhepunkt. Tatkräftigen nachfolgenden Kaisern (Aurleian, Probus, Diocletian) ist es zu danken, dass Rom diese Krise zwar überstand, sich aber nie ganz von ihr erholen konnte. Anders als Aurelius Victor lehnt es die moderne Forschung aber ab, Kaiser Gallienus alleine die Schuld für diese Krise zu geben.

162–163 Erläuterungen zu den Arbeitsaufträgen

1. Arbeite die Gebiete heraus, die laut Aurelius Victor von den Angriffen der Feinde betroffen waren (Q3). (AFB II)
s. Tafelbild 1

2. Arbeite aus Q2 heraus, wie Ammianus Marcellinus die Goten beurteilt. (AFB II)
s. Tafelbild 2

3. Ein Gote ist sich sicher, dass die Aufnahme seines Stammes in das Römische Reich für alle Seiten sehr vorteilhaft ist. Verfasse einen Brief aus der Perspektive dieses Goten, in dem er den römischen Kaiser von diesen Vorteilen überzeugen will. (AFB II) ○
Argumente könnten sein:
– Rom ist durch viele Kriege geschwächt und braucht Verbündete

– Römer haben mit germanischen Hilfstruppen schon häufig erfolgreich kooperiert
– Goten wissen, wie andere Germanen kämpfen und können diese Kenntnisse einbringen
– Goten können die römische Armee zahlenmäßig verstärken
– Goten sind Christen
– Goten werden sich ruhig verhalten und die römischen Regeln respektieren
– Goten sind bereit, die römische Kultur anzunehmen und selbst Römer zu werden

4. Erstelle mithilfe von D1 eine Liste der germanischen Völker. Stelle in der Tabelle ihren ursprünglichen Wohnort, die Zeit der Wanderung und die zurückgelegten Wege zusammen. (AFB I) ○

Germanische Völker	Ursprünglicher Wohnort	Zeit der Wanderung	Zurückgelegter Weg
Westgoten	Skandinavien	nach 375	über den Balkan nach Konstantinopel, über Griechenland auf dem Landweg nach Rom, von dort nach Gallien und Spanien
Ostgoten	Skandinavien	nach 375	auf die Krim, über die Donauprovinzen nach Italien und Rom
Vandalen	an der Oder im heutigen Polen sowie zwischen Theiss und Weichsel	ab etwa 400	über Gallien und Spanien auf die Balearen und Nordafrika, von dort nach Sardinien, Italien und Rom
Sueben	heutiges Mecklenburg-Vorpommern	um etwa 400	nach Gallien und Spanien
Burgunder	an der Oder	um 250	über den Rhein nach Gallien
Friesen, Sachsen, Jüten	Nordseeküste	um 450	nach Britannien

5. Gestalte ein Plakat, auf dem ersichtlich wird, dass die Krise des Römischen Reiches viele Ursachen hatte. (AFB III) ●

Als Ursachen können genannt werden:
- Wanderbewegungen von germanischen Stämmen, Druck auf die römischen Grenzen (vor allem im Norden und im Osten)
- Verstärkung der Armee, Folge: höhere Steuern, größere Belastung der Bevölkerung
- Aufnahme von Germanen in das Römische Reich: wachsende, schwer zu kontrollierende Bedrohung
- Wirtschaftskrise
- Bürgerkriege
- geschwächte Herrschaftsform: Kaiser nur noch vom Heer ein- und abgesetzt

5 Vom Dorf zum Weltreich – Menschen im Römischen Reich

8. Jh. v. Chr. – 7. Jh. n. Chr.

Wiederholen und Anwenden

Lösungen

1. Überblickswissen zum Römischen Reich I

Daten erläutern
Sachkompetenz

Erläutere, wofür die folgenden Daten stehen:
753 v. Chr.: der Sage nach Gründung Roms durch Romulus
27 v. Chr.: Beginn der Kaiserzeit (Prinzipat) unter Augustus
117 n. Chr.: Tod Kaiser Trajans, größte Ausdehnung des Römischen Reiches
395 n. Chr.: Teilung des Römischen Reiches in eine westliche Hälfte mit den Hauptstädten Rom und Ravenna sowie eine östliche Hälfte mit der Hauptstadt Konstantinopel

2. Überblickswissen zum Römischen Reich II

Fachbegriffe erklären
Sachkompetenz, Methodenkompetenz

Julius Caesar entwickelte eine Geheimschrift, mit deren Hilfe er verschlüsselte Botschaften verschickte (Sueton, Caesar 56). Dabei schob er jeden Buchstaben um vier Buchstaben im Alphabet nach hinten, d. h. er verwendete D für A, E für B usw.

Caesars Geheimschrift	„normales" Alphabet	Caesars Geheimschrift	„normales" Alphabet
D	A	Q	N
E	B	R	O
F	C	S	P
G	D	T	Q
H	E	U	R
I	F	V	S
J	G	W	T
K	H	X	U
L	I	Y	V
M	J	Z	W
N	K	A	X
O	L	B	Y
P	M	C	Z

Entschlüssele die folgenden Begriffe mithilfe der Tabelle und erkläre sie:
- Republik: Staatsform, in der die meist für ein Jahr gewählten Beamten (vor allem die Konsuln) und der Senat die Politik in Rom bestimmten. Die Volksversammlung hatte ebenfalls Einfluss. Die römische Republik existierte von 510–31 v. Chr.
- Prinzipat: Eine von Augustus entwickelte Herrschaftsform, in der Kaiser in Rom herrschten. Ursprünglich bedeutet „Prinzeps" so viel wie „erster Bürger", da Augustus seine Macht nicht offen zur Schau stellte. Das Prinzipat datiert man zumeist zwischen 31 v. Chr. und 284 n. Chr.
- Expansion: Bedeutet wörtlich „Ausdehnung". Der Begriff wird vor allem verwendet, wenn es darum geht, dass ein Reich neue Gebiete erobert und seine Grenzen weiter ausdehnt.
- Senat: Er war eine wichtige Versammlung und zentrales Machtinstrument in der römischen Republik. Der Senat bestand aus Männern der einflussreichsten Familien in Rom.
- Familia: Sie bestand aus dem mit besonderen Vollmachten ausgestatteten Vater (pater familias), der Mutter und den Kindern, ferner den Sklaven.

3. Die Römische Republik

Einen Fehlertext korrigieren
Sachkompetenz, Methodenkompetenz
(Anmerkung: Fehler sind unterstrichen. Die Lösung steht jeweils in Klammern)

Der folgende Text enthält 10 Fehler. Finde sie heraus und korrigiere den Text.
In der römischen Republik gab es keinen König. Dafür hat man <u>einem Konsul</u> (zwei Konsuln) alle Macht übertragen, die <u>er ein Leben lang</u> (sie ein Jahr lang) ausübte(n).
Die Römer haben viele Kriege geführt. Unter Julius Caesar eroberten sie ganz <u>Germanien</u> (Gallien). Caesar war außerdem <u>der erste König</u> (Diktator) von Rom. Unter <u>ihm</u> (Trajan) erreichte das Römische Reich seine größte Ausdehnung. Die Römer <u>verboten</u> (erlaubten fast) allen Provinzbewohnern, in politischen Fragen mitzuwirken.

Ihre Hauptstadt Rom bauten die Römer prächtig aus. Es gab dort nur große Häuser aus Marmor (und außerdem viele einfache und mehrstöckige Häuser). Zahlreiche Wasserleitungen versorgten die Hauptstadt mit frischem Trinkwasser. Man nennt diese Wasserleitungen Thermen (Aquädukte). Im Kolosseum fanden Wagenrennen (Gladiatorenkämpfe und Tierhetzen) statt, im Circus Maximus vor allem Gladiatorenkämpfe (Wagenrennen).

4. Das Zeitalter des Augustus

Eine Rekonstruktionszeichnung auswerten
Sachkompetenz, Methodenkompetenz, Urteilskompetenz

a) Begründe, warum Augustus einen Obelisken aus Ägypten verwendet haben könnte. Denke daran, welche Bedeutung diese Provinz für Rom hatte.
- Ägypten war die Kornkammer des Römischen Reiches, vor allem Rom wurde mit Getreide von dort versorgt. Folglich war diese Provinz sehr bedeutsam.
- Der Obelisk erinnert an die Eroberung Ägyptens unter Augustus und den Sieg über Cleopatra (militärischer Ruhm).

b) Erkläre, warum die Sonnenuhr so konzipiert wurde, dass der Schatten des Obelisken den Eingang zum Altar des Friedens nur am Geburtstag des Augustus berührte.
- Augustus begründete den römischen Frieden (Pax Augusta/Pax Romana). Dadurch sicherte er auch seine eigene Stellung (Zufriedenheit der Menschen).
- Augustus wollte durch die Sonnenuhr ausdrücken, dass er von den Gestirnen zur Begründung des Friedens (und damit zur Herrschaft) berufen wurde, diese sollte der Festigung seiner Stellung als Prinzeps dienen.

5. Romanisierung

Eine Textquelle untersuchen
Sachkompetenz, Methodenkompetenz, Urteilskompetenz

a) Liste getrennt voneinander auf, welche Maßnahmen Agricola ergreift und was sich bei den Britanniern ändert.
Maßnahmen:
- Errichtung von Gebäuden (Z. 5/6: „Tempel, Märkte und Häuser")
- Lob für Gehorsam, Tadel für Ungehorsam (Z. 6/7)
- Erziehung von Fürstensöhnen in Wissenschaften (Z. 7–10)

Änderungen:
- „Ehrsucht und Wettstreit" greifen um sich (Z. 7/8)
- Akzeptanz der ehemals abgelehnten Wissenschaften und Kunstfertigkeiten (Z. 8 ff.)
- Annahme der römischen Tracht (Toga) (Z. 12–14)
- Britannier geben sich den „Lastern" hin (Z. 14 ff.): „Säulenhallen" (Z. 15), „Bäder" (Z. 15), „üppige Gelage" (Z. 16)

b) Entwirf ein Streitgespräch zwischen einem der beschriebenen und einem anderen Britannier: Formuliere ihre Argumente für und gegen diese Entwicklung.
Argumente können sein:

Für die Romanisierung	Gegen die Romanisierung
- Römer vermitteln Bildung/Wissenschaften - moderne und prächtige Gebäude werden errichtet - allgemeiner Wohlstand steigt - Leben wird angenehmer	- Britannier sind fremdbestimmt, dürfen nicht selbst entscheiden - Britannier geben ihre eigenen Traditionen auf - Herrschaft der Römer führt zu Verweichlichung und Akzeptanz der Knechtschaft - negative Folgen: Ehrsucht, üppige Gelage

c) Interpretiere das Urteil des Tacitus im letzten Satz.
- Tacitus bewertet hier die in Britannien eingeführten Änderungen einseitig als negativ.
- Er lehnt – aus britannischer Sicht – sogar die „feine Bildung" (Z. 17) ab, da sie nur das Ergebnis der „Knechtschaft" (Z. 18) sei.
- Tacitus lässt die eindeutig positiven römischen Einflüsse damit außer Acht und stellt sie undifferenziert in eine Reihe mit negativen Einflüssen (Z. 7: „Ehrsucht", Z. 16: „üppige Gelage"). Diese Sicht ist zu einseitig.

Vom Dorf zum Weltreich – Menschen im Römischen Reich

8. Jh. v. Chr. – 7. Jh. n. Chr.

Kompetenzraster: Textquellen untersuchen

Das Kompetenzraster ist auf die entsprechenden Kompetenzseiten abgestimmt. Die grundlegenden Kompetenzen in Spalte 1 werden in den folgenden Spalten für einzelne Klassenstufen differenziert. Damit wird zugleich eine Erhöhung des Leistungsniveaus beschrieben. Die in der Spalte „Klassenstufe 5/6" skizzierten Ergebnisse sollten von den Schülerinnen und Schülern auf dieser Klassenstufe erbracht werden. In den Spalten für die beiden anderen Klassenstufen sind Ergebnisse eingetragen, die ggf. auch schon auf der Klassenstufe 5/6 von besonders leistungsfähigen Schülerinnen und Schülern erbracht werden können.

	Klassenstufe 5/6	Klassenstufe 7/8	Klassenstufe 9/10
1. Beschreiben			
Kann die Quellengattung erkennen.	Kann die Quellengattung erläutern.	Kann Merkmale nennen, die diese Quellengattung von anderen unterscheidet.	Kann den Quellenwert der Gattung reflektieren.
Kann den Aufbau der Quelle nachvollziehen und ihren Inhalt wiedergeben.	Kann Absätze mit Stichworten benennen.	Kann den Inhalt der Quelle zusammenfassen.	Kann den Gedankengang der Quelle herausarbeiten.
2. Untersuchen			
Kann die Perspektive des Verfassers bestimmen.	Kann erklären, in welcher Beziehung der Verfasser zu dem beschriebenen Vorgang stand.	Kann mutmaßliche Interessen des Verfassers erkennen.	Kann anhand einzelner Textbelege begründen, wie die Perspektive des Verfassers die Quelle prägt.
Kann Intention der Quelle analysieren.	Kann die offenkundigen Absichten des Verfassers erkennen.	Kann verdeckte Absichten des Verfassers erschließen.	Kann intentionale Strategien des Verfassers analysieren.
Kann die Darstellungsweise der Quelle analysieren.	Kann zentrale Argumentationsschritte erkennen.	Kann die Argumentation im Detail analysieren, indem einzelne Elemente (Bericht, Urteil, Kritik, Rechtfertigung usw.) unterschieden werden.	Kann die Argumentation im Detail analysieren, indem einzelne Elemente (Bericht, Urteil, Kritik, Rechtfertigung usw.) unterschieden und die sprachlichen Mittel in der Quelle analysiert werden.
3. Deuten			
Kann die Bedeutung der Quelle im historischen Zusammenhang erschließen.	Kann einen Zusammenhang zu bereits behandelten historischen Prozessen und Ereignissen herstellen.	Kann erkennen, welchen Beitrag die Quelle zur Vermittlung von Kenntnissen über die Vergangenheit leistet.	Kann reflektieren, welche Probleme und Grenzen die Aussagekraft der Quelle hat.
Kann den historischen Sachverhalt anhand der Quelle (und ggf. weiterer Quellen/Informationen) beurteilen.	Kann ein zusammenfassendes Urteil über den historischen Sachverhalt formulieren.	Kann ein zusammenfassendes Urteil über den historischen Sachverhalt formulieren und dabei ausdrücklich unterschiedlich zeitgenössische Perspektiven miteinbeziehen.	Kann ein zusammenfassendes Urteil über den historischen Sachverhalt formulieren, dabei ausdrücklich unterschiedlich zeitgenössische Perspektiven miteinbeziehen und offene Fragen oder Probleme der Untersuchung benennen.
Kann den historischen Sachverhalt und die Quelle unter Einbezug heutiger Sichtweisen bewerten.	Kann Unterschiede zwischen historischen und gegenwärtigen Sichtweisen benennen.	Kann Unterschiede zwischen historischen und gegenwärtigen Sichtweisen aus dem jeweiligen Kontext heraus begründen.	Kann historische und gegenwärtige Sichtweisen argumentativ aufeinander beziehen.

Vom Dorf zum Weltreich – Menschen im Römischen Reich

8. Jh. v. Chr. – 7. Jh. n. Chr.

Kompetenzraster: Meilensteinaufgabe „Eine Textquelle untersuchen" SB S. 165, Aufgabe 5

	Klassenstufe 5/6	Klassenstufe 7/8	Klassenstufe 9/10
1. Beschreiben			
Kann die Quellengattung erkennen.	Es handelt sich um den Text eines römischen Historikers.	Ein Historikertext sollte die historischen Geschehnisse, die er behandelt, möglichst genau darstellen.	–
Kann den Aufbau der Quelle nachvollziehen und ihren Inhalt wiedergeben.	Der Text weist keine Absätze auf. Er lässt sich in drei Abschnitte gliedern. Z. 1–10: Maßnahmen des Agricola Z. 10–14: Wirkungen dieser Maßnahmen Z. 15–18: Wertung	Tacitus berichtet, dass Agricola die Briten für die römische Kultur gewinnt und sie dadurch zugleich befriedet.	–
2. Untersuchen			
Kann die Perspektive des Verfassers bestimmen.	Tacitus hat die Taten des Agricola als Zeitgenosse miterlebt.	Tacitus war der Schwiegersohn des Agricola. Deshalb kann man vermuten, dass er dessen Taten in möglichst gutem Licht erscheinen lassen wollte.	Tacitus hebt hervor, dass Agricola sich wie ein Erzieher verhält („drängte sie persönlich", „half ihnen", lobte", „schalt", „ließ erziehen").
Kann Intention der Quelle analysieren.	Für Tacitus ist es ganz selbstverständlich, dass die römische Kultur die überlegene ist. Deshalb sind die Bemühungen des Agricola, diese den Britanniern zu vermitteln, lobenswert. Es gelingt Agricola auf diese Weise, die „zum Kriege neigenden Menschen" zu befrieden. Tacitus nennt auch die „Laster", auf die die Britannier verfallen. Er bezeichnet sie als Knechtschaft. Damit kritisiert er auch ganz allgemein die Übersteigerungen der römischen Kultur.	–	–
Kann die Darstellungsweise der Quelle analysieren.	(Über die schon unter „Beschreiben" [Aufbau] benannten Abschnitte hinaus lassen sich die Argumentationsschritte nicht genauer kennzeichnen.)	Der Text verbindet verschiedene Elemente: einen Bericht über die Taten des Agricola; im Urteil des Verfassers erscheinen diese Taten als positiv und wirkungsvoll; die abschließende Kritik richtet sich nicht gegen Agricola, sondern gegen die Übertreibungen der römischen Kultur.	–
3. Deuten			
Kann die Bedeutung der Quelle im historischen Zusammenhang erschließen.	Tacitus stellt an einem Beispiel den Vorgang der Romanisierung dar.	–	–
Kann den historischen Sachverhalt anhand der Quelle (und ggf. weiterer Quellen/Informationen) beurteilen.	Der Vorgang der Romanisierung wird im Text des Tacitus unterschiedlich beurteilt. Die römische Kultur ist zwar überlegen, aber sie hat auch ihre Schattenseiten, die Tacitus hier am Beispiel Britannien anspricht.	–	–
Kann den historischen Sachverhalt und die Quelle unter Einbezug heutiger Sichtweisen bewerten.	–	–	–

Die Gründungssage

Über Romulus und Remus

Es ist Abend, als der Athener Händler Xenon bei seinem römischen Geschäftspartner und Freund Gaius Mucius eintrifft. Am Morgen hatte er mit seinem Schiff Ostia erreicht, den großen Hafen Roms an der Mündung des Tibers. Hier wurden die Waren ausgeladen und in Lagerhäusern verstaut. Mit einem kleineren Schiff war Xenon anschließend den Tiber hinauf nach Rom gefahren.

Erschöpft betritt er nun die Stadtvilla des Mucius. Er freut sich schon auf das Gastmahl, vorher erledigen die beiden Freunde jedoch die geschäftlichen Angelegenheiten. Mucius bezahlt die Waren des Xenon mit römischen Münzen. Auf einigen der Sesterzen erkennt Xenon eine Wölfin, die zwei Babys säugt. Mucius sieht das Erstaunen im Gesicht des Freundes und fängt an zu erzählen:

„Du fragst dich gerade, warum wir Römer eine Wölfin mit zwei Säuglingen auf unseren Münzen abbilden? Stimmt es? Ja, das ist eine interessante Geschichte. Eigentlich lag der Ursprung Roms gar nicht in Italien. Denn einer unserer Stammväter ist Aeneas aus Troja. Seine Mutter und Beschützerin war die griechische Göttin Aphrodite, die wir Venus nennen. Dank ihrer Hilfe konnte Aeneas nach der Eroberung Trojas durch euch Griechen fliehen. Mit einigen Gefährten gelangte er so in die Gegend des späteren Roms und wurde König in Latium.

Einige Generationen später kam es jedoch zwischen Aeneas Nachfahren, zwei Königssöhnen, zum Streit. Der rechtmäßige König wurde dabei von seinem eigenen Bruder vertrieben, der selbst König werden wollte. Aus Angst, dass ihm jemand den Thron streitig macht, tötete der neue König die Söhne seines Bruders. Seine Nichte, Rhea Silvia, musste Priesterin werden, durfte also weder heiraten noch Kinder bekommen.

Doch alles kam anders, als es sich der grausame König gedacht hatte: Rhea Silvia wurde schwanger, nachdem sie vom Kriegsgott Mars verführt worden war. Und so brachte Rhea Silvia die Zwillinge Romulus und Remus zur Welt. Auch diese Kinder versuchte der unrechtmäßige König loszuwerden. Er befahl, die Zwillinge im Tiber zu ertränken. Doch ein Diener hatte Mitleid mit den Kindern und setzte die beiden in einem Körbchen auf dem Tiber aus. Das Körbchen wurde am Berg Palatin ans Ufer geschwemmt. Vom Geschrei der Zwillinge wurde eine Wölfin angelockt, die sich der beiden annahm. Schließlich entdeckte ein Hirte Romulus und Remus. Er zog die beiden auf und machte Hirten aus ihnen. Als die Brüder von ihrer königlichen Abstammung erfuhren, sammelten Romulus und Remus viele Anhänger und töteten den unrechtmäßigen König. Nun herrschte ihr Großvater wieder.

Als Dank für ihre Hilfe erlaubte der Großvater seinen beiden Enkeln die Gründung einer neuen Stadt am Tiber. Romulus und Remus entschlossen sich, auf dem Palatin eine Stadt für sich selbst und ihre Anhänger zu gründen. Doch wer von beiden sollte über die neue Stadt herrschen? Da sich die beiden nicht einigen konnten, warteten sie auf ein Zeichen der Götter: Sie beobachteten dazu den Flug der Vögel. Jeder blickte auf einen bestimmten Bereich des Himmels. Wer innerhalb eines bestimmten Zeitraums die meisten Adler vorbeifliegen sah, sollte Herrscher werden. Romulus erblickte zwölf, Remus nur sechs. Als Herrscher der neuen Stadt begann Romulus mit dem Ziehen der heiligen Stadtgrenze und dem Bau einer Mauer. Am Anfang war die Mauer noch niedrig. Um seinen Bruder zu verspotten, übersprang Remus die Mauer. Damit hatte Remus zugleich die Grenze der neuen Stadt verletzt. Voll Zorn erschlug Romulus daraufhin seinen Bruder. Er schrie: „So soll es jedem ergehen, der die Mauern übersteigt."

So gründete Romulus unsere Stadt, die er dann nach sich selbst benannte: Rom. Heute noch erinnern wir mit den Münzen an die Tapferkeit und den Mut unserer Stadtgründer."

Frei nacherzählt von Martin Krön.

Vom Dorf zum Weltreich – Menschen im Römischen Reich

8. Jh. v. Chr. – 7. Jh. n. Chr.

1. Halte fest, an welchen Stellen Götter in das Geschehen der Gründungssage eingreifen.

2. Erläutere, welche Punkte der Sage für das Gemeinschaftsgefühl der Römer wohl wichtig waren.

3. Beschreibe, wie viele Römer auf die Rede des Alten spontan reagierten und was dann anscheinend unternommen wurde, um gegen das beschriebene Unrecht zu protestieren.

Livius über die Verhältnisse in Rom
Eine Erzählung aus der Zeit der Ständekämpfe

Der alte Hauptmann

Der Athener Xenon ist nun schon seit einigen Tagen in Rom. Tagsüber besichtigt er die Stadt, abends kehrt er zu seinem Gastgeber Gaius Mucius zurück. Gaius macht es Spaß, sich auch noch zu später Stunde Zeit für die Fragen seines griechischen Gastes zu nehmen. Xenon erkundigt sich nach dem Tempel der Göttin der Eintracht. Vor dem Tempel habe ihm ein Mann erzählt, dass es in der Zeit nach der Vertreibung der Könige in Rom zu großen Auseinandersetzungen zwischen adligen und nichtadligen Römern gekommen sei. Erst nach langer Zeit sei dieser Konflikt beigelegt und der Tempel der Eintracht gebaut worden.

„Haben sich die nichtadligen Römer – ihr nennt sie Plebejer – wirklich auf einem Berg vor der Stadt verschanzt und geweigert zu kämpfen?" erkundigt sich Xenon.

„Ja, das wird überliefert", antwortet Mucius. „Die plebejischen Soldaten haben dort ihr Lager aufgeschlagen. Militärisch waren sie damals von großer Bedeutung: Bei einem Krieg wäre die Stadt ohne sie verloren gewesen."

„Protest, Streik, Aufruhr, das hätte ich euch Römern gar nicht zugetraut, überall rühmt man eure Disziplin und Selbstbeherrschung", erwidert Xenon und kann sich ein Lächeln nicht verkneifen.

„Mein lieber Xenon, auch hier in Rom wäre es fast einmal zu einem Kampf zwischen den Bürgern gekommen. Einer unserer Geschichtsschreiber hat erst vor Kurzem über dieses Kapitel römischer Geschichte geschrieben. Warte einen Augenblick, dann hole ich die Papyrus-Rolle und werde dir die Geschichte vorlesen."

Mucius holt aus einem Schrank das Schriftstück, wickelt es auf und beginnt vorzulesen:

„Es drohte Krieg mit den Volskern und gleichzeitig war die Bürgerschaft in sich gespalten: Hass entbrannte zwischen den adligen Vätern und dem Volk, besonders wegen derjenigen, die sich wegen ihrer Schulden beim Adel in Haft befanden. Die Plebejer klagten darüber, dass sie außerhalb der Stadt für Freiheit und Herrschaft kämpften, zu Hause aber von Mitbürgern verhaftet und unterdrückt würden. Die Freiheit des Volkes sei sicherer im Krieg als im Frieden, sicherer bei den Feinden als bei den Mitbürgern.

Die Anfeindungen verstärkten sich immer mehr, richtig entzündet jedoch wurden sie durch das unerhörte Pech eines einzelnen Mannes.

Ein sehr alter Mann kam auf das Forum gestürzt, er trug unübersehbare Zeichen seines traurigen Schicksals. Seine Kleidung war voll Schmutz, sein Aussehen ziemlich abstoßend, entstellt durch den abgemagerten, blassen Körper. Sein Gesicht wirkte durch die langen Haare und den ungepflegten Bart verwildert. Trotz seines entstellten Äußeren erkannten ihn die Leute: Sie sagten, er sei Hauptmann gewesen. Und allgemein hatten sie Mitleid mit ihm und verwiesen auf andere Verdienste seiner Militärzeit. Der alte Mann selbst zeigte auf einige Narben vorn auf seiner Brust als Beweis für seine ehrenhaften Kämpfe. Die Leute wollten jetzt genau wissen, woher sein entstelltes Aussehen denn komme. Und nachdem sich eine Menge wie bei einer Volksversammlung um ihn gebildet hatte, sprach er:

Er sei Soldat im Krieg gegen die Sabiner gewesen. Er habe, weil seine Felder verwüstet worden seien, die Ernte verloren. Und nicht nur das: Sein Hof sei in Brand gesetzt, alles geplündert und sein Vieh weggetrieben worden. Zu diesem ungünstigen Zeitpunkt sei die Kriegssteuer erhoben worden. Da habe er Schulden machen müssen. Durch die Zinsen seien die Schulden weiter gewachsen. Zuerst habe er das vom Vater und Großvater geerbte Land, dann all sein Hab und Gut verkaufen müssen. Am Ende seien die Schulden – wie eine Seuche – bei seinem Körper angekommen: Von seinem Gläubiger sei er zwar nicht in die Sklaverei geführt, dafür aber ins Arbeitshaus gesteckt und gefoltert worden. Er zeigte die noch blutenden Spuren der Schläge auf seinem übel zugerichteten Rücken."

Hier macht Mucius eine Pause und schaut Xenon mit ernstem Gesicht an. Ohne weiter auf den Text zu schauen, spricht er zu seinem griechischen Gast:

„Danach kam es in der ganzen Stadt zu einem Aufruhr. Von allen Seiten strömten die Menschen auf das Forum, darunter auch andere Römer, die in der Schuldknechtschaft waren und ihre Mitbürger jetzt um Hilfe baten. Beinahe wäre die Menge handgreiflich gegen die Adligen geworden. Schließlich wurde eine Senatssitzung erzwungen."

Livius, Ab urbe condita 2,23, übers. von Martin Krön.

Vom Dorf zum Weltreich – Menschen im Römischen Reich

8. Jh. v. Chr. – 7. Jh. n. Chr.

1. Halte fest, in welchem Zustand sich der alte Mann befand, von dem erzählt wird.

2. Erläutere die Ursachen für die schlechte Verfassung des alten Hauptmanns.

3. Beschreibe, wie viele Römer auf die Rede des Alten spontan reagierten und was dann anscheinend unternommen wurde, um gegen das beschriebene Unrecht zu protestieren.

Tacitus über die Germanen

Tacitus verfasste 98 n. Chr. die „Germania", ein Buch über das Land und das Volk der Germanen. Darin schrieb er:

Die äußere Erscheinung ist bei allen Germanen dieselbe: wild blickende blaue Augen, rötliches Haar und große Körper, die allerdings nur zum Angriff taugen. Für Strapazen und Mühen bringen sie nicht dieselbe Ausdauer auf, und am wenigsten ertragen sie Durst und Hitze; wohl aber sind sie gegen [...] Kälte und Hunger abgehärtet. Das Land [...] macht mit seinen Wäldern einen schaurigen, mit seinen Sümpfen einen widerwärtigen Eindruck. [...] Getreide wächst, Obst jedoch nicht. Vieh gibt es reichlich. [...]

Könige wählen sie nach den Vorschlägen der Adligen. Heerführer wählen sie nach der Tapferkeit. Selbst die Könige haben keine unbeschränkte oder freie Herrschergewalt, und die Heerführer erreichen mehr durch ihr Beispiel als durch Befehle: Sie werden bewundert, [...] wenn sie in vorderster Linie kämpfen. [...]

Wenn sie keine Kriege führen, verbringen sie viel Zeit mit Jagen, mehr noch mit Nichtstun, dem Schlafen und Essen ergeben. Gerade die Tapfersten und Kriegslustigsten rühren sich nicht. Die Sorge für Haus, Hof und Feld bleibt den Frauen, den alten Leuten und den Schwachen überlassen. [...]

Dass die Germanen keine Städte bewohnen, ist ausreichend bekannt, ja sie dulden nicht einmal zusammenhängende Siedlungen. Sie wohnen einzeln und für sich, gerade dort, wo ihnen ein Ort zusagt. Ihre Dörfer legen sie nicht in unserer Weise an, sondern jeder umgibt sein Haus mit freiem Raum. [...] Nicht einmal Bruchsteine oder Ziegel sind bei ihnen im Gebrauch; zu allem verwenden sie unbehauenes Holz, ohne auf ein schönes und freundliches Aussehen zu achten. [...]

Die Germanen haben eine strenge Auffassung von der Ehe und in keinem Punkt verdienen ihre Sitten größeres Lob. Denn sie sind fast die Einzigen unter den Barbaren, die sich mit einer Gattin begnügen. Die Zahl der Kinder zu beschränken oder ein Nachgeborenes zu töten, gilt als schändlich. In jedem Hause wachsen die Kinder nackt und schmutzig zu der von uns bestaunten Größe heran. Die Mutter nährt jedes Kind an der eigenen Brust, und man überlässt sie nicht den Ammen.

Aus: Tacitus, Germania, zit. nach: Geschichte in Quellen, Bd. 1, Altertum, Wolfgang Lautemann und Fritz Wagner (Hrsg.), 4. Auflage, Bayer. Schulbuch-Verlag München 1989, S. 877–883 (Bearb.: Walter Arend/Helge Schröder).

Vom Dorf zum Weltreich – Menschen im Römischen Reich

8. Jh. v. Chr. – 7. Jh. n. Chr.

1. Arbeite mithilfe einer Tabelle heraus, wie Tacitus die Germanen sieht. Unterstreiche dir dazu wichtige Wörter im Text.

Tacitus über die Germanen	Fundort in der Quelle

2. Beurteile die Darstellung des Tacitus. Berücksichtige dabei, dass bis heute ungeklärt ist, ob er jemals in Germanien war und dass er sein Wissen über die Lebensweise der Germanen vermutlich aus literarischen Quellen bezog.

Inhalt des Online-Bereichs

1 Was geht mich Geschichte an?

12	Mit Geschichte in Berührung kommen	Sequenzvorschlag	a2n32i
13	Geschichte in der Öffentlichkeit	Tafelbild	cv9dz3
15	Zeitmessung und Zeitberechnung	Sequenzvorschlag	35u4sa
16	Zeitmessung und Zeitrechnung	Tafelbild	2837v8
17	Umfrage: Was interessiert dich an Geschichte?	Kopiervorlage	w5m449
20	Vergangenheit erforschen	Sequenzvorschlag	453s9n
21	Wie finden wir etwas über die Vergangenheit heraus?	Tafelbild	d2jv9d
23	Identität und Geschichte	Sequenzvorschlag	u5d9qh
24	Identitätsbildung – Geschichte und Gegenwart	Tafelbild	d3a5kr

2 Die Frühzeit des Menschen

29	Wie arbeiten Archäologen?	Sequenzvorschlag	qh8n26
30	Die Arbeit der Archäologen	Tafelbild	7ng8vg
33	Entwicklung und Ausbreitung des Menschen	Sequenzvorschlag	gr7ne5
34	Entstehung der menschlichen Gattung	Sequenzvorschlag	q9c25r
34	Die wichtigsten Menschengattungen	Tafelbild	2md8ig
37	Leben in der Altsteinzeit	Sequenzvorschlag	v24z9w
38	Wie lebten die Menschen in der Altsteinzeit?	Tafelbild	hf6xg5
42	Veränderungen in der Jungsteinzeit	Sequenzvorschlag	c3tn55
43	Wie lebten die Menschen in der Alt- und Jungsteinzeit?	Tafelbild	q76ge4
46	Hünengräber	Sequenzvorschlag	qi3ty5

3 Das Leben in frühen Hochkulturen – das Beispiel Ägypten

59	Der Nil – ein besonderer Fluss	Sequenzvorschlag	w6j4tb
60	Leben im Niltal	Tafelbild	k55a3w
63	Herrschaft der Pharaonen	Sequenzvorschlag	g9y9zy
63	Was war der Pharao für die Ägypter?	Tafelbild	su4n5j
65	Pyramiden – Bau und Nutzung	Sequenzvorschlag	d72e5u
66	Cheopspyramide	Tafelbild	33f7bk
69	Mögliche Themen für Längsschnitte	Tafelbild	2j2mp7
71	Entwicklung der Medien – ein Längsschnitt	Sequenzvorschlag	y8c74g
72	Längsschnitt: Immer wieder neue Medien – und ihre Nutzung	Tafelbild	7vu8yi
75	Ägyptischer Alltag	Sequenzvorschlag	ag7mj5
76	Alltag der Ägypter	Tafelbild	v68sx7
80	Frühe Hochkulturen	Sequenzvorschlag	gn2q7u
80	Frühe Hochkulturen	Tafelbild	9ua32n

4 Griechische Wurzeln Europas

94	Polis	Sequenzvorschlag	xp9s9g
95	Wie wurde Griechenland regiert?	Tafelbild	d88786
95	Kolonisation	Sequenzvorschlag	2rx8uu
96	Warum lagen griechische Städte rund um das Mittelmeer und nicht nur in Griechenland?	Tafelbild	et697y
99	Göttervorstellungen und Götterglauben der Griechen	Sequenzvorschlag	v6pn6z
100	Götterglaube und -verehrung bei den Griechen	Tafelbild	nr25gr
100	Die antiken Olympischen Spiele und ihre Bedeutung	Sequenzvorschlag	9b7j7b
100	Bedeutung der antiken Olympischen Spiele	Tafelbild	m642x8
103	Die Olympischen Spiele der Neuzeit	Sequenzvorschlag	y2t3m3
104	Zeitstrahl Olympische Spiele der Neuzeit	Tafelbild	9j5wa4
107	Gemeinsam lernen	Sequenzvorschlag	nk6kd7
108	Entwicklungsstufen der attischen Demokratie	Sequenzvorschlag	7km6h2
108	Entwicklungsstufen der Athener Demokratie	Tafelbild	nc86pv
109	Verteilung der politischen Mitbestimmung in der Demokratie Athens	Sequenzvorschlag	m2xb3i
109	Verteilung der politischen Mitbestimmung in der Demokratie Athens	Tafelbild	39fz6k
114	Häusliches Leben im alten Athen	Sequenzvorschlag	cz6g9f

Seite	Titel	Typ	Code
115	Eine Frau im alten Athen	Tafelbild	4v2234
119	Polis Sparta	Sequenzvorschlag	38z3jq
120	Frauen und Kinder der Spartiaten	Tafelbild	5nh6nu
122	Wissenschaft und Philosophie	Sequenzvorschlag	5zi8he
123	Wissenschaft und Philosophie	Tafelbild	hw48k7
123	Theater und Kunst	Sequenzvorschlag	z2qf98
124	Das griechische Theater	Tafelbild	up87jr
127	Alexander – der Große?	Sequenzvorschlag	bp67di
128	Wer war Alexander, der dieses Riesenreich erobern konnte?	Tafelbild	kt8kd9
128	Aufeinandertreffen unterschiedlicher Kulturen	Sequenzvorschlag	c5m4th
129	Wie lebten die verschiedenen Völker und Kulturen in der Zeit des Hellenismus zusammen?	Tafelbild	cp7x99

5 Vom Dorf zum Weltreich – Menschen im Römischen Reich

Seite	Titel	Typ	Code
144	Entstehung und Entwicklung Roms – Voraussetzungen	Sequenzvorschlag	4uh6fk
145	Rom – eine Stadt entsteht und wächst	Tafelbild	zx9r6y
148	Die Ständekämpfe (500–287 v. Chr.)	Tafelbild	i54s9p
149	Ständekämpfe – Auseinandersetzungen zwischen Patriziern und Plebejern	Sequenzvorschlag	z69hb4
150	Regeln der römischen Verfassung nach 287 v. Chr	Sequenzvorschlag	v526g5
153	Die römische familia – eine normale Familie?	Sequenzvorschlag	6a9a5c
154	Rom – eine Stadt ohne Polizei	Sequenzvorschlag	z3m28r
154	Die römische familia	Tafelbild	p222je
154	Beziehung zwischen Klient und Patron	Tafelbild	c38u7x
158	Warum eroberten die Römer ein Weltreich?	Tafelbild	232p5k
159	Großmacht Rom	Sequenzvorschlag	c3v634
163	Krise und Heeresreform des Marius in Rom	Sequenzvorschlag	d5u9w3
164	Machtkämpfe und Bürgerkrieg in Rom	Sequenzvorschlag	4wm2pa
165	Im Krieg erfolgreich, zu Hause in der Krise? (Rom 200–31 v. Chr.)	Tafelbild	k2fn6p
169	Die neue Ordnung des Augustus	Tafelbild	a56th5
170	Herrschaftssicherung des Augustus	Sequenzvorschlag	m8x2dw
171	Prinzipat des Augustus	Sequenzvorschlag	j4z7pc
175	Bürger in Rom – ein Leben in Luxus?	Sequenzvorschlag	s4m72w
176	Reiche und Arme: unterschiedliche Lebensbedingungen in Rom	Tafelbild	96s82y
176	Alltagsleben in einer überfüllten Großstadt (nach Juvenal)	Tafelbild	mx89m8
176	Rom – eine „Stadt aus Marmor"?	Tafelbild	qf3r67
176	Die erste Berufsfeuerwehr Europas in Rom – nur zum Löschen da?	Tafelbild	wm4k2b
177	Rom – eine Stadt aus Marmor?	Sequenzvorschlag	jb8s6f
180	Herrschaft der Römer – Unterdrückung der Unterworfenen?	Sequenzvorschlag	f8x9kw
181	Die Herrschaft der Römer – unterschiedliche Ansichten	Tafelbild	rb4gn9
181	Herrschaft der Römer – Unterdrückung der Unterworfenen?	Sequenzvorschlag	8y8477
182	Trier: eine Stadt wie Rom?	Tafelbild	qj93wv
182	Handelsbeziehungen der Römer auf drei Kontinenten	Tafelbild	k2hx4y
185	Historischer Comic am Beispiel Asterix	Sequenzvorschlag	4g7sb6
186	Asterix – zwischen Erfindung und historischer Wahrheit	Tafelbild	nm2ed5
188	Die Germanen – unterlegene Gegner?	Sequenzvorschlag	79k2w6
189	Begegnungen von Römern und Germanen: Konflikte, Kriege, Kooperationen	Tafelbild	648wh6
189	Zwei germanische Brüder: unterschiedliche Sicht auf die Römer	Tafelbild	vi9v6n
189	Merkmale der Germanen laut Julius Caesar	Tafelbild	qv6x9x
190	Die Germanen – lediglich „Barbaren"?	Sequenzvorschlag	c5fh8n
193	Die Christen – Feinde des römischen Staates?	Sequenzvorschlag	52u9sx
194	Die Christen aus heidnischer Sicht (Tacitus)	Tafelbild	rf89ar
194	Regelungen Kaiser Trajans zum Umgang mit den Christen	Tafelbild	nz2er2
197	Christen und Muslime	Sequenzvorschlag	pa92zb
198	Bestimmungen im Koran zum Umgang mit anderen Religionen	Tafelbild	2uu3uf
198	Rechte der nichtmuslimischen Bewohner unter Kalif Umar	Tafelbild	93s3dx
200	Roms Untergang	Sequenzvorschlag	n499s4
201	Bedrohte Gebiete des Römischen Reiches im 3. Jahrhundert	Tafelbild	5y5b6m
201	Römische Sicht auf die Goten	Tafelbild	r55m8s